中国中医科学院研究生系列教材

U0591876

分子生药学

主　审　黄璐琦

主　编　袁　媛

副主编　严玉平　裴　瑾　魏　渊　郭　娟　王丰青

编　者（按姓氏笔画排序）

王丰青（河南农业大学）　　　　张顺仓（扬州大学）

王如锋（上海中医药大学）　　　陈　同（中国中医科学院）

王学勇（北京中医药大学）　　　陈美兰（中国中医科学院）

申　业（中国中医科学院）　　　邵清松（浙江农林大学）

田晓轩（天津中医药大学）　　　郑　汉（中国中医科学院）

朱田田（甘肃中医药大学）　　　赵云生（宁夏医科大学）

向增旭（南京农业大学）　　　　赵雅秋（中国中医科学院）

刘　娟（中国中医科学院）　　　袁　媛（中国中医科学院）

刘　越（中央民族大学）　　　　郭　娟（中国中医科学院）

刘天睿（中国中医科学院）　　　唐金富（中国中医科学院）

许　亮（辽宁中医药大学）　　　崔光红（中国中医科学院）

许洪波（陕西中医药大学）　　　蒋　超（中国中医科学院）

严玉平（河北中医药大学）　　　蒲高斌（山东中医药大学）

肖承鸿（贵州中医药大学）　　　裴　瑾（成都中医药大学）

吴文如（广州中医药大学）　　　谭　勇（广西中医药大学）

张　磊（海军军医大学）　　　　魏　渊（江苏大学）

张文娟（中国食品药品检定研究院）

编写秘书（兼）郑　汉

人民卫生出版社

·北　京·

图书在版编目（CIP）数据

分子生药学 / 袁媛主编 . —北京：人民卫生出版
社，2024.3
中国中医科学院研究生系列教材
ISBN 978-7-117-34131-8

Ⅰ. ①分… Ⅱ. ①袁… Ⅲ. ①分子生物学–生药学–
研究生–教材 Ⅳ. ①R93

中国版本图书馆 CIP 数据核字（2022）第 239134 号

人卫智网	www.ipmph.com	医学教育、学术、考试、健康，购书智慧智能综合服务平台
人卫官网	www.pmph.com	人卫官方资讯发布平台

分子生药学
Fenzi Shengyaoxue

主　　编：袁　媛
出版发行：人民卫生出版社（中继线 010-59780011）
地　　址：北京市朝阳区潘家园南里 19 号
邮　　编：100021
E - mail：pmph @ pmph.com
购书热线：010-59787592　010-59787584　010-65264830
印　　刷：北京铭成印刷有限公司
经　　销：新华书店
开　　本：787×1092　1/16　印张：18
字　　数：449 千字
版　　次：2024 年 3 月第 1 版
印　　次：2024 年 4 月第 1 次印刷
标准书号：ISBN 978-7-117-34131-8
定　　价：69.00 元

打击盗版举报电话：010-59787491　E-mail：WQ @ pmph.com
质量问题联系电话：010-59787234　E-mail：zhiliang @ pmph.com
数字融合服务电话：4001118166　E-mail：zengzhi @ pmph.com

序

  中医药学历史源远流长，是中国古代科学的瑰宝，也是打开中华文明宝库的钥匙。在新时代，中医药事业迎来天时、地利、人和的大好时机，习近平总书记在中国中医科学院建院60周年贺信中殷切嘱托"切实把中医药这一祖先留给我们的宝贵财富继承好、发展好、利用好"，全国中医药大会上明确要求"做大做强中国中医科学院"。中国中医科学院秉承"创新、协调、绿色、开放、共享"发展理念，发挥中医药行业"国家队"引领和示范作用。

  中国中医科学院成立65年以来，成果丰硕，名医名家名师辈出，创新人才、优秀骨干桃李芬芳。我们坚持"传承精华，守正创新"，努力将人才培养和团队建设融铸到中医药科研、教育和医疗的核心中来。以高起点定位、高标准规划、高质量建设为目标，筹建培养高层次、复合型、创新型、国际化中医药人才的中国中医科学院大学，推动中医药人才培养模式改革，为做大做强提供坚实的人才支撑。

  中国中医科学院研究生高层次人才培养工作始于1978年，至今已走过40余年的辉煌历程。作为国家级培育高层次中医药人才的重要基地，积累了丰厚的教学经验和教学资源，成为中医药人才传承培养的宝贵财富，也为我国传统学科的人才培养做出了优秀示范和突出贡献。当前，我院研究生教育迎来了快速发展阶段，全院导师数、在校研究生数双创历史新高；首届"屠呦呦班"九年制本科直博生顺利入学，开创中医科学院本科招生的新纪元。

  "将升岱岳，非径奚为"。教材是教学的根本，是培养创新型人才的基础。教材建设直接关系到研究生的培养质量。中国中医科学院研究生教材立足于新时代中医药高层次人才培养的目标和需求，深入发掘40余年研究生培养的成功经验，紧扣中医药重点领域、优势学科、传统方法、高精技术、前沿热点，面向全国，整合资源。在两院院士、国医大师等权威专家领衔策划与指导下，既注重基础知识、基本方法和基本技能的培养，又密切吸纳前沿学科最新的科研方法和成果。教材建设，做到传承与创新相结合，普及与提高相结合，实用与实效相结合，教育与启发相结合，从而实现为高层次人才的素质培养与能力提升扬帆助力。

  征途漫漫，惟有奋斗。我们要以习近平总书记对研究生教育工作作出的重要指示为根本遵循和行动指南，坚持"四为"方针，加快培养德才兼备的高层次人才。

  本套教材是我院研究生教育阶段性成果的凝练与转化，同时也是我院科研、医疗、教育协同发展的成果展现。其编研出版必将为探索中医药学术传承模式与高层次人才培养机制起到重要的示范和积极的推动作用。同时，也希望兄弟院校的同道专家和广大学子在应用过程中提出宝贵建议，以利于这一持续性工作的不断修订和完善。

中国工程院院士

中国中医科学院院长 黄璐琦

二〇二一年一月一日

前　言

新时代将推动中医药高质量发展,不忘本来、吸收外来、面向未来是中医药传承创新的重要指导思想。分子生药学是中药学与分子生物学交叉融合的一门学科,是从分子水平研究中药的鉴定、质量的形成、资源的保护和生产。分子生药学的"初心"是要解决中药产业发展过程中的关键问题,"使命"是不断吸收生命科学等其他学科研究成果,从理论探索到技术创新,使分子生药学具有持续发展的活力和动力,推动中医药高质量发展。

2006 年,中国中医科学院研究生院开设了分子生药学课程;2008 年,出版了第一本专业教材——新世纪全国高等中医药院校创新教材《分子生药学》。经过 20 余年的发展,全国已有 40 余家高等院校开设了分子生药学课程。从 2012 年起,每年召开的全国分子生药学暑期研讨会和全国分子生药学研究生论坛,为来自 31 个省(区、市)、200 余家单位的 1 200 余名青年教师、研究生提供了学习和交流的平台。分子生药学已成为一门研究方向稳定、技术水平领先、理论思想创新、学术影响广泛、学科队伍健全的成熟学科。

本次出版的中国中医科学院研究生教材,是由活跃在分子生药学研究和教学一线的骨干教师及科研人员共同编写的。在指导研究生课题时,常常提出两个问题:一是解决了什么科学问题? 二是解决了什么技术难题? 这本书系统地对分子生药学主要研究方向进行了讲解,突出科学前沿和实际应用,内容丰富。希望本书能够对中药学专业研究生起到启发和开拓思路的作用,为分子生药学高层次人才培养奠定基础。

编委会

2023 年 9 月

编写说明

　　分子生药学是中药学与分子生物学交叉融合的一门学科，从分子水平研究中药的鉴定、质量的形成、资源的保护和生产。分子生药学汲取了生命科学先进的理论和技术，又继承了药用植物学、生药学（中药鉴定学）、中药资源学、中药栽培学、天然药物化学（中药化学）的精华，以分子生物学的理论和方法为工具，研究从中药资源保护到中药材种植、采收、加工，从中药道地性形成到药材品质控制的全产业链科学内涵、创新技术，服务于中药产业。

　　本教材内容遵循中国中医科学院研究生教材编写的指导思想，以生命科学的视角，探索中药材的生长发育，追踪中药材活性成分、中药材道地性的形成，建立相应的分子生药学技术，纵贯中药资源、中药鉴定和中药质量评价。具有以下特点：

　　1. 突出强调了系统性、实用性　分子生药学是一门交叉学科，且不断融合其他相关学科最新研究成果，拓展其内涵与外延。本教材除包含分子生药学主要内容外，还涉及相关领域的关联知识，使研究生易于学习和理解。

　　2. 突出强调了科学性、先进性　新理论、新技术、新方法的应用，是分子生药学持续发展的动力源泉。本教材注意融入生命科学研究领域的最新进展，并对其在药学中的应用进行展望，使研究生强化创新研究的意识。

　　本教材由黄璐琦院士主审、袁媛主编，负责教材内容的整体设计和审定。第一章为概述，由袁媛、张磊、吴文如编写；第二章为基因与基因组，由魏渊、朱田田编写；第三章为主要通用技术与生物信息学，由裴瑾、陈同、魏渊编写；第四章为中药资源与分子系统学，由严玉平、田晓轩、谭勇编写；第五章为中药分子鉴定，由张文娟、吴文如、许亮、蒋超编写；第六章为中药资源功能基因组研究，由刘越、赵云生、陈同编写；第七章为中药活性成分的生物合成，由唐金富、许洪波、王如锋、蒲高斌编写；第八章为药用植物次生代谢与调控，由张磊、邵清松、蒲高斌、张顺仓、郑汉编写；第九章为中药材生产过程中的生物学原理，由王丰青、肖承鸿编写；第十章为药用植物与微生物的互作关系，由陈美兰、申业编写；第十一章为药材道地性及其生物学成因，由王学勇、裴瑾、朱田田、刘娟、刘天睿编写；第十二章为中药活性成分的异源生产，由郭娟、崔光红、王如锋、赵雅秋编写；第十三章为药用植物多倍体育种，由向增旭编写。编写秘书为郑汉。

　　本教材的编写是全体参编人员智慧的结晶和辛勤劳动的结果，且很多长期从事分子生药学研究和教学的资深专家参与了教材的审定工作，在此一并致以衷心感谢。本教材知识面较广，在编写框架和内容安排等方面均有一定难度，若存在缺漏，恳请广大师生在使用过程中提出宝贵意见，以期再版时修订提高。

编委会

2023 年 9 月

目　　录

第一章 概　述

　　分子生药学（molecular pharmacognosy）是在分子水平上开展中药鉴定、质量形成、资源保护和生产研究的一门学科。分子生药学具有很强的前沿性、交叉性和探索性，其发展推动了中药学、分子生物学、农学、植物生理学、植物生态学等不同学科的交叉融合。

　　1995年黄璐琦院士在《中国中药杂志》上发表的《展望分子生物技术在生药学中的应用》一文中首次提出了"分子生药学"。2000年第一本《分子生药学》专著的出版，标志着分子生药学学科的建立并进入快速发展期，在这一时期DNA分子标记技术广泛应用于中药资源研究，一系列中药资源遗传多样性、分子系统学研究成果呈现强劲的增长趋势，为中药材品种整理和质量标准化研究、中药资源保护与可持续利用提供了新的策略。2006年《分子生药学（第2版）》出版，2015年《分子生药学（第3版）》出版，分别获得中华中医药学会学术著作奖一等奖、第四届中国出版政府奖。2009年，高通量测序技术首次被用于青蒿转录组研究，目前已发表了200余种中药资源的转录组、基因组，以基因的结构、表达、调控为核心的分子生药学研究日新月异，为中药理论创新、中药质量有效控制和中药新品种定向选育奠定了基础。

　　2012年分子生药学成为国家中医药管理局重点培育学科，目前已形成10个稳定的研究方向，包括中药资源分子系统学、中药资源分子谱系地理学、中药分子鉴定、道地药材形成的分子机制、中药资源功能基因组研究、中药资源活性成分的生物合成和代谢调控、珍稀濒危中药资源多样性与保护、中药资源基因工程、中药资源活性成分的生物技术生产、中药资源分子标记辅助育种。

一、分子生药学的产生与发展

　　中药是指在中医理论指导下，用于预防、治疗、诊断疾病并具有康复与保健作用的物质。中药主要来源于自然资源及其加工品，包括植物药、动物药、矿物药及部分化学、生物制品类药物，其中以植物药居多。对于生物来源的中药，其原料的形成、鉴定、质量控制、可持续利用直接影响中药的临床使用以及中药产业的发展。

　　尽管目前对生物来源中药的研究已经历了古代、近代、现代、自然时期，但是依然有一些重要问题未得到阐明，如多来源药材的鉴定、道地药材形成的机制等，同时随着中药材规范化栽培的发展，又产生了新的问题，如在药用植物生长发育过程及产地加工过程中，药用植物体内生理变化与质量形成的相关性等问题。从生物资源出发，各种生命现象是通过其核酸、蛋白质的结构和功能影响生物的物质和能量代谢、生长发育、衰老、消亡等重要生命活动而产生的。从分子水平上阐释中药资源保护、鉴定、生产中诸多生物学问题，并寻找相应的解决策略、研究和检验方法,将为中药资源的可持续发展提供科学理论和有效工具。

分子生物学作为现代生命科学的共同语言,其理论与技术不断发展,并与中药学交叉融合、广泛联系,促进了新的研究领域和增长点的产生,逐渐形成分子生药学这一交叉学科。

二、分子生药学的主要内容

分子生药学的主要研究对象是生物来源的中药及其资源以及相关产品,已形成了"以基础研究为重点,以创新研究为核心,以应用研究为目标"的学科建设思路,更加注重将理论与实践紧密结合,突出中医药特色,解决中药学的实际问题。经过 29 年的发展,分子生药学理论体系不断发展完善,先后提出了中药分子鉴定的使用原则、珍稀濒危常用中药资源五种保护模式、道地药材形成的生物学本质、基于一个系统的"功能基因挖掘 - 合成途径解析 - 生物合成生产"的中药活性成分合成生物学研究模式等。其核心研究内容包括:

(一)从分子水平研究中药的鉴定

1. 从分子水平评估中药基源物种的分辨率　物种有所谓的"好"物种,即分类学家没有争议的物种,如人参 *Panax ginseng* C.A.Mey.;也有"坏"物种,即分类学家有争议的物种,如小蓟的基源植物,《中华人民共和国药典》(以下简称《中国药典》)认为其为刺儿菜 *Cirsium setosum*(Willd.)MB.,而 *Flora of China*(《中国植物志(英文版)》)认为应将其合并入丝路蓟 *Cirsium arvense*(Linnaeus)Scopoli,其学名修订为 *Cirsium arvense* var. *integrifolium* Wimmer et Grabowski。物种的进化机制十分复杂,利用物种形态和基因片段表示物种进化关系可能是一致的,也可能是不一致的,如果基因树不能反映物种的进化,此时该物种是不能利用基因片段进行分子鉴定的。因此,在进行分子鉴定之前,首先应对物种进行评价。

2. 从分子水平研究中药的真实性、合格性、安全性　目前《中国药典》已经建立了较为完善的中药性状、显微和理化鉴定体系,但是关于动物药的鉴定、正品和近缘混伪品的鉴定等问题,仍需要探索新的鉴定方法。分子鉴定因其具有较高的分辨率及客观性越来越受到人们的重视,目前特异性 PCR 鉴定方法、聚合酶链式反应 - 限制性片段长度多态性(polymerase chain reaction-restriction fragment length polymorphism,PCR-RFLP)方法已经被收入《中国药典》一部,聚合酶链式反应法通则、中药材 DNA 条形码分子鉴定法指导原则被收入《中国药典》四部。免疫技术被逐渐应用于中药材化学成分、农药残留、真菌毒素污染的检测,中药黄曲霉毒素测定法(酶联免疫法)被收入《中国药典》四部。

(二)中药活性成分的生物合成

1. 从分子水平解析中药活性成分的生物合成途径　创新中药生物技术资源是未来解决濒危中药资源问题的可能途径之一,合成生物学是重要的研究策略,解析活性成分的生物合成途径是实现中药活性成分生物合成的前提。克隆活性成分的生物合成途径基因,逐步解析活性成分的生物合成途径是分子生药学的重要任务之一。目前,紫杉醇、青蒿素等的生物合成途径解析已取得较大进展。

2. 研究中药活性成分的生物技术生产　随着中药活性成分的不断阐明,组分中药逐渐成为新药开发的一个方向;在此基础上,随着中药活性成分生物合成途径的不断阐明,利用生物技术生产活性成分越来越受到人们的重视,规模化细胞工厂、微生物发酵、植物生物反应器等被用于合成中药活性成分。中药活性成分的生物技术生产是分子生药学的重要研究任务,生物合成和化学合成组合将成为活性成分的生产方式之一。

（三）从分子水平研究中药质量的形成

1. 从分子水平研究道地药材的形成　道地药材是中药质量评价的原创综合性指标，道地药材及其形成机制研究是一项复杂的工作，是分子生药学重要的研究任务。道地药材具有"优形优质"特征、特定的基因组结构及其特征以及表型可塑性。随着道地药材研究的深入，越来越多的实验证据表明道地药材化学成分组成等表型是由其内在基因及其基因调控网络决定的，并受到生长环境、采收阶段、产地加工方式等外因的影响。道地药材形成机制研究涉及多个领域、多个层面、多种技术，通过在分子层面上认识单个基因或蛋白质的物理与化学特性，进一步解析基因和蛋白质构成的相互作用网络，是诠释道地药材形成的基础和关键。种群进化、复杂性状形成、防御、植物全能性将成为道地药材分子生药学研究领域最受关注的科学问题。

2. 从分子水平研究中药种质资源的利用　随着中医药产业发展对药材需求量的日益增加，野生中药资源日渐匮乏，中药材的栽培品种和栽培面积不断扩大，目前约30%的中药材品种为人工栽培，占有市场药材供应总量的70%以上。中药材的栽培生产是以培育药用植物产品为目标，通过种质选择、环境调控、适时采收和产地加工等的一系列操作过程，其中种质选择是影响药用植物产品产量和品质的关键性因素。人们试图从野生优质中药种源中寻找优良种质，分子生药学可以从遗传角度揭示不同种源的差异，建立DNA指纹图谱不仅可区分常见的种质资源，还可用于区分亲本及其杂交种。中药材品种选育的主要目标是使中药材的生物学性状稳定、产量和药用成分可控，但大多数中药材的生长周期长，在进行育种的时候，也可以通过分子生药学技术与传统育种结合，有效提高其品种选育的效率。

3. 从分子水平研究中药材种养殖过程的质量控制　在中药材规范化种植过程中，药材的生长环境、栽培或养殖措施、生长年限、采收期、产地加工等因素均对药材的质量产生重要的影响，这种影响是系统且复杂的。药用植物的营养生长和生殖生长，受遗传因子、植物激素等多种因素的共同调控。分子生药学将通过揭示药用植物生长发育规律，并采取有效措施加以控制，建立以遗传物质为核心指标的质量控制体系，保证栽培药材质量的一致性。

三、分子生药学的内涵与外延

从名称来看，分子生药学和生药学有密切的关系，有人误认为分子生药学是生药学的一个研究方向，实则不然。分子生药学的理论基础是分子生物学，与生药学明显不同，分子生药学是从生命的本源出发，利用分子生物学技术研究中药的鉴定、质量的形成、资源的保护和生产的学科。因此，药用植物学、生药学（中药鉴定学）、中药资源学、中药栽培学、天然药物化学（中药化学）都和分子生药学有密切的关系。

2015—2019年，中药分子鉴定研究领域的总文献量为1 979篇，分别由国家自然科学基金、国家科技支撑项目、现代农业产业技术体系建设专项资金等资助。

在国家自然科学基金资助的项目中，50.54%的项目包含次生代谢物生物合成途径的解析，38.04%的项目与药用植物次生代谢物合成途径相关基因的功能与调控研究有关。涉及关键酶的解析与催化机制研究的项目占总项目的32.07%。研究转录因子的挖掘与调控机制的项目占20.65%，而4.89%的项目运用了组学研究技术。研究对象主要围绕药用植物次生代谢产物展开，所研究的药用植物共81种，其中资助项目最多的药用植物为丹参，共计

29 项,经费合计 1 287 万元。其次为黄花蒿,黄花蒿中提取的青蒿素可治疗疟疾,是近几年的研究热点,获得项目资助 11 项,经费合计 352 万元。其他研究热点药用植物包括人参、雷公藤、菘蓝、广藿香、灵芝、白木香、枸杞、紫草、三七等。

分子生药学是一个开放的学科,在发展的过程中立足中药领域的基础科学问题和实际应用问题,将不断利用和吸收生命科学、药学发展最新成果,丰富其内涵与外延。

(袁 媛 张 磊 吴文如)

第二章 基因与基因组

第一节 基　因

基因（gene）是携带有遗传信息的 DNA 或 DNA 序列，是控制性状的基本遗传单位。基因的本质是碱基序列，通过其表达产物 RNA 和蛋白质来执行各种生命活动，是表达遗传信息的功能单位，控制着生物的遗传性状。一个基因可以同时影响多个性状，而多个基因也可以相互合作控制同一性状。

基因有 3 个基本特征：①可自体复制以保持生物的基本特性；②可决定性状，即基因通过转录和翻译决定多肽链的氨基酸序列，从而决定某种蛋白的性质，最终表达为某一性状；③基因虽很稳定，但也可发生突变。一般来说，新突变的等位基因一旦形成，就可通过自体复制，在随后的细胞分裂中保留下来。

一、基因的结构

基因由许多核苷酸对组成，可以分为不同的区段，在基因表达过程中，不同的区段所起的作用并不相同。

在原核生物中，被翻译的区域，又称开放阅读框架（open reading frame）或编码区（coding region），指能转录为相应信使 RNA（mRNA），进而指导特定蛋白质合成的序列。编码区之外不能转录为 mRNA 的序列称为非编码区（non-coding region），侧翼存在 5' 端非翻译区（5' untranslated region，5' UTR）和 3' 端非翻译区（3' untranslated region，3' UTR），这些序列往往具有调控功能。

在真核细胞中，基因也是由编码区和非编码区两部分组成的（图 2-1）。

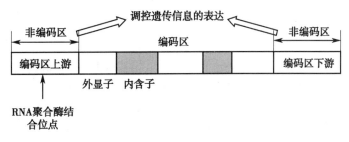

图 2-1　真核生物的基因结构

真核细胞基因一般分为4个区域。①编码区：包括外显子和内含子；②前导区：位于编码区上游，相当于RNA的5'末端非编码区（非翻译区）；③尾部区：位于编码区下游，相当于RNA 3'末端非编码区（非翻译区）；④调控区：包括启动子和增强子等。在编码区内能编码蛋白质的序列（外显子）被不能编码蛋白质的序列（内含子）分隔开来，成为一种不连续的形式，这是真核细胞基因与原核细胞基因的本质区别。

（一）外显子与内含子

大多数真核生物的基因为不连续基因（discontinuous gene），即基因的编码序列在DNA分子上是不连续的，被非编码序列隔开。编码的序列称为外显子（exon），是基因表达为多肽链的部分；非编码序列称为内含子（intron），又称插入序列（intervening sequence，IVS）。一般来说，一个基因中外显子的数目总是比内含子的数目多一个，内含子的核苷酸数量远多于外显子，在真核基因中内含子序列占据绝大部分，外显子仅占很少一部分。

每个外显子和内含子的接头区都有一段高度保守的序列（consensus sequence），内含子5'末端多数以GT开始，3'末端多数以AG结束，称为GTAG法则，是普遍存在于真核基因中RNA剪接的识别信号。

外显子和内含子的关系也并不是完全固定不变的。大多数基因编码一条肽链，某些DNA序列编码多条肽链。同一条DNA链上的某一段DNA序列，既可作为编码某条肽链的外显子，也可作为编码另一条肽链的内含子。

（二）侧翼顺序

在第一个外显子和最末一个外显子的外侧是一段不被翻译的非编码区，称为侧翼顺序（flanking sequence）。侧翼顺序含有基因调控顺序，对该基因的转录活性具有重要影响。

（三）启动子

启动子（promoter）是基因结构中位于编码区上游的核苷酸序列，是RNA聚合酶结合位点，能够准确地被RNA聚合酶识别，是转录的起始点并启动转录，有调节控制遗传信息表达的作用。其包括下列几种不同的顺序：

1. TATA框（TATA box）　其一致序列为TATAATAAT，位于基因转录起始点上游约30~50 bp处，基本由A-T碱基对组成，决定基因转录的起始，为RNA聚合酶的结合处之一。RNA聚合酶与TATA框牢固结合之后才能开始转录。

2. CAAT框（CAAT box）　其一致序列为GGCTCAATCT，是真核生物基因常有的调节区，位于转录起始点上游约80~100 bp处，可能也是RNA聚合酶的一个结合处，控制着转录起始的频率。

3. GC框（GC box）　有两个拷贝，位于CAAT框的两侧，由GGCGGG组成，是一个转录调节区，有激活转录的功能。

此外，RNA聚合酶Ⅲ负责转录tRNA和5S rRNA，其启动子位于被转录的DNA序列中，称为下游启动子。

（四）增强子

在真核基因转录起始点的上游或下游，一般都有增强子，它不能启动一个基因的转录，但能增强转录的作用。此外，增强子序列可与特异性细胞因子结合而促进转录的进行。研究表明，增强子通常具有组织特异性，这是因为不同细胞核有不同的特异因子与增强子结合，从而对基因表达产生组织、器官、时间的调节作用。

增强子具有下列特点：

1. 远距离效应 一般位于上游 −200 bp 处,可增强远处启动子的作用。

2. 无方向性 无论位于基因的上游、下游或内部都可以发挥增强转录的作用。

3. 顺势调节 只调节位于同一染色体上的基因,而对其他染色体上的基因没有作用。

4. 无物种和基因的特异性 可以连接到异源基因上发挥作用。

5. 具有组织特异性 增强子的效应需特定的蛋白质因子参与。

6. 有相位性 其作用与 DNA 的构象有关。

7. 有的增强子可以响应外部信号 如某些增强子可以被固醇类激素所激活。

(五)终止子

在一个基因的末端往往有一段特定核酸序列,其特殊的碱基排列顺序能够阻碍 RNA 聚合酶的移动,并使其从 DNA 模板链上脱离下来,从而使转录结束,这段终止信号的序列称为终止子(terminator)。终止子的共同序列特征是在转录终止点之前有一段回文顺序,约 7~20 核酸对。回文顺序的两个重复部分分别由几个不重复碱基对组成的不重复节段隔开,回文顺序的对称轴一般距转录终止点 16~24 bp。在回文顺序的下游有 6~8 个 A-T 对,转录后形成的 RNA 具有发夹结构,并具有与 A 互补的一串 U。由于 A-U 之间氢键结合较弱,RNA/DNA 杂交体不稳定,有利于转录物从 DNA 模板上释放出来,也可使 RNA 聚合酶从 DNA 上解离下来,实现转录的终止。

二、基因的种类

(一)按功能分类

1. 结构基因(structural gene) 是指某些能够决定特定的多肽链或蛋白质结构的基因。结构基因的突变可导致特定蛋白质一级结构的改变或影响蛋白质表达量,包括外显子、内含子等。

2. 调控基因(regulatory gene) 是指某些可调节控制结构基因表达的基因。调控基因的突变可以影响一个或多个结构基因的表达,或导致一个或多个蛋白质表达量的改变,包括启动子、终止子等。

(二)按产物特征分类

1. 编码蛋白质的基因 包括结构基因以及编码作用于结构基因的阻遏蛋白或激活蛋白的调控基因。

2. 不翻译只转录的基因 如核糖体 DNA(ribosomal DNA,rDNA)基因转录 rRNA,转录出的 RNA 不再翻译为蛋白质;tRNA 基因也是如此。

3. 不转录的基因 如启动子、操纵基因等。前者是转录时 RNA 聚合酶与 DNA 结合的部位;后者是阻遏蛋白或激活蛋白与 DNA 结合的部位。

(三)其他分类

1. 重叠基因(overlapping gene) 同一段 DNA 序列可以参与转录或编码两个或两个以上的 RNA 或多肽链。重叠基因之间有多种重叠方式:①大基因包含小基因;②两个基因首尾重叠,有的甚至只重叠一个碱基;③多个基因形成多重重叠;④反向重叠;⑤重叠操纵子。

重叠基因存在于病毒、原核生物、真核生物及线粒体 DNA 中。重叠基因虽然共用一段碱基序列,但因转录产物 mRNA 的阅读框不同,其翻译合成的蛋白质也不同。重叠序列存在于基因的编码区或调控区中,说明基因重叠还可能参与基因表达调控。

2. 假基因（pseudogene）　指丧失正常功能的 DNA 序列。

3. 多效基因（pleiotropic gene）　多效基因发生突变后会引起多种性状的改变，这些性状彼此不同且明显无关。

4. 等位基因（allele）　基因在染色体上的位置称为座位，每个基因都有自己特定的座位，凡是在同源染色体上占据相同座位的基因称为等位基因。自然群体中往往有一种占大多数的等位基因，称为野生型基因；同一座位的其他等位基因直接或间接地由野生型基因突变产生，因此称为突变型基因。

5. 显性基因与隐性基因（dominant gene and recessive gene）　在二倍体的细胞或个体内有两个同源染色体，所以每一个座位上有两个等位基因。如果这两个等位基因是相同的，对这个基因座位来讲，这种细胞或个体称为纯合体；如果这两个等位基因是不同的，称为杂合体。在杂合体中，控制显性性状的等位基因称为显性基因，另一个等位基因则称为隐性基因。

6. 转座子（transposon）　指能改变自身座位的一段核苷酸序列，可含有一个或几个基因。

7. 累加基因（additive gene）　对于同一性状的表型，几个非等位基因中的每一个都只有部分的影响，这样的几个基因称为累加基因。累加基因中的每一个基因只有较小的部分表型效应，又称为微效基因。相对于微效基因，由单个基因决定某一性状的基因称为主效基因。

三、基因表达和遗传信息的传递

（一）基因表达

DNA 是基因的载体，基因必须以自身为模板，以依赖 DNA 的 RNA 聚合酶（RNA polymerase）催化，以 NTP（ATP、CTP、GTP 和 UTP）为原料经转录生成 mRNA；再以 mRNA 为模板，在 RNA、核糖体及其他蛋白因子协同作用下，经翻译生成各种功能蛋白质，实现对生命现象的控制。转录和翻译过程被统称为基因表达（gene expression）。

1. 转录　转录过程是整个基因表达的中心环节。RNA 聚合酶首先结合到启动子区域，随后沿 DNA 的一条链，从转录起点（start point）开始按碱基互补原则合成 RNA，直至终止子（terminator）位点。从启动子到终止子的一段 DNA 序列称为一个转录单位（transcription unit），其中与 mRNA 序列相同的一条链为编码链（coding strand）或有义链（sense strand）；另一条与 mRNA 序列互补的链为模板链（template strand）或反义链（antisense strand）。

转录过程可划分为起始、延伸和终止三个阶段。转录起始过程是指从 RNA 链的第一个核苷酸合成开始到 RNA 聚合酶离开启动子为止的阶段，其又可分为模板识别（template recognition）和转录起始（transcription initiation）两个阶段。转录延伸过程是转录起始复合物 3'-OH 端逐个加入 NTP 形成 RNA 链的过程。转录终止过程是 RNA 聚合酶进行到终止子序列后，停止向正在延伸的 RNA 链添加核苷酸，从 DNA 模板上释放新生 RNA 产物，RNA 聚合酶与 DNA 解离的过程。

转录具有以下特征：①只对特定的基因组或基因进行转录，均需要 DNA 依赖的 RNA 聚合酶，被转录的 DNA 中只有一条链作为模板；②无论原核生物或真核生物，RNA 链的合成都是按 5'→3' 方向进行；③转录过程不需要引物参与；④转录过程以 ATP、CTP、GTP 和 UTP 四种核糖核苷三磷酸为原料；⑤转录过程中将遗传信息从 DNA 传递给 RNA 时，保真性远低于复制过程。

2. 翻译　对于终产物是蛋白质的基因,在转录后其基因表达还须将 mRNA 的遗传信息转为蛋白质中的氨基酸信息。翻译(translation)是指将存储在 mRNA 核苷酸顺序中的遗传信息按照遗传密码的专一性转变成蛋白质氨基酸顺序的过程。这一过程需要一系列的生物大分子的参与,包括:①约有 40~60 种不同的 tRNA 分子;②3~5 种核糖体中的 rRNA 分子;③组成核糖体中蛋白质的 50 多种多肽;④至少 20 种氨基酸活化酶类;⑤参与多肽翻译过程中起始、延伸和终止的大量可溶性蛋白质因子等。

3. 翻译后加工　大多数的新生肽链是没有功能的,常常要进行一系列翻译后的加工处理,才能成为具有活性的成熟蛋白质。与翻译过程相比,蛋白质产物的翻译后处理显得更加复杂。一般来说,蛋白质的成熟过程涉及信号肽的切除、多肽链内二硫键的正确折叠、某些氨基酸残基的修饰和寡聚体的形成等一系列翻译后的加工过程。这通常是在特定的细胞器或亚细胞结构中完成的。

蛋白质翻译后加工的目的是满足蛋白质功能与定向转运的需要,这在真核生物中尤为复杂,蛋白质在合成和运输过程中均受到精确的调控。生物体内的有些蛋白质需要受到甲基化、乙酰化、磷酸化和蛋白酶水解等修饰后具有活性。其中许多酶、转录因子、组蛋白和非组蛋白、微管蛋白、膜蛋白等均受到磷酸化或脱磷酸化调节,这些蛋白质通常处于非活性状态,当生命体需要时才通过磷酸化或脱磷酸化成为活性状态,参与体内一系列生理生化反应。

（二）基因表达的调控

贮存在 DNA 中的遗传信息需要通过基因转录和翻译进行表达。在生物体不同的器官和组织、不同的生长发育时期、不同的外界信号作用下,细胞中基因的表达受到严格的调控,导致基因的表达差异。

原核生物基因的表达可以在 DNA 复制、转录和翻译 3 个不同层次进行调控。其中转录水平的调控是最重要的,正控制或负控制均可通过诱导物或辅阻遏物等小分子物质与激活或阻遏调节蛋白的相互作用使操纵子处于诱导或阻遏状态。翻译或翻译后水平的调控是对转录调控的有效补充。

真核生物的基因调控较为复杂,包括 DNA 水平的调控(如基因丢失、基因扩增和基因重排等)、转录水平的调控、转录后调控(如 mRNA 前体的可变剪接与反式剪接、RNA 编辑、mRNA 转运)、翻译水平的调控(如起始因子、mRNA 的稳定性与非翻译区)和翻译后调控(如蛋白质的磷酸化、起始密码子引入的甲硫氨酸的去除、信号肽序列切除、二硫键的形成、内含肽的剪接、氨基酸修饰、肽链折叠等)。真核生物基因表达调控具有多层次性,但主要发生在转录水平的调控,一方面受控于基因调节的顺式作用元件(cis-acting element),另一方面受到反式作用因子(trans-acting factor)的调控,真核生物基因转录起始与延伸是通过两者相互作用进行调节的。

在长期的进化过程中,无论原核生物还是真核生物都具备了高度的环境适应和应变能力。如细菌通常生长在变化迅速的环境中,对某类酶的需要亦随之变化,当细菌接收到外界信号时,通过调节有关基因的表达以适应变化的环境。

（三）表观遗传学修饰对基因表达的影响

经典遗传学认为核酸碱基序列储存了生命体的全部遗传信息,随着研究的深入,人们发现一些 DNA 或染色体水平的修饰也会造成基因表达模式的改变。这种通过有丝分裂或减数分裂来传递非 DNA 序列遗传信息的现象称为表观遗传。与遗传相对应,表观遗传是指 DNA 碱基序列未发生变化,但基因的表达或细胞表型却发生了稳定的、可遗传的变化,涉及染色质重编程、基因表达调控及基因型对表型的决定作用。

表观遗传学主要研究从基因演绎为表型的过程和机制,目前已发现 DNA 甲基化(DNA methylation)(胞嘧啶甲基化、去甲基化修饰)、组蛋白修饰(乙酰化、糖基化、泛素化、磷酸化)、非编码 RNA 调控(长、短链非编码 RNA 调控)、基因组印记、基因沉默、母体效应、副突变、染色体重塑(核小体变成疏松的开放式结构、染色质去凝集)、X 染色体失活、位置效应以及 RNA 编辑等均可引起表观遗传现象。

1. DNA 甲基化　　DNA 甲基化是由 DNA 甲基转移酶催化 S- 腺苷甲硫氨酸作为甲基供体,将胞嘧啶转变为 5- 甲基胞嘧啶(5mC)的反应。在植物中 DNA 甲基化多发生在 CG、CHG、CHH 处。真核生物体内甲基化状态包括:

(1)持续的低甲基化状态,如持家基因。

(2)诱导的去甲基化状态,如发育阶段中的一些基因。

(3)高度甲基化状态,如一些高度功能特异染色体。

DNA 甲基化主要是通过 DNA 甲基转移酶(MET)催化,另一种甲基转移酶是植物特有的,称为染色质甲基化酶(CMT)。第三种是结构域重排甲基转移酶(DRM),其功能尚不明确。DNA 的甲基化是植物正常生长发育所必需的,一般发生在外源基因内部或启动子序列中,抑制基因的表达,导致基因沉默。DNA 甲基化引起的转基因沉默可分为转录水平和转录后水平。

2. 组蛋白共价修饰　　染色体的多级折叠过程中,需要 DNA 与组蛋白(H3、H4、H2A、H2B 和 H1)结合在一起。组蛋白并不是通常认为的静态结构,它们在翻译后的修饰中会发生改变,从而提供一种识别的标志,为其他蛋白与 DNA 的结合产生协同或拮抗效应。

组蛋白可以经共价修饰而发生乙酰化、甲基化、泛素化、磷酸化、糖基化和羰基化,其中乙酰化、甲基化研究最多,这两类修饰既能激活基因也能使基因沉默。组蛋白甲基化修饰主要在组蛋白 H3 和 H4 的赖氨酸和精氨酸两类残基上,其与 DNA 甲基化可产生协同作用,在植物营养生长、生殖发育过程中发挥调控作用。植物组蛋白乙酰化基因缺陷会引起发育异常,但不会致死。

核心组蛋白 N 端赖氨酸的核酸基团可以在组蛋白乙酰转移酶(histone acetyltransferase,HAT)的作用下发生乙酰化,而这种修饰又可被组蛋白脱乙酰酶(histone deacetylase,HDAC)逆转。在真核生物中,HAT 和 HDAC 的功能基本相似。在不同的物种中,不同种类的 HAT 催化结构域高度保守,且它们募集的蛋白也具有类似的功能。

3. 染色质重塑　　在基因表达的复制和重组等过程中,染色质的包装状态、核小体中组蛋白以及对应 DNA 分子会发生改变。染色质的去凝集、核小体变成疏松的开放式结构等变化,可影响核小体在基因启动子区的排列、增加基础转录装置和启动子的可接近性。

染色质重塑的发生与组蛋白 N 端尾巴修饰密切相关,尤其是对组蛋白 H3 和 H4 的修饰。染色质重塑复合物、组蛋白修饰酶的突变均与转录调控、DNA 甲基化、DNA 重组、细胞周期、DNA 的复制和修复异常相关。

4. 非编码 RNA 调控　　非编码 RNA 是指不被翻译为蛋白质但又是蛋白质翻译过程中必不可少的组分,如 tRNA、rRNA 等。这些 RNA 能够调控基因的表达和蛋白质的合成,因而在表观遗传调控中发挥重要作用。非编码 RNA 按照序列长度可分为长链非编码 RNA 和短链非编码 RNA,其中长链非编码 RNA 在整个染色体水平发挥顺式调节作用,而短链非编码 RNA 主要在基因组水平对基因表达进行调控。

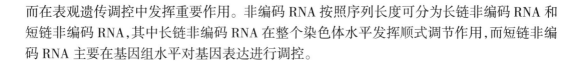

第二节 基 因 组

基因组(genome)指一个细胞或者生物体所携带的一套完整的单倍体序列,包括全部基因和间隔序列。基因组序列包含了生物的起源、进化、发育、生理以及与遗传性状有关的一切信息,是从分子水平全面解析各种生命现象的前提和基础。对于多数只有一个染色体的原核生物(细菌、蓝藻)来说,它们的整个染色体 DNA 分子组成其基因组。自 1995 年以来,基因组分析已由原来的图谱绘制和测序扩展到基因功能分析,为了反映这一变化,一个更综合性的术语——基因组学被提出,它是对基因组结构和功能研究的学科。

一、真核生物基因组的分类

真核生物基因组有细胞核基因组和细胞器基因组两种,后者又分为线粒体基因组和叶绿体基因组。

(一)核基因组

核基因组是指真核生物细胞核染色体所包含的全部遗传信息即碱基对。大部分物种的基因组为 DNA 序列,部分病毒的基因组为 RNA 序列。不同物种基因组大小差异很大,基因组最小的应该是类病毒(viroid),最小的只有 205 个核苷酸;病毒中噬菌体 MS2 的基因组有 3 569 个核苷酸,编码 4 个蛋白;生殖支原体(*Mycoplasma genitalium*)有着非寄生性类细菌最小的基因组,580 kb,有 482 个蛋白编码基因;蝾螈(axolotl)的基因组为 32 Gbp,是目前已经测序的最大基因组,因其强大的器官再生能力引起了广泛关注。单子叶植物日本重楼(*Paris japonica*)基因组为 150 Gbp,可能是目前已知最大的基因组(无恒变形虫 *Amoeba dubia* 的基因组大小存在争议,早期估计是 670 Gbp,最新估计是 67 Gbp)。

真核生物基因组大小虽在不同物种之间变化较大,但编码的基因却不存在量级的变化,主要的变化在非编码区,被称为基因组的暗物质。随着调控组学研究的深入,这些区域越来越多被证明发挥着重要的调控作用。

(二)线粒体基因组

线粒体作为一种半自主性的细胞器,自身含有约 15~20 kb 的双链环状 DNA 分子。其物理结构包括编码区和非编码区。非编码区又称取代环(displacement loop, D-loop),是线粒体基因组的控制区(control region);编码区编码细胞线粒体发育所需约 1 000 个基因中的 37 个基因,共包括 13 条多肽基因、22 个 tRNA 基因和 2 个 rRNA 基因。tRNA 基因和 rRNA 基因全部用于转运和合成线粒体编码的 13 个多肽,这些多肽分别为:NADH-CoQ 还原酶 7 个亚基(ND1~ND6、ND4L),细胞色素 b(cytb),细胞色素 c 氧化酶 3 个亚基(COX1~COX3)和 ATP 合成酶(ATP synthase)中的两个亚基(ATPase6 和 ATPase8)。这 13 个蛋白或亚基都是线粒体内膜呼吸链的组分,参与细胞的氧化磷酸化过程。

线粒体的主要功能是合成 ATP,为细胞的生命活动提供直接能量。在线粒体的氧化磷酸化过程中,线粒体 DNA(mtDNA)长期暴露于高浓度的活性氧中,容易受到内外环境中一些刺激因素的影响而产生突变,导致线粒体基因表达水平的改变,使ATP的生成减少,最终导致细胞能量代谢异常和功能障碍。线粒体基因组与核基因组通过在基因、蛋白以及细胞水平上相互作用,共同保证细胞能量代谢有关的活动,维持着线粒体的正常功能和细胞的正常状态。

(三)叶绿体基因组

作为植物特有的细胞器,叶绿体是植物进行光合作用的场所,具有自主遗传信息。由于叶绿体基因组为母系遗传,基因组结构、基因相对保守,在物种鉴定、植物系统进化研究、基因工程等领域都有广泛应用。

叶绿体基因组DNA一般为双链环状结构,极少数为线状结构,如伞藻(*Acetabularia*)。基因组大小一般为120~200 kb,环状DNA基本由4个部分组成,分别为两个序列相同而方向相反的反向重复区(inverted repeat region,IR),以及被其分隔开的大单拷贝区(large single copy region,LSC)和小单拷贝区(small single copy region,SSC)。

叶绿体基因组一般包含110~160个基因,按照功能可大致分为3类:第一类为光合系统基因,包括光合系统Ⅰ(psa)、光合系统Ⅱ(psb)、ATP合酶(atp)、NADH脱氢酶(ndh)、细胞色素复合体(pet)等基因;第二类为遗传系统基因,包括核糖体蛋白(rps、rpl)、RNA聚合酶(rpo)、tRNA(trn)、rRNA(rrn)等基因;第三类为其他基因,包括乙酰辅酶A羧化酶亚基(accD)、其他蛋白编码基因、假定开放阅读框等基因(表2-1)。

表 2-1 叶绿体基因组基因表

功能	基因分类	基因
光合作用	ATP 合酶	*atpA*, *atpB*, *atpD*, *atpE*, *atpF*, *atpG*, *atpH*, *atpI*
	NADH 脱氢酶	*ndhA*, *ndhB*, *ndhC*, *ndhD*, *ndhE*, *ndhF*, *ndhG*, *ndhH*, *ndhI*, *ndhJ*, *ndhK*
	细胞色素复合体	*petA*, *petB*, *petD*, *petF*, *petG*, *petL*, *petM*, *petN*
	光系统 Ⅰ	*psaA*, *psaB*, *psaC*, *psaD*, *psaE*, *psaF*, *psaI*, *psaJ*, *psaL*, *psaM*
	光系统 Ⅱ	*psbA*, *psbB*, *psbC*, *psbD*, *psbE*, *psbF*, *psbG*, *psbH*, *psbI*, *psbJ*, *psbK*, *psbL*, *psbM*, *psbN*, *psbT*, *psbV*, *psbX*, *psbY*, *psbZ*, *psb28*
	Rubisco 亚基	*rbcL*, *rbcS*, *rbcR*
	细胞色素 C 合成	*ccs1*, *ccsA*, *ccsB*
	包膜蛋白	*cemA*
	原叶绿素还原酶亚基	*chlB*, *chlI*, *chlL*, *chlN*, *chlP*
自身复制	核糖体蛋白小亚基	*rps2*, *rps3*, *rps4*, *rps5*, *rps6*, *rps7*, *rps8*, *rps9*, *rps10*, *rps11*, *rps12*, *rps13*, *rps14*, *rps15*, *rps16*, *rps17*, *rps18*, *rps19*, *rps20*
	核糖体蛋白大亚基	*rpl1*, *rpl2*, *rpl3*, *rpl4*, *rpl5*, *rpl6*, *rpl11*, *rpl12*, *rpl13*, *rpl14*, *rpl16*, *rpl18*, *rpl19*, *rpl20*, *rpl21*, *rpl22*, *rpl23*, *rpl24*, *rpl27*, *rpl29*, *rpl31*, *rpl32*, *rpl33*, *rpl34*, *rpl35*, *rpl36*
	RNA 聚合酶亚基	*rpoA*, *rpoB*, *rpoC1*, *rpoC2*

续表

功能	基因分类	基　　因
自身复制	tRNA	*trnA-UGC*, *trnC-ACA*, *trnC-GCA*, *trnD-GUC*, *trnE-UUC*, *trnF-GAA*, *trnfM-CAU*, *trnG-GCC*, *trnG-UCC*, *trnH-GUG*, *trnI-CAU*, *trnI-GAU*, *trnK-UUU*, *trnL-CAA*, *trnL-UAA*, *trnL-UAG*, *trnM-CAU*, *trnN-GUU*, *trnP-GGG*, *trnP-UGG*, *trnQ-UUG*, *trnR-ACG*, *trnR-UCU*, *trnR-CCG*, *trnS-GCU*, *trnS-GGA*, *trnS-UGA*, *trnT-GGU*, *trnT-UGU*, *trnV-GAC*, *trnV-UAC*, *trnW-CCA*, *trnY-AUA*, *trnY-GUA*
	rRNA	*rrn4.5*, *rrn5*, *rrn16*, *rrn23*
	rRNA	*Rns*, *rnl*
	转录起始因子	*infA*
	蛋白酶	*clpC*, *clpP*
	成熟酶	*matK*
	其他	*sprA*, *cbbX*, *tufA*
其他	乙酰辅酶 A 亚基	*accD*
	代谢	*acpP*, *thiG*, *thiS*, *cysA*, *cysT*
	蛋白质质量控制	*dnaB*, *dnaK*, *ftsH*, *groEL*
	组装，膜插入	*secA*, *secG*, *secY*, *sufB*, *sufC*, *tatC*
	未知	*ycf1*, *ycf2*, *ycf3*, *ycf4*, *ycf5*, *ycf9*, *ycf10*, *ycf12*, *ycf15*, *ycf68*, *ycf88*, *ycf89*, *ycf90*

二、基因组的结构组成

基因组主要由编码基因、调控序列和重复 DNA 序列组成。基因组中编码基因只占基因组的一小部分，人类基因组中编码基因仅占不到 3%，大部分 DNA 序列不编码任何蛋白。虽然编码基因数量不多，但却可以通过转录产生大量 mRNA，并在不同剪接模式下，将 mRNA 翻译出大量蛋白质，调控生命活动的各项进程。

（一）RNA 剪接过程

生物的表型在本质上是由基因型决定的，而生物的基因型又取决于基因的数目、结构、组成等。同一基因转录产物由于不同剪接方式而形成不同的 mRNA，这种现象被称为可变剪接（alternative splicing）或选择性剪接。可变剪接被认为是导致蛋白质多样性的重要原因之一，它使一个基因可编码多个不同转录产物和蛋白质产物。许多真核生物基因的外显子和内含子并没有固定的边界，能够以不同方式进行选择性剪接，组合成不同的 mRNA，翻译出多种蛋白质。

（二）非编码 RNA

非编码 RNA 可形成发卡结构等二级结构或通过互补配对影响其他基因的表达。这些非编码 RNA 包括但不限于：①转运 RNA（tRNA），约占细胞总 RNA 的 10%~15%，可作为蛋白质合成模板 mRNA 与氨基酸之间的关键接合体，将所需的氨基酸运送至核糖体上；②核糖体 RNA（rRNA），约占细胞总 RNA 的 80%，既是核糖体的重要结构成分，也是核糖体发挥生物功能的重要元件，rRNA 在蛋白质合成方面发挥重要作用，可为 tRNA 和多种蛋白质合成因子提供结合位点，参与蛋白质合成起始时同 mRNA 选择性结合，以及在肽链的延伸中与 mRNA 结合等过程；③微 RNA（miRNA），长度约为 20~24 个核苷酸，在细胞内具有多种重要调节作用，每个 miRNA 可调控多个基因，几个 miRNA 也可调控同一个基因；④长链非编码 RNA（lncRNA），在剂量补偿效应、表观遗传调控、细胞周期和细胞分化调控等生命活动中发挥重要作用；⑤小分子干扰 RNA，包含能促使 mRNA 降解或阻止和干扰靶 mRNA 翻译的 miRNA；⑥引发基因沉默、阻止翻译和染色质重塑等的小干扰 RNA（small interfering RNA，siRNA）；⑦抑制内源逆转座子表达、保持基因组稳定性的 Piwi 相互作用 RNA（Piwi-interacting RNA，piRNA）。

（三）顺式作用元件

顺式作用元件是指存在于基因旁侧序列中能影响基因表达的序列，包括启动子、增强子、沉默子等。顺式作用元件是反式作用因子的结合位点，它们通过与转录因子结合而调控基因转录的精确起始和转录效率。反式作用因子是指能特异性结合靶基因的顺式作用元件并对真核生物基因的转录起促进或阻遏作用的一类蛋白调节因子，包括转录激活因子、转录遏制因子、共调节因子等。

（四）重复序列

真核生物的基因组序列复杂，包含大量重复序列。通常基因组较大的植物，其 DNA 序列的重复程度也相应较高。重复 DNA 又分为串联重复和散在重复。串联重复序列主要包括卫星 DNA、微卫星 DNA、小卫星 DNA 和端粒序列等。散在重复序列主要指可移动的重复 DNA，如转座子和反转录转座子序列。

三、基因家族

基因家族作为真核生物基因组的一个特征，也是构成基因组中重复序列的因素之一。基因家族是指起源于同一共同祖先，在生命进化过程中由于基因加倍和趋异而形成的 DNA 序列，组成基本一致但略有不同的基因。这些同一家族的基因成员有时紧密地成簇排列在同一染色体上，称为串联基因家族，但大部分情况下，它们是分散在同一染色体不同的部位，甚至分散在不同染色体上，称为分散基因家族。

（一）同源基因（homologous gene）

同源基因是由一个共同祖先在不同物种中遗传的基因。虽然同源基因在序列上是相似的，但相似的序列不一定是同源的。

（二）直系同源基因（orthologous gene）

一个祖先物种可以分化产生两种新物种，这两种新物种共同具有的由祖先物种继承下来的基因就称为直系同源基因。

直系同源基因通常是编码生命必需的酶、辅酶或关键性的调控蛋白的基因，具有功能保守、进化缓慢等特征，其变化速度可覆盖整个进化历史，且序列变化速度与进化距离相当。

大多数直系同源基因功能相同或相近,调控途径也相似。

（三）旁系同源基因（paralogous gene）

旁系同源基因是指由于基因复制而产生的同源基因,如丹参 CPS1 基因和 CPS2 基因。基因复制复后,进化选择压力变小,其中一条基因丢失或发生沉默,都能促使种内同源基因分化,产生新特性或新功能的基因。虽然某些旁系同源基因转录区序列相似度不高,但它们的操纵子却仍然具有较高的保守度。

第三节　数量遗传学

数量遗传学是根据遗传学原理,应用适宜的遗传模型和数理统计的理论和方法,探讨生物群体内个体间数量性状变异的遗传基础,研究数量性状遗传传递规律及其在生物改良中应用的一门理论与应用学科。

经典的数量遗传学（classical quantitative genetics）以微效多基因假说为前提,采用数理统计学方法对表型测量数据进行分析,建立了一系列的数量遗传分析理论方法,如基因的加性与显性、效应与方差、亲属间协方差、世代平均值分析、遗传交配设计与遗传方差成分估计、遗传率分析、选择及其响应、遗传相关分析、交配效应与配合力分析等。因为微效多基因假说认为数量性状是受位于染色体上的基因所控制,其遗传传递服从孟德尔遗传规律,这些基因数量多、效应微小、效应大小相等、易受环境影响,因此必须采用统计学方法进行研究。但传统的数量遗传分析方法只能分析控制数量性状表现的众多基因总的遗传效应,无法鉴别基因数目、单基因在基因组中位置和遗传效应,有一定的局限性。

现代数量遗传学（modern quantitative genetics）,又称分子数量遗传学（molecular-quantitative genetics）,采用数理统计学方法对分子标记和表型测量的数据组合进行分析,即在分子水平上揭示数量变异的遗传基础和遗传规律,并否定了微效多基因假说中控制数量性状的基因很多和效应相等的假设,却证明了数量性状确实受位于染色体上的基因所控制,这些基因遵从孟德尔遗传规律。现代数量遗传学证明并沿用了传统数量遗传学的基本理论和方法,如基因效应、方差、遗传率、遗传相关、选择理论和杂种优势理论等,并在原有基础上进一步发展。由于采用了分子标记和计算机技术与结合分子标记和表型测量数据的统计分析方法,使人类对数量性状的研究得以细化和深化。

一、数量遗传学研究方法

数量性状基因座定位（QTL 定位）

基因座（locus）是指各个基因在染色体上所占的位置,在分子水平上则是有遗传效应的 DNA 序列。鉴定控制数量性状基因座（quantitative trait loci, QTL）并剖析相关的遗传效应,是数量性状研究的重要工具。QTL 作为一特定染色体片段,控制同一性状的一组微效多基因的集合或基因簇（gene cluster）。如果有一类基因与药材的道地性有明显关联,可称为"道地基因",该类基因主要由控制数量性状结果的数量性状基因座位构成。

QTL 定位也称为 QTL 作图,即利用分子标记技术构建各种生物的分子标记连锁图谱,具有多态性的分子标记本身并不是基因,对分析的数量性状不存在遗传效应。如果分子标记覆盖整个基因组,当标记与控制特定性状基因连锁时,不同标记基因型的表型值就存在显著差异,通过数量性状观测值与标记间的关联分析,即可以确定各数量性状基因在染色体上的位置、效应及其遗传学效应。

QTL 定位一般需要三个步骤:①分离世代群体;②遗传标记检测;③数量性状值的测定及统计分析。其中分析标记基因型和数量性状值之间是否存在关联,发现 QTL 并准确估计QTL 的遗传效应,是 QTL 定位的关键。QTL 定位的方法比较复杂,常用的包括单标记分析法和多标记作图法。

1. 单标记分析法 是将群体中的个体按单标记基因型进行分组,每次只分析一个标记,同时度量各个体数量性状的表型值。如果某个标记与某个或某些 QYL 连锁,则在杂交后代群体中,标记就会与 QTL 标记间发生一定程度的共分离,使得不同标记基因型在数量性状的分布、均值和方差上存在差异,然后以单因素方差分析检测被研究数量性状在标记基因型间的显著差异性,或是将个体的数量性状表型值对单个标记的基因型进行回归分析,如果各标记基因型差异或回归系数达到统计测验的显著水平,则可认为标记与 QTL连锁。

2. 多标记作图法 可分为区间定位(interval mapping, IM)和复合区间定位(composite interval mapping, CIM)。前者是利用染色体上一个 QTL 两侧的一对标记,建立个体数量性状测量值对双侧标记基因型指示变量的线性回归关系,如果回归关系显著,表明 QTL 存在,并能估计出 QTL 的位置和效应,因其需要根据 QTL 基因型相邻双侧的基因型加以推测,需要利用概率分布和正态分布的极大似然函数估计两标记间存在 QTL 的可能性和效应大小。后者是利用多元回归特性,构建不受区间以外的其他 QTL 影响的检验统计量,以此统计量进行区间检验,可将同一染色体上的多个连锁 QTL 效应区分开,与 IM 法相比可极大提高QTL 定位的准确性。

二、全基因组关联分析

(一)全基因组关联分析的概念

全基因组关联分析(genome wide association study, GWAS)是一种高通量获取基因或遗传标记的方法,因其分辨率高且不需要人工构建作图群体等优点,已被大量应用在动植物的遗传研究中。1996 年,Risch 等首次提出了 GWAS 的概念,该分析法主要是利用高密度 SNP芯片、高通量测序(high-throughput sequencing)技术等,借助强大的统计学工具,对复杂数量性状功能候选遗传变异进行分析和鉴定。

GWAS 是一种复杂性状功能定位的正向遗传学分析策略,最初应用于人类疾病的研究,通过 GWAS 已经发现了数以百计的遗传变异与人类疾病相关的复杂特征,彻底改变了人类基因图谱。植物的数量性状往往受到等位基因多样性的影响,GWAS 可以克服传统基因映射方法的一些局限性,可直接利用群体内所有个体全基因组水平上的等位遗传变异和表型变异的相关性分析,鉴定与目标性状显著连锁的等位变异位点,进而分析等位基因型对表型的遗传效应,在植物数量性状遗传结构解析中发挥了重要作用。

（二）全基因组关联分析的原理

GWAS 是在基因水平上通过分子标记的手段,对整个基因组内的单核苷酸多态性（single nucleotide polymorphism, SNP）进行综合分析与分型,再将不同表现的性状变异统计出来,提出假设,并且验证其与期望性状间的关联性。

GWAS 的研究策略类似于传统的候选基因法,在设计初始 GWAS 实验时,一般分成两个阶段:首先对整个基因组 SNP 基因分型芯片和 SNP 进行统计分析,通常能够筛选少量阳性 SNPs,然后在更多样本中对这些阳性 SNPs 进行基因分型,最后整合两个阶段的结果进行分析。GWAS 两阶段研究策略减少了工作量和成本,通过重复实验也减小了误测率。

在第一阶段中,与性状相关联的 SNP 分析可能会受到样本量不足的制约。为了寻找更多的易感基因位点,目前常用的方法是扩大 GWAS 的样本量,即在同一时间适当放宽第一阶段的选择标准并扩大验证 SNP 的范围。

（魏　渊　朱田田）

第三章 主要通用技术与生物信息学

第一节 DNA 分子标记技术

一、DNA 分子标记概述

广义的分子标记是指可遗传并可检测的 DNA 序列或蛋白质。狭义分子标记是一种以生物个体间遗传物质内核苷酸序列变异为基础的遗传标记,是 DNA 水平遗传变异的直接反映。与其他遗传标记相比,分子标记的优势包括:

（1）大多数分子标记为共显性。

（2）基因组变异极其丰富,分子标记的数量众多。

（3）在生物发育的不同阶段、不同组织的 DNA 均可用于标记分析。

（4）分子标记表现为中性,不影响目标性状的表达,与不良性状无连锁。

（5）检测手段简单、迅速。

二、DNA 分子标记的类型和特点

（一）RFLP 标记

限制性片段长度多态性（RFLP）标记是第一代分子标记技术,是指一个物种的 DNA 被某种特定的限制性内切酶消化所产生 DNA 片段长度的变异性,这种变异的产生是突变所导致的内切酶识别位点的增加或消除的结果。不同大小和长度的同源 DNA 片段可以作为遗传标记来追踪染色体片段的传递。RFLP 标记具有以下优点:①共显性遗传,在分离群体中能区别各种可能的基因型;②变异丰富,即能使系内不同个体间都存在 RFLP 变异;③覆盖整个基因组,只要利用一个组合、试验群体就可进行研究分析;④有助于分析标记基因对性状的效应;⑤变异更加稳定,不受环境影响。

（二）RAPD 标记

随机扩增多态性 DNA（randomly amplified polymorphic DNA, RAPD）标记以 PCR 为基础,以随机的短核苷酸序列为引物,以基因组 DNA 为模板,进行 PCR 反应,找出扩增片段的多态性。RAPD 标记具有操作简单,检测快速,多态性位点多,灵敏度高,实验所需 DNA 样品量少等优点。特定序列扩增区域（sequence characterized amplified region, SCAR）标记由

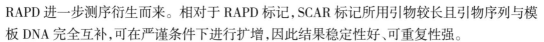

RAPD 进一步测序衍生而来。相对于 RAPD 标记，SCAR 标记所用引物较长且引物序列与模板 DNA 完全互补，可在严谨条件下进行扩增，因此结果稳定性好、可重复性强。

（三）AFLP 标记

扩增片段长度多态性（amplified fragment length polymorphism，AFLP）标记的基本原理是选择性扩增基因组 DNA 的酶切片段。利用限制性内切酶对基因组 DNA 进行酶切，产生黏性末端，其酶切片段首先与具有共同黏性末端的人工接头连接，连接后的黏性末端序列与接头序列可作为 PCR 反应的引物结合位点。AFLP 标记结合了 RFLP 标记和 RAPD 标记各自的优点，方便快速，只需极少量 DNA 材料，产物呈典型的孟德尔方式遗传。

（四）SSR 标记

微卫星即简单重复序列（simple sequence repeat，SSR），其核心的序列由 1~6 bp 串联重复在一起，最常见的二核苷酸重复单位是（AC）$_n$ 和（GA）$_n$，每个 SSR 序列的核心序列具有相同的结构，一般重复单位为 10~60 个，不同数目的重复单位串联在一起，形成高度多态性。其基本原理是依据位于微卫星序列两端的互补序列进行引物的设计，采用 PCR 技术对微卫星片段进行扩增，由于核心序列具有不同的串联重复数目，因此使用 PCR 可以将长度各不相同的 PCR 产物扩增出来，然后进行凝胶电泳，以对核心序列的长度多态性进行分析。SSR 标记具有许多优点：①共显性标记，可鉴别出纯合子和杂合子；②多态性水平高，均匀分布于整个基因组；③具有多等位基因的特性，提供的信息量高；④带型简单、易识别、可自动化分析；⑤稳定性、重复性好；⑥操作简便，试验周期短；⑦成本较低，对 DNA 质量要求低。

简单重复序列间区（inter-simple sequence repeat，ISSR）是在微卫星 DNA 序列基础上发展的一种分子标记，其主要采用锚定的微卫星 DNA 为引物，即在 SSR 序列的 3' 端或 5' 端加上 2~4 个随机核苷酸。与 SSR 相比，ISSR 引物的开发费用降低，且可以在不同的物种间通用。

（五）SNP 标记

单核苷酸多态性（single nucleotide polymorphism，SNP）主要是指由单个核苷酸的变异而引起基因组水平上的 DNA 序列多态性，形式包括单碱基的缺失、插入、转换及颠换等。SNP 标记具有以下优点：①数目多、分布广；②基于单核苷酸突变，遗传稳定性高；③位点丰富且分布广泛；④富有代表性；⑤检测快速，易实现自动化分析。

（六）STS 标记

序列标签位点（sequence-tagged site，STS）标记的基本原理是通过对 RFLP 标记使用的 cDNA 克隆进行测序，然后根据其序列设计一对引物，对基因组 DNA 进行特异扩增。由于它所使用的方法比较简单，一旦获得适宜的引物，就和 RAPD 分析一样简单、迅速、方便，而且引物较长，标记较为稳定。

不同的检测方法在理论上或实际应用中均有各自的优点和局限（表 3-1），目前还找不到一种完全取代其他方法的技术。因此，在研究生物的遗传多样性时，可将几种检测方法综合使用，扬长避短，建立快速有效的方法。同时在分子标记中，除 RFLP 外，其他分子标记均建立在 PCR 反应基础上，又各有所长，因此可以借助 PCR，结合各种分析方法，更快速、更简单、更可靠地获得分子标记，从而加快遗传多样性的研究进程。

表 3-1　不同分子标记技术的区别

项目	等位酶分析	RFLP	RAPD	AFLP	SSR	ISSR
主要原理	蛋白质电泳	限制酶切Southern杂交	随机 PCR 扩增	限制性酶切结合 PCR 扩增	PCR 扩增	随机 PCR 扩增
多态性水平	高	中等	较高	非常高	高	高
检测区域	整个基因组	单 / 低拷贝区	整个基因组	整个基因组	重复序列	重复序列间隔的单拷贝区
可靠性	高	高	中	高	高	高
遗传特性	显性	共显性	显性 / 共显性	共显性 / 显性	共显性	显性 / 共显性
DNA 质量要求	较高	高, 5~30 μg	中, 20~100 ng	很高, 50~100 ng	中, 10~100 ng	中, 2~50 ng
试验周期	短	长	短	较长	短	短
开发成本	高	高	低	高	高	低

第二节　生物信息学技术

一、生物信息学概述

生物信息学,是指为了理解生物数据尤其是大量复杂数据集而开发方法和软件的交叉领域。它也是一种涵盖性术语,属于采用计算机编程或使用写好的"流程"进行生物研究的跨学科方向,通常需要生物、计算机、信息科学、统计等多学科知识分析和解释生物学数据。

早期生物信息学对应于两个英文术语,bioinformatics 和 computational biology。"Bioinformatics"最早是由 Paulien Hogeweg 和 Ben Hesper 于 1970 年在研究生物相关的信息处理时提出的概念。当时将其定义为与生物化学(研究生物系统中的化学过程)平行的一个研究领域。"Computational biology",类似于目前学界对 bioinformatics 的理解,是采用计算机处理和存储生物学数据的跨学科领域。

早期生物学的研究也涉及一些数据计算,比如现代遗传学的创始人孟德尔(Gregor Johann Mendel)在 1856—1863 年进行的豌豆植物杂交实验,通过计算杂交子代不同的性状,如种皮的颜色(灰色 705,白色 224)、植株的高矮(高茎 787、矮茎 277)、种子的形状(圆粒 5 474、皱粒 1 850)等发现显性性状的出现比例均为隐性性状的 3 倍左右。当时没有现代计数工具,孟德尔只能依据手写和手算进行统计分析,推断得出孟德尔分离定律。现在生物科研产出的数据多以百万、千万量级计数,比如人的基因组有 30 亿左右碱基对,假如用 12 号新罗马字体打印成书,大约需要 1 206 980 页,使用传统的方法对类似人类基因组这样规模的数据进行统计计算几乎是不可能完成的任务,所以需要计算机辅助技术的发展。而生物

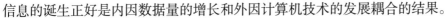

信息的诞生正好是内因数据量的增长和外因计算机技术的发展耦合的结果。

基因和蛋白质在生物中的重要作用催生了对其序列的解析,由此带来的数据积累和复杂计算则是生物信息学发展的内因,生物信息学发展的外因则是与生物碱基和氨基酸序列解析相伴而行的计算机和编程技术的发展。这一发展历程中的重要事件如下:

1869 年,发现和分离出脱氧核糖核酸。

1885—1901 年,解析出 A、C、G、T、U 五种碱基。

1944 年,通过肺炎球菌实验初步确认脱氧核糖核酸(DNA)为遗传物质。

1946 年,世界上第一台电子计算机问世。

1952 年,通过噬菌体侵染实验确认 DNA 为遗传物质。

1953 年,提出 DNA 双螺旋结构模型。

1955 年,完成胰岛素蛋白测序。

1957 年,鉴定出血红蛋白中一个氨基酸的突变导致镰刀型细胞贫血症,也奠定了遗传信息传递的假设基础。

1957 年,开发了首个高级计算机程序语言 FORTRAN。

1958 年,提出"中心法则"——遗传信息从 DNA 传递到 RNA 再传递到蛋白质最终发挥作用,为现代组学的发展提供了框架。

1962 年,使用 FORTRAN 编写了第一个生物信息程序 COMPPROTEIN,从蛋白降解数据中寻找重叠的多肽片段,辅助蛋白序列的拼装和解析。

1967 年,基于细胞色素 C 的蛋白序列的差异度量进行了系统进化分析,构建了系统进化树。同时还提出了现今依然广泛使用的俗语:同源序列(homologous sequence)、直系同源序列(orthologous sequence)和构建系统进化树的算法最大简约法(maximum parsimony)。

1970 年,提出基于动态规划算法的 Needleman-Wunsch 全局最优序列比对算法。

1979 年,提出用电脑程序处理核酸测序结果的拼装,奠定了"鸟枪法"测序(shotgun)的理论基础。洛斯阿拉莫斯国家实验室建立序列数据库,1982 年改名为 GenBank,后转交给美国国家生物技术信息中心(NCBI)管理。

1981 年,提出 Smith-Waterman 局部最优动态规划算法,与 Needleman-Wunsch 算法奠定了当前最广泛使用的序列比对工具 BLAST 的基础。

二、生物信息学在分子生药学中的应用

生物信息学已经是生物和医学领域的一个重要部分,在中药资源研究中也发挥着越来越重要的作用。如在一般实验中,引物设计、序列搜索(BLAST:局部比对序列搜索工具)、启动子预测、限制性内切酶位点查找、多序列比对等均已成为基本技能;测序和注释药用植物、动物和微生物的基因组序列信息和编码的基因信息,基于遗传物质可推测药用物种的起源、进化、共生和代谢产物等信息;检测药用物种在道地产区和非道地产区的表达差异、表观修饰差异、根系菌群差异、代谢产物差异的转录组、表观组、微生物组和代谢组等技术正在为解析中药的道地性机制提供越来越多的证据;解析中药活性成分的合成途径,利用基因修饰或合成生物学的手段可促进活性成分的高效获取;利用代谢组和结构生物学,可解析中药复方中的小分子化合物如何在体内进行代谢并靶向核心蛋白发挥其系统调控作用。文本挖掘、信息识别和图像处理也在发挥着越来越多的重要作用,如搭建更多的在线数据平台,更好地组织、查询和展示数据,促进数据的高效利用。

第三节　碱基测序技术

一、碱基测序技术的发展历程

在序列破译的早期,蛋白质序列的解析快于碱基序列的解析,这可能是由于蛋白质的重要作用最早确立,也可能是因为核酸序列的解析难度更大。但碱基测序技术在突破了早期技术瓶颈后,发展迅猛,现已成为生物信息数据产出和分析的主流技术。碱基测序技术的发展可分为 3 个阶段:以 Sanger 的链终止法为代表的第一代测序技术,以 Illumina 为代表的第二代高通量测序技术,以及以 PacBio 和 Nanopore 为代表的第三代单分子实时测序技术。

第一条被解析出的 RNA 序列是丙氨酸的 tRNA 序列,长度为 76 个碱基,总耗时 7 年。1967 年,应用放射性元素 ^{32}P 标记 RNA 并用印迹法技术简化了测序过程,获得了大肠杆菌的 5S rRNA 序列,长度为 120 个碱基。1968 年,位置特异的引物延伸(primer extension)法用于 DNA 测序,获得了 Lambda 噬菌体黏性末端的 12 个碱基序列。20 世纪七十年代,先后发明了链终止法技术、化学降解法测序技术,大大降低了测序难度。化学降解法是第一个被商业化使用的核酸测序技术,但改进后的 Sanger 链终止法测序技术因操作简单、便于流程化和自动化,近 50 年来一直被广泛使用。Sanger 测序技术因其测序读长较长、测序准确率高,现在被作为基因分型测序的金标准技术。

第一个完整的基因组序列是病毒噬菌体 X174 基因组,全长 5 386 个碱基。1979 年对随机打断的序列进行测序,根据其重叠序列,用电脑程序组装可获得全长序列,奠定了"鸟枪法(shotgun)"测序的理论基础。1981 年,首次采用鸟枪法测序解析了花椰菜花叶病毒的基因组。1986 年,第一台商业化、基于荧光的自动 DNA 测序仪上市,一天可测序 1 000 个碱基。测序技术的发展使得测序数据的产出呈指数形式增加。1990 年,BLAST 算法应用于GenBank 数据库的搜索,促进了序列的查询和比较使用。

1990 年人类基因组计划正式启动,这一计划的实施推动了 DNA 提取、扩增、纯化、测序、计算标记、序列组装等多方面的技术进步。1991 年,表达序列标签技术被发明并用于人类基因组的编码区测序。1993 年,利用高度自动化的样品处理设备获得人基因组的酵母人造染色体。1995 年,第一个毛细管电泳测序仪每天可测序 5 000~15 000 个碱基。1998年,多毛细管测序仪每天可测序 50 万 ~100 万个碱基,成为人类基因组计划中的主力测序机器。双端测序技术的发展为填补测序的间隔区域、有效处理重复序列的拼装问题提供了较好的解决方案,同时不同克隆的编号追踪、测序序列的解析、测序序列的定位和组装等技术问题也得到了有效解决,技术的进步使得测序成本逐步降低,开启了基因组测序的新时代。现今已公布有基因组序列的真核生物 11 160 个,原核生物 249 357 个,病毒35 483 株。

20 世纪末,多个研究组对不依赖电泳的测序技术进行探索,带来了第二代高通量测序技术的发展。焦磷酸测序法的发明,催生了边合成边测序技术的发展,其中 454 技术因其测序读长为 400 个碱基、测序通量高,在早期广泛应用于基因组、转录组、宏基因组等多个领域,如 2006 年利用 454 技术对尼安德特人基因组前 100M 碱基对进行测序。移除 3′ 末端阻止碱基 base-by-base 测序方法、基于 DNA 簇的大规模并行测序方法的发明为 Illumina 高通量测序的产生奠定了基础。

在第二代高通量测序技术发展的过程中,第三代测序技术已在默默孕育。单分子实时测序技术 PacBio 的优势是读长较长,且除了可以测序 A、C、G、T 碱基外,还可直接测序碱基的修饰,如 DNA 甲基化、羟甲基化等。Nanopore 测序过程不依赖于碱基插入和碱基荧光信号的检测,而是基于碱基自身的极性性质,其主要基于合成聚合物膜上的生物纳米孔。多聚膜浸在电解质溶液中,具有很高的电阻,如果在膜上施加适当的电压,离子只能从纳米微孔通过,电位通过纳米微孔产生离子电流,进入纳米微孔的单个分子如 DNA 或 RNA 会造成电流的特征中断。通过实时测量和分析这种中断特征,可以确定通过纳米微孔的 DNA 或 RNA 链的碱基序列以及碱基修饰。DNA 纳米球(nanoball)测序技术以单链环状 DNA 为模板,在 DNA 聚合酶作用下进行滚环扩增(rolling circle amplification,RCA),将单链环状 DNA 扩增到 100~1 000 拷贝的扩增产物称为 DNB。DNB 通过简单的质量浓度质控后,可以用于下一步的上机测序,其操作简单,且不需要昂贵的定量设备和耗材。基于滚环扩增的线性扩增技术,每次扩增都是以原始的 DNA 单链环为模板,使用保真性极高的聚合酶,使得在 DNB 的所有拷贝同一个位置上基本不会出现相同的错误。RCA 扩增技术有效地避免了 PCR 扩增错误指数积累的问题,从而大大提高了测序的准确性。

二、高通量测序技术的应用

高通量测序技术的发展使得单位时间测序通量显著提高、成本降低,已广泛应用于现代生物学研究。高通量测序技术有:①基因组测序,获得物种的基因组序列和预测编码的基因,与近缘物种进行基因组比较分析,确定分化时间、进化地位和基因家族变化等;②基因组重测序(genome re-sequencing)和外显子组测序(exome sequencing),获得个体的基因变异信息,通过群体重测序发现与关键性状相关的突变位点;③染色体三维结构测序(Hi-C、ChIA-PET、5C 等),获得基因组序列在细胞核内的空间构象和染色体区域在空间的相互作用,同时还可以用于基因组测序中染色体的挂载;④甲基化测序,又称为亚硫酸氢盐测序(bisulfite-seq),获得基因组序列的碱基修饰信息;⑤染色质免疫沉淀测序(ChIP-seq),解析转录因子的结合位点或组蛋白甲基化、乙酰化修饰或其他抗体可捕获的修饰位点等;⑥染色质转座酶可及性测序(ATAC-seq)、微球菌核酸酶测序(MNase-seq)等,检测染色体自身的状态、开放区域和致密区域;⑦转录组测序,检测生物样品中表达的蛋白编码基因、非编码区域、新生RNA、可变剪接等;⑧核糖体捕获测序(Ribo-seq),检测正处在翻译过程的基因,推测蛋白表达信息;⑨RNA 免疫沉淀测序(RIP-seq),可检测目标蛋白所结合的 RNA 或 RNA 上的碱基修饰状态;⑩单细胞测序,从单细胞水平研究基因组序列的变异、染色体的组织方式和开放程度、基因表达信息等;⑪扩增子测序、宏基因组测序、宏转录组测序,用于研究特定环境中细菌、真菌、病毒的组成和潜在功能影响等。

(一)基因组测序

高深度测序和不同长度插入片段相结合的双端测序为基因组组装提供了更多便利。在第二代高通量测序的基础上,结合第三代高通量测序技术长读长的优势、光学图谱 BioNano 技术的发展、10X Genomics 技术的应用和基于 Hi-C 染色体三维结构测序的染色体挂载技术,使得复杂基因组也可以获得较高的组装质量。越来越多物种基因组的解析促进了对物种的进化关系、基因家族和功能基因的研究,为物种的驯化和遗传改良提供了更多基因资源。

（二）转录组测序

转录组(transcriptome)是指机体中存在的所有种类的 RNA,包括信使 RNA(mRNA)、长链非编码 RNA(lncRNA)、微 RNA(miRNA)、环状 RNA(circRNA)、tRNA、rRNA 等。2006年第一篇基于高通量测序的转录组文章发表;2008 年首次出现 RNA 测序(RNA-seq)概念。随着技术的不断发展,检测 RNA 种类增多、定量准确、通量高、成本低。

与基因组测序相比,转录组测序具有独特优势:①不同真核生物虽然基因组差别很大,但编码基因的数量处于同一数量级。基因组中转录区域占基因组序列的比例通常小于 5%,对其测序成本较低;②基因组序列在机体的不同细胞、组织和器官中整体保持稳定,转录组则具有发育时期细胞、组织、器官的时空表达特异性,且易受到外界刺激的干扰,可快速做出转录响应变化;③基因在转录后还会进一步加工,如进行碱基编辑、可变剪接等以获得更多形式的转录本,发挥更多功能;④基于基因组预测的基因大多是蛋白编码基因,转录组则可以鉴定更多的测序区域、发现更多的非编码 RNA 及其调控机制。转录组的这些特性使其成为功能基因研究和解析调控通路的有效手段。

目前转录组测序大部分还是基于 Illumina 的短读长测序平台,核心步骤包括 RNA 提取、cDNA 合成、测序接头连接、PCR 扩增、测序仪测序和数据分析。受测序仪读长和实验操作限制,测序的 cDNA 片段都在 200~300 bp 之间。每个样本平均测 $2 \times 10^9 \sim 3 \times 10^9$ 条读长(reads),对每个基因或转录本进行定量,再进行统计分析鉴定差异基因。Illumina 短读长 RNA-seq 结果用于基因定量效果很好。但也存在某些限制,如正确地识别和定量一个基因的多个转录异构体,或处理在基因组上有多个匹配位置的序列。

使用第三代测序平台 PacBio 和 ONT 直接测序反转录后的全长 cDNA,不需要打断和拼装序列,可以解决序列比对的模糊性问题,并帮助鉴定更长的转录本,发现更多的可变剪接形式。如基于 PacBio 技术的 iso-seq 能够检测长达 15 kb 的全长转录本 cDNA 读长,有助于发现大量先前未注释的转录本,并通过全长测序确认了早期基于跨物种同源序列的基因预测结果。ONT cDNA 测序也可以测序全长转录本,而且适用于单细胞测序。直接 cDNA 测序可消除 PCR 偏差,获得的测序结果质量更高;PCR 扩增的 cDNA 文库测序获得的读长数更多,适用于样本中 RNA 含量较少的情况。目前还未在 ONT cDNA 测序中发现 PacBio 测序存在的转录本长短选择偏好。

长读长 RNA-seq 的灵敏性和特异性依赖于高质量的 RNA 文库,需要在 RNA 提取后进行严格质控;且易受模板置换逆转录酶限制,该酶可将全长和截断的 RNA 都转换成 cDNA,从而提高数据质量,但逆转录酶对 ONT 平台的测序读长有反作用。与短读长技术相比,长读长测序技术的测序通量低、错误率高。Illumina 平台上的单个测序通道(RUN)可以生成 $10^9 \sim 10^{10}$ 条读长,而 PacBio 和 ONT 的一个 RNA-seq RUN 只能产生 $10^6 \sim 10^7$ 条读长。低通量限制了实验样本的数目,并降低了差异基因表达检测的灵敏性,尤其影响低中表达的基因。为了提高转录组表达变化时检测的准确性,需要对多个样品组的多个生物学重复同时进行测序分析。将短读长 RNA-seq 与长读长 iso-seq 结合,在保留转录本定量质量的基础上,可以增加 RefSeq 注释的全长转录异构体检测的数量、灵敏性和特异性。长读长测序平台上生成的数据包含更多的插入 - 缺失错误,对突变位点检测的准确性影响较大,可通过增加测序

深度进行 CCS 序列矫正。

（三）单细胞转录组测序

随着实验操作和建库测序技术的发展，测定一个细胞中表达的所有 RNA 已成为可能，且在最近 10 年迅猛发展。单细胞转录组测序为研究基因表达、基因调控、组织细胞的异质性提供了前所未有的便利。普通转录组是把一群细胞或一个器官组织的细胞混合到一起测序，获得的是每个细胞中 RNA 表达量的平均值，掩盖住了不同的细胞类型、不同细胞状态的转录差异。单细胞是把每个细胞单独分离、单独提取 RNA、单独建库测序，获得的是单个细胞中 RNA 的表达值。单细胞测序可以以前所未有的分辨率研究单个细胞中基因表达的随机性和异质性，同时可以对细胞群体进行聚类分型，鉴定之前未发现的细胞类型，或在不同状态下细胞类型组成的差异。

单细胞转录组的操作流程与常规转录组类似，但是多了单细胞分选这一步。根据样品类型不同，可选择不同的分选方式，如物理切割、酶消化、FACS 分选等。获得单个细胞之后，使用 Poly-T 寡核苷酸探针捕获带有 Poly-A 尾巴的 RNA，后面建库测序的整体步骤跟常规的转录组步骤上是一样的。需要注意，单个细胞中的 RNA 量比较少，只有 1~50 pg RNA，而建库需要 1 ng DNA，再考虑到捕获和反转录效率只有 10%~20%，最后能获得的 DNA 量更少。所以建库之前需要做一步扩增，扩增主要有 2 种方式：常规的 PCR 扩增和体外转录。由于单细胞的 RNA 量比较少，需要的 PCR 扩增循环数比较多，会引入 PCR 扩增带来的偏好性，通常需在扩增前给每一条捕获的 RNA 加一个唯一的分子标识符（UMI），用以区分哪些序列是扩展得到的，哪些是真正从细胞中转录出来的。体外转录方法可以实现线性扩增，其操作是在 RNA 上加一个 T7 启动子，然后把 RNA 作为 DNA 模板，一轮一轮地转录出新的 RNA，实现线性扩增。

由于单细胞中的 RNA 量少，实验操作过程中会出现一部分基因在一个细胞中能检测到，在另外一个细胞中检测不到的现象，称为"捕获失败"（drop-out），在后续分析时需要特别注意，选择合适的方法来进行数据标准化和差异分析。

第四节　蛋白质组学技术

蛋白质组学研究最初主要以基于凝胶的双向电泳方法为主。随着蛋白质组学的发展，基于质谱的植物蛋白质组分离和鉴定技术日益成熟，当前可广泛用于植物蛋白质组学研究的方法主要包括标记和非标记蛋白质组学定量技术。

（一）双向电泳

双向电泳（2-DE）是基于蛋白质等电点（pI）和分子量大小对蛋白质分子进行分离的技术。该方法根据不同蛋白质分子具有不同的等电点和分子量对复杂的蛋白质组进行分离，能够直观地显示蛋白表达丰度、等电点、相对分子量等信息。2-DE 方法中第一向等电聚焦通过电荷分离蛋白质，将蛋白质分子沿 pH 梯度分离至各自不同的等电点；然后第二向凝胶电泳根据蛋白质分子量大小沿垂直的方向通过非连续十二烷基磺酸钠 - 聚丙烯酰胺凝胶进行分离。因此所得的蛋白点是基于电荷不同和分子量大小分离形成的平面正交组合，从而使蛋白点分布于整个二维凝胶图谱上，凝胶图谱上的蛋白点代表其中一个或数个蛋白质，同时可直观显现出样品中蛋白质的分子量、等电点及含量。

（二）标记蛋白质组学定量方法

差异凝胶电泳（DIGE）采用荧光团对不同的蛋白质样品进行标记，如将 CyDye2、CyDye3 和 CyDye5 混合后在同一凝胶上分离，已广泛应用于植物多倍体蛋白质组学研究。然而基于凝胶的蛋白分离技术操作烦琐，难分离极酸极碱性蛋白且易掩盖低丰度蛋白，因此多维液相色谱与串联质谱联用的 LC-MS/MS 等技术被越来越多地应用到植物蛋白质组学研究中。

当前主流的植物蛋白质组学标记定量方法是同位素标记相对和绝对定量（iTRAQ）、串联质谱标记（TMT）和细胞培养氨基酸稳定同位素标记（SILAC）。标记定量技术需要对不同样品的蛋白质分别进行稳定的同位素标记，因而样品分子量会产生差异，酶解后的肽段经过质谱分析，再根据质谱上出现的同位素标记过的谱峰信号强度进行相对定量，其中 iTRAQ 试剂定量包括氨基反应基团、质量报告基团和质量标准化基团，TMT 试剂定量原理与 iTRAQ 相同，而 SILAC 方法能够实现植物蛋白质的同位素体内标记，例如：根据植物营养吸收的特点，在植物培养基中添加 ^{15}N 和 ^{14}N 作为唯一氮源，成功完成了植物体内同位素 ^{15}N 和 ^{14}N 的蛋白质标记。由于同位素标签数量限制，标记定量技术对样品数量通常有限制，例如：iTRAQ 有 8 个同位素标记，每次样品数量限制为 8 个，而非标记的定量技术不受样品数量的限制。

（三）非标记蛋白质组学定量方法

非标记（label-free）定量方法对待测样品进行平行的样本前处理，无需进行标记定量方法中的等量混合，直接对蛋白质酶解产物进行质谱分析，根据肽段的峰面积及质谱检测计数的信息对蛋白质进行相对定量，是一种对蛋白质不进行任何标记的定量方式。Label-free 蛋白质定量技术允许对所有鉴定到的蛋白质进行定性分析并且不受样品数量的限制，可以实现不同样品之间的互相比较。此外，非标记定量还具有数据移植性较高的特点，在实验条件较为稳定的前提下，理论上可用于所有生物样本的蛋白质定量分析，且能够实现不同来源的同一样本定量数据之间的互相比较，这是标记定量无法实现的，因此在棉花、番茄、大豆（*Glycine max* L.）和小黑杨（*Populus × xiaohei* T. S. Hwang et Liang）等植物的蛋白质组学研究中得到广泛的应用。

第五节 中药资源研究中的大数据平台

生物学与计算机科学的结合让生物科研进入大数据时代，为方便存储、管理和利用各种生物数据，科学家们开发了各式各样的生物数据库。根据其存储内容不同，数据库又分为元数据库、核酸数据库、蛋白数据库、通路数据库等。每一类数据库又可以根据其用途进一步细分。

核酸数据库分为一级数据库（primary database）和二级数据库（secondary database）。一级数据库存储的是通过技术手段获得的最直接的基础数据如第一代 Sanger 测序获得的核酸序列、转录组原始测序数据、芯片原始数据、微生物组原始数据等，包括美国 NCBI 的 GenBank（https://www.ncbi.nlm.nih.gov/genbank/），欧洲 EMBL 的 ENA（https://www.ebi.ac.uk/ena），日本的 DDBJ（https://www.ddbj.nig.ac.jp/index-e.html），中国的国家基因组科学数据中心（https://bigd.big.ac.cn/）和国家基因数据库生命大数据平台（CNGBdb）（https://db.cngb.

org/）。一级数据库本身是最基础的数据存储平台，数据一旦传入就不再修改，打包存储，留作存档。一级数据库中存储的数据通常数据量较大，后续需要专业的分析才能进一步使用。二级数据库则是在一级数据库的基础上，从一个或多个数据库收集特定类型的数据，根据需求设计算法进行数据的深度加工和处理，用于满足特定需求或展示特定数据集的数据平台。比如任何人都可以向 GenBank 提交数据，可以是高质量数据，也可以是低质量数据，可能会造成数据冗余。而 RefSeq 则是基于 GenBank 进一步整理和人工校对后的从病毒、细菌到真核生物等主要生物的核酸序列（DNA、RNA）及其蛋白质产物。二级数据量数目众多，也更贴近科研人员尤其是实验人员的使用需求。

蛋白数据库也分为一级数据库和二级数据库。蛋白质的一级序列通常与核酸存储在一起。蛋白的一级数据库主要有存储蛋白结构的 PDB 数据库。二级数据库有：InterPro 数据库存，储蛋白的家族信息、基序信息和功能域信息；UniProt 数据库，存储蛋白的序列和功能信息。

现在数据平台越做越大，一级和二级的区分不太明显，通常一个大的数据平台既有一级数据库，又有二级数据库。如 NCBI 中既有 GenBank、SRA、GEO Database 等存储原始数据的一级数据库，又有如 ClinVar、dbVar、Consensus CDS（CCDS）、GEO Datasets、GeneReviews 等存储加工过的数据的二级数据库。Uniprot 数据库既接受用户提交实验获取的蛋白序列，又有自动化的预测工具推测可能的蛋白序列。TrEMBL 数据库中是程序注释的序列，而 SwissProt 数据库中是人工仔细校对过的序列。

很多研究的物种也有自己的数据库，收集物种相关的基因组、基因、蛋白、表达、通路、表型、论文、会议等各个方面的信息。比较有代表性的有 GeneCards，自动整合 125 个数据库，是包含基因组、转录组、蛋白组、遗传、临床和功能信息的庞大人基因组数据库；The Human Protein Atlas 致力于采用转录组、蛋白组、免疫组化等系统手段定量和定位人的细胞、组织和器官中所有蛋白；Mouse Genome Database（MGD）整合了国际上实验室小鼠生物数据的资源库，提供小鼠相关的基因组、综合遗传等信息；Rat Genome Database（RGD）为大鼠基因组数据库；Saccharomyces Genome Database（SGD）为酵母模式生物基因组数据库；TAIR 是国际权威的拟南芥资源数据库，存储有拟南芥的基因组序列、基因注释信息、功能基因组信息、蛋白组信息、基因表达信息、突变体库等，同时提供了一些在线分析工具，如基因组浏览器、序列比对可视化、代谢通路可视化等。Wormbase 是关于线虫模式生物秀丽隐杆线虫的生物学和基因组在线生物数据库，还包含其他相关线虫的信息。Legume Information System（LIS）为豆科植物的基因组数据库。

随着分子生药学的发展，中药组学数据积累也越来越多，相关的数据库有叶绿体基因组数据库（CGIR，https://bigd.big.ac.cn/cgir/），收录了超过 11 953 个物种的 19 388 条叶绿体基因组序列，经审编的物种分类、物种功能、基因名称与序列、分子标记等保证了数据的高度可靠，对植物系统发育、物种鉴定、叶绿体基因工程的发展均具有重要意义。药用植物基因组资源数据库（Medicinal Plant Genomics Resource，http://mpgr.uga.edu/index.shtml），已收录了超过 19 种药用植物基因组或转录组数据。还有一些单一药材数据库，如人参基因组数据库（Ginseng Genome Database，http://ginsengdb.snu.ac.kr/）等。

除了组学数据库之外，中药领域还有一些特色非组学数据库，存储有中药材、中药方剂等。如中药资源共享数据专题服务平台（http://zzzy.zyzypc.com.cn/）收录了药用植物种质资源、中药资源普查数据、中药资源动态监测数据、种子种苗繁育基地、中药材产业扶贫等信息。

　　数据是科学发展的基石,中药资源数据的增加促进了相关大数据平台的增加。但相比于生物医学领域,中药领域的数据积累还处于初级阶段,数据库的种类和数量也较少,还需进一步规范数据的收录标准、加强数据审编和再次开发利用。数据库的建设是一个需要持续性投入的项目,既需要建设,更需要持续的更新和维护,保证数据库中的数据定期更新和功能定期增强,才能促进数据利用的良性循环。

(陈　同　裴　瑾　魏　渊)

第四章 中药资源与分子系统学

本章从植物分子系统学的概念和研究特点入手,介绍了植物传统分类学和分子系统学研究的方法、思路和内容等。植物分子系统学是利用分子生物学技术获取分子性状,以探讨植物的分类、类群之间的系统发育关系、进化的过程和机制的学科,是由分子生物学和植物系统学交叉形成的。对植物类群进行鉴定、分类、命名并建立发育系统,阐明各类群之间亲缘关系和历史发育路径是分类学和系统学研究的核心内容。无论传统植物分类学还是现代植物分子系统学,建立接近自然界演化真相的不同阶元植物类群进化树都是其终极目标。运用分子系统学的研究方法和基础理论在药用植物亲缘学、基于亲缘关系的中药药性研究和新药源发掘等方面的研究也有较大进展。本章还对植物和动物类中药资源的分子系统学研究分别进行了综述,以期为大家梳理研究成果、开辟新的研究路径提供帮助。

第一节 植物分子系统学的概念与发展

系统学(systematics)起源于拉丁语单词 systema,最早可以追溯到 1888 年赫胥黎在《自然》一文中首次使用该词来描述鸟类分类学。20 世纪后半叶"系统学"被定义为"对生物的种类和多样性以及它们之间所有关系的科学研究",核心是根据生物个体、细胞和分子水平上的相似性,将生物进行分类,是比经典生物分类学研究范围更广泛的一门学科。

一、植物分子系统学的概念和特点

经典的植物分类学(plant taxonomy)始自林奈时期。从 18 世纪中叶到 19 世纪中期为古典植物分类学时期,这一时期,分类学家的工作场所主要是自然界、图书馆和标本室,工具简单,手段原始,通过标本采集、特征描述和绘图,并根据植物形态的差别对不同植物进行命名,运用当时所知的全部植物学知识,编写世界各地的植物志。1859 年达尔文在《物种起源》中提出生物进化论以后,植物进化的观点日益深入人心,分类学的概念和工作方法也有所改变,分类学研究与其他学科如解剖学、胚胎学、细胞学、古植物学、遗传学、生态学,甚至数理统计、计算机科学等保持了越来越密切的联系,在鉴别种类的同时,也注意研究植物间的相互关系和分布规律,并力图建立能反映自然界植物演化实际状况的自然分类系统。至 20 世纪中期,经典植物分类学已成为一门研究整个植物界不同类群的起源、亲缘关系,以及各类群之间进化发展规律的成熟学科,其对特征描述的概念规范,能将植物鉴别到种,再把繁杂的植物界分门别类并按系统排列起来,发表了多个植物自然分类系统,经典的植物分类学体系日臻完善。药用植物分类学（taxonomy of pharmaceutical plants）是植物分类学的分支，是采用了植物分类学的原理和方法，对有药用价值的植物进行描述、鉴定、命名、分类，以促进药用植物合理开发利用的一门应用学科。药用植物的研究永无止境。

经典的植物分类学为植物系统学（plant systematics）的形成奠定了基础，随着植物分类学的研究范围不断扩大，逐渐形成了植物系统学。近些年，植物分类学和植物系统学几乎成为同义词。近半个世纪以来，分子生物学的发展异常迅速，各种新技术和新方法层出不穷，植物分子系统学应运而生，使植物系统学的研究不再拘泥于表型特征，而是在原有方法的基础上结合DNA序列多态性特点，更科学地对植物进行分类和鉴定，极大地促进了植物系统学的发展。

（一）植物分子系统学的概念

植物分子系统学（molecular systematics of plants）是利用分子生物学技术获取分子性状，以探讨植物的分类、类群之间的系统发育关系、进化的过程和机制的学科。

传统植物系统学研究基于植物形态、显微解剖和理化性质等表型特征，这些特征的外显程度易受环境和一些主观因素的影响，尤其是某些数量性状的研究，无论是定性还是定量，都存在一定的不确定性。随着分子生物学的发展，以分子性状来研究植物的分类、类群之间的系统发育关系以及进化路径，具有独特的优势和特点。

（二）植物分子系统学研究的特点

植物分子系统学的产生和发展离不开分子生物学各种实验手段和技术的推出。其研究对象是生物的遗传基因，是在分子水平研究植物DNA序列的特征及其在植物类群中的演化过程。DNA作为遗传物质受环境影响较小，具有稳定、可靠的特点，应用在植物系统演化关系研究上具有非同寻常的优越性。植物分子系统学研究的特点主要有：

1. DNA序列特征也是一种生物性状 传统植物系统学研究基于植物的表型特征，如植物习性、营养器官和繁殖器官的形态特征、显微解剖构造以及各植物类群所含化学成分的理化性质等，从宏观到微观、从形态到化学成分的分子结构和性质等，这些特征都是植物体自身的客观表现，蕴含着植物所处演化地位的稳定信息，呈现着其性状状态（进化还是原始），可用于系统发育分析。如果相似性状是某类群植物共同祖先遗传下来的，称为同源性状（homologous character），同源性状的统计和分析是自然分类系统建立的重要依据。DNA序列不仅是植物体自身蕴含的化学分子，而且是其主要的遗传物质；不仅与前述各种性状密切相关，甚至还决定着这些性状的呈现，植物各种表型特征归根结底是由基因决定的。分子系统学把每一个碱基位点看成一个性状，将其所在基因的碱基序列看作性状状态，并可作为分子标记，这些分子标记的每一个碱基位点的相似性称为位置同源（positional homology）。

2. DNA序列所含的信息更稳定、更确切 碱基位点及其性状状态是分子系统学的研究基础。DNA序列中每一个碱基的位置性状有四种形式，即A、T、C、G，状态清晰，易于辨认，不易混淆，且分子信息容易转换为数字形式资料进行确切而规范的统计和分析，建立的数据库可作为各种植物位置同源序列比对的平台。与宏观形态学、显微解剖学、理化成分等特征相比，直接以DNA序列作为研究对象，可排除环境中不可测因素的影响，很多分子标记还呈现出共显性特征，也不受基因间上位效应的影响，所以DNA序列差异的比较无疑是植物类群进化历史最为直接的证据。

3. DNA 序列所含的信息更丰富　序列中每一个碱基对的位置就可作为一个性状特征，而 DNA 多态性几乎遍布整个基因组。已知基因组最小的被子植物是螺旋狸藻，基因组大小为 63 Mb，含最大基因组的植物是四倍体百合，基因组大小可达 127 Gb，植物体蕴含的全基因组信息为寻找系统学研究的发育学分子标记提供了内容丰富的资源库。

4. DNA 序列所含的信息更易于分析和统计　DNA 中碱基只有 4 种，类型少，位点确切，分子信息转换成数字资料后，经过统计和汇总形成数据库，再运用计算机技术对不同物种进行位置同源比对研究，优势突出，成效显著。迄今为止，已建立起众多的包含数千种植物的生物学 DNA 序列信息数据库，服务于不同研究领域。例如，Phytome 是一个比较基因组学数据库，用于植物功能基因组学、进化和分子育种研究，其中包括多序列比对数据、进化史，预测的蛋白序列数据、蛋白家族分类数据，以及源于一个大的、系统发生的多样性植物索引的蛋白质注释等；Phytome 通过来自不同物种的蛋白序列的直系同源或者旁系同源的进化史，将全异的各类植物基因数据库整合成了一个允许交互查找的数据平台，可以进行基因 / 蛋白家族的查询、复杂查询和下载等；还有叶绿体基因组数据库、Plant Ontology（PO）数据库等，为植物分子系统学研究的广泛开展提供了极大方便。

5. DNA 序列特征表现力更强　离体基因分析研究即可获知其功能。基因功能分析是指利用生物信息学和不同表达系统对基因的功能进行预测、鉴定和验证。主要研究方法有基因的生物信息学分析、基因的时空表达谱分析、基因的功能预测、基因功能的实验学鉴定和验证等。基因功能分析将极大程度上依赖于对模式生物的研究成果和众多的国际生物信息数据库。

6. DNA 序列特征更易于获取　用于分子系统学研究的标记基因，其 DNA 序列与生物个体的发育时期和部位无关，植物细胞的全能性使得可以在任一发育时期、任一具有生活细胞的组织中，通过少量材料取样即可以获得相同的 DNA 信息，特征稳定，重复性强。部分分子标记还可以通过少量细胞的微量 DNA 进行研究，甚至可以对化石材料进行研究。

7. 植物分子系统学已建立起坚实的理论基础　基因和分子标记研究成果显示，细胞中核 DNA（nuclear DNA，ncDNA）、叶绿体 DNA（chloroplast DNA，ctDNA）、线粒体 DNA（mitochondrial DNA，mtDNA）的进化速率不同，一般核基因进化最快，叶绿体基因次之，线粒体基因组进化最慢，其中核基因进化速率约为叶绿体的 2~5 倍，叶绿体进化速率约为线粒体的 3~4 倍；同一基因组中非编码区比编码区序列进化速率更快；叶绿体单拷贝区的同义替代率约为反向重复区的 4 倍等。这些原理性共识为植物分子系统学研究不同分类阶元系统发育、筛选合适的标记基因以及信息和数据分析提供了有力保障。如目前研究高阶元分类群之间的进化关系常选择低突变率的线粒体基因位点；叶绿体基因序列比较保守，便于扩增和克隆，常用于被子植物系统"种"及其以下阶元分类群的相关关系研究，尤其 trnH-psbA、trnL-F 以及 trnS-G 等进化速率相对较快的位点，正成为较低阶元进化研究的热点。

二、植物分子系统学的发展与展望

传统的植物分类学是一门历史悠久的经典学科，也是植物系统学产生的基础。人类自远古时期就在自然界生存过程中开始观察身边的植物，起初只是不自觉的利用，慢慢开始自觉地辨认和区别不同植物，并根据植物的用途、习性、生境等进行初步的分类，逐渐建立了以形态学观察和记录为主的传统植物分类学体系，积累了丰富的分类学知识。20 世纪中期，传统植物分类学已十分成熟,分类技术精彩纷呈。随后随着植物多样性研究的深入和拓展,形成了植物分类学的延伸学科,即植物系统学,在获取更多研究成果基础上,丰富和发展了植物分类学。

(一)植物分类学研究方法

植物分类学长期以来被认为是识别、命名、将植物进行科学分类并形成各种植物分类系统的学科。随着新技术层出不穷和各学科之间的相互渗透,近代分类学也得到了迅速的发展,产生了许多新的植物分类学方法,这些方法的应用,使植物分类系统越来越趋于客观,同时扩大了对植物的开发应用。以下列举几种主要的植物分类学方法。

1. 形态学分类法 最经典的分类方法是根据植物外部形态特征进行的分类。通常是先在野外观察和记录植物,采集后在实验室进行标本的鉴定研究,通过查阅经典的分类学文献、核对模式标本、利用检索表(分科检索表、分属检索表、分种检索表等)检索等手段确定研究对象的分类地位并命名。研究了大量植物后可通过对外部形态进行比较、分析和归纳等,建立分类系统或对已有的分类系统进行修订。形态分类鉴定简练、有效,也是植物系统学研究的前提和基础。

2. 显微结构分类法 随着近代显微构造学科的迅速发展,以解剖学理论为依据,运用光学、电子显微镜技术观察植物器官表面和内部的显微特征来进行植物分类越来越广泛,如植物孢子或花粉的形态特征相似性在目以上的植物分类单位中与系统发育密切相关,所以利用扫描和透射电镜技术,通过观察植物孢子或花粉的形状、表面饰纹、孔沟位置、孔沟类型等特征,可以为分类提供依据。此外,显微结构分类法除了在植物分类和系统学中修正一些类群关系外,目前运用更为广泛的是中药材真伪鉴定,1995年版《中国药典》开始收录显微鉴别特征,2015年版《中国药典》显微鉴别内容已多达1 256种。近年,研究道地产区与非道地产区、野生与栽培药用植物器官的内部构造差异,探寻相关中药材的快速鉴别方法,逐渐成为显微鉴定法在中药材质量控制领域的热点。

3. 细胞学分类法 细胞学分类法又称染色体分类法。植物科属的染色体数目及核型普查在验证和划分科、属、种等分类单位方面有一定参考价值,通过研究细胞内染色体的数目、核型、带型等特征,来研究生物的变异规律,从而探讨各种生物的起源和各类群之间的关系。

4. 化学分类法 植物化学分类学是植物分类学与植物化学相互渗透和补充而形成的一门边缘学科,旨在揭示植物所含化学成分与植物发育系谱之间的内在联系,寻找物种在分子水平上所反映出来的现象和规律,探索各种植物谱系的起源和进化途径,从而对植物系统进行修正和补充。化学分类学全面研究小分子次生化合物如挥发油、生物碱等在植物类群中的分布,既可对分类学提供有价值的资料,又可依据"亲缘相近、化学成分相似"的基本原则,从近缘植物中提取纯化紧缺中药材的活性成分,扩大药源,促进药物学的发展。

5. 数值分类法 数值分类法应用电子计算机运算,将植物形态学、胚胎学、孢粉学、细胞学、植物化学、植物地理学等不同领域的研究成果进行综合,建模并定量比较,评价生物类群间的相似性,进而归纳植物各个分类阶层的分类群。由于计算机运算速度快、无偏差、可验证,因此只要方法科学,数值分类法不仅能比较全面地分析植物的性状特征,还能按照重要程度对不同性状赋予加权系数值,进行合理修正,从而更客观地反映植物类群间的亲缘关系和进化规律。运用计算机进行数据汇总和分析处理,不仅可以找出物种之间的亲缘关系,还可以研究植被之间,甚至植被与环境因子之间的相互关系。

6. 分子系统分类法 分子系统分类法是近半个多世纪以来发展最迅速、成果最多、最先进的植物分类方法。通过同工酶（蛋白质）标记和DNA分子（核酸）标记研究，在系统发育、居群遗传结构分析、系统重建等方面取得了众多成果，尤其是在被子植物系统研究领域。运用上述传统分类方法，19—20世纪已建立了多个被子植物系统，但这些分类系统在理论依据、阶层设置等方面存在诸多差异，甚至细节迥异。在世界上所有的植物分类学家都希望建立一个理想的分类系统的期望中，植物分子系统学发展迅速。基于分子系统分类法建立的最新被子植物系统有APG IV（Angiosperm Phylogeny Group IV，2016年），裸子植物及石松植物和蕨类植物也都有基于分子系统发育的新系统，即克里斯滕许斯裸子植物系统（2011年）和PPG I（Pteridophyte Phylogeny Group I）蕨类植物分类系统（2016年）等。

（二）分子系统学发展史

植物系统学研究进入到分子水平，就产生了植物分子系统学，根据研究方法可将分子系统学的发展历史大致分为以下四个阶段：

1. 蛋白质水平阶段 20世纪50—60年代。50年代以免疫学方法为主，Smithies（1955年）发明了淀粉凝胶电泳技术（starch gel electrophoresis），该技术是用部分水解的淀粉制成凝胶作为区带电泳的载体，对同工酶（isoenzyme）进行分离和鉴定，在脊椎动物亲缘关系的研究上取得了一定成果；60年代中期，应用同工酶电泳对动、植物中的同工酶谱进行组织多态性研究，证明动、植物的遗传变异可通过子代和亲代同工酶谱的比较来鉴别。此后，等位酶和同工酶电泳技术开始成为分子系统研究的热门技术。

2. 核酸水平阶段 20世纪70—80年代。70年代末期，mtDNA限制性片段长度多态性技术（restriction fragment length polymorphism，RFLP）在脊椎动物和无脊椎动物的种群结构研究中得到应用，至80年代末期，mtDNA RFLP日益成为动物和植物分子系统研究的有力工具。

3. 微量核酸研究阶段 20世纪末至21世纪初。1985年，Kary Mullis在Cetus公司工作期间，发明了聚合酶链式反应（polymerase chain reaction，PCR）技术；1986年5月，Mullis在冷泉港实验室做专题报告，全世界开始学习使用PCR方法。运用PCR技术能将微量的DNA大幅扩增，因此无论是化石中的古动、植物、历史人物的残骸，还是几十年前凶杀案中凶手遗留的毛发、血液或肤屑，只要能分离出微量的DNA，就能应用PCR技术将这些"微量证据"放大到可以进行比对的数量。同期，以PCR技术为基础还发展了一系列衍生技术，如随机扩增多态性DNA（randomly amplified polymorphic DNA，RAPD）技术、扩增片段长度多态性（amplified fragment length polymorphism，AFLP）技术、微卫星DNA指纹图谱等，结合核酸序列测定技术，这些技术使分子系统学在DNA水平的研究有了长足的发展，取得了大量的显著性成果。随着高通量测序（high-throughput sequencing）技术的发展和成本的降低，全基因组测序在植物系统分类和鉴定中起到了不可忽视的作用，甚至已成为系统学研究的前提和基础。

4. 快速发展阶段 2011年研究成果显示，DNA条形码技术（DNA barcoding）已经成为系统学研究的重要工具，不仅用于物种鉴定，同时也帮助生物学家进一步了解生态系统内发生的相互作用。DNA条形码是生物体内能够代表该物种的、标准的、有足够变异的、易扩增且相对较短的DNA片段，科学家可利用其鉴定物种并确定物种间的亲缘关系，修改已有的分类学结论等。发现一种尚未确定分类地位的物种或者居群时，研究人员便会绘制该生物类群的 DNA 条形码,而后与国际数据库平台内的其他条形码进行比对,如果与其中一个相匹配,便可确认这个物种的身份。近 10 年来,DNA 条形码技术的快速发展,尤其是叶绿体基因组作为 "超级条形码" 技术,为药用植物的鉴定和谱系分析带来了一场革新,使高效而准确地鉴定出某些药材的混淆品成为可能。叶绿体基因组大小为 120~217 kb,序列相对保守,变异性较小,可更好地鉴定植物物种,适用范围较广,叶绿体基因组超级条形码研究在未来药用植物的鉴定和开发方面展现出了极好的前景。

（三）植物分子系统学研究展望

植物与人类的衣食住行有着很大的关系,自分子生物学建立以来,对植物的研究往往集中在一些重要粮食作物如水稻、玉米、小麦以及经济作物如油菜、大豆、大麦、黑麦等之上,也已建立了众多植物的基因组信息数据库,目前在线公布的基因组数据库包括拟南芥、烟草、香蕉、可可、椰子、棉花、油椰子、柑橘、咖啡、豇豆、甘蔗、苹果、樱桃、梨、桃、悬钩子、玫瑰和草莓等几十种植物,其中不仅包含这些植物的某个基因的详细信息,还包括越来越多植物的全基因组序列的测定信息,为药用植物的研究提供了技术、方法、序列对比平台、遗传标记位点确立等方面的基础和帮助。药用植物分子系统学的研究历史已超过 50 年,尤其是进入 21 世纪以后,发展异常迅猛,十分引人注目,已成为植物系统研究的热点。药用植物分子系统研究的成果最终会应用到以分子性状探讨药用植物的分子鉴定、药用植物亲缘学、基于亲缘关系的中药药性研究、新药源的发掘与寻找等方面。近年,药用植物分子系统学从实验技术应用和基础理论建立等方面继续深入发展。

首先,分子生物学方法在不断改进,而每次生物学上新理论和新方法的产生,无一例外地反映到植物亲缘进化的系统学研究上。叶绿体 DNA、RNA 分离纯化技术,PCR 技术,AFLP 技术,SSR 技术,高通量测序技术,SNP 技术等,在粮食和经济作物领域应用成果初现后,在药用植物中的应用也会越来越频繁,为建立药用植物分子系统研究的基础理论和开拓研究思路奠定基础。

其次,分子性状理论上也是植物有机体特征的形式之一,虽然以分子证据构建的 "分子进化树" 可能一定程度上反映各类群的演化关系,但也有其不可避免的缺陷和问题。不同分子系统学研究理论只能侧重应用于不同的分类阶元。如早期分子系统研究一般是基于少数甚至单一基因片段,从而导致研究对象的整体遗传信息无法得到全面反映,MOTU（molecular operationaltaxonomic units）技术将会在很大程度上解决这一问题,应用于 "种" 及以下水平生物类群间相关关系的界定;DNA 条形码主要关注种属的分类与鉴定,但需要鉴定的药用植物类群之间遗传间断大小是不一致的,尤其是对于那些有过品种杂交的药用植物类群之间几乎没有遗传间断,常用的 DNA 条形码片段很难解决演化关系中的这些关键问题,药用植物多分子标记研究、叶绿体基因组超级条形码研究等将会为此开辟新的途径;随着高通量测序成本的降低与准确度的提高,该技术已经应用于高阶元系统发生关系重建工作中,并且还将深入进行。随着分子系统学的不断发展,其理论体系将逐渐完善,在生物演化历程、种的界定与形成机制、生物多样性格局等方面会有更深层次的推进。

另外,现阶段植物分子系统研究的基因主要来源于叶绿体和线粒体,极大地推动了植物分子系统学的发展,但两者都是单亲遗传,即大多数为母系遗传,极少数为父系遗传（如松柏类裸子植物、被子植物的猕猴桃属 *Actinidia* 等的叶绿体）,因此不能完整记录物种的进化历史印迹,利用低拷贝核基因作为分子系统学研究的标记基因就显得更为必要和高效,将更受到分类学家们的重视。

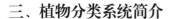

三、植物分类系统简介

（一）植物分类系统

植物分类系统有两大类，即人为分类系统和自然分类系统。

1. 人为分类系统　指不考虑植物之间的亲缘关系和演化顺序，而是按照人们自己确认的标准（如植物形态、用途等），选择一个或几个特征作为分类依据排列而成的分类系统。进化论产生以前的植物分类系统均为人为分类系统，如明朝李时珍《本草纲目》（1578 年）中将植物分为草、木、谷、菜、果五部，林奈《自然系统》（1735 年）中根据植物雄蕊有无、数目、着生位置等将植物分为 24 纲等。截至目前，人为分类系统在一些领域仍然被广泛应用，如现代经济学中有油料、纤维、香料、药用植物等具有实际应用价值的分类体系。

2. 自然分类系统　指综合了形态学、细胞学、植物化学、遗传学等对植物之间的相似程度进行的研判，在确认植物之间的亲缘关系基础上，将植物系统排列起来，绘制能反映植物演化顺序的植物发育系谱而建立起的植物分类系统。传统的被子植物自然分类系统以植物各种器官的形态特征为依据，尤其是以生殖器官花、果实的形态特征进行分类，因为花、果实的形态比较稳定，不易受环境的影响而产生变异。

（二）被子植物分类系统

1. 被子植物演化假说　解释被子植物起源与演化有两大对立的假说，即假花学说（pseudanthium theory）和真花学说（euanthium theory），两者争论的焦点之一是被子植物"花"的起源。

假花学说认为被子植物的花和裸子植物的完全一致，每一个雄蕊和心皮，分别相当于一个极端退化的雄花和雌花，所以说被子植物的花是由裸子植物的花序变成的，原始被子植物的花是具有单性花和柔荑花序的类群。支持假花学说的假花学派以恩格勒（A. Engler）等为代表，假花学派又称柔荑花序学派，但现今许多学者不同意假花学说的大多数观点。

真花学说认为被子植物的花从裸子植物的两性孢子叶球演化而来，大孢子叶成为被子植物的心皮丛——雌蕊群，小孢子叶成为雄蕊群；具有两性花的本内苏铁是被子植物的祖先；单花、两性、花被分离的多心皮类是被子植物的原始代表。支持真花学说的真花学派以哈钦松（J. Hutchinson）等为代表，真花学派又称多心皮学派或毛茛学派，近代分类学研究成果支持真花学说的多数论点。

依据植物分子系统学等研究的结论，假花学说和真花学说都不完全正确，因此目前植物系统研究不再苛求于讨论两种已经发布了 100 多年的古典学说正确与否了。

2. 被子植物分类系统　自 19 世纪 50 年代进化论提出之后，很多植物分类工作者根据当时的认识和相关理论，提出对被子植物分类体系的见解。虽然一直没有令各方满意的被子植物自然分类系统出现，但随着起源、演化等方面研究的证据和知识的积累，历史上也有一些在学术界影响较大的分类系统出现并被长期应用，现做简单介绍。

（1）恩格勒分类系统（Engler System）：德国分类学家恩格勒（A. Engler）和柏兰特（K. Prantl）在前人的基础上，共同编制了《自然植物分类科志》（Die Naturlichen Pflanzenfamilien），被称为恩格勒系统，自 1892 年开始出版，先后共计完成 20 卷，是分类学史上第一个比较完整的被子植物分类系统。恩格勒系统以假花学说为依据，最初的恩格勒系统把植物界划分为 13 门，种子植物为第 13 门，裸子植物与被子植物各为 1 个亚门，被子植物分为 280 科，其中单子叶纲排列在双子叶纲之前。但之后的几十年分类学研究结果否认了其中的很多论点,因此自 1936 年起恩格勒系统开始修版。1954 年发表的第一卷包含低等植物和裸子植物;1964 年公布第二卷,同时汲取了真花学说的大多数观点并做了一些合理的调整,认为合瓣花类是较为进化的类群,并将被子植物较高层级原来排列的顺序颠倒过来。至 1964 年,《恩格勒系统植物分科纲要(第 12 版)》将被子植物提升为独立的门,科数也增加到 344 科。

(2)哈钦松系统(Hutchinson System):英国分类学家哈钦松(J. Hutchinson)在 Bentham 和 Hooker 成果基础上,于 1926 年出版了《有花植物科志》,提出他的被子植物系统,该系统于 1973 年做了修改,总科数增至 422 科。该分类系统依据真花学说,认为现代被子植物中,多心皮类包括木兰目和毛茛目是最原始的;单子叶植物和双子叶植物有共同的起源;木本植物起源于木兰目,草本植物起源于毛茛目;柔荑花序类群较进化,起源于金缕梅目等。植物排序按两性花类群在先,单性花和无被花类群在后;重被花类群在前,单被花和无被花类群在后。我国南方一些单位,如中科院昆明植物所、华南植物所、广西植物所、福建和贵州的经济植物标本室等,多用哈钦松系统排列标本和编著检索资料。本系统最大的问题是过分强调草本类和木本类植物的独立演化,将原本关系较接近的目或科过早分支,如唇形目与马鞭草目、五加科与伞形科等。

(3)塔赫他间系统(Takhtajan System):分类学家塔赫他间(A. Takhtajan)于 1954 年出版了《被子植物起源》,提出塔赫他间系统。1980 年修订时增加了"超目"分类单元,首先打破了传统把双子叶植物分为离瓣花亚纲和合瓣花亚纲的人为倾向的分类框架。1997 年修订本将科数增加至 592 科。该系统坚持真花学说,主张被子植物起源于种子蕨;木本木兰目最原始,由它发展出毛茛目和睡莲目;具单沟花粉的水生双子叶植物睡莲目是全部单子叶植物的祖先;草本植物由木本植物演化而来,菊科、唇形目是高级类型,较原始的处于低级发展阶段的是木本类型等。本系统略显烦琐,应用受到一定局限。

(4)克朗奎斯特系统(Cronquist System):美国分类学家克朗奎斯特(A. Cronquist)最早于 1958 年发表了一个对有花植物进行分类的体系,1981 年在他的著作《有花植物的综合分类系统》中最终完善,包括 64 个目、388 个科。该系统类似于塔赫他间系统,以真花学说为基础理论,认为被子植物起源于种子蕨,现存的被子植物只能是已灭绝的类群,而不可能由现存的原始类群发展而来;木兰目是现存被子植物中的原始类群;单子叶植物起源于类似现代睡莲目的祖先等。该系统与塔赫他间系统不同的是,不采用超目,依据形态学特征的同时还引用了解剖学、古植物学、植物化学、地理学等证据,所以显得更为成熟。现在还有许多植物学家仍然使用这种分类体系。

(5)APG 系统:被子植物系统发育研究组(Angiosperm Phylogeny Group, APG)以分子系统学为主要研究方法,于 1998 年首次提出 APG I 的被子植物分类系统;2003 年发布了 APG II,列举了 464 科;2009 年 10 月 APG III 仍发布在《林奈学会植物学报》(*Botanical Journal of the Linnean Society*)上,同刊 APG 还另文单独发表了各科的顺序排列版本,核定了 414 科;2016 年,综合了 7 年多的新研究成果,更新发表了 APG IV。为了方便与植物界的各种高等级分类系统对接,APG IV 系统把被子植物简单地作为一个无等级的演化支,如被子植物可设置为一个纲——木兰纲(Magnoliopsida),与松纲(Pinopsida,即传统系统中的裸子植物)共同置于无等级的种子植物(seed plants)演化支之下。APG IV 系统共列举 64 个目,416 科,数目适宜,便于教学和应用。现今,国际植物分类学界很多人推荐使用 APG IV 系统代替传统分类系统,作为科学传播和学术研究的基础工具。

第二节　植物分子系统学的基础理论

植物分子系统学利用分子性状探讨植物的分类、系统发育关系以及进化的过程和机制等，其研究内容主要有物种基因全序列测定与分子性状的获得、基因进化规律探讨与标记基因的筛选、基因进化树的构建与评价、物种进化模式与分子机制等，进而建立植物分子系统学的理论体系。本节对系统学和分子生物学的研究进展和基本理论做简要介绍。

一、植物分子系统学研究的相关概念

为了方便理解植物分子系统学的基本理论和方法，先对相关概念做简单介绍。

1. 物种（species）　简称"种"，指外部形态、内部结构、生理、生化、遗传等特征极其相似，可以自由交配并繁衍后代的生物个体群。物种是生物分类学研究的基本单元与核心，也是生物的繁殖和进化单位。生物种间个体不能交配，称为生殖隔离（reproductive isolation），或交配后产生的杂种不能存活或无法再繁衍，即为杂种不活性（hybrid inviability）或杂种不育性（hybrid sterility）。

2. 物种形成（speciation）　又称种化，是演化的一个过程，指生物分类中的物种诞生，即物种起源。广义的物种形成有两层含义：一是指世界上第一个物种的形成，即所有现代生物共同祖先的形成，所指实际为生物的起源；二是指一个原始物种在进化过程中，由于地理隔离、环境条件变化、遗传物质变异等所导致的，出现了两个或多个新物种的现象，称为物种分裂（species split）事件或老种分裂灭绝（taxonomic extinction），是系统学研究的核心主题之一，也是研究生物演化的基础。

3. 生物分类（biological classification）　根据生物形态结构和生理功能等的相似程度，把生物划分为从高到低的不同等级（界、门、纲、目、科、属、种等），并对每一类群的具体特征进行科学的描述，明确不同类群之间亲缘和进化关系的过程。生物分类是生物学研究的一种基本方法。

4. 分子性状（molecular traits）　性状是指生物体可遗传的、能被观察到的表型特征的总和。任何生物都有许许多多性状，如植物植株的高矮、花色、雄蕊类型、果实结构、所含主要化学成分等，核酸（DNA/RNA）或蛋白质（氨基酸）序列特征也是一种生物性状。分子系统学中常把可作为分子标记的碱基位点或基因的碱基序列，以及与之相对应的生物体所有特征的总和称为分子性状。

5. 检测序列（probe sequence）　指新测定的、希望通过数据库搜索确定其性质或功能的核苷酸或氨基酸序列。

6. 目标序列（subject sequence）　指通过数据库搜索得到的和检测序列具有一定相似性的核苷酸或氨基酸序列。

7. 序列比对（sequence alignment）　是通过一定算法，将一个或多个核酸（蛋白质）检测序列与目标序列按照一定的规律对齐排列，比较他们碱基（氨基酸）的相似性，推测他们之间的结构、功能乃至于进化关系的研究方法。这种方法常用于研究由共同祖先进化而来的核酸或蛋白质的同源序列，是分子系统学研究的基本方法之一。两条序列之间的比对称双序列比对（pair-wise sequence alignment）；三条或多条序列之间的比对称多序列比对（multiple sequence alignment）。分子系统学一般都会研究两个以上的类群，所以多采用多序列比对，而双序列比对则是多序列比对的前提和基础。用于分子系统研究时往往会选择相似性程度较高的同源序列进行全局比对（global alignment），即对该序列进行从头到尾的全程比较，进而进行分子进化分析；只对序列的片段进行相似性比较称局部比对（local alignment），适用于进化过程中有插入、删除或突变的同源序列，局部比对结果不常用于系统发育分析，常见于蛋白质家族或超家族的研究工作中。

8. 植物系统发育（plant phylogeny）　是与植物个体发育（plant ontogeny）相对而言的。植物系统发育是指植物某一个类群从它的祖先演化到现在状态的过程，即植物种族的发生和演进历史。不同植物类群有不同的系统发展史，整个生物界系统发育的起点就是生物的起源，之后，反复的新物种形成，逐渐进化形成了现今繁杂的生物界。植物系统发育分析就是通过研究来推断或者评估不同类群之间的进化关系，并用分支图表（进化树）来描述。进化树能直观地显现同一谱系物种的进化关系，也包括核酸和蛋白质等生物大分子的进化关系（分子进化树）。

9. 系统进化树（phylogenetic tree）　进化树指根据生物类群之间亲缘关系的远近，把各类群安置在有分支的树状图表上，简明表达分类群间系谱关系和进化历程的表现形式。根据核苷酸或氨基酸的序列或结构差异构建进化树称分子进化树或系统进化树。系统进化树是由节点和分支组成的拓扑图形，节点是物种形成或物种分裂的歧异点，而分支的长度反映当这些事件发生时，即不同歧异点之间通过分子性状分析推算出的进化距离。

10. 基因突变率（gene mutation rate）　指生物体在一个世代或其他规定的单位时间中，在特定的条件下，一个基因发生某一突变（替换）的概率。自然状态下生物基因的突变频率是很低的。不同生物和同一生物个体不同基因的自发突变率是不同的，因而不同生物基因突变率的估算方法也是不同的。有性生殖生物的突变率通常用每一个配子发生突变的概率，即用一定数目配子中的突变配子数表示；无性繁殖生物，如细菌等的突变率往往用一定数目的细菌在一次分裂过程中发生突变的次数来表示。

11. 进化速率（evolutionary rate）　指生物在进化过程中，单位时间内发生的改变。进化速率既可指分子进化速率或基因突变率，也可指某一类群的物种分化速率，或者某一表型性状（如花色）的进化速率等。

二、分子性状及其分析

从遗传学角度来看，植物表现型的差异归根结底应追溯到基因型的差异，即在 DNA 序列上的差异，对这种基因序列差异的比较研究无疑可为植物系统发育与进化研究提供最直接的证据，如分子钟理论。尽管目前学界对有关生物进化的分子钟是以年限还是以代限为刻度、分子替换是否受环境优胜劣汰影响等问题仍有分歧和争议，但"核苷酸或氨基酸在进化过程中替换的速率与时间是相对应的（不一定接近正线性关系）"的观点，还是被广泛应用在分子系统学研究中，以生物大分子物质的变化规律甚至定律来推测植物系统发育的分支与演变。

（一）植物分子性状

性状是对生物体所表现的形态结构、生理生化特征和行为方式等的统称。任何生物都有许多性状,传统植物分类学主要研究植物的形态性状、显微解剖性状和理化性状等。现今人们更关注的是作为遗传学、分子生物学研究对象的核苷酸或氨基酸序列特征的分子性状。分子系统学就是运用各种实验技术,以研究基因组进化作为常规手段,通过研究分子性状来探讨植物的分类、类群之间的系统发育关系和进化的分子机制等。分子性状研究最先是从蛋白质性状开始的,如等位酶和蛋白质序列等;目前研究较多的是 DNA 序列性状,如碱基顺序、碱基缺失或替换等;随着对基因组结构性状的阐述,尤其是结构基因表达及其调控机制的研究成果的积累,未来会将基因组进化与表型进化联系起来,也就是把分子性状与形态等表观性状有机结合起来,建立更为合理、符合自然界真实演化历史的植物分类体系。

（二）分子性状分析

分子性状分析一般有三个步骤,即收集分子性状数据,筛选标记基因;同源性状相似性比较;选择分子进化替代模型。通过分子性状分析进而构建系统进化树,并进行进化树的评价。

1. 收集分子性状数据,筛选标记基因　这是生物多样性研究的第一步。这里简要介绍核酸分子性状。植物细胞的分子性状有 nDNA、ctDNA 和 mtDNA 碱基序列等类型。

（1）核基因组及其研究:不同植物的核基因组大小差异明显,通常植物细胞的核基因信息量巨大,尽管近年高通量测序技术发展迅速,测序成本逐渐降低,很多药用植物分子系统研究也都建立在物种全基因组测序基础之上,但目前大量运用核基因作为植物分子系统研究的同源分子性状并不优越于叶绿体和线粒体基因。随着研究的逐步深入,利用低拷贝核基因作为分子系统研究的基因标记则显得更为高效,如内转录间隔区（internal transcribed spacer, ITS）序列和 18S rRNA 基因等。

ITS 序列是位于 18S 和 26S rDNA 基因之间的 ITS,被 5.8S rDNA 基因分成两段,分别为 ITS1 和 ITS2。ITS 序列较短,长度均在 600~700 bp。ITS 序列在核基因组是高度重复的,拷贝数大,在植物系统研究中应用较多。被子植物的 ITS 核苷酸序列长度极度保守,而序列高度变异,因而非常适用于研究被子植物的属间、种间亲缘关系。有研究将 ITS2 作为药用植物通用条形码,并成功运用于芸香科、蔷薇科、豆科等植物类群的种间鉴定;还将 ITS 序列作为鉴别百合属不同物种的优选序列。但也有研究提出,ITS 因变异较大,不适用于裸子植物的系统发育研究。

18S rRNA 基因长度约为 1 850 bp,进化速率较慢,可用于科级以上较高分类等级的系统学研究。Soltis 等研究证明采用该序列分析被子植物高等级分类群间的系统发育关系具有重要意义。大量研究还表明 18S rRNA 可运用于藻类等低等植物、藓类、蕨类、裸子植物,以及金缕梅类、毛茛类和单子叶植物等的系统学研究。

植物核基因与叶绿体和线粒体等细胞质基因相比,有其独特的优势:①核基因进化速率快,约为叶绿体基因进化速率的 5 倍、线粒体的 20 倍,因此加入核基因能更好地解决物种间的系统发育关系;②可提供更多的独立遗传位点,若能利用遗传背景不同的基因分析获得一致的系统进化树,可以提高研究结果的可靠性;③核基因是双亲遗传,能完整记录物种进化的历史,若能与细胞质基因联用分析,可以更全面地显示物种进化的分子痕迹和可能途径。

（2）叶绿体基因组及其研究:叶绿体是陆生植物光合作用的重要器官,在陆生植物典型器官如叶肉细胞的细胞质中有多个存在。叶绿体具有独立的基因组,其基因组一般结构为闭环双链 DNA,约占植物总 DNA 的 10%~20%,长度为 120~217 kb。叶绿体基因为单亲细胞质遗传（大多为母系、极少数为父系）,所以是相当保守的,平均进化速率低,属于直系同源基因;其编码蛋白质的基因中,碱基置换率显示出与核基因相似的自然选择压力现象,表明叶绿体不仅结构简单,易于分析,还具有与核基因相似的揭示进化关系的作用,因此,目前植物分子系统学研究多在 ctDNA 分析的基础上进行,尤其是一些突变热点区(hot spot),如 *rbcL*、*matK*、*ndhF* 等。

rbcL 基因是分子系统学中应用最广泛的叶绿体标记基因之一,其长度约为 1.4 kb,以单拷贝形式存在,很少发生基因转变,可提供很多分子性状特征,进化速率适合于研究较高等级阶元类群之间的系统关系,目前已广泛运用于远缘属间及科级以上分类群的研究中。*rbcL* 基因序列在 1993 年就已被应用于分析代表种子植物各类群的 499 个物种,全面探讨了被子植物主要类群的系统发育关系,成为植物分子系统研究的典范。此外,还有诸多应用,如根据叶绿体 *rbcL* 基因序列对鸢尾科、忍冬属等药用植物进行的比较研究等。

matK 基因位于叶绿体赖氨酸 tRNA 基因的内含子中,长约 1 500 bp,是叶绿体基因组编码基因中进化速率较快者之一,并参与编码一种成熟酶。2009 年,其生物条形码被推荐为植物 DNA 条形码研究的核心序列之一,目前已广泛运用于科内、属间、甚至种间的系统发育研究中。如已证明 *matK* 基因可运用于兰科药用植物、朝鲜淫羊藿等的分类鉴定,但其也存在引物通用性差、扩增和测序难度大等问题。

（3）线粒体基因组及其研究:线粒体基因组为闭环双链,长度为 200~2 000 kb,不同类群间差异较大。线粒体基因组单个基因核苷酸置换率较低,目前主要运用于较低级分类群的变异或较高等级分类群的进化研究,如线粒体基因 *orf507* 及 $\psi atp6\text{-}2$ 被证明参与了辣椒细胞质雄性不育的调控。相比之下,线粒体基因组用于系统发育分析的研究较少,主要原因是由于线粒体基因组拷贝数低、提取纯化难度大,且其结构因在体内的重排而存在诸多变化,不利于序列扩增测序等。

2. 同源性状相似性比较　这是系统学研究的中心任务之一。如果发现两个物种具有的两个性状是"祖先与后裔"的关系,或者发现两个物种具有的两个性状与其共同祖先类群中所发现的某个性状相同,都可以视为同源性状。性状的同源性是指在分子进化研究中,两种核酸分子的核苷酸序列之间或两种蛋白质分子的氨基酸序列之间的相似程度,试验方法是进行序列比对,即将检测序列与目标序列进行对比。在氨基酸序列比对中相似性还包括残基的相似性,除了完全相同的残基外,还要比对在对应位置的侧链基团的大小、电荷性、亲疏水性等。

序列比对是通过查验国际生物信息中心的数据库完成的。早期数据主要由数据录入人员通过查阅杂志文献搜集,或者由科研人员用磁盘、电子邮件方式递交,再由数据中心对文献和序列数据进行整理和维护,并定期向全世界发布。近些年则是由来自世界各国分子生物研究中心的核酸和蛋白质序列测定数据。随着基因组大规模测序计划的迅速开展,序列数据库特别是核酸序列数据库的数据量迅速增长。目前生物信息数据主要集中于英国剑桥南郊基因组园区的桑格中心(Sanger Centre)、美国华盛顿大学基因组研究中心等几大著名的国际测序中心的平台上。

3. 选择分子进化替代模型　构建系统进化树需要将大量序列比对获得的信息转化为数据,以分析和确定所研究的同源性状的演化极向(进化顺序)、进化距离等,即它们进化的时间顺序和时间差距。比较两条序列差异最直接的方法是找出它们不同的位点,如两条长度为 100 bp 的核苷酸序列上有 10 个位点不同,就将两者的遗传差异距离记录为 P=10%=0.1。因为碱基只有 4 种,即 A、T、C、G,所以某一碱基(假如为 A)被替换后只有另外 3 种形式（T、C 或 G），相比于核苷酸序列的长度的碱基数目，同一位点反复被替换的概率可以忽略，所以，替换速率较低的基因，经过两序列比对观察到的差异值接近实际替换次数。若基因区段替换速率高，则多重替换（mutiple substitution）的可能性就会增加，同一位点后面的突变将会掩盖其前面的突变信息，序列比对获得的差异只是最后一次替换的结果，转换的遗传差异距离 P 值就会减小，随着时间的推移，这种误差会越来越明显。

考虑到实际替换率常比观察到的碱基替换率高，人们就构建出一些数学方法，设置一些参数来矫正，如用碱基替换率观察值矫正后来预测实际替换率；替换数以每个核苷酸位点的替换数，而不是两个序列间的总替换数表示；对两个嘧啶（T↔C）或两个嘌呤（A↔G）之间的转换（transition）和嘧啶与嘌呤之间（T/C↔A/G）的颠换（transversion）分别设置替换参数等方法。常用的替代模型建模方法有 JC69（Jukes Cantor, 1969）、K80（Kimura）、F81（Felsenstein）、HKY85（Hasegawa, Kishino & Yano, 1985）、RE（General Reversible Model）模型等，使用不同的模型可能会导致不同的分析结果。

分子进化模型选择是分子进化、分子系统研究领域的基础问题之一，错误的模型会带来计算结果的错误。通常选择的模型参数越少，计算越方便，因为对每一个参数进行估算都需要引入相应的变量，从而使整体的变数增加，甚至使模型计算结果偏移，但参数的增加也会使模型计算结果更趋近于真实情况，所以参数的增加往往是一把双刃剑。另外，检测序列长度是长还是短？是编码蛋白质的序列区段还是非编码序列？嘌呤和嘧啶含量比例如何？是同义突变还是非同义突变？这些问题都是选择分子进化模型需要考虑的因素，不仅要参照前人的经验和一般理论，还要在自己的研究中摸索和比较，才能最终得出比较可靠的结论。

三、系统进化树的重建

分子性状分析的最终任务是将序列比对数据通过进化替换模型运算后，转化为系统发育进化树。

（一）系统进化树的构成要素

系统进化树（phylogenetic tree）堪比"生命之树"，是生物系统研究的重要内容之一。表达地球上所有有机体的系统进化树，树根代表其共同祖先，即生命的起源种。通常的系统进化树多用于现存生物在物种等级及其以上阶元的分类群间进化关系的构建。进化树是由分支和节点组成的树状图形，节点是物种形成或物种分裂的歧异点，相邻歧异点间的连接线称为分支，分支长度称为支长（branch length），代表了该分支遗传信息的改变量，即进化距离，可以是进化速率与进化时间的乘积或只代表时间。支长在最大简约树中代表性状状态变换的步骤，在最大似然树和贝叶斯树中，则代表变异位点碱基替换数。系统进化树上任何连续的分支组成的、随时间发生的一系列祖裔关系称为支系（lineage）。在物种等级或更高阶元的系统进化树中，将早期发生的即接近树根部的分支称为基部分支（basal branch）或深层系统发生（deep phylogeny）；将近期发生的即接近树梢末端的分支称为端部分支（terminal branch）或浅层系统发生（shallow phylogeny）。最浅层的节点，即系统进化树的分支终端称为操作分类单元（operational taxonomic unit, OTU）、外部节点（external node）或端节（terminal node），有时也被称为末梢（tip）或叶（leaf）。外部节点根据研究目的不同，可以是物种，也可以是基因、居群或种以上高级阶元。系统进化树的内部节点（internal node）是端节类群的假想祖先，根据研究类群不同所代表的意义也不同。在物种关系树中，一个内部节点代表一次物种形成事件;在地理种群谱系关系树中,一个节点代表一个地理隔离事件;在基因谱系关系树中,则代表了新基因的形成事件。研究者在研究谱系系统发育时,为探讨其成员间系谱关系、推断其系统发育历史,常会选取一些参照对象。系统进化树中实际分析考察的节点类群称内群(ingroup),而所选取的、研究对象之外的、与内群有密切联系的分类单元称为外群(outgroup)。使用外群来比较,通常可以判断一对或一组同源性状的相对极向(演化方向)。最有比较价值的外群往往是内群的姐妹群,也就是和与之比较的内群共同拥有一个最近的祖先,但又不在该研究的谱系范围内的类群。

(二)系统进化树的类型

系统进化树表达的目的和对象不同,可以采用不同的表述形式,就出现了不同类型的系统进化树。

系统进化树按是否呈现共同祖先分为有根树和无根树(图4-1)。如果系统进化树指明了最初的共同祖先,且节点表达的类群之间有了分支的先后次序和时间的方向性,称为有根树(rooted tree)或进化树(evolutionary tree)。如果一棵进化树仅指明了终端分类单元之间的相对分支关系,但未明确他们之间的进化方向,则称为无根树(unrooted tree)。

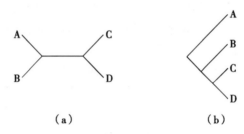

图4-1　系统进化树的类型(一)

(a)无根树;(b)有根树。

系统进化树还可以分为支序图(cladogram)、系统发育图(phylogram)和超度量树(ultrametric tree)三种类型。①支序图:是系统进化树最基本的形式,可直观显示共同祖先的相对近度,但支长无实际意义,常用于表型分支图,如图4-2(a)显示,B和C具有最近的亲缘关系;再久远一些,两者与A具有共同的祖先;D与B、C、A之间则亲缘关系更远一些。②系统发育图:除显示物种之间的分支关系外,还以支长表示各类群之间的进化改变量,常用于进化分支图,如图4-2(b)显示,B和C具有最近的亲缘关系,但C与其共同祖先有较大的进化改变量,B的进化改变量较小。③超度量树:也称时间树,结构与系统发育图相似,只是其支长用进化时间替换了进化改变量,如图4-2(c)所示。

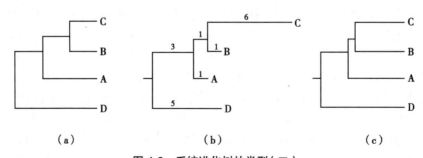

图4-2　系统进化树的类型(二)

(a)支序图;(b)系统发育图;(c)超度量树。

（三）系统进化树的构建方法

用于构建系统进化树的数据可以分为特征数据（character data）和距离数据（distance data）两种类型。这些数据均可以矩阵形式呈现，即数据矩阵。在替代模型基础上，通过计算机对数据矩阵的程序运算，能获得两两分类单位间的进化变化量，即遗传距离等信息。

特征数据提供某个基因、个体、物种或群体的信息，同时考虑每个性状的状态，即在进化途径中的先与后，将其用于系统发育分析。根据性状数据构建系统进化树的方法为特征数据分析法（character-based method），包括最大简约法（MP）、最大似然法（ML）、贝叶斯法（BI）等。

距离数据能提供成对的基因、个体、物种或群体的信息。选出相似程度比较大或非常相关的序列对进行分析，将同源性状的比对数据矩阵进行计算机运算，依据选择的替代模型和建树方法构建系统进化树。特征数据可以转化为距离数据，但会使数据失去一些进化信息。根据距离数据构建系统进化树的方法为距离法（distance-based method），包括非加权分组平均法（UPGMA）、最小进化法（ME）、邻接法（NJ）等。运用距离法建立的进化树质量，取决于距离尺度的质量，而距离的准确性又取决于替代模型选择合适与否。

一般 UPGMA 应用比较少；ML 在替代模型适宜时效果良好；运用近缘序列建树时常用MP；运用远缘序列建树时多采用 NJ 或 ML。通常认为，研究相似度较低的序列时，建树方法依据准确性排序是：BI>ML>MP>NJ；若研究的序列相似度较高，各种方法建树准确性差别不大，均可选用。

（四）进化树的评价

进化树重建以后需要进行可靠性和健壮性评价。可靠性是指建树时程序在运行过程中出现错误的概率大小；健壮性是指程序在运行过程中出现一般性错误时程序自动进行错误处理的能力。在系统发育分析中，不同的建树方法可重建出不同的系统进化树，而系统进化树可靠性的评估，大多采用自举法（bootstrap）进行。贝叶斯法通过后验概率可直观反映出各分支的可靠性而不必通过自举法进行检验。

自举法是一种重抽样技术，是从原始数据集（整个序列的碱基或氨基酸排序）中任意选取一半保留，剩下的一半数据随意补齐，组成一个新的数据集。重复该过程，会产生成千上万的新数据集。用这些新数据集重新通过不同算法（MP、ML、NJ）构建一棵棵自举进化树，再将先期建立的系统进化树与这些自举进化树进行比较，按照多数规则（majority-rule），与自举树中出现次数较多的重叠部分，就是系统进化树置信度较高的部分。置信度高的部分越多，进化树越可靠，经过校正后可得到一颗最"逼真"的进化树。自举检验时各分支在自检树中出现的数目常标注在相应节点的旁边，经计算机换算成自举值，该值越高，可信度也越高。一般认为，自举值 >70，构建的进化树较为可靠。

四、物种形成及其判别标准

物种并不是由个体直接构成，而是个体在时空中有规律地组合成居群（动物称种群），再由居群有规律地组成物种。植物物种是由一个至多个、之间有或大或小间断的植物居群所组成。

（一）物种散布与影响因素

物种个体从其祖先分布区扩大到更大分布区域，或缩小至原来区域的一部分，称为散布

（dispersal）。不管是散布中的物种突破了原始分布的阻限，拓展至新区域，或者在原始分布区中出现了新的阻限，往往都会使原分布区的居群被隔离成两个至多个居群，从而替换原始居群，这个过程和结果称分替（vicariance），分替后被隔离的居群将来可能形成新的物种，即物种分化（species differentiation）。

植物种群的分替受种子的散布能力、地理条件、气候条件、分替持续时间等因素影响。只有那些生态适应性和利用环境资源能力强的物种才能在分替过程中成功扩大分布区，迁移扩散。同时，植物扩散所达的新环境与原环境越相似，在新分布区成功定居甚至在原有植物群落中形成竞争优势，并存留发展的机会也越大。

植物果实为干果中的裂果，往往通过果实成熟开裂的弹力散布种子，一般范围在方圆15~25 m，但很多植物通过进化可使种子散布得更远，如杨树种子可以扩散至30 km外，而菊科千里光属植物的瘦果甚至可以扩散至200 km以外。植物果实若为肉质果，常常色、香、味俱全，用以吸引动物前来啃食果皮，并借助动物的移动能力散布种子。植物散布种子的形式和范围不一而论，椰子等可以借助水漂送繁殖体达数百米；苍耳果实可以借钩刺黏附于鸟兽体表；罂粟科紫堇、白屈菜等植物的小型种子常采取蚁播形式等。

影响物种散布的环境条件中，海洋、宽阔河谷、高大山脉、大沙漠等是很多植物扩散的主要阻限因素，能阻隔大部分植物果实和种子逾越，即便有个体或繁殖体穿越，也将由于地理隔离进而发展形成生殖隔离，最后产生新种。山地急剧变化的水热条件，也对许多植物种子传播和营养体的生长发育产生不良影响，所以很多植物沿绵长山脉延伸自己的分布区，而山脉边缘常常是众多植物物种分布区的边界。低盐碱土、钙质土、酸性土、沼泽，甚至大森林、大平原都会成为当地分布植物的束缚因子，这些植物的分布区边界也随该特殊条件的范围而界定。

植物物种分替还受过程长短影响。理论上，新物种形成后，物种扩展时间越长，适应新环境的能力提高就越大，扩散范围也就越广；新物种分化的时间越晚，由于先期多样性物种的稳定分布，其能够占领分布区更大空间和资源的难度也就越大，所以会局限在一定的狭小空间内，成为确限度较高的某地方特有种。

（二）物种形成

自然界生物类群的系统演化中，关键步骤之一就是新物种产生，即种化，目前广为学者们所接受的假说是地理物种形成说（geographical theory of speciation）。其核心观点是：由于地理屏障将两个居群隔离开，阻碍了个体间的有性配合，使居群间基因交流受阻。各自长期在新环境下发展，在环境压力下产生相应变异，随着变异的积累，最终即便后代个体相遇也不能进行有效的基因交流，即产生了生殖隔离，成为两个新物种。

影响物种散布的诸多条件都可能使植物居群产生地理隔离，地理隔离是种化的量变阶段，是生殖隔离的先决条件，只有地理隔离而不形成生殖隔离，产生的不同居群称亚种（subspecies），但绝不可能产生新物种。

生殖隔离是种化的质变阶段，也是种化的最后和关键时期，是现在通常认为的物种界定标准。不能杂交、杂交不活、活而不育都可以称为生殖隔离，有生态隔离、季节隔离、性别隔离、行为隔离、杂种不育等形式。

依据植物分替时新分布区的不同，地理物种形成主要有4种模型（图4-3）：同域物种形成（sympatric speciation）、临域物种形成（parapatric speciation）、边域物种形成（peripatric speciation）和异域物种形成（allopatric speciation）等。①同域物种形成：是指同一物种在相同的环境,由于行为改变或基因突变等原因而演化形成不同的物种。②临域物种形成:是指两个种化中的族群不完全分开,而是相邻分布,从一极端到另一极端之间的各族群逐渐积累变异,彼此相邻的两族群还仍能进行基因交流,但两边最极端的族群已经产生了实际的地理隔离,若因产生的差异太大而形成生殖隔离,也就形成不同的物种。③边域物种形成:是指种化过程中,一个小族群由于某种原因和原来的大族群隔离,小族群在新环境中基因经历剧烈变化,当其再与大族群相遇时已经不能进行基因交流,新物种也就形成了。④异域物种形成:是指同一物种不同居群由于显著的地理隔离,分别演化为不同的物种。

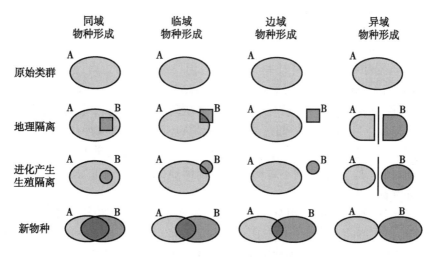

图 4-3 物种形成模型示意图

地理物种形成又称渐进式物种形成,适宜解释大多数物种形成事件,有很多实例可以证实在旧物种经历相当长时间逐渐演变成新物种时遵循了该假说。但考察地质历史资料,常常发现物种还有爆发式出现或进化的现象,如寒武纪的动物大爆发,使地球上急速涌现出了空前繁荣的动物门类;太古代还出现了基因大爆炸奇观,创造出 27% 的现代基因家族。因此,G.G. 辛普森、E. 迈尔等认为,除了渐进式物种形成方式以外,还可能存在快速的、跳跃式的物种形成方式,即量子式物种形成(quantum speciation),又称爆发式物种形成或骤变式物种形成。该假说认为很多物种不需要经历悠久的演变历史,可在短时间内借助特殊的遗传突变、染色体变异、远缘杂交、多倍体化或是其他随机因素,快速、直接地造成居群间的生殖隔离,并形成新物种。多倍体化的物种形成尤其突出,这种方式在有性生殖的动物中很少发生,但在植物的进化中却相当普遍,世界上约有一半左右的现存植物物种是通过染色体数目的突然改变而产生的多倍体生物。

(三)物种判别标准及存在问题

物种是生物分类最基本的单位,物种的概念是生物学最重要的概念之一。然而,不同学者对"物种"概念的理解有较大的分歧;即便是在同一个物种概念框架下,由于生物的表型和分布的复杂性,物种判定标准也难以统一,因此,截至目前,物种的界定仍然是生物学领域一个悬而未决的难题。

首先,虽然学界公认物种界定的金标准是"生殖隔离",但通过无性生殖或营养繁衍的生物却无法借此划分物种边界,这类物种只能依据生态特征、形态特征等来划分,如很多细菌和原生生物要依据"同一生态位或者在生态系统中起相同作用"来决定个体或克隆是否应划分为同一物种；很多高等植物（如竹类）长期进行营养繁殖，一生往往只开一次花、结一次实，这种生物类群，难以通过有性生殖来验证是不是存在种间杂交，只能依赖"形态特征的相似性"来界定同一个物种的个体；即使在以有性繁殖为主的类群中（如壳斗科），如果存在极为频繁的杂交，应用生殖隔离的标准去界定物种也很难操作。况且，植物界近缘种杂交是很普遍的现象，也就是说，植物近缘类群（种及以上）之间不存在完全的生殖隔离。

其次，大部分物种的分化是一个漫长的渐进过程，期间会出现一些过渡类型，尽管它们之间有或多或少的地理或基因间隔，但是仍很难按是不是一个物种来确认分类关系，如复杂种（compilospecies）、雏形种（incipient species）、隐种（cryptic species）等。①复杂种：是指与相近物种杂交形成的种或种的复合体；②雏形种：是指正在分化形成的新物种居群，他们在遗传上可以进行基因交流，但某种障碍阻止了他们的直接交配；③隐种：又称亲缘同形种（sibling species），是指那些形态特征差异不明显，但已经不能通过有性生殖进行基因交换，也就是已经处于生殖隔离阶段的居群。Schopf（1982）认为，现存的任何大的植物类群中，约10%~20% 的物种是亲缘同形种，只有通过实验室核型和电泳分析，才能发现他们之间的基因差异。只有当种化过程完成，中间过渡类型都消失不见，两个新物种才表现出理论上的表型性状差异明显、生殖隔离显著而稳定的理想状态。但这种分类学上的理想状态往往是可遇而不可求的，所以说，所谓种间不育的物种鉴别标准也具有一定的人为性，自然界并不存在客观的区分物种的金标准。

随着分子系统学的发展，运用分子生物学理论和手段似乎可以为分类学中的物种鉴定提供可靠依据，以居群间个体的功能基因的序列差异性，来判断基因交流的流畅程度和表型相似度等，从而为物种界定提供确切证据，甚至可以建立既漂亮又科学的完美系统进化树。当然，这些设想是要建立在一定的基础之上的，如采样足够全面、同源序列假设必须正确、鉴定确保准确、性状分析方法科学、建模逻辑清晰等。但前期研究显示，这些条件不可能完全达到，如科、属、种的分子系统研究，样品采集需要全面，尽量覆盖全部类群，研究结果才更加可信，但由于很多类群的灭绝、同源基因序列的缺失，会导致无法完成全面采样。此外，由于采用不同的序列、不同的分析方法进行研究，尽管系统学研究大多需要通过自举法等做假设检验，但不同研究者得出的结论仍然会有所出入，甚至差距明显或结果相悖。另外，分子研究结果有时与形态的相近程度不一致。得到一棵系统进化树，却难以用形态学特征进化规律进行解释的情况时有出现。为了给研究结果一个合理的诠释，研究者会有意无意地在取样、序列比对、分析方法选择、数据取舍等步骤出现人为取向，如将不好解释的数据视作干扰项而忽略，巧取与预期结果相符的数据等，从而使结果的客观性失真。这些都是分子系统研究所面临的问题。

第三节　中药资源分子系统研究概况

一、药用植物分子系统研究

药用植物分子系统学（molecular systematics of medicinal plants）是运用分子生物学的理论和技术研究药用植物的群体分类和进化关系的科学，即通过对不同学科在分子层面的研究成果和信息进行综合,对药用植物进行描述、解释,最终得到各阶元(尤其是科、属、种)具有预测性的药用植物自然分类系统,以促进中药资源的发掘和应用。它的主要任务是探索药用植物类群之间的亲缘关系,鉴定药用植物,为探索其化学成分、疗效、药性等规律提供可靠的 DNA 遗传信息和碱基序列参照数据,为保护和开发利用新药源提供坚实的理论基础。与药用植物研究一样,药用植物系统学也是一门永无止境的综合和动态学科,在获取更多研究成果的基础上,药用植物分类系统逐渐得到修正和补充,无限接近真相,并有效服务于中医药事业的持续发展。

(一)药用近缘植物的亲缘关系研究

1. 基于基因片段组合的研究　典型实例如对苍术、丹参等中药材基源植物的研究。

(1)苍术:中药苍术为菊科植物茅苍术(*Atractylodes lancea*)或北苍术(*A. chinensis*)的干燥根茎。分别使用核糖体 DNA 内转录间隔区(rDNA ITS)序列,叶绿体序列(trnL-F)以及核序列 + 叶绿体序列对苍术属 rDNA 中 6 个种共 49 个个体进行系统发育分析,发现苍术类物种分为 3 个分支:鄂西苍术(*A. carlinoides*)、白术(*A. macrocephala*)、茅苍术复合体,后者包括关苍术(*A. japonica*)、朝鲜苍术(*A. coreana*)、茅苍术、罗田苍术(*A. lancea* subsp. *luotianensis*)以及北苍术等。根据分子证据认为茅苍术不存在种内物种分化,并应将鄂西苍术视为北苍术的别名。

(2)丹参:中药丹参来源于鼠尾草属植物丹参(*Salvia miltiorrhiza* Bge.),该属植物极其多样,中国是其分布中心之一,拥有 84 个自然物种,主要分布在中国西南部(云南和四川等地),尤其是横断山地区。分别使用 rDNA ITS 序列,叶绿体序列(*rbcL*、*matK* 和 *trnH-psbA*)以及核序列 + 叶绿体序列对来自中国的 43 种、日本的 6 种和引自于欧美的 4 种鼠尾草属植物进行分子系统分类。研究发现相比于从欧美引进的鼠尾草属植物,中国的鼠尾草与日本鼠尾草植物亲缘关系较近,两者拥有共同的祖先。但中国的鼠尾草属植物并不具有单系性。来自新疆的新疆鼠尾草(*S. deserta*)与来自欧洲的药用鼠尾草(*S. officinalis*)可聚为姊妹支。

2. 基于细胞器基因组和转录组的分子系统学研究　叶绿体基因组具有母系遗传、进化速率适中、重组率低、拷贝数高以及在植物中普遍存在等特点,随着生物信息技术的不断发展以及测序成本的降低,越来越多的药用植物叶绿体基因组被成功测序,并被用于物种鉴定以及分子系统研究。如利用叶绿体全基因组重新构建了 9 个薯蓣属(*Dioscorea*)物种的系统发育(最大似然法和贝叶斯法),结果表明 9 个薯蓣属物种被分成了 2 个分支(branches),其中 *D. villosa*、*D. zingiberensis* 与 *D. futschauensis* 被分为一支,*D. elephantipesn*、*D. bulbifera*、*D. aspersa*、*D. rotundata*、*D. alata* 和 *D. polystachya* 被分为另一支,且大部分具有较高的支持率。基于叶绿体基因组的五味子系统发育分析支持五味子属(*Schisandra*)与八角属(*Illicium*)为姊妹分支。来源于 36 个物种的唇形科植物叶绿体基因组系统进化树表明,黄芩亚科 Scutellarioideae 与野芝麻亚科 Lamioideae 互为姊妹群。利用 75 个叶绿体基因重建豆科系统进化树(图 4-4),152 个豆科物种被分为云实亚科(Caesalpinioideae)、蝶形花亚科(Papilionoideae)、紫荆亚科(Cercidoideae)和甘豆亚科(Detarioideae)4 个分支类群(groups)。

另一方面,基于细胞器基因组的研究也能提供有价值的分子标记信息。如在石斛属(*Dendrobium*)的系统性工作中,利用 16 套基因组合数据分别构建 23 个石斛属物种的系统进化树(最大似然法),这 16 套数据包括 ITS, ITS2, ITS+*matK*+*rbcL*, ITS2+*matK*+*rbcL*, ITS2+*trnH-psbA*, *matK*+*rbcL*, *matK*+*trnH-psbA*, *rbcL*+*trnH-psbA*, *matK*+*trnH-psbA*+*atpF*-

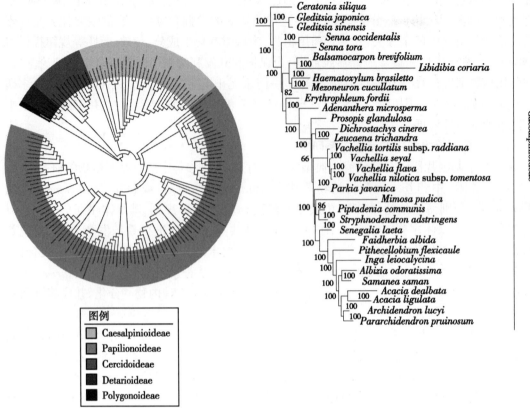

图 4-4　基于叶绿体基因组的豆科系统进化树（最大似然法）

$atpH$，$matK+atpF-atpH+psbK-psbI$，$trnH-psbA+atpF-atpH+psbK-psbI$，$trnT-trnL+rpl32-trnL+clpP-psbB+trnL$intron$+rps16-trnQ$，LSC，SSC，IR，完整叶绿体基因组。其中只有 LSC 和完整叶绿体基因组两个数据集可以将石斛属物种全部分开，且均大部分具有 100% 的支持率。

相对于全基因组测序，转录组测序具有快速、低测序量和低成本的特点。其基于不包括内含子的表达 mRNA 信息，因此相对于基因组，在构建系统进化关系时可以提供大量直系同源基因而避免重复序列和多倍性的干扰。另外，通过转录组测序能够一次性获得大量编码序列信息，有利于开发大量而有效的 SSR 和 SNP 等分子标记。如基于 19 种非模式植物（包括虎杖 *Polygonum cuspidatum*、南方红豆杉 *Taxus mairei*、银杏 *Ginkgo biloba* 等药用植物）转录组数据中的 50 个单拷贝直系同源基因，进行系统进化树构建和进化分析等研究；对甘草属（*Glycyrrhiza*）进行转录组和叶绿体基因组比较分析，发现基于核基因直系同源基因的基因树与叶绿体基因树存在拓扑结构的明显差异，揭示了两者不同的分子进化历史。

（二）近缘种间的界定及种内居群间关系研究

1. 基于基因片段单倍型的分子谱系地理学研究　生物系统学的工作，不仅限于种以上阶元，也包括居群水平的研究。近年来，基于叶绿体基因或核糖体基因的单倍型组合信息，分子谱系地理学与基于 DNA 条形码序列的物种界定研究相结合，逐渐成为中药学，乃至整个生物系统学领域的研究热点，在近缘物种界定、揭示产地变迁历史、栽培药材种质退化、核

心种质构建、资源保护策略研究等方面发挥作用。以下介绍几个典型案例。

（1）黄连：采集了黄连属（*Coptis*）中常作药用的 4 种和 1 个变种（峨眉黄连 *C. omeiensis*、三角叶黄连 *C. deltoidea*、云南黄连 *C. teeta*、黄连 *C. chinensis* 及短萼黄连 *C. chinensis* var. *brevisepala*）共 226 个个体的样品，利用 2 个叶绿体 DNA 基因间序列 psbA-trnH 和 trnL-trnF 进行数据分析，发现黄连和三角叶黄连均存在严重的种质混杂，三角叶黄连很可能由黄连和峨眉黄连杂交起源而来，三角叶黄连和峨眉黄连都没有形成独立进化的单系，种间的遗传分化不完全，种间可能存在基因交流。

（2）雷公藤：从中国 12 个省份采集了 120 份雷公藤属（*Tripterygium*）样本，扩增 psbA-trnH、rpl32-trnL 和 trnL-trnF 等三个分子标记，获得单倍型信息后进行遗传分析，试图阐明雷公藤属内关系。结果表明昆明山海棠（*T. hypoglaucum*）和雷公藤（*T. wilfordii*）聚于同一分支，而东北雷公藤（*T. regelii*）则位于单独分支。

（3）单叶蔓荆与蔓荆：针对单叶蔓荆（*Vitex rotundifolia*）和蔓荆（*V. trifolia*），自 25 个采样点收集了 157 份样品，获得 trnH-psbA 和 trnG-trnS 分子标记，自 27 个采样点 177 份样品中获得 ITS 分子标记，并采用谱系地理学方法对其遗传多样性和种群结构进行分析。结果表明单叶蔓荆和蔓荆共有 8 个 ctDNA 和 2 个 rDNA 单倍型，单叶蔓荆和蔓荆具有不同的 ctDNA 单倍型。单叶蔓荆经历了快速的长距离扩散，其遗传多样性水平较低，居群间遗传差异较小。根据单叶蔓荆的遗传多样性和种群结构，提出了其资源保护的科学策略。

（4）厚朴与凹叶厚朴：选取了厚朴（*Magnolia officinalis*）与凹叶厚朴（*M. officinalis* subsp. *biloba*）15 个居群进行群体遗传学研究，对各样品叶绿体序列 psbA-trnH 和 trnL-trnF 进行分析，研究结果表明厚朴与凹叶厚朴均无特有单倍型存在，两者单倍型频率存在显著差异，已出现遗传分化的趋势，但尚未完全分化成彼此独立的单系。

2. 基于重复序列数据的居群遗传多样性分析 由于简单重复序列 SSR 多态性丰富、具共显性、重现性好，并在染色体上分布均匀，已广泛用于 SSR 指纹图谱和种质资源分子身份证的构建。采用 SSR 分子标记技术建立中药材 DNA 指纹图谱并构建其身份证，因不受引种栽培等外界环境的影响，可以有效区分表型特征相似的近缘物种、种质资源以及农家种。

在分子生药学研究领域，SSR 分子身份证也得到了开发与应用。一是利用基因组与转录组测序技术发现潜在分子标记。如通过对鱼腥草（*Houttuynia cordata*）转录组测序，发现了 4 800 个潜在的分子标记，并设计 50 对随机引物加以检验，其中 43 个引物扩增出预期大小的片段；通过对天麻（*Gastrodia elata*）三个栽培亚种的块茎进行转录组测序，共鉴定出 3 766 个 EST-SSRs 和 128 921 个 SNPs，为天麻种质资源的遗传保护和分子育种奠定了基础。二是利用 SSR 标记考察居群多样性和亲缘关系。如利用 SSR 分子标记技术分析 58 个金银花（*Lonicera japonica*）农家种之间的亲缘关系时，将 58 个农家种按遗传一致性分为 4 类，为金银花的优良种质选育提供了参考信息；利用 SSR 技术，对云南和安徽地区的 11 个栽培铁皮石斛（*Dendrobium officinale*）居群进行多态性分析，将其分为三支，为今后铁皮石斛的品种鉴别提供准确、可靠的方法和溯源信息平台。

3. 植物基因型与化学成分的联合分析 将植物基因型（单倍型）信息与药材化学成分信息相结合，以期理解中药化学成分差异的遗传背景，并将居群遗传的研究结果直接用于指导中药质量控制。

（1）赤芍和白芍：两者均来源于毛茛科植物芍药属植物芍药 *Paeonia lactiflora* Pall. 的根（赤芍还来源于川赤芍 *P. veitchii* Lynch），赤芍被用作凉血药，而白芍则被用作补血药。野生芍药为赤芍主要来源，约占赤芍市场份额的 80%，野生芍药种群由于过度采集而急剧减少，导致中药市场赤芍药材缺乏。安徽、浙江、四川等地栽培的芍药根经煮沸剥皮后作为白芍，白芍产量高。通过收集来源于芍药属 6 个种的 144 个赤芍和白芍样本，利用 rDNA ITS 对其进行遗传变异和系统发育关系研究，并用代表种群的样品进行栽培对比试验，鉴定活性成分的含量。研究结果表明，赤芍和白芍种群的单倍型分布存在差异，赤芍野生种群与栽培种群的遗传分化具有统计学意义（$P < 0.001$）。赤芍与白芍中的芍药苷含量也有显著差异（$P < 0.05$），两者可能具相关性，说明栽培白芍与赤芍不能混用。

（2）朝鲜木姜子（老鹰茶）：朝鲜木姜子（*Litsea coreana* Lévl.）作为一种常见中药材，可用于制作饮品，其品质因其特定的地理区域、采集时间、采后处理方法等有很大的差异，深入了解朝鲜木姜子的遗传多样性和化学特性可为其利用和保护提供依据。基于三种叶绿体标记（psbA-trnH、trnL-trnF 和 trnT-trnL），对采自于中国南部和西南部 7 个省份的 23 份朝鲜木姜子样品进行研究，鉴定得到 8 个单倍型，明确其在四川省及其邻近地区的遗传多样性最高，即该地区可成为今后保护朝鲜木姜子的重点地区，而青藏高原的隆升和过去的气候变化则是导致中国朝鲜木姜子多样性的重要原因。

二、药用动物的分子系统研究

药用动物是中国传统药物的重要组成部分，动物类中药具有活性强、疗效佳、显效快等特点，在《本草纲目》中记载的动物类中药达 444 味。目前动物类中药研究面临着诸多挑战，如节肢动物、环节动物等"虫类"的基础分类学发展相对不足，尚有大量物种未被发现，且种属关系时常修正变动；野生来源占相当比例以及隐存物种的存在，导致了部分动物药材基源混乱。

（一）基于线粒体基因的药用动物系统学研究

动物线粒体基因具有母系遗传、进化速率适中、多拷贝等特点，被广泛应用于动物系统学研究中，特别是经典的 658 bp COI 基因对动物种属鉴定、隐存物种发现以及动物分子系统学的发展起到重要作用。在分子生药学中，对目前主要依赖于野生的动物药材进行充分的 COI 单倍型考察，研究其物种界定，将对该类药物的基源与产地稳定化，实现驯化或替代起到关键的作用。

1. 海参　为揭示刺参（*Stichopus japonicus*）不同颜色变种间的系统学关系，基于完整线粒体基因组进行 14 个刺参样品的系统发育分析，并构建分子钟对 3 种体色的分化时间进行推演，最终发现 3 种体色的刺参并非单一起源但均属同一物种范畴，其分化与地理分布无直接关系，而可能与历史海洋气候和洋流有关。

2. 广地龙　按《中国药典》标准，广地龙基源应为钜蚓科动物参环毛蚓 *Pheretima aspergillum*（E. Perrier），其因个大、质佳，是地龙药材市场的主流品种。但前期蚯蚓分类学者的工作揭示了两广地区巨大的钜蚓科物种丰富度（图 4-5），不同物种在同一生境下共同存在，大量的物种尚未被描述，这暗示了野生广地龙药材也存在很大的物种不确定性。将在广地龙产地采集到的 5 500 余份地龙样品，按收集批次混合样品组织，提取基因组 DNA 后进行细胞色素 c 氧化酶亚基 I（cytochrome c oxidase subunit I, COI）片段扩增，并进行 PE250 高通量测序。利用 DADA2 推测扩增子序列变异（amplicon sequence variant, ASV），得到了

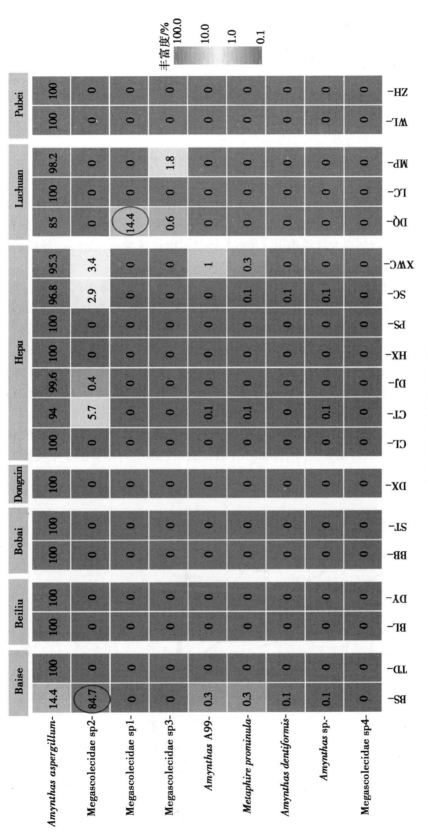

图 4-5　不同地点广地龙物种多样性比较

采集样本的全部单倍型。结合 ABGD、bPTP、GMYC 等物种界定技术,对以上单倍型进行了种水平的推测,推断出在广地龙产地中存在着 9 个物种,且参环毛蚓下可能分化出了 1 个新的亚种。分别采用了基于相似性的 BLAST 算法和基于系统发育的 PPlacer 算法鉴定单倍型序列,两者结合得到可靠的分类信息。对未能定种的推测种,继续采用了 DNA 宏基因组技术、线粒体基因组拼接技术得到近完整线粒体基因组序列,进行了比较分析。通过样品间的多样性比较分析,描述了广西地区广地龙主要的基源情况,找到了种质资源相对稳定的区域,也为后期广地龙养殖基地选择提供科学依据。

(二)基于核基因组与线粒体基因结合的药用动物系统学研究

线粒体基因组中的所有基因实际上处于同一基因座,因其母系遗传的特点,线粒体基因组揭示的基因树与真实的物种树可能存在差异。随着近年来测序成本的大幅下降,基于 ddRAD-seq 等策略获得的全基因组信息逐渐得到更多应用,其更能反映亲本双方的遗传特点,对谱系地理研究起到很大推动作用。将线粒体基因组信息与 ddRAD-seq 等技术相结合,可在研究物种发生关系的同时,揭示更多进化事件的分子机制。

以中华真地鳖野生种群遗传多样性研究为例,土鳖虫作为一味中药材,因具有逐瘀破积、通络、理伤的作用而被广泛应用于临床。中华真地鳖 Eupolyphaga sinensis 的雌虫干燥体是其主要的药源。中华真地鳖不同地理种群间在形态、生物学和化学成分上均有一定的差异,选取 17 个地点共 174 个野生中华真地鳖样本,发现 30 种 COI 单倍型,通过邻接法、最大似然法、贝叶斯法构建的 3 种系统进化树结果基本一致,均形成了 5 个分化明显的支系,并在地理上呈现出一定区域性分布。而后续对市售的 102 份土鳖虫药材样品进行 DNA 条形码鉴定,发现市售样品主要来源于野生类群系统进化树中的 3 个分支。

进一步采用简化基因组 ddRAD-seq 技术获取了中华真地鳖 10 535 个 SNP 位点。在利用 Splittree 构建的网状进化分支树中,ddRAD 数据能很好地维持原有的 5 个明显的地理分支(图 4-6)。

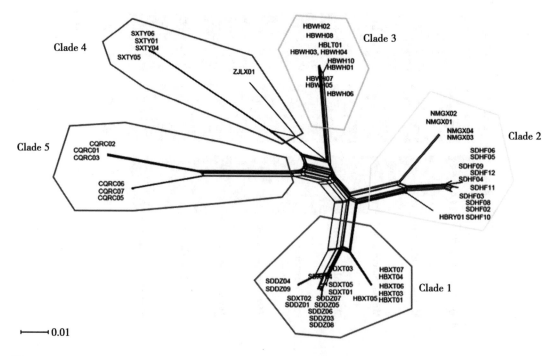

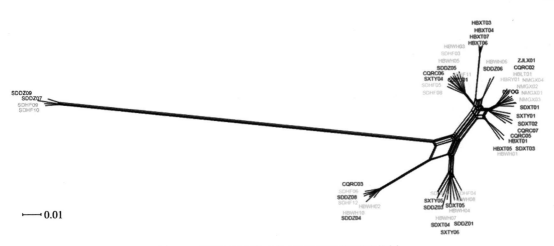

图 4-6 基于 COI 和 ddRAD 数据的网状进化树

（严玉平　田晓轩　谭 勇）

第五章　中药分子鉴定

第一节　中药分子鉴定概述

一、中药分子鉴定概况

中药分子鉴定是利用植物和动物药中的大分子信息（包括 DNA、mRNA 和蛋白质）进行中药鉴别的方法。物种间的差距归根结底在于 DNA 等遗传物质的不同，在鉴定过程中利用 DNA 分子标记等技术来检测生物个体间 DNA 水平的遗传变异，分析不同中药品种的基因组成，可以实现中药的 DNA 分子鉴定。

（一）中药分子鉴定产生的背景

中药种类繁多，使用历史悠久，来源复杂，中药的准确鉴定是保证药物品质与治疗效果的先决条件。中药的存在形式主要有药材、饮片、配方颗粒和成方制剂等，其中中药材是中药产业的源头，也是中医药事业发展的物质基础；中药饮片是中医临床的处方药，既可以用于中医临床配方使用，也可以用于中成药生产。加强中药材及饮片管理、保障中药材及饮片质量安全，对于维护公众健康、促进中药产业持续健康发展、推动中医药事业繁荣壮大具有重要意义。

在中药材与饮片主要的质量问题中，以伪品冒充正品或正品中掺入伪品的现象主要集中在正品来源较少、资源稀少的品种，多为同属近似种或名称和性状相似的品种。如以非药典品青蛙的输卵管冒充哈蟆油；赤链蛇幼蛇冒充金钱白花蛇；黄花白及、华白及、小白及等冒充白及；朝鲜白头翁、委陵菜等冒充白头翁；槲寄生冒充桑寄生；虎掌南星或水半夏冒充半夏；伊贝母、平贝母掺入川贝母；藏柴胡、锥叶柴胡等掺入柴胡等。传统的中药鉴别方法包括基源鉴定、性状鉴定、显微鉴定和理化鉴定。

1. 基源鉴定　利用植（动、矿）物分类学知识，根据形态特征，对药材的来源进行鉴定与研究，确定其学名及药用部位。其鉴定的内容主要包括本草考证、核对文献，动植物形态及标本研究等，比较直观快速、实用性也强，但是需要具有一定的分类学基础，对于没有动植物分类经验的人则比较难以掌握使用。

2. 性状鉴别法　是通过眼观、手摸、鼻闻、口尝、水试、火试等十分简便的方法，来鉴别药材的外观性状。具有简单、易行、迅速的特点，时至今日仍是中药材鉴定的常用方法，是现行版《中国药典》收载的重要评价依据之一。但该方法存在依赖经验、分辨率较低的缺点，

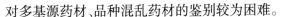

对多基源药材、品种混乱药材的鉴别较为困难。

3. 显微鉴定 利用显微技术对中药进行显微分析,以确定其品种和质量的一种鉴定方法。主要包括组织鉴定和粉末鉴定。然而生物体组织结构易受地理环境、生长期、储存条件诸多因素的影响,从而影响到鉴定的准确性;且近缘种药材的组织特征比较相似,利用显微技术尚难以鉴定这类药材。

4. 理化鉴别 是利用某些物理、化学或仪器分析方法,鉴定中药的真实性、纯度和品质优劣程度的鉴定方法。主要是通过理化鉴定,分析中药中所含主要化学成分或活性成分、有毒有害物质的有无和含量的多少等。但该法往往需要标准物质和特殊分析仪器等才能开展,同时该法对同属混伪品分辨率较低,在化学成分相似的情况下不能区分不同药用部分。此外,中药活性成分的含量受到其生理条件、采收时间、储藏等诸多因素影响。

上述四大方法,在中药鉴定过程中一直起主导作用,但传统鉴定方法从形态学、组织解剖学入手,需要鉴定者长期的实际经验积累,掌握起来因人而异,具有主观性;此外,对于那些外部形态特征被破坏,组织细胞种属特征不明显的药材,传统的鉴别方法难以进行有效鉴定和区分,尤其是对一些疑难药材,如近缘种药材、贵重药材、动物药材、含中药原料的中成药鉴定、药材生长年限鉴定、产地鉴定等依然存在困难,在鉴定的准确性、客观性方面还需要进一步提高。

中药大多来源于植物类和动物类,属于生物学的理论和方法研究范畴,近年来分子生物学的快速发展及其在生物医学各个领域渗透,使得中药分子鉴定应运产生。中药分子鉴定方法,从物种形成的本质出发,在遗传物质 DNA 水平进行分析,不会受到药材部位、土壤、环境等因素的影响,结果判定较客观、准确,重复性良好,在真伪鉴别中的应用越来越广泛,其重要性日益凸显,已经成为中药质量控制中不可或缺的技术手段。

(二)中药分子鉴定的优势和适用范围

DNA 作为遗传信息的直接载体,具有信息量大、遗传稳定性高、化学稳定性强等特点。常用的中药分子鉴定方法一般分为 4 类:①DNA 杂交技术,如 RFLP;②PCR 技术,如 RAPD、DAF、位点特异性 PCR 等;③PCR 与 RFLP 技术的结合,如 AFLP;④DNA 测序技术。中药分子鉴定以中药遗传物质的差异性来进行鉴别,不依赖于材料的外观形态,不仅检测结果准确,特异性强,稳定性好,而且取样量少,通常仅需毫克级样本即可得到分析结果。因此该技术对于易混淆品种、濒危珍贵动植物药材、破碎药材、陈旧药材、腐烂药材、中药出土标本等珍贵样品鉴定,药材掺伪鉴定,含中药原形的中成药鉴定(丸剂、散剂等),药材生长年限鉴定等方面具有十分突出的技术优势,解决了传统鉴别中的诸多难点问题,在中药鉴定领域展示了良好的应用前景。

1. 近缘药材的品种鉴别 由于原植物的亲缘关系较近,近缘药材通常具有相似的植物形态、药材性状、显微特征和类似的化学成分,这些均属于药用植物的表现型,不仅与植物自身的遗传因素密切相关,而且受生长发育阶段、环境条件以及引种驯化、加工炮制等人类活动的影响。因此采用一般的传统鉴定方法难以得出确切的结论,而中药分子鉴定是建立在基因差异基础之上的技术,不受环境因素对药材原植物的影响,也不受药材加工炮制后外观性状改变的影响,对近缘药材品种的鉴定具有独特的优势。

2. 道地性的研究 分子鉴定使中药学的研究对象从组织、器官、有机体、居群等层次拓展至基因层次,为解决道地药材的研究、药材优劣评价等提供新的方法和思路。

3. 民族药和国外中药资源的鉴定 针对品种混乱、基源不清的民族药和从周边国家流入国内的中药资源,鉴定标准及传统鉴定人才缺乏,是目前中药鉴定的难题。分子鉴定有着标准化、客观化、仪器化的优势,可以对民族药和国外中药资源进行准确鉴定。

4. 高通量、标准化、客观化的中药原料鉴定　分子鉴定无须逐个鉴定,只须一次反应即可对大批量样品进行鉴定,有利于提高工作效率,减轻制药企业、药检机构的工作强度。检测结果通过测序峰图或扩增产物大小获得,具有高通量、标准化、客观化的优势。

5. 动物药的准确鉴定　动物药的显微特征、化学信息较少,一直是中药鉴定的难题。分子鉴定依赖于大分子信息,适用于动物类药材的鉴别。

由于分子生物学领域分析仪器的商品化导致价格不断下降,越来越多的实验室可方便购置所需的仪器如电泳仪、PCR 仪、DNA 测序仪进行分子鉴定实验,使得中药分子鉴定日益受到中药研究工作者的广泛关注,为中药的快速、现场、高通量、低成本鉴定奠定了基础,并将在未来中药鉴定中发挥重要作用。

二、分子鉴定方法建立前应做的准备

(一)遵循科学原则与个案原则

1. 科学原则　分子鉴定作为中药鉴定的一种技术手段,是传统性状鉴定的重要、有力补充。引入风险 - 获益评估理论对中药材进行相应的评价,选择易混淆、传统鉴定方法难以解决的、产业急需的中药材,建立其分子鉴定方法。

2. 个案原则　中药材种类繁多、来源复杂,药材间存在较大的差异,需要具体情况具体分析,即对每一种药材采用特异性引物、探针等进行鉴别,以提高鉴别的准确度。

(二)充分收集代表性样品并记录样品的背景资料

若仅对中药基源物种样品进行分子分类学研究和引物设计,不考虑近缘种的 DNA 序列,近缘种就有可能在实际的检验中被判符合规定;如果中药基源物种的 DNA 序列变异没有被全部考虑到,一些符合药典规定基源的样品就会被判不符合规定。如果仅仅对中药基源物种样品进行分子分类学研究以及引物设计,难以保证分子鉴别标准的科学性,必须对中药基源、地方习用品与近缘种进行广泛的取样才能保证标准中的引物设计的科学性。

(三)明确中药基源物种

中药 DNA 分子鉴别标准研究在引用物种 DNA 序列作为参考资料时,必须首先厘清基源物种的名称与范围,以免使用同名异物的 DNA 序列,避免标准执行中发生假阳性的结果。

(四)进行分子系统研究

利用分子系统研究界定某种中药的物种界限和种内变异幅度:①建立被鉴定中药所在属完全物种取样的分子系统数据库,并将被鉴定的中药在该数据库中进行比对并判断其归属。②采取个案分析原则,针对具体的药材品种进行个案评估,逐步进行推进,在了解和掌握品种的具体情况前,不应得出中药分子鉴定的结论,更不能简单地予以全盘通过或者全盘否定。在确认药材物种树与基因树一致的前提下,采取"分阶层的鉴定体系"的办法(即先在整个植物界确定一个进化速率适中的基因片段作为核心标记,然后再在科或属级水平寻找高进化速率的基因作为辅助标记),选择合适的基因片段进行中药分子鉴定。

(五)规范的实验设计

规范的实验设计可以避免出现假阴性或假阳性的检验结果。

总之,中药分子鉴定技术应建立在科学、客观的基础上,遵循在一定系统学研究背景,采取个案分析原则建立分阶层的鉴定体系,为中药分子鉴定提供依据。

三、采样原则

中药 DNA 分子鉴别标准研究制定时,每个基源物种需要多少样品才能保证标准的科学性尚没有明确的证据,但采集的样品数量与物种的分布范围相关,物种的分布范围越广,则需要采集的样品数量越多,这样才能最大限度地代表物种的遗传变异范围。因此应对中药基源、地方习用品与近缘种进行广泛取样。

采样时考虑模式标本产地和居群概念,注重近缘种材料也非常重要,并应充分利用国内标本馆和博物馆体系。植物 DNA 分子标记研究每个物种需要的样品建议数为 8~12 个个体,且至少来自 5 个不同的地域或居群,每个居群采集样品 2 份,2 份样品间应保持一定的距离,形态特征上也要具有代表性。在建立中药 DNA 分子鉴别标准时,采集范围与标本数量也可多一些,特别是在物种分布区的边缘更应多采样品。建议其他近缘种、地方习用品每个物种采样不少于 2 个居群,每个居群 2 份标本,并收集商品药材与混伪品进行验证,以保证结果的正确。

四、方法学考察

（一）影响因素考察

考察中药分子鉴定法的影响因素,保证实验方法的准确性。

（二）精密度考察

主要分为重复性考察、中间精密度考察及重现性考察。

重复性考察:至少用 3 批供试品,每批 3 次或同批供试品进行 6 次测定,实验后对结果进行评价。实验结果判定应基本一致。

中间精密度考察:考察实验室内部条件改变(如不同人员、不同仪器、不同工作日和实验时间)对测定结果的影响,至少应对同实验室不同操作人员的结果进行考察。

重现性考察:实验结果在 3 家以上实验室能够重现,相同样品在不同实验室所获得的实验结果应相同。

（三）方法适用性考察

采用中药分子鉴定法对多批次药材或基源物种进行鉴定,保证方法的适用性。

五、应用示例——金银花配方颗粒的位点特异性 PCR 鉴别研究

（一）研究背景

由于中药配方颗粒已失去所有形态学辨识特征,传统鉴定方法无法有效鉴定其真伪。故中药配方颗粒存在以伪充真、以次充好的现象,影响配方颗粒的临床功效,其鉴别与监管已成为制约配方颗粒产业发展的瓶颈问题之一。本研究以临床最常用的配方颗粒之一——金银花配方颗粒为例,运用位点特异性 PCR 技术对金银花的基源植物及配方颗粒进行鉴定,分析 DNA 分子鉴定技术对配方颗粒基源鉴定的适用性,以期为中药配方颗粒质量控制与标准制定研究提供依据,为配方颗粒生产、流通、用药安全提供保障。

（二）材料和方法

1. 材料　金银花及其混伪品基源植物和金银花配方颗粒。

2. 方法

（1）DNA 提取:使用改良 CTAB 法提取金银花及其混伪品基源植物 DNA,使用改进的

硅胶吸附柱法提取配方颗粒 DNA。

（2）鉴别引物设计：基于金银花基源植物忍冬及其同属混伪品间 SNP 鉴别位点（trnL-trnF 序列 625G/A），设计金银花配方颗粒特异性鉴别引物 Jinyinhua-1.F：5'-AGTCCCTCTATCCCCAAA-3'，Jinyinhua-1.R：5'-TGGATGAGAAATATAACGAATTAG-3'，预期产物大小为 106 bp。

（3）PCR 反应扩增：PCR 反应体系包含 2×MightyAmp Buffer Ver.2 预混液 12.5 μl，MightyAmp DNA 聚合酶（1.25 U/μl）0.6 μl、10 μmol/L 上游及下游引物各 0.25 μl，20% 聚乙烯吡咯烷酮 -40（PVP-40）溶液 1 μl，10 g/L 牛血清蛋白（BSA）溶液 0.5 μl，DNA 模板 1 μl（约 10 ng）。PCR 初始反应程序：95℃ 5 min，45 个循环（95℃ 20 s，63℃ 20 s，72℃ 20 s），72℃ 5 min。取金银花基源植物、混伪品及配方颗粒 DNA，考察以下条件。①退火温度：57℃、59℃、61℃、63℃、65℃；②PCR 循环数：35 μl、40 μl、45 μl、50 μl，50 个循环；③Taq 酶种类：SpeedSTAR HS Taq DNA 聚合酶、MightyAmp DNA 聚合酶；④不同 Taq 酶量：0.25 U、0.75 U、1.25 U 对 PCR 鉴别结果稳定性的影响。筛选出最适鉴别条件，对金银花配方颗粒进行位点特异性 PCR 鉴别。

（4）序列测定与分析：金银花配方颗粒特异性 PCR 扩增阳性产物，使用 Sanger 法进行测序。对获得的序列，使用 BLASTn 程序进行比对，以判断鉴别结果的准确性。

（三）主要研究结果

1. 金银花位点特异性 PCR 鉴别结果　最终确定的金银花特异性 PCR 的反应参数为 95℃预变性 5 min 后，（95℃ 20 s，63℃ 20 s，72℃ 20 s）共 40 个循环，并使用该条件对金银花及其同属混伪品进行扩增，结果金银花均出现条带，混伪品无条带（图 5-1）。

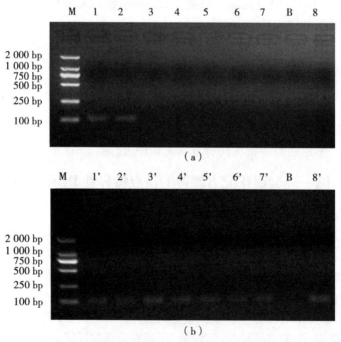

1. 金银花（山东）；2. 金银花（河南）；3. 短柄忍冬；4. 红腺忍冬；5. 灰毡毛忍冬；
6. 华南忍冬；7. 金银忍冬；8. 黄褐毛忍冬；1'. 河南；2'. 山东；3'. 云南；4'. 湖南；
5'. 湖北；6'. 四川；7'. 北京；8'. 安徽；M.DL 2 000 Marker；B. 空白对照（ddH₂O）。

图 5-1　金银花位点特异性 PCR 鉴别

（a）金银花及其混伪品鉴别结果；（b）不同产地金银花鉴别结果。

2. 金银花配方颗粒的位点特异性 PCR 鉴别　对金银花配方颗粒 PCR 鉴别反应参数进行筛选和优化后，均可获得约 100 bp 的特异性条带，配方颗粒扩增条带亮度较基源植物条带弱；配方颗粒特异性 PCR 产物测序峰图与基源植物峰图一致，且与金银花 trnL-trnF 序列完全相同（图 5-2）。

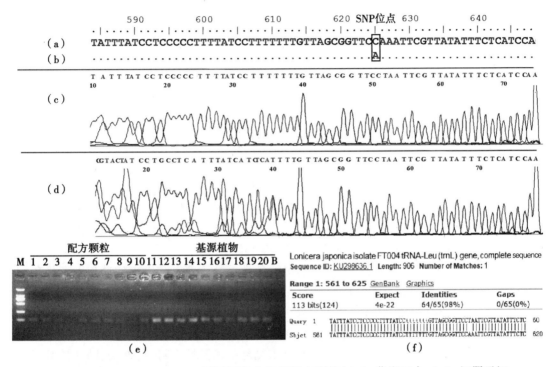

M.DL 2 000 DNA marker；1~10. 不同厂家金银花配方颗粒（1~2. 华润三九，3~4. 江阴天江，5~10. 康仁堂）；11~20. 不同产地金银花基源植物（11~12. 河南，13~14. 山东，15~16. 云南，17~18. 湖南，19~20. 湖北）；B. 空白对照（ddH₂O）。

图 5-2　金银花配方颗粒鉴别

（a）金银花序列；（b）混伪品序列；（c）金银花配方颗粒测序峰图；（d）金银花基源植物测序峰图；（e）金银花配方颗粒位点特异性 PCR；（f）金银花配方颗粒 BLAST 比对。

六、技术创新

（一）高分辨率熔解曲线分析技术

高分辨率熔解曲线分析（high-resolution melting analysis，HRMA）技术是一种基于单核苷酸熔解温度不同而形成不同形态熔解曲线的基因分析新技术，具有极高的敏感性，可以检测出单个碱基的差异，并且成本低、通量高、速度快、结果准确、不受检测位点的局限，实现了真正的闭管操作。

HRMA 的主要原理是根据 DNA 序列的长度、GC 含量以及碱基互补性差异，应用高分辨率的熔解曲线对样品进行分析，其极高的温度均一性和温度分辨率使分辨精度可以达到对单个碱基差异的区分。同许多荧光 PCR 技术一样，HRMA 利用特定的染料可以插入 DNA 双链中的特性，通过实时监测升温过程中双链 DNA 荧光染料与 PCR 扩增产物的结合情况记录高分辨率熔解曲线，从而对样品进行检测。

HRMA 技术在物种鉴定、掺伪样品定量鉴定和现场技术优化等方面具有重要意义。与其他分子检测技术相比，HRMA 技术不受样品 DNA 双链突变碱基位点与类型的局限，无需序列特异性探针，且闭管操作避免污染，同时实验操作与后期数据分析简单、易懂，具有快速、灵敏、准确等优点。目前，HRMA 技术在中药鉴定领域的应用逐渐盛行。联用 DNA 特征性片段和 HRMA 技术，在中药鉴定中表现出了较强的鉴定能力。

然而，在 HRMA 的分析过程中也存在一些技术限制，主要为：①在 PCR 产物片段较大的情况下，HRMA 的分析精确度会降低；②无法有效区分不同的杂合子样品；③HRMA 技术只能作为一种突变筛查方法，要确定突变的位置和类型，还需进一步测序；④HRMA 分析的准确性受 PCR 反应质量影响，难以检测高 GC 含量 DNA 片段中的突变或多个位点同时突变。

（二）等温扩增技术

核酸等温扩增技术是在恒温条件下扩增 DNA、RNA 的技术，常用方法包括环介导等温扩增（loop-mediated isothermal amplification，LAMP）、重组酶辅助扩增（recombinase polymerase amplification，RPA）、解旋酶依赖性扩增（helicase-dependent amplification，HDA）、核酸序列依赖性扩增（nucleic and sequence based amplification，NASBA）等。与 PCR 扩增相比，等温扩增技术不需要对模板进行热变性及循环变温，摆脱了变温环节对精密控温仪器的需求，在现场鉴定、快速鉴定领域展示出良好的应用前景。

LAMP 技术利用 DNA 链在 60~65℃的恒温条件下处于解链和退火的动态平衡状态，在 DNA 聚合酶的驱动下结合靶序列启动 DNA 合成。其原理主要是基于靶序列 3' 和 5' 端的 6 个区域设计 3 对特异性引物，包括 1 对外引物、1 对环状引物和 1 对内引物，3 种特异引物依靠链置换 Bst DNA 聚合酶，使得链置换 DNA 合成不停地自我循环，从而实现快速扩增。此反应共 3 个阶段，即先形成哑铃状模板，进入循环扩增阶段，再进行伸长、循环扩增，其扩增具体过程较为复杂，最终形成一些具有不同茎长度、茎环结构 DNA 的混合物。

LAMP 可在 40~60 min 将目标片段扩增到 10^{10} 数量级，扩增产物可利用增加副产物焦磷酸镁沉淀形成的浊度或者荧光染料进行检测，也可结合免疫层析技术制成核酸检测试纸条用于中药的现场鉴定。LAMP 目前的主要限制在于引物设计较为复杂，且正伪品间需要依据多个碱基差异设计特异性鉴别引物，且无法用于 SNP 变异的检测。

RPA 技术是一种利用重组酶、单链 DNA 结合蛋白和链置换 DNA 聚合酶实现等温或常温 DNA 扩增的方法。RPA 的最佳反应温度在 37~42℃，在常温下也有一定的活性。RPA 扩增的基本原理为重组酶与引物结合形成的蛋白 -DNA 复合物，能在双链 DNA 中寻找同源序列。一旦引物定位了同源序列，就会发生链交换反应并由链置换 DNA 聚合酶启动 DNA 合成。被替换的 DNA 链与 SSB 结合，防止进一步替换。在这个体系中，由两个相对的引物起始一个合成事件，通过反复的同源 DNA 重组和链置换 DNA 合成，对模板上的目标区域进行指数式扩增。RPA 扩增灵敏度极高，可在 10~15 min 将目标片段扩增到 10^{11} 数量级，且产物为单一 DNA 片段，可通过荧光染料、熔解曲线或核酸检测试纸条进行检测。RPA 基本可实现常温核酸扩增的目标，在中药材现场鉴定研究中已有应用，其主要技术局限性与 LAMP 相同，需要依据正伪品间存在的多个碱基差异设计特异性鉴别引物，且无法用于 SNP 变异的检测。

（三）免疫层析技术

免疫层析技术是将抗原与抗体特异性免疫反应与纸色谱技术原理相结合的一种定性

定量检测技术。其以纤维层析材料为固定相,在毛细作用下将样品中的待检测物质迁移至抗原或抗体固定区域,然后通过不同标记物的显色反应进行结果判定。适用于现场化检测,主要的优势在于检测结果比较直观,不需要或仅需一至两个小型仪器,且检测时间短,通常在 10 min 以内。1990 年,采用免疫层析技术检测孕妇尿液 hCG,实现了早孕诊断的免疫学快速检测。该技术诞生至今,已在医学检验、食品安全检测、环境监测等领域得到广泛应用。近 10 年,免疫层析技术被逐步应用于中药质量评价、中药安全性评价等领域。

根据标记物的不同,目前已应用于中药鉴定中的免疫层析技术主要包括胶体金免疫层析技术(colloidal gold immunochromatograohic assay, GICA)和荧光标记免疫层析技术(fluorescent immunochromatographic assay, FICA)。GICA 是将胶体金标记抗体技术与纸色谱技术相结合的一种定性 / 半定量检测方法。免疫层析试纸条是以硝酸纤维素膜为载体,滴加在膜条一端的待测液体通过微孔膜的毛细管作用慢慢向另一端渗移,在此过程中发生相应的抗原抗体反应并通过胶体金的颜色判定结果。试纸条是胶体金标记抗体技术在免疫层析中应用的一个重要形式,其组成为样品垫、胶体金标记物吸收垫(载有金标抗体)、硝酸纤维素膜和吸水纸。当在试纸条样品垫滴入待测提取液后,在毛细管作用下,溶液沿试纸条扩散,至胶金垫时发生抗原抗体特异性结合,至硝酸纤维素膜上包被抗原线(检测线,T 线)时包被抗原与待检抗原竞争结合金标抗体,至第二抗体(对照线,C 线)时金标抗体与第二抗体结合(图 5-3)。在 C 线出现红线的前提下,根据 T 线是否出现红色进行判断。如果样本中待检测物质含量大于一定的浓度,T 线不显色,结果为阳性,反之,T 线显红色,结果为阴性;如果 C 线不出现红色,则说明试纸条失效。使用免疫胶体金试纸条作为结果检测的方法,灵敏度高(较电泳法提高一个数量级)、特异性强、不需昂贵仪器、样品处理简单、轻便易携带、检测快速(检测时间 5~15 min)、结果肉眼可辨,同时该方法避免了凝胶电泳的环境污染问题,省时、环保,因而在中药现场快速检测方面具有较好的发展前景。GICA 可实现中药指标性成分的半定量检测,主要用于中药质量的优劣评价(以颜色深浅鉴别)或基于药典标准的中药质量合格性评价(以颜色有无鉴别)。通过寻找和发现此类中药真伪鉴定指标性成分,再结合现有的质量评价指标性成分,即可利用 GICA 技术对药材真伪优劣进行同步鉴定。目前由于可直接用于区别药材的指标性成分极少,故 GICA 在中药真伪鉴定方面的应用较少。

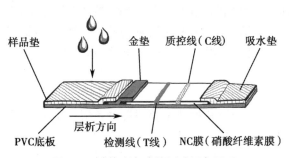

图 5-3　胶体金免疫检测试纸条原理

(四)DNA 荧光检测技术

DNA 荧光检测技术是利用引入的荧光标记对分子标记进行检测的一类技术的总称。荧光检测技术按原理可分为 3 类:①荧光分子在激发光下不发光或仅发出微弱荧光,但与双链 DNA 结合后发出强烈荧光,如 SYBR Green I、溴化乙锭,主要用于实时荧光定量 PCR 和快速 PCR 的产物检测；②荧光标记中同时含有荧光基团和猝灭基团，与 DNA 结合后，荧光基团和猝灭基团分离，发出荧光，主要用于分子信标、Taqman 探针等探针检测技术；③荧光分子（又称为供体分子）的荧光光谱与另一荧光分子（又称为受体分子）的激发光谱相重叠时，供体荧光分子的激发能诱发受体分子发出荧光，同时供体荧光分子自身的荧光强度衰减，即荧光共振能量转移技术（fluorescence resonance energy transfer，FRET），主要用于多色荧光检测。

分子信标（molecular beacon）是一种新型荧光标记核酸探针。一个典型的分子信标探针外形类似火炬，一般由 3 部分组成：①由 15~30 个可以与靶分子特异性结合的环状区；②由 5~8 对互补配对碱基对形成的茎干区；③5' 末端和 3' 末端分别标记荧光基团和猝灭基团。没有靶分子的时候，分子信标的荧光和猝灭基团靠得很近，荧光被猝灭。与模板配对后，分子信标将成链状而非发夹状，使得荧光基团与猝灭剂分开。当荧光基团被激发时，因猝灭作用被解除，发出激发光子。荧光强度与溶液中模板的量呈正比，可以用于核酸的定量分析。分子信标中常用德克萨斯红或荧光素作为荧光基团，BHQ-1 作为猝灭基团。分子信标具有很高的灵敏度和特异性，操作简单，可在均相体系中进行检测，一般用于 SNP 分型或荧光定量 PCR 检测。

（五）DNA 传感器技术

DNA 传感器以 DNA 为敏感元件，通过换能器将 DNA 与 DNA、DNA 与 RNA 与 DNA 与其他有机无机离子之间的作用的生物学信号转变为可检测的光、电、声波等物理信号，常见的有电化学传感器、光化学传感器、压电传感器等。电化学传感器是目前最有发展前景的一类 DNA 传感器，具有电极制作简单、选择性好、使用寿命长、不易受样本检测环境干扰、不破坏测试体系、易于微型化等特点。电化学 DNA 传感器一般利用 DNA 分子杂交导致的电化学信号变化作为检测对象进行鉴定，使用单链 DNA 作为敏感元件通过共价键合或化学吸附固定在固体电极表面，与识别杂交信息的电活性指示剂共同构成检测目标基因的装置。电活性指示剂对双链 DNA 有远高于单链 DNA 的选择结合能力，固定在电极表面的单链 DNA 与溶液中的目标 DNA 片段进行杂交形成双链 DNA 后，电流或电势信号发生急剧改变，从而得以检测。通过识别单链 DNA 杂交后形成双链 DNA 电化学响应信号的改变达到定性鉴别的目的；当互补 DNA 的浓度发生改变时，一定范围内指示剂响应信号与待测 DNA 物质的量浓度呈线性关系，达到定量鉴别的目的。DNA 传感器可检测 SNP、SSR、indel 等分子标记，也可与 DNA 条形码等技术结合，用于中药的真伪鉴定。DNA 传感器的不足之处在于灵敏度、重现性还有待提高，在检测过程中易出现与单链 DNA 非核酸物质进行结合的假杂交现象及碱基错配等问题。

（六）DNA 宏条形码

DNA 宏条形码是利用高通量测序技术获得混合条形码扩增序列，通过生物信息学分析手段来鉴定混合样本中物种组成的方法，已广泛用于宏基因组学、动植物生物多样性等研究，并开始应用于传统草药的鉴定领域，为混合草药物种鉴定困难提供了有力的手段。

DNA 宏条形码技术应用到混合中草药组分鉴定研究中的操作流程（图 5-4）：①从混合中草药样品中提取总 DNA；②根据样品中的生物类群和分类阶元筛选合适的条形码序列；③利用特异 PCR 引物扩增获得混合条形码序列；④对混合扩增产物进行高通量测序；⑤对高通量数据进行生物信息学聚类等分析，解析混合样品中的物种组成。DNA 宏条码高通量数据的生物信息分析流程主要包括：下机原始序列经拆分、低质量过滤以及污染去除等步骤进行优化处理得到 clean data；利用 FLASH 等软件将 clean data 进行拼接组装得到所有的物种基因操作分类单元（OTU）；基于 NCBI 的 GenBank 数据库等，通过 BLAST 对所获得的OTUs 进行物种鉴定并进行聚类分析。在上述分析的基础上，对混合样品中的生物种类及其丰度以及样本间种类差异进行分析，同时进行组成分析、偏好性分析、物种相关性分析等多方向的统计分析和探索研究。DNA 宏条形码可用于掺伪中药的定性筛查，中成药投料基源鉴定，也可在一次检测过程中同时鉴定多批药材物种基源，在混合物分析方面具有很好的应用前景。目前 DNA 宏条形码技术研究还处于初级起步阶段，尚存在一些技术的局限性和挑战，如高质量 DNA 的提取、PCR 的偏好性和条形码组合的选择、流程和分析工具的标准化等，仍需要不断地完善和改进。

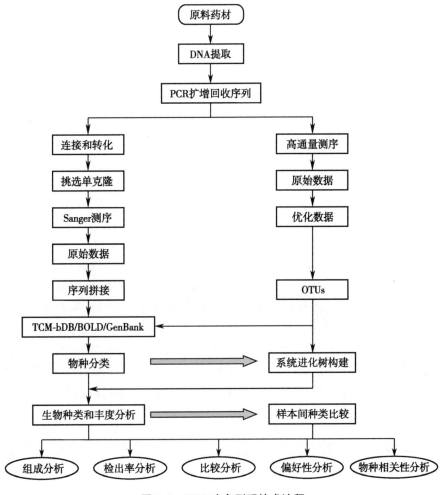

图 5-4　DNA 宏条形码技术流程

（七）DNA 特征序列

DNA 特征序列（DNA signature sequence, DSS）是一种新型 DNA 标记，兼具通用性和专属性特点。该标记采用 PAV（presence-absence variation）多态性判定特定分类单元是否存在于样本中，即与来源于其他分类单元相比，DSS 标记是一类仅出现在某个特定分类单元的DNA 序列，具有更高的特异性。

由于中药类型复杂,包括药材、饮片、汤剂、颗粒剂等,加工易导致 DNA 降解。长度越短的片段,受 DNA 降解影响越小,药材水提取液中残留的 DNA 片段通常小于 200 bp。研究表明,DSS 标记的序列长度为 40 bp 或 50 bp 时可获取数量最多的 DSS 标记。

分别考察了样本数量、近缘物种数量及序列长度对 DSS 标记获取的影响。结果表明,待测物种样本数量是影响 DSS 标记准确性的关键因素,而近缘物种数量对 DSS 标记的获取无显著性影响。对 DSS 和其他 19 种 DNA 条形码标记的特异性和通用性进行了比较,结果表明 DSS 标记的特异性为 100%,高于其他分子标记;通用性为 79.38%,高于 *mat*K、*ycf*5、*ycf*1、*atp*B,略低于其他分子标记。

DSS 标记检测手段灵活,可以与 Sanger 测序、特异性 PCR、高通量测序等不同方法结合,用于从食品、药品和环境样品等混合物中检测植物成分,应用于生物多样性调查、濒危物种贸易监督,以及多基原药材、冷背药材、外来药材和配方颗粒的鉴定等,具有广泛前景和发展空间。

(八)数字 PCR 技术

数字 PCR(digital PCR,dPCR)是一种核酸分子绝对定量技术。dPCR 的原理是将含有核酸分子的反应体系进行极限稀释,通过控制阀门或微滴生成器分散成体积可小至皮升级的反应单元,每个反应单元作为一个独立的 PCR 反应器,其中含有或不含待检靶标分子(DNA 或 RNA),在 PCR 扩增结束之后,采集每个反应单元信号,并以终点信号的有无作为判断标准(有荧光信号的液滴判读为 “1”,无荧光信号的微滴判读为 “0”),最后根据泊松分布原理计算待检靶标分子的浓度或拷贝数。dPCR 分析的核心是泊松分布,这是一种离散概率分布,是指在固定的时间或空间内,在通常情况下,假定事件以固定的速率平均发生,并独立于上一个事件以来的时间发生给定事件的概率。

dPCR 需要在专门的数字 PCR 仪上进行定量分析,数字 PCR 仪根据样品分散方式可分为基于微流控芯片的数字 PCR 仪和基于油包水技术的微滴数字 PCR 平台,相对于基于芯片的数字 PCR 仪,微滴数字 PCR 仪价格更低廉,应用更广泛。由于 dPCR 以微腔室/微孔或微滴作为 PCR 反应器,无需校准物和绘制标准曲线即可实现对样品初始浓度的绝对定量,具有高灵敏度、高特异性和高精确度的特点。dPCR 在复杂基质及痕量样品检测方面具有独特优势,其为分子生物学、医学、微生物学和环境科学等领域的研究提供了全新的技术手段和思路。数字 PCR 可用于掺伪中药的定性筛查,单一掺伪成分的精准定量检测以及多种混伪品的同时精准定量检测,在中药定量鉴定领域具有巨大的应用前景。

第二节　中药分子鉴定在中药质量控制标准中的应用

中药质量控制的核心是甄别真伪优劣,去伪存真,去劣取优,从而促使中药质量不断提高。质量控制主要通过两个方面实现:一是要有恰当的质量标准,并根据标准规定进行检测;二是要有标准物质,即质控检测时所需要的标准品。因此,一方面需要建立基于分子鉴定技术的真伪鉴别方法,为中药质量控制提供技术支持;另一方面,在用于中药材检验的对照药材等标准物质研制中,需要借助分子鉴定技术,对对照药材原料进行真伪鉴定和基源鉴定,以确保对照药材的正确性。其中,前者涉及的参与人员范围广泛,可分为标准研究和样品检测两个层面;后者属于对照药材研制中的质量控制相关环节,其应用局限于对照药材生产单位。

一、中药分子鉴定法在中药质量控制标准中的应用现状

中药分子鉴定法在中药质量控制中的应用,主要体现在建立真伪鉴别标准,应用于日常检验工作。标准一般可分为法定标准和非法定标准,法定标准又分为国家标准(《中国药典》)、地方标准和补充检验方法等,为必须执行的标准;非法定标准包括行业标准、团体标准、企业标准等,为推荐标准。法定标准一旦确立下来,便会在日常检验中经常、反复且强制性执行,一旦通过某种法定标准检测出不合格样品,该样品生产单位将承担相应的法律责任。因此,标准的制定,是一件极为严肃的事情,在标准研究中,既要秉持科学严谨的态度,又不能脱离生产实际。

《中国药典》标准作为国家性的最高法定标准,应用更加广泛,在标准制定时更应格外谨慎。《中国药典》标准的确立,要经过方法研究、标准草案和起草说明形成、方法的复核、药典委员会专家讨论几个基本环节;全部通过后,还需要权威专家对标准草案的内容进行反复斟酌和修改,确保在应用之后没有引起错误判定的漏洞。

目前,《中国药典》2020年版一部收录的相关标准方法有蕲蛇、乌梢蛇、金钱白花蛇【鉴别】项下的聚合酶链式反应(PCR)法,以及川贝母、石斛【鉴别】项下的聚合酶链式反应-限制性片段长度多态性(PCR-RFLP)法(表5-1)。四部收录了聚合酶链式反应法(通则1001),中药材DNA条形码分子鉴定法指导原则也收录其中,只是尚无具体品种的应用。

表5-1 中药分子鉴定方法在《中国药典》中的收录情况

药材名称	方法名称	收录时间(《中国药典》)
蕲蛇	PCR	2010年版
乌梢蛇	PCR	2010年版
川贝母	PCR-RFLP	2010年版第一增补本
金钱白花蛇	PCR	2015年版第一增补本
霍山石斛	PCR-RFLP	2020年版

三种蛇类药材都是采用PCR鉴别方法,即通过将正品与常见伪品的DNA序列比对,设计正品特异性扩增引物。结果中正品应有单一扩增条带,伪品则应无扩增条带出现。该类方法在《中国药典》中的出现,改变了以往仅靠性状特征进行鉴别的状况。有些不同种类的蛇看起来比较相似,而且蛇类药材的饮片会被加工成小段,仅凭性状更加难以辨别。如《中国药典》中收载的乌梢蛇,其颜色和形态与灰鼠蛇很相近(图5-5);而通过PCR方法,乌梢蛇与灰鼠蛇可以得到非常明确的区分。

川贝母是多基源药材,来源于6种同属的百合科草本植物的鳞茎,分别是川贝母、暗紫贝母、甘肃贝母、梭砂贝母、太白贝母和瓦布贝母。按照性状不同,可分为松贝、青贝、炉贝和栽培品。由于川贝母药材本身性状变异就很大,同属植物的鳞茎在外观上与川贝母的有些种类又很相像,所以一直以来靠性状鉴别川贝某些正品药材非常困难。而川贝母与其他近缘种来源的贝母在市场价格上相差悬殊,因此伪品冒充的现象也屡见不鲜,如小平贝冒充松贝,伊犁贝母冒充太白贝母,新疆贝母冒充青贝等。《中国药典》自2010年版起,收录了

（a）　　　　　　　　　　　　　　　（b）

图 5-5　乌梢蛇与灰鼠蛇

（a）乌梢蛇；（b）灰鼠蛇。

川贝母 PCR-RFLP 鉴别法。该方法是基于川贝母 ITS1 区域存在一个独特的限制性内切酶位点 Sma I，可以将扩增片段切割，从而在琼脂糖凝胶电泳图上形成两条位于 100~250 bp 之间的条带；常见伪品不能被 Sma I 切割，所以在电泳图中只有一条条带。如此检测人员不必积累很多关于川贝母鉴别的经验，只需按照标准操作流程和规范，就能将川贝母正品与伪品轻松区分开来。这一法定方法的推出，使得多基源药材川贝母的鉴别检验水平有了质的飞跃，为有效打击市场上川贝母以假乱真的状况提供了有力的武器。

二、中药分子鉴定法标准研究技术策略

标准研究与其他一般科学研究显著不同。对于一般科学研究而言，具有创新性是优良研究成果的重要属性；而标准研究以应用为导向，并不强调技术上的创新性。一般科学研究可以提出问题，解决一部分问题，其余供百家争鸣；而标准研究则需要解决相关的所有问题，以确保在应用时没有后顾之忧。因此，标准研究除了方法本身的研究之外，方法标准化的研究也是非常重要的一个方面。即在标准化研究和草案起草过程中，需要考虑解决方法在应用中的一系列问题，包括如何让方法本身简单、重复性好；如何让结果判定更加明确，不会产生模棱两可甚至误判的情况等。因此，在标准研究中需要在样品采集、样品处理、DNA 提取纯化、不同检测方法的选择、方法学验证、标准草案的书写等方面遵循一定的策略和技术流程。

（一）DNA 分子鉴定研究的样品采集策略

样品是方法研究的基础，准确的样品是标准方法建立的基石，因此必须高度重视样品科学采集或溯源。虽然方法建立的终极目的是用于检测药材的真伪，然而由于干燥的药材或经过炮制加工的饮片，不便于进行生药学鉴定，样品的准确性存在疑问。因此，除了 DNA 提取纯化方法必须用药材进行试验，对于后续检测方法的研究，提倡使用原植物样品。

样品采集的数量应最大限度地覆盖物种的整个遗传变异范围，充分代表该物种的遗传多样性，利用这些样品建立的标准方法才更可靠。其中，植物来源的药材往往遗传多样性更加显著，采样时考虑物种的地理分布范围至关重要。最好采集来自不同地域和居群的样品，

其来源应尽可能地覆盖物种的整个分布区。最好在分布区的中心或主要区域采集,尽量避免从分布区最边缘的区域采集。对于非狭域分布的物种,每个居群不多于 2 个个体,且个体间应保持一定的空间距离或来自不同的生境,形态特征上也应有一定的代表性。

研究材料可以通过野外采集和馆藏标本检视等途径获得。选择研究样品时,应尽量选择能代表该物种典型形态特征的标本,目前大多数标本馆不允许使用模式标本,因此可选择来自模式标本产地的植物材料。通常馆藏植物标本的 DNA 降解比较严重,较难获得可用于后续研究的 DNA,因此,使用植物馆藏标本有一定的局限性。野外采集是获取 DNA 条形码研究材料的主要途径之一。用于分子鉴定标准研究的样品原则上不能使用植物园或公园中栽培的植物材料,但对于直接从野外移栽到植物园或公园且来源清楚的植物材料可谨慎使用。

在实际应用中,样品采集策略的制定需要根据研究目标来确定,方法的建立应充分考虑市场情况,做到有的放矢。如冬虫夏草鉴别标准的研究中,经过市场调研,发现冬虫夏草的主要伪品为古尼虫草和亚香棒虫草,因此标准方法建立的目标主要是鉴别冬虫夏草与古尼虫草、亚香棒虫草。在采集样品时,这三个物种种需要充分考虑、全面采集,而虫草属其他冬虫夏草近缘种则可处于次要考虑。因此,在针对某个品种建立方法之前,进行有效的市场调研和分析是非常必要的。

(二)样品处理和取样部位选择策略

样品处理的内容包括:①去除污染,包括真菌、细菌的污染,以及避免与其他样品的交叉污染;根据样品不同,可选择不同的处理方式,一般选择 75% 酒精擦拭或冲洗,然后晾干,使乙醇完全挥发。有时外表面污染难以去除,可选择使用干净刀片将外表面直接刮掉。污染去除是否到位是实验成功的关键一环,尤其对于植物样本来说,真菌污染导致样本 ITS 扩增失败的情况比较常见。②样品的粉碎应尽量完全,这是后续高质量 DNA 提取的前提;有条件的可选择仪器研磨,比如球磨仪可以使粉碎更彻底,且高效省力。为确保研磨效果,样品宜干燥、坚硬,如果是新鲜样品,可在研磨时加入适量液氮。

在取样部位的选择上,原则是选取不易被污染、容易提取纯化 DNA 的部位。如为了尽量防止污染,可选取样品干净的中心部位;有些样品的不同部位,由于成分不同,DNA 提取纯化效果差异较大,对于新鲜植物样本,应首选干净的叶片,对于动物样本,油脂的部分会对 DNA 提取纯化以及后续实验造成不利影响,因此,宜尽量选取肌肉或者骨骼组织而避免取皮肤组织。一些特殊的样品,比如哈蟆油,样品的大部分为油脂,此时应仔细挑取其中残留的少量卵巢组织。

至于取样量,按照大多数提取试剂盒说明书,一般新鲜的植物样本需要 100~200 mg,干燥样本需 15~30 mg,动物样本一般不超过 10 mg。取样量应按照操作说明书,不宜过大,否则会影响 DNA 的提取纯化效果。后续的聚合酶链式反应(PCR)是指数级扩增的过程,只要有痕量的 DNA 即可,但反应体系中如果 DNA 纯度不佳,残留的物质会干扰 PCR 反应,导致反应效率降低甚至扩增失败。因此,在 PCR 反应中,往往 DNA 的纯度比数量更重要。取样时适量即可,切勿贪多。对于一些特殊药材,如经驴皮熬制而成的阿胶,由于 DNA 含量很少,需加大取样量至约 200 mg。

(三)DNA 提取方法策略

DNA 提取可使用商品化的试剂盒,对于一般的样本都适用。动物组织样本较植物组织样本相对容易提取到高质量的 DNA。而对于一些特殊的样本,如多糖含量很高的根茎类药材,特别是来自兰科植物的白及、石斛、山慈菇等,在干燥品中含糖量进一步提高,使得 DNA 提取纯化变得异常困难,一般的试剂盒不能解决问题,需要研究有针对性的提取纯化方法。再如阿胶等胶类药材,经过高温熬制后,DNA 片段化严重,加之原料中本身 DNA 含量少,成品中又加了较多的脂类等添加剂,在提取时不仅需要增加取样量,具体的提取方法也需要优化改良。总之,对于一些较特殊的药材,需要研究具体的 DNA 提取方法。有时 DNA 提取方法可能成为整个标准研究的瓶颈所在。

此外,在能够满足 DNA 提取要求的前提下,应首先考虑简单环保的方法,尽量减少毒性试剂三氯甲烷、β-巯基乙醇等的使用,以保护实验人员健康和生态环境。

(四)检测方法的选择策略

一般应首选准确度高、重复性好、方法简单易推广、检测成本较低的方法。目前应用的较成熟的检测方法有 PCR 法、PCR-RFLP 法等。PCR-RFLP 法在 PCR 基础上增加了 RFLP,即限制性内切酶的作用。限制性内切酶的酶切作用较为稳定、重复性好,然而缺点是并非所有品种都适用,因为该方法建立的前提是 DNA 序列的差异位点刚好位于某种限制性内切酶的识别序列中,且该位点进化保守。有些药材品种很难找到这样的位点,这时可考虑采用 PCR 鉴别法,通过序列比对,在差异较大的区域设计鉴别引物。多数药材都能建立此类方法,但有时由于物种之间的 DNA 序列差异较小,鉴别引物的鉴别能力有限,需要通过调整退火温度、反应轮数,甚至不同保真度的 DNA 聚合酶等优化摸索合适的反应条件,以确保方法的重复性和稳定性。

荧光定量 PCR 方法尽管现阶段在中药检测中的应用还不是很普遍,但是随着中药质量控制技术和方法的不断进步,未来将有很大的发展空间。荧光定量 PCR 法可分为探针法和染料法,其中探针法的特异性、灵敏度和重复性都明显优于染料法,且能够应用于多种药材混杂的情况,在中药材和饮片掺伪检测中有很好的应用前景。此外,对于 DNA 含量较少(如牛黄类药材)或者由于深度加工处理导致 DNA 片段化严重的药材(如胶类药材),都可以尝试建立基于荧光定量 PCR 探针技术的检测方法。

(五)方法学验证

根据检测方法的目的(定性或定量)不同,所需进行方法学验证的方面也有所差异。一般而言,以定性为目的的方法主要进行特异性、适用性、耐用性、重复性等方面的考察。特异性即方法的专属性,指对于正品和伪品或近缘种是否能够很好地进行鉴别。适用性指对于不同产地、不同来源的样品,该方法是否都能得到一致结果。耐用性指对于不同品牌仪器、试剂,该方法是否能稳定给出一致结果。重复性指在同等实验条件下,多次重复实验的结果是否一致。

不同的方法,具体侧重考察的方面会有不同。比如对于特异性 PCR 法来说,由于 PCR 扩增的结果是判定的直接依据,而影响扩增结果的因素也比较多,理论上所有这些因素都应纳入考察范围。首先,应重点考察对于扩增结果影响较大的反应轮数和退火温度;其次,不同保真度的酶也可能对扩增结果有较大影响;再次,不同品牌的 PCR 扩增仪和扩增试剂也需要纳入考察。总之,除了特异性考察之外,适用性、耐用性和重复性这几个方面也是特异性 PCR 法需要重点考察的方面。而对于 PCR-RFLP 法,由于其最终判定依据在于是否被酶切,因而考察的重点应该是酶切位点的种属特异性和种内保守性,而对于扩增结果的影响因素如反应轮数、退火温度、酶、扩增仪器和试剂等的考察则不是那么重要。

此外,对于掺伪的定性检测方法,还需要考察掺伪检出限;如是定量方法,在前面的基础

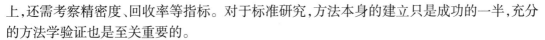

上,还需考察精密度、回收率等指标。对于标准研究,方法本身的建立只是成功的一半,充分的方法学验证也是至关重要的。

（六）标准草案和起草说明的书写

标准草案和起草说明的书写也是标准研究中必不可少的一部分。一般科学研究的最终归宿是需要总结文章并发表,标准研究的方向则是形成标准草案和起草说明,经过其他实验室复核后,再提交相关部门进行审议。因此,标准草案和起草说明是方法的载体,是方法能否被采纳的重要评判依据。

标准草案是将来会出现在标准规定中的文字部分,特别是面向《中国药典》的标准草案,一旦纳入药典,该标准规定便会在全国范围内严格执行;按标准规定检测为不合格的药品,相关生产企业将承担一定的法律责任。因此,不仅标准研究的实验部分需要科学严谨,标准草案的书写同样应该谨慎规范,既要做到文字简明,又要在内容上涵盖可能影响实验结果的一切细节信息。例如,关于取样部位的信息往往容易被标准研究者忽略,但是对于有些药材如哈蟆油,主要构成部分是油脂,其中夹杂少量的组织部分,如果取油脂进行 DNA 提取,将很难得到高质量的 DNA 模板,从而影响下游 PCR 反应,最终导致实验失败,因此类似情况下,取样部位就非常有必要在标准中明确指出。再比如,对于某些特异性PCR 鉴别法,使用不同保真度的 DNA 聚合酶对结果会有较大影响,因此需要特别规定酶的性质。

起草说明是关于标准研究情况的阐述,一般包括研究背景、样本信息、技术策略、方法学验证情况及讨论等内容。

第三节　中药分子鉴定发展的挑战与前景

DNA 分子稳定性高,DNA 多态性几乎遍及整个基因组,在痕量样品和出土标本中仍可检测到 DNA 标记,使得 DNA 分子标记技术用于中药及其基源物种的鉴定具有明显的优势。但中药分子鉴定对于不同药用部位的鉴定仍存在一定的局限性,且需要进一步加强野生品与栽培品、年限和产地鉴别研究。

一、中药系统鉴定

中药系统鉴定,是基于 DNA 测序技术及开放的 DNA 数据库,结合传统的中药性状鉴别、显微鉴别和理化鉴别等多种技术手段,对未知药材、饮片及其粉末等的基源和真伪进行多方法、多角度的佐证和鉴别,以实现中药鉴定客观化、标准化和精确化的一种综合性、系统性的整合鉴定方法。该方法的突出优势是实现了快速鉴别与精确鉴别的完美结合,将有效利用强大的开放性 DNA 数据库资源优势,结合简便、快捷的性状和显微鉴定特点,实现中药准确、客观和快速的鉴定。该方法不仅弥补了单纯依靠鉴定者经验的性状鉴别法的不足,实现中药鉴定客观化的目的,同时又利用了飞速发展的 DNA 开放数据库的强大资源,有利于实现对全世界范围生物类药材的准确鉴定,尤其在疑难药材的鉴定方面具有不可比拟的优势。

中药系统鉴定的基本原理就是充分整合动植物类药材的遗传信息 DNA 及表型信息,如动植物形态、药材性状、组织或细胞的显微特征、化学特征等,按照一定的分析方法如动植物分类学方法、性状鉴别法、显微观察法、理化反应以及分子鉴定法等,对未知药材进行多角度、多层次的鉴别。

中药系统鉴定的核心是紧紧抓住生物信息的两大核心要素,即"遗传信息"和"表型特征",达到对生物类药材客观化、精确化的鉴定。"遗传信息"是 DNA 序列信息,随着动植物 DNA 序列信息数据库的不断丰富,全球范围内大多数生物 DNA 序列信息将得到注册。因此,应充分挖掘和利用国内外开放的 DNA 信息资源,为中药 DNA 鉴定所用。其大致方法是将未知中药材样品某一 DNA 片段的测序结果与已知数据库的 DNA 序列进行比对,以初步判断中药样品的物种来源,在此基础上,与中药材性状、显微特征等信息相互佐证,保证鉴定结果的准确性。

中药系统鉴定的具体实施过程主要包括:①对鉴定样本进行基源鉴定、性状鉴定,明确样本的形态、性状特征;②对鉴定样本进行切片、粉碎等,取其中一部分进行显微鉴定,按照有关显微鉴定方法进行操作,明确待鉴定样本的显微特征;③如果必要,可对药材粉末进行化学成分的初步判别,如生物碱类、皂苷类、黄酮类等的理化显色反应或薄层色谱分析等;④药材粉末进一步研细,提取 DNA,选择适当的引物,PCR 扩增相应基因的 DNA 序列;⑤根据 DNA 序列信息,采用 BLAST 分析等方法与数据库的 DNA 序列信息进行比对,并进行聚类分析等,明确鉴定对象所在科属;⑥综合①~⑤的信息(②③可选),系统鉴定未知药材所属物种,达到精确鉴定目的。由此可以预见,中药系统鉴定法将在中药新资源开发、民族医药研究、贵重药材、进口药材鉴定等方面拥有广阔的应用前景。

二、中药双分子标记鉴定法

目前,中药鉴定与评价的分子标识主要侧重于单一 DNA 分子标记对中药不同种属间的鉴别及对不同居群间遗传多样性的分析,或根据单指标化学成分评价同一中药不同来源、不同产地、不同发育阶段的质量差异。但由于中药的原动植物生物进化机制复杂,有杂交、基因转移、多倍化现象、栽培种质混杂等诸多影响因素,因此会导致 DNA 序列信息在一些物种间没有鉴别力或产生错误的鉴定结论,且中药是多成分的复杂体系,通过单一或部分指标性成分来评价其质量优劣,也无法体现其整体效应,因此仍存在一定局限性。

双分子标记法是 DNA 分子标记和代谢标识物结合的分析方法,是在分子水平上同时研究中药的基源和质量差异的一种分子标记方法。双分子标记法中的 DNA 分子标记,是指能反映中药物种个体或种群间基因组差异的特异性 DNA 片段,被用于中药物种的遗传信息分析。可以根据不同的研究对象,筛选合适的 DNA 分子标记,通过对其多态性进行分析,获取不同研究对象的特征 DNA 序列。而中药的代谢产物是其治疗疾病的物质基础,代谢标识物的定性及定量分析关系到用药的有效性、安全性及稳定性。中药代谢产物成分复杂,植物药中活性成分多为次生代谢产物,而动物药中则多为初生代谢产物。随着代谢组学以及高通量、高灵敏度和高精准度谱学分析技术的发展,通过无选择性、接近全景代谢物的分析,结合主成分分析、聚类分析等多种统计分析手段,将能够有效寻找可以区分不同来源、不同产地、不同年限、不同部位的中药材代谢标识物。

综合 DNA 分子标记与代谢标识物分析,将中药材遗传信息的多态性与其性状、化学成分表型的定性与定量分析相结合,建立与药材品质紧密连锁的双分子标记技术平台,进行中药的鉴定与质量评价。目前双分子标记法在中药多来源药材鉴别、年限鉴别、产地鉴别、优良种质分析、新的药物资源寻找和开发及中药材新品种保护中发挥着重要作用。

三、药材生长年限的鉴定

药材年限是中医判断药材质量的一种传统指标。大多数中药材原植物为多年生,其活性成分积累随时间变化呈现一定的规律性。中药材的质量因生长年限不同,活性成分会有差异,其功效也有区别。例如,生长 4 年以上的黄芩宿根称"枯芩",善清上焦肺火,主治肺热咳嗽痰黄;生长 2~3 年的黄芩称"子芩",善泄大肠湿热,主治湿热泻痢腹痛。故临床用药上常对中药材的生长年限做出规定,传统认为人参、黄连等部分根及根茎类生药需生长 5 年以上才能采收,桔梗等需生长 3 年以上才能采收,厚朴等需生长 15 年以上才能采收使用。目前对中药材生长年限鉴定的主要方法仍是传统性状鉴定,如人参通过芦头形状和芦碗数目来判断年限,依赖于经验,难以实现鉴定的定量化、标准化。

分子鉴定有望成为生药年限鉴定的有力工具,目前对植物生长年限进行分子检测分析的手段有端粒长度测量和甲基化检测两种方法。端粒是真核生物染色体末端的特殊结构,由一段串联重复的非编码序列及其相关特异结合蛋白组成。研究表明,体细胞的分裂次数与端粒长度缩短存在密切的相关性。随着生长年龄和体细胞有丝分裂次数的增加,端粒重复序列逐步丢失,从而导致端粒长度逐渐缩短。根据端粒的长度可以推测细胞的分裂次数,预测细胞的分裂能力与年龄。因此端粒长度可以在一定程度上反映生物个体的年龄水平,故端粒有 DNA 的"年轮"和"分子钟"之称。

然而,植物端粒长度的影响因素复杂,调控形式多样。在多年生植物中,关于端粒动力学与年龄相关性的报道有限。虽然相关研究表明,在一些树木中端粒长度与寿命呈现正相关性,但寿命极长的刺果松端粒长度却没有随年龄增大而缩短。事实上,刺果松根样品中的端粒长度随着年龄增大略有增加,这说明刺果松的根尖分生组织没有随着年龄的增大而减少。在另一些长寿命的多年生植物漫长的生长过程中,端粒的平均长度也可以维持不变。用端粒限制性酶切片段(telomere restriction fragment, TRF)鉴定生药生长年限,随不同物种而异,需要建立具各物种特点的模型。除端粒长度外,DNA 甲基化也是生药年限分子鉴定的候选标记。

研究者使用 TRF 对抚松大马牙人参、集安大马牙人参和宽甸石柱人参端粒长度进行了分析,通过不同部位端粒酶活性比较,确定芦下 1 cm 与人参细胞分裂关系最紧密,用于作为人参年限鉴别的取样部位。通过 TRF 分析结果,发现端粒长度随生长年限变化的规律,建立对应的数学模型以及不同生长年限人参的端粒长度鉴别方法;取集安 5 年生人参样品测定 TRF 长度,代入所建立的大马牙人参年限与 TRF 值的拟合数学模型公式,得出年龄为5.15 年,与实际结果相符。

使用反相高效液相色谱,对不同年限人参的 DNA 甲基化水平进行研究。比较 5 年栽培人参、8 年和 12 年移山参 DNA 甲基化水平,发现 8 年移山参 DNA 甲基化水平显著高于 12年移山参和 5 年栽培人参,表明随着衰老程度增加,DNA 甲基化水平降低,且栽培人参衰老程度快于移山参。目前对不同年限中药材 DNA 甲基化的研究较少,解决多年生中药材年限鉴定问题,将理论研究转化为实际应用还需要开展更多深入的工作。

四、野生与家种(养)药材的鉴定

人类最初用于防治疾病的中草药来源于野生动植物,其资源有限。随着社会的发展,生产力水平的提高及药用资源需求量的增加,野生中药材资源已很难满足市场和临床用药的需求。为此,我国大力发展药用动植物人工栽培和饲养,生产了大量的优质药材,很大程度上缓解了中药资源紧张的局面。

优良的种质资源主要来源于野生品种,它们具有良好的遗传特性(抗病性、抗逆性、丰产性等特征)。种质资源丰富的程度直接关系到生物多样性的保存与遗传资源品质。由于遗传和生态两个因素长期复杂的相互作用,中药材基源物种往往不是均一不变的群体类型,而是由多个在地理、形态和化学等方面具有稳定差异的生态型(ecotype)、地理变种(geographical variety)或栽培变种和变型等组成,其中也包括大量的农家品种。这也自然产生了一个值得关注的问题,那就是人工栽培或养殖的药用动植物形成的药材与其野生来源的药材质量究竟有无差异。这不仅是直接影响临床疗效的关键问题,而且也是一个关系到中医药事业是否可持续发展的关键问题。从古至今,人们都很关注生态环境的改变以及人们的生产活动对生药品质及其遗传特征的影响。近年来,由于学科之间的不断交叉渗透,大量农学和园艺学关于栽培品种起源相关的研究方法也逐渐被引入药用动植物的研究中。特别是 DNA 分子标记技术对栽培品与野生品进行了遗传多样性比较、亲缘关系分析的探索,通过构建 DNA 多态性图谱,并将许多重要单基因或多基因定位在这些谱图上,对了解中药栽培起源和质量变异机制具有重要意义。

(一)野生与家种(养)药材遗传关系研究

与农作物相比,药用植物的栽培历史较短,处于栽培驯化的初期,受到的人工选择压力较小,造成药用植物栽培性状不典型,野生和栽培类型难以分辨。已栽培的药用植物种类多,但单种的栽培面积小,生物学特性各异,且往往采取半野生的方法进行栽培,使得野生与栽培类型之间存在较强的基因交流。农作物的栽培驯化起源于 10 000 年以前的新石器时代,目前已进入栽培驯化的后期,只能对其驯化初期发生的人为引起遗传变异事件进行推测。药用植物的栽培驯化历史不超过 2 600 年,而且大多数发生在近几十年,正在处于人类干预而引起植物进化历程发生改变的过程中。中药材进入栽培阶段后,往往就会以家种的种子繁育后代,人为及栽培的特殊环境对个体选育将会逐渐改变野生中药的遗传物质。因此药用植物栽培起源研究对了解栽培驯化初期人为引起种内遗传多样性和遗传结构改变过程具有特殊价值。

黄芩是唇形科植物黄芩 *Scutellaria baicalensis* Georgi 的干燥根,始载于《神农本草经》,列为中品,是中医临床常用的大宗药材之一。黄芩在我国分布于秦岭以北,分布范围广,适应性强,生境多样,在 1987 年 10 月 30 日国家医药管理局颁布的《国家重点保护野生药材物种名录》中被列为Ⅲ级保护药材。目前黄芩在一些主产区有一定规模的栽培,其他分布区也有零星种植。通过筛选合适的叶绿体 DNA(chloropast DNA,ctDNA)片段,测序比对,进行栽培和野生黄芩的遗传多样性和遗传结构分析,发现野生黄芩具有较高水平的 ctDNA 多样性(h_T=0.888),且显著高于用不同分子标记测定的 170 种植物的平均 ctDNA 多样性(h_T=0.67)。栽培黄芩 ctDNA 多样性(h_T=0.832)比野生居群有所下降,但幅度不大。此外,单倍型在野生居群中的分布与栽培居群中相比具有独特的地理结构,表现为野生居群的单倍型 HapG 主要集中在黄芩分布区的中心地带,为野生黄芩鉴别 DNA 标记研究奠定了基础。

(二)野生与家种(养)药材分子鉴定研究

由于生长环境、生长年限的差异,药材家种品和野生品在外观形状和品质上存在差异。有一种观点认为野生药材比家种(养)药材品质更好,使得有些品种的野生品和家种(养)

品在价格上相差几倍。由于经济利益的驱使,以家种(养)药材冒充野生药材的现象时有发生,给临床使用及商品流通造成混乱。在野生药材和家种(养)药材鉴定方面,分子鉴定具有一定的优势。

人参的野生品称为"野山参",属于珍稀中药材,价格昂贵,资源较少。野山参与栽培人参(园参)同属一个种,在目前已知的化学成分方面大致相同,多年来主要依靠富有经验的老药工、老专家凭借外观性状特点进行甄别。采用 RAPD 标记法对 7 个产地的野山参和 1 个产地的园参样品进行分析,野山参用 14 个 10 bp 引物共检测出 111 个位点,其中多态位点 76 个,占 67%,远大于园参群内的遗传变异。聚类分析表明,野山参与园参之间的遗传变异小于其与西洋参之间的遗传变异。采用 DALP 分子标记技术分析野山参和栽培人参的 DNA 差异,结果显示野山参的遗传多样性远高于栽培人参,野山参与栽培人参的图谱存在差异,且各自存在一条特异性条带,证明 DALP 分子标记技术可以用作鉴别野山参和栽培人参的依据。

五、中药快速分子鉴定

(一)中药材分子鉴定现场运用的意义和需求

保证中药品种的准确鉴定是中药质量控制的首要环节,中药材是否"正本清源"直接影响到用药安全。在实际生产和贸易交流中,药材的准确、快速鉴别一直是比较困难的工作。中药分子鉴定技术是传统鉴别技术的有益补充,但常规分子鉴定方法受条件和技术的限制,无法实现现场快速检测,大大限制了其使用和推广。其中,DNA 快速提取技术和 DNA 标记的快速检测技术是实现分子鉴定现场运用的两大关键问题。DNA 碱裂解法可以在数分钟内完成 DNA 提取,且获得的大多数生药 DNA 可成功用于 PCR 扩增。基于等温扩增技术,如滚环扩增技术(RCA)、环介导等温扩增(LAMP)、链置换扩增技术(SDA)等快速扩增技术,以及高分辨率熔解曲线分析(HRMA)技术的应用,为中药快速现场分子鉴定提供了技术保障。

中药快速现场分子鉴定是常规检测手段的延伸,在高通量检测方面具有明显优势,具有检测结果准确、仪器设备简单、成本低廉等优点,尤其在有毒中药、珍稀濒危药材、贵重药材鉴别方面具有广阔的发展潜力。

(二)中药材快速 PCR 鉴定体系

快速 PCR 鉴定(rapid PCR authentication)是一种通过调整 PCR 反应程序和反应体系缩减 PCR 反应时间,结合快速提取和快速检测技术,达到在短时间内对中药真伪进行鉴别的方法。相对于常规 PCR 鉴别方式需要 4~8 h 的鉴定周期,使用快速 PCR 鉴别能在 30 min 左右获得鉴定结果。该技术目前已用于人参、三七、金银花、太子参、哈蟆油、鹿茸、蛤蚧等中药材的鉴定方法研究。中药材 DNA 分子鉴定过程一般包括 DNA 提取、目标核酸或目标信号的扩增和产物检测 3 个步骤。为达到快速鉴定的目的,须尽量缩短这 3 个步骤的时间。快速 PCR 鉴定的实现一般包括碱裂解法快速提取 DNA、快速 PCR 扩增和荧光检测 3 个步骤。

1. 碱裂解法提取中药材 DNA 碱裂解法是一种 DNA 快速提取方法,当中药材和中药饮片粉末在 0.2~1.0 mol/L 的 NaOH 溶液中裂解时,蛋白质与 DNA 发生变性,当加入中和缓冲液后,DNA 分子能够迅速复性,呈溶解状态存留于上清液中。由于碱裂解法只有裂解和中和两步,DNA 提取用时大约 5 min。使用碱裂解法对果实种子类、叶类、全草类、花类、根及茎木类以及动物类中药材进行 DNA 提取,85% 以上的中药材可获得满足 PCR 扩增的基因组 DNA。

2. 快速 PCR 扩增　制约 DNA 分子鉴定的第二个因素是 PCR 扩增过程,常规 PCR 扩增一般需时 2~3 h,主要是进行 30~40 个变性 - 退火 - 延伸循环,需时较长。快速 PCR 使用具有高扩增效果和高延伸速度的快速 PCR 聚合酶进行扩增,且扩增产物尽可能短,扩增循环数小,一般采取两步法进行 PCR 扩增,从而减少 PCR 循环过程中升降温的温差,缩短 PCR 的反应时间。在此基础上,通过逐步缩短变性 - 退火 / 延伸的时间,可以实现快速扩增。如蕲蛇的快速 PCR 扩增经优化后可在 26 min 内完成,金钱白花蛇的快速 PCR 扩增可在 28 min 内完成。

3. 荧光检测　经典的 PCR 产物检测方法为凝胶电泳方式,需要经过制胶、胶凝、电泳和成像 4 步,需用时 1 h 以上,实验周期较长,且需要使用凝胶电泳仪和凝胶成像系统,制约了中药快检工作的开展。SYBR Green Ⅰ 是一种可以结合于所有双链 DNA 双螺旋小沟区域的具有绿色激发波长的染料,游离状态下的 SYBR Green Ⅰ 发出微弱的荧光,但其与 PCR 产物等双链 DNA 结合后,可发出强烈绿色荧光,荧光强度增加达 10 000 倍以上。快速 PCR 鉴定通过直接在 PCR 产物中加入 SYBR Green Ⅰ 荧光染料,在 365 nm 紫外灯下观察荧光,根据荧光的有无,并与阳性对照进行比较,可直接判断是否存在扩增产物。扩增产物的检测过程为染色、成像两步,用时约 2 min,极大缩短了检测时间。快速 PCR 的程序简单、检测速度高,能满足中药快速、准确鉴别的要求,在中药分子鉴别中具有良好的应用前景。

便携式 PCR 仪的问世及其商业化,将促进在野外、药市或药房进行中药分子鉴定。未来可能形成以快速 PCR 技术为核心,以等温扩增技术为补充,以现场快速检测包、可移动快速检测车、快速检测实验室为支撑的一个中药材及饮片的快速检测工作模式。

六、中成药的鉴定

中成药为中药的重要临床应用形式,通常由两种或更多种饮片组成。由于组成复杂,中成药的质量控制难度更大,造假、掺假现象也更为严重。分子鉴定技术应用于中成药鉴别,不受化学成分的影响,即使没有性状或显微鉴别经验的人员也能够进行中成药鉴别。

中成药的分子鉴定可分为两种类型。一是对中成药中某种特定组分进行鉴定,多采用目标片段测序法或特异性 PCR 法。前者如用 16S rRNA 片段序列对活血止痛胶囊中土鳖虫的鉴定;后者如用特异性 PCR 法对乌鸡白凤丸中以党参冒充人参的鉴定,对藿香正气水中以水半夏、虎掌半夏冒充半夏的鉴定,以及利用当归特异性鉴别 SCAR 标记引物对含当归中成药的鉴定等。目前分子鉴定技术的发展,已经使得中成药中某种特定组分的分子鉴定变得可行。在丸剂、片剂,甚至口服液、注射剂,均可获得 DNA 进行 PCR 鉴定。二是对中成药中所有组分全面鉴定,采用克隆测序或高通量测序法,如对连翘败毒丸的鉴定、对六味地黄丸的鉴定,但目前仅能检出 50% 左右的组分,存在鉴定效率低、且有大量未经验证的无关物种信息等问题。

随着多种中成药分子鉴定方法的不断建立与完善,分子鉴定方法将与现有的鉴定方法并存发展,共同阐明中成药中原料药材真伪优劣,科学评价中成药的质量。

（张文娟　吴文如　许　亮　蒋　超）

第六章　中药资源功能基因组研究

中药资源功能基因组研究主要包括中药资源基因组、转录组、代谢组、蛋白质组、表型组等，旨在通过对中药基源物种遗传信息的揭示，解析重要活性产物的生物合成途径，发掘参与生物合成的功能基因，推动中药合成生物生产学、基因组辅助分子鉴定和分子育种、中药道地性遗传成因等方面的深入研究。

第一节　中药资源功能基因组概述

一、功能基因组定义

基因组学（genomics）是对所有基因进行基因组作图（遗传图谱、物理图谱和转录本图谱）、核苷酸序列分析、基因定位和基因功能分析的一门学科。基因组学研究通常包括两个部分：以全基因组测序为目标的结构基因组学（structural genomics）和以基因功能鉴定为目标的功能基因组学（functional genomics）。结构基因组学是从宏观上研究基因组的基因数量、基因构成、单个基因在染色体上线性分布及相应位置的一门学科，现代基因组学将基因组上的重复序列、基因间隔区序列也作为其研究的重点；而功能基因组学则是在前者的基础上系统地研究基因功能的一门学科，又称为后基因组学（post-genomics）（图 6-1）。

结构基因组学代表基因组分析的早期阶段，以建立生物体高分辨率遗传、物理和转录图谱为主。功能基因组学代表基因分析的新阶段，它利用结构基因组所提供的信息和产物，发展和应用新的实验手段，通过在基因组或系统水平上全面分析基因的功能，以高通量、大规模实验方法及统计与计算机分析为特征，全面系统地分析全部基因的功能，使得生物学研究从对单一基因或蛋白质的研究转向多个基因或蛋白质同时进行系统的研究。这是在基因组静态的碱基序列弄清楚之后转入对基因组动态的生物学功能学研究。研究内容包括基因功能发现、基因表达分析及突变检测。采用的手段包括经典的减法杂交、差示筛选、cDNA代表性差异分析、mRNA 差异显示、基因表达序列分析（serial analysis of gene expression, SAGE）、cDNA 微阵列（cDNA microarray）、DNA 芯片（DNA chip）等。

随着现代生物科学技术的创新和发展，功能基因组学的研究涉及众多的新技术，包括生物信息学技术、生物芯片技术、转基因和基因敲除技术、基因表达的系统分析、cDNA 微阵列、DNA 芯片、蛋白质组学技术、反义核酸技术等技术等。

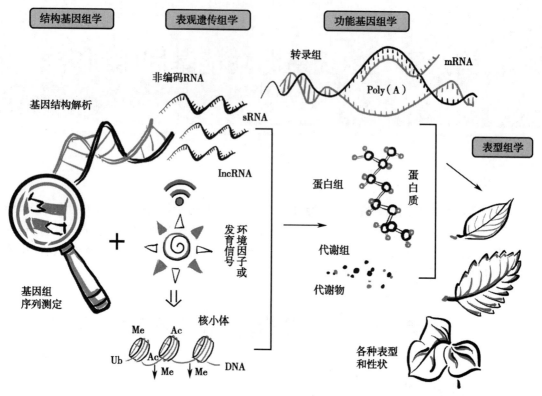

图 6-1　结构基因组学和功能基因组学

二、中药资源功能基因组的主要研究内容

我国中药资源丰富、种类繁多。中药资源全基因组测序物种的选择应该综合考虑物种的经济价值和科学意义,筛选测序物种的基本原则为:①名贵大宗中药材的基源物种或重要化学药物的来源物种;②药效成分比较清晰,具有典型次生代谢途径的代表物种;③含药用植物较多的植物分类单元中的代表植物;④具有成为模式物种的潜质,且具有较好的生物学研究基础;⑤优先选择遗传背景清晰、基因组较小且结构相对简单的二倍体生物。

由于多数中药资源都缺乏系统的分子遗传学研究基础,因此在开展全基因组测序之前进行基因组预分析尤为必要。基因组预分析的主要内容包括:①利用分子标记技术对满足筛选原则的待测物种进行物种鉴定;②通过观察有丝分裂中期染色体确定待测物种的染色体倍性和条数;③采用流式细胞术或脉冲场电泳技术估测物种基因组大小,为测序平台的选择提供参考。

对药用植物遗传密码的解析,将对药用植物中各种活性成分的合成途径、调控机制的阐释以及替代药物的开发筛选提供极大的帮助,也为药用植物优良品系的选育与开发提供了新的视角。中药资源功能基因组研究极大地推动了前沿生命科学技术在药用动植物和中药领域的应用,架起了传统中医药学与现代生命科学之间有效沟通的桥梁,为掌握中药资源的"基因密码"提供了有效途径,其主要研究内容包括以下 4 个方面:

1. **药用活性成分生物合成相关功能基因研究**　植物在长期进化过程中,逐渐形成了与生存环境相适应的次生代谢途径,而药用植物功能基因的研究主要是从对次生代谢产物生物合成起重要调控作用的关键酶编码基因入手。

2. 药用动植物生长发育规律研究 药材性状特征、化学特征、药效特征的形成与药用动植物生长状态、器官建成、组织分化、衰老与自噬等密切相关,功能基因组研究是解析药用动植物生长发育规律的重要工具。

3. 生物与非生物胁迫对药用动植物生长发育的影响 为了适应在各种不同胁迫条件下的生存环境,植物进化出了响应不同胁迫信号刺激的调控途径。当植物受到这些胁迫条件胁迫后,将会激活植物体内响应该胁迫的调控途径,使植物能够抵抗该胁迫,从而生存下去。

4. 中药材基因组辅助育种 在功能基因组研究基础上,综合运用生物信息分析、基因操作技术等,对药用动植物目标性状进行设计和操作,实现优良基因的最佳配置,培育中药材新品种。

第二节 中药资源功能基因组研究

一、中药资源基因组研究

我国药用植物有 11 146 种,约占中药材资源总数的 87%,是所有经济植物中最多的一类。相对于高等植物中的模式生物,许多药用植物的遗传背景、基因组基础数据、功能基因组研究积累较少。高通量测序技术的出现使越来越多的药用植物基因组测序工作得以开展。近年来,随着分子生药学的发展,灵芝、紫芝、人参、黄花蒿、辣木、桐油树、阴阳莲、蛹虫草、罗勒、玛卡、甘草、大麻、喜树、牛角瓜、长春花、金钩吻、银杏、杜仲、三七、穿心莲、丹参、铁皮石斛、菊花、百脉根、天麻、薏米、雷公藤、鹿茸、东亚钳蝎、五步蛇等多种药用动植物已经完成全基因组测序,遗传密码相继解读发表,且从基因家族水平分析了物种基因组与其生存和进化的关系。

(一)代表性中药全基因组测序

人参全基因组序列以第二代为主结合第一代测序技术测定,获得超过 100 倍覆盖率的高质量数据,通过对这些数据的图谱分析及功能基因组研究,开展了人参的遗传与农艺性状、代谢与药用性状、化学与工艺性状方面研究,为人参的育种、加工、产品开发等整个产业提供了技术保障。

通过对杜仲的基因组测序,获得 16.1 Gb 数据,之后采用公式(基因组大小 =Kmer 的总数 /Kmer 的期望深度)计算得到杜仲基因组的大小为 1.04 Gb,这是第一个木本药用植物全基因组精细图。

利用新一代超长读长测序仪 Roche 454 GS FLX+ 系统进行了大麻属 *Cannabis sative* 和 *Cannabis indica* 的全基因组测序,获得超过 1 310 亿 bp 的基因序列,是现有最大的大麻基因组集合。

以第二代测序技术与第三代单分子测序技术相结合对药食同源药材铁皮石斛进行全基因组测序,测序结果覆盖 95% 的全基因组和 97% 的基因编码区。

利用第二代高通量测序技术和光学图谱技术完成了灵芝基因组的测序和组装,灵芝基因组大小约为 43.3 Mb,由 13 条染色体组成,编码 16 113 个预测基因,其中包括多种细胞色素 P450、转运蛋白和调控因子等与次生代谢产物合成、运输和调控相关的基因。在已测序的担子菌中,灵芝是产生木材降解相关酶类最丰富的物种之一。在灵芝基因组中还发现了 24 个细胞色素 P450 基因簇,荧光实时定量 PCR 分析显示,78 个细胞色素 P450 基因与羊毛甾醇合酶基因共表达,其中 16 个基因与特异性羟基化睾酮的真菌细胞色素 P450 具有很高的同源性。鉴于灵芝三萜与酮结构的相似性,推测这些细胞色素 P450 可能参与了灵芝三萜的生物合成过程。

应用二代和三代测序技术对丹参全基因组进行测序,丹参基因组约 558 Mb,其中约 56% 的区域为重复序列,导致组装难度大;丹参杂合度较高,每千碱基基因组约含 2.76 个单核苷酸多态性位点,预测含有三万多个蛋白质编码基因,包括 1 600 余个转录因子,82 个萜类合酶编码基因和 437 个细胞色素 P450 蛋白编码基因。进化分析显示,丹参编码萜类化合物、芪类化合物、二苯基庚烷类化合物、姜辣素类化合物的基因家族可能与丹参酮及丹参酚酸类化合物合成相关。从丹参基因组中鉴定了 4 个萜类合酶/细胞色素相连的基因簇,揭示 SmCPS1 基因簇和 SmCPS2 基因簇很可能扩张自同一个 CPS/CYP76AH 基因对,并发现与丹参酚酸合成相关的来自 9 个基因家族的 29 个基因。丹参基因组的测序成功完成,证实混合拼接技术能显著改善拼接效果,可有效促进次生代谢产物合成相关基因簇的鉴定。

采用全基因组散弹枪方式测序,组装获得天麻高质量基因组序列 1 061.09 Mb,染色体 Scaffold N50 4.9 Mb,这是第一个完全异养植物的全基因组序列。天麻基因组中预测出 18 969 个蛋白编码基因,81.6% 的基因可通过同源序列相似性搜索进行功能注释。与铁皮石斛、小兰屿蝴蝶兰相比,天麻经历了广泛的基因缺失,可能是其适应完全异养生活方式的结果。由于不需要进行光合作用,天麻的质体基因组收缩为 35 326 bp,并发生明显重组,且只保留了 12 个编码光合复合体蛋白的基因。

薏米全基因组草图为 1.619 Gb,其中 75.39% 为重复序列,预测出 39 629 个蛋白编码基因。通过构建遗传图谱,鉴定出 2 个与种子外壳压力抗性相关的数量性状位点,分别与薏米壳的厚度和颜色相关。采用 PacBio 长读长测序(测序深度 65.8X)、BioNano 光学图谱(测序深度 92.8X)、Illumina 短序列测序(测序深度 119.9X)、Hi-C 染色体三维结构测序(测序深度 123.8X)相结合的方式把拼装获得的基因组片段挂载到 10 个假染色体上。基因家族分析鉴定出 2 034 个薏米基因组特有的基因家族,主要参与抗病、盐/酸/干旱胁迫等非生物胁迫响应过程,使得薏米在进化过程中能够适应环境变化。

采用 PacBio 超长测序、10X Genomics 测序、Hi-C 染色体三维结构测序相结合的方式,克服雷公藤基因组的高杂合(1.95% 杂合率)特点,构建了高质量的雷公藤基因组图谱,其大小为 348.38 Mb, contig N50 为 4.36 Mb。通过基因组进化分析发现雷公藤基因组发生了一次特有的全基因组三倍化事件(WGT),且雷公藤甲素生物合成途径基因的拷贝数受其影响,表明该过程对雷公藤甲素合成至关重要。同时在雷公藤基因组中发现 TwCPS1、TwMS 基因簇,进一步通过基因组、转录组和代谢组等多组学联合分析手段,构建雷公藤甲素基因-代谢网络图谱,并鉴定 CYP728 家族第一个被明确功能的基因 *CYP728B70*,其编码蛋白催化三步氧化反应生成雷公藤甲素中间体脱氢枞酸(dehydroabietic acid),进而通过合成生物学策略实现其在酿酒酵母中的异源合成。该研究还提供了参与雷公藤甲素生物合成的候选 P450 基因、代谢物及调控雷公藤甲素生物合成的转录因子,为推进雷公藤甲素生物合成途

径的完全解析奠定了重要基础。

（二）中药资源基因组研究的发展趋势

基因组学伴随着第一代基因组测序技术的兴起而诞生,随着第二代高通量测序技术的出现而兴盛,也必将随着更先进的测序如第三代单分子测序技术的发展得到进一步发展。测序的通量越来越高,获得单位数据量的费用越来越低。可以预见,过去基于分子标记的基因组学研究将越来越多被基因组重测序或者平行测序的策略所取代,今后基因组学研究的重点将逐渐从模式种转向非模式种。同时,随着基因组学研究的展开,人们对中药资源性状表现的遗传和分子机制将有更为深刻和准确的理解。此外,对大多数普通研究者而言,对大数据的处理和分析仍然具有较大的困难,从而不得不求助于专门的生物信息分析员,这样不仅大幅度增加了研究费用,也造成数据处理和分析不彻底。要解决这个问题,需要多方努力,对研究人员而言,需要努力学习基于大中型服务器的操作系统如 Linux 及相应软件的安装、测试及操作,需要学会基础的编程知识,以及应用大型统计软件如 R 语言、SAS（statistical analysis system）等。而对于其他相关的科技工作者,开发界面更加友好、功能更加强大、能进行程式化操作的大型分析软件将对基因组学研究有极大的促进作用。

二、中药资源转录组研究

转录组研究可为解析药用生物转录水平的遗传信息提供有效数据,有助于阐明重要药用生物活性成分生物合成途径及其调控机制,深入研究药用生物的生长发育特性,抗病、抗逆机制等,改变了药用生物单个基因的研究模式,将中药资源基因组学研究带入了后基因组学时代,在中药资源功能基因组研究中具有重要作用。

（一）转录组特点

1. 转录组的核心组分是 mRNA 转录组是基因组转录产物的集合。细胞中 mRNA 的数量约占 RNA 总量的 5%,合成后易降解。同一细胞生长时期或生长条件不同,基因表达情况亦不完全相同。转录组中有时有一种或几种 mRNA 占显著优势,如发育的种子中麸朊蛋白 mRNA 可占细胞转录组的 30%。

2. 转录组测序可定量检测转录本丰度 转录本是由一条基因通过转录形成的一种或多种可编码蛋白质的成熟 mRNA。一条基因通过内含子的不同剪接可形成不同的转录本。外界刺激或环境变化会导致生物体中基因表达水平的变化。转录组测序可以对不同环境条件下生物体特定组织或细胞中的所有转录本进行定量检测,并对不同实验之间的结果进行直接比较。

3. 转录组测序可检测基因及其转录本的结构变异 一条基因由于内含子剪接机制的不同可以形成不同的转录本。可变剪接使一个基因产生多个 mRNA 转录本,从而翻译成不同的蛋白质,是导致转录本结构变异的直接因素,也是调节基因表达和产生蛋白质多样性的重要机制。转录组测序在鉴定转录本的结构及其变异、基因表达水平、非编码 RNA（non-coding RNA, ncRNA）功能和发现低丰度的新转录本等方面具有显著优势。

4. 转录组信息具有时空特异性 与基因组不同,转录组的定义包含了时间和空间的限定。因此,转录组是生物体基因组和外部环境的动态联系,反映生物个体在特定器官、组织或某一特定生长发育阶段细胞中所有基因的表达信息。

5. 比较转录组可预测未知基因功能 比较转录组可用来分析不同组织 / 器官或同一组

织/器官在不同生理状况或外界条件下的基因表达差异，发现与特定生理功能相关的基因，并推测未知基因的功能。

6. 中药资源转录组研究需考虑其药用部位、采收时间与方法　中药资源活性成分的组成和数量与药用部位、采收时间与采收方法有关，因而药用生物转录组研究的实验设计和数据分析应综合考虑这些因素。

（二）转录组学常用研究方法

真核生物的所有蛋白质都是 mRNA 翻译产物，因此 mRNA 是转录组研究的主要目标。早期的转录组研究主要有表达序列标签、基因芯片等方法。基于传统测序方法的转录组研究费时费力、成本高，导致无法对某一物种的基因组或转录组进行全面系统的研究，随着测序技术的飞速发展和不断进步，以高通量测序（high-throughput sequencing）技术为基础的中药资源转录组研究取得显著进展。转录组测序（如 RNA-seq）已经成为研究转录组与基因表达谱的重要手段。目前，中药资源转录组研究主要包括样品采集与保存、RNA 提取、mRNA 分离纯化、测序文库制备、上机测序、转录组数据过滤与组装、转录本功能注释等步骤。

1. 样品采集与 RNA 提取　用于转录组研究的样品通常在中药资源适宜采收期采集药用部位，洗净样品，吸干表面水分后，于液氮中速冻，并保存于超低温冰箱备用。转录组测序需要纯度高、完整性好的 RNA，常用的 RNA 提取方法包括 Trizol 法、热苯酚法、异硫氰酸胍法等。市售各种 RNA 提取试剂盒可快速有效获得高质量 RNA。

2. mRNA 分离纯化与测序文库制备　从生物体的总 RNA 中分离获得高质量的 mRNA 是构建高效转录组测序文库的决定性因素。真核细胞 mRNA 最显著的结构特征是具有 5' 端帽子结构（m^{7}G）和 3' 端的 Poly（A）尾，这种结构为真核 mRNA 的分离纯化提供了极为方便的选择性标志。较为常用的分离纯化方法是寡聚（dT）- 纤维素柱色谱法和微磁球法，前者以纤维素为载体，后者则用生物素标记寡聚（dT），并以连有抗生物素蛋白的微磁球为载体，但仅适用于分离含有 Poly（A）尾的 mRNA。mRNA 的分离纯化过程要严格按无菌操作要求进行实验，实验的玻璃器皿、塑料制品、缓冲液和移液器等应专用，并用 DEPC 处理过的水配制相关试剂。纯化的 mRNA 在 70% 乙醇中、–70℃条件下可保存一年以上。从真核生物的组织或细胞中提取 mRNA，通过酶促反应逆转录合成互补 DNA（complementary DNA、cDNA）的第一链和第二链，获得转录组测序文库。合成 cDNA 第一链的方法要使用依赖于 RNA 的 DNA 聚合酶（逆转录酶）进行催化。

3. 转录组测序与数据处理

（1）转录组测序：随着科学技术的发展，多种新技术和方法已成功应用于转录组学研究，如表达序列标签（expressed sequence tag, EST）、基因表达序列分析、cDNA-AFLP、RNA-seq 等。传统的转录组学研究方法，如 cDNA 文库、消减杂交文库、基因芯片技术等步骤烦琐、测序周期长、通量低、费用高。RNA-seq 高通量测序技术可以代替传统方法中构建文库得到表达序列标签的烦琐过程，在较短时间内获取大量数据信息，无须预先针对已知序列设计探针，可对任意物种的整体转录活动进行检测，并提供精确的数字化信号，比较两种或多种样本中的基因表达或整个转录表达谱的差异。目前，基于 RNA-seq 技术的转录组研究方法已广泛应用于全长转录组测序、数字基因表达谱分析、小 RNA 测序、降解组测序、长链非编码 RNA 测序和单细胞转录组测序等。RNA-seq 对中药资源转录组学的研究起到了极其重要的推动作用。

　　早期转录组测序平台主要是基于双脱氧终止法（Sanger）的一代测序平台，随着测序技术的发展，二代高通量测序平台逐渐取代了一代测序平台。二代测序平台主要有 Roche 454 GS FLX、Illumina Solexa Hiseq2000、ABI SOLiD，其中以 Illumina 公司的 Hiseq 测序技术应用最为广泛。随着测序通量的增加，第三代测序平台也已出现并得到推广，第三代测序平台主要有 PacBio 单分子实时测序仪、Heliscope 单分子测序仪、Oxford Nanopore 测序仪等。在第二代和第三代测序技术发展的基础上，全长转录组测序研究受到广泛关注。全长转录组测序基于 PacBio 单分子实时测序技术，可获得超长序列，能够全面快速获得某一物种特定组织或器官在某一状态下的几乎所有转录本的全长信息，能够直接对任意物种进行最全面的转录组分析，具有数字化信号覆盖度高、检测阈值宽、分辨率高和检测范围广等特点。第三代测序技术能够获得跨越转录本从 5' 端到 3' 端 PolyA 尾的完整序列，从而实现对基因异构体、可变剪接、融合基因、基因全长等信息的准确鉴定。

　　（2）转录组原始序列的组装：转录组的组装分为有参考基因组序列的组装和无参考基因组序列的组装两种。对于有参考基因组序列的转录组学研究，生物信息学分析的原理是将转录组测序得到的读长应用比对软件，如用 Bowtie、BWA、SOAP 等软件将处理后的序列数据与已知的参考基因组序列进行比对，由于 mRNA 测序是对外显子连接而成的转录组序列进行测序，而两个外显子连接处在基因组中不是空间相连的。因此外显子连接处的读长无法比对到基因组中。所以，应该在无法比对的读长序列中找到外显子连接处的序列，从而推断基因组中外显子的排列，确定基因组中相关基因的序列结构、可变剪切形式以及相应的转录本表达水平。

　　对于没有参考序列或参考序列不完整的研究而言，主要的数据分析重点在于怎样将转录组的测序数据组装成原本的转录本序列，尽可能地还原最初的 mRNA 序列。目前运用最多的组装策略是从头组装，Illumina 测序平台常用的组装软件有 Trinity、SOAP 等，而 454 测序平台最常用的有 Newbler 系列软件。在无参考序列的情况下，必须借助于无参考序列评估测度，如中值重叠群长度、重叠群数量和 N50 等进行组装质量评估。

　　序列组装是转录组数据分析的第一步，现在用于序列组装的方法主要有从头组装（*de novo* assembly）和参照基因组组装（genome-guided assembly）两种方法，这两种方法均适合于有基因组参照物种的序列组装。对于没有基因组参照的物种而言，从头组装的方法更适用。

　　在转录组组装工作开始之前，需要对测序数据中低质量的读长进行过滤，去除转录组读长中的低质量、接头、PCR 引物、错误碱基等序列后，保留下来的数据为高质量数据。现在广泛使用的读长过滤软件包括 Fastq、SolexaQA、PRINSEQ、Cutadapt 等，各种软件之间都是基于数据的质量和接头信息进行过滤，需要根据人工设置的过滤条件进行分析。

　　基于 RNAseq 技术所产生的转录组数据，特别是现在普遍流行的 Illumina 产生的 paried-end 数据，转录组从头组装工作大致流程为：将测序得到的读长数据组装成 contig 序列；将读长重新比对到组装好的 contig 序列上；利用 paired-end 序列的成对信息，将 contig 序列连接成 scaffold 序列，序列之间的部分用 N 代替；利用读长的比对结果以及相似序列的比对，将 scaffold 序列中含有 N 的部分补上，补上后的序列称为 unigene，即不能再延长了的转录本序列，并且这条序列在所有拼接结果中是唯一的；综合不同样本的组装结果，将不同样本中的 unigene 序列进行聚类分析，合并拼接结果，得到最终的组装结果。目前已开发出许多转录组组装软件,大多数常用的转录组从头组装软件都是基于 De Bruijn 算法进行组装的,这类软件主要有 SOAPdenovo-MK、Trans-AbySS、Oases-MK、Rnnotator、Trinity、AbySS、Oases 等,其中软件 Trinity 用于转录组组装的效果较好。

（3）转录组基因表达的定量方法:近年来,RNA-seq 主要采用 RPKM（reads per kb per million reads）和 FPKM（fragments per kb per million fragments）对转录组内的基因进行定量,计算高通量基因表达水平。RPKM= 比对到某基因上的读长数 /[比对到全部基因上的读长总数量（单位为百万条）× 某基因的长度（单位为 1 000 bp）],表示每百万读长中来自于某基因每千碱基长度的读长数。RPKM 法可以消除基因长度和测序量差异对计算基因表达量的影响,计算得到的基因表达量可直接用于比较不同样品间的基因表达差异。FPKM 与 RPKM 计算方法基本一致,所不同的是 FPKM 计算的是片段（fragment）,而 RPKM 计算的是读长数。随着测序技术的发展,现在测序所产生的数据基本上都是 paired-end 数据,即在固定插入片段大小的序列两端,序列信息被测序到,这种成对的序列信息更加有利于提高基因表达量计算过程的准确度。在计算基因表达时,利用测序过程中的成对信息,认定两条成对的读长均比对到相应的转录本上时,两条读长组成一个片段（fragment）,用 FPKM 计算更为准确。目前,一些软件可以自动计算基因在样品中的表达量,如 RSEM 和 eXpress 等。如果基因在不同样品中均有测序,可以通过不同样本间的横向比较,找出样本间的差异表达基因（different expression gene, DEG）,分析不同样本间的基因表达的异同。目前用于筛选差异基因常用的软件有 DEGseq、Cufflinks、EdgeR、DESseq 等。在筛选不同样品之间差异基因时需要提供相应的生物学重复,以更好地保证实验所筛选差异基因的可靠性和准确性。

（4）转录组内基因的功能注释:对于有基因组的物种,转录组注释可以通过将转录本序列信息在基因组中查找其相应的注释信息。对于没有基因组的物种,将拼接后的转录组序列利用 Blast 工具在国际公共数据库 Nr（non-redundant protein sequence database）、Nt（non-redundant nucleotide database）、KEGG（kyoto encyclopedia of genes and genomes）、Swiss-Prot、GO（gene ontology）与 COG（cluster of orthologous groups of proteins）中进行序列比对,得到与给定 unigene 具有最高序列相似性的蛋白,从而得到该 unigene 的蛋白功能注释信息。根据 Nr 注释信息能得到 GO 功能注释,GO 是一个国际标准化的基因功能分类体系,提供了一套动态更新的标准词汇表（controlled vocabulary）来全面描述生物体中基因和基因产物的属性。GO 总共有 3 个 ontology,分别描述基因的分子功能（molecular function）、细胞组分（cellular component）和生物过程（biological process）。目前常用的 GO 分析软件有 Blast2GO、AgriGO、BinGo、DAVID、GoMiner 等。

KEGG 是系统分析基因产物在细胞中的代谢途径以及这些基因产物的功能的数据库,分为新陈代谢（metabolism）、遗传信息处理（genetic information processing）、环境信息处理（environmental information processing）、细胞过程（cellular process）、有机系统（organismal system）、人类疾病（human diseases）6 类。该数据库中对通路中已知酶有详细的功能介绍及其反应式,酶用 EC 表示,相应的酶基因用 K 表示。将所获得的转录组序列与 KEGG 数据进行比对,可以获取相应转录本 KEGG 注释信息,从而得到转录序列的通路。

（三）转录组学在中药资源研究中的应用

目前,在多数中药资源无法进行全基因组测序的情况下,转录表达谱研究成为比较基因序列与功能、鉴定基因表达的一种快速方法。中药资源转录组研究在发现药效活性成分的

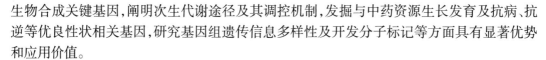

生物合成关键基因,阐明次生代谢途径及其调控机制,发掘与中药资源生长发育及抗病、抗逆等优良性状相关基因,研究基因组遗传信息多样性及开发分子标记等方面具有显著优势和应用价值。

1. 进行中药资源活性成分功能基因研究　相对于全基因组测序,转录组研究更有效率和可行性,可有效发掘中药资源中黄酮类、萜类、生物碱类等活性成分生物合成酶的编码基因及其代谢调控相关功能基因。目前,在多数中药资源没有获取全基因组序列测定的情况下,从头转录组测序成为进行基因序列比较、发现和鉴定表达基因的一种快捷途径。近年来,利用 RNA-seq 测序平台已经获取了萜类代谢途径、苯丙氨酸代谢途径、生物碱代谢途径中关键催化酶编码基因的序列信息,为解读不同药用植物药用活性成分合成的分子机制奠定了基础。如对 2 年生丹参根的转录组进行测序,获得 46 000 余条 EST,从中获得了 27 条可能参与丹参酮合成的序列(编码 15 个关键酶)、29 条参与丹酚酸合成的序列(编码 11 个关键酶)、70 条 CYP450 的 EST,这些基因的发现为丹参酮和丹酚酸类化合物生物合成研究奠定了基础。利用第二代测序技术研究盾叶薯蓣(*Dioscorea zingiberensis*)叶和根茎的转录组,发现 4 个 CYP450 基因和 6 个 UGT(3-*O*-UGT)基因可能参与薯蓣皂苷的生物合成,其中 *Dz3GT1* 和 *Dz3GT2* 编码鼠李糖基转移酶。对茯苓(*Wolfiporia cocos*)菌丝和菌核进行从头转录组测序,发现三萜类活性成分只源于 MVA 代谢途径,二磷酸甲羟戊酸脱羧酶、法呢醇焦磷酸合成酶、羟甲基戊二酰基 CoA 还原酶(NADPH)、羊毛固醇合酶基因在菌丝中表达上调,被推测与茯苓酸等三萜活性成分生物合成密切相关。对黄黑小斑蝥的转录组研究发现了斑蝥素的生物合成途径相关基因,并推测斑蝥素的生物合成可能只通过 MVA 途径合成,并可能与保幼激素的合成或代谢相关。这些研究为进一步揭示次生代谢物的生物合成途径奠定了基础。

2. 探索中药资源发育机制,挖掘其抗病、抗逆等优良基因

(1)研究药用生物生长发育机制:药用生物的生长发育规律通常与其体内的活性次生代谢产物的合成和积累有关,不同药用生物通常具有特定的生长发育规律。转录组研究可探索药用生物的生长发育机制。通过对 7 个不同发育阶段西洋参根组织进行转录组测序,共获得 3 955 个与代谢途径相关的功能基因,该研究获得了所有人参皂苷骨架生物合成途径上的合成酶基因,且利用协同表达分析获得了大量人参皂苷生物合成途径下游候选基因,转录谱结果推测人参皂苷生物合成与发育阶段显著相关,如达玛烷型人参皂苷生物合成主要在植物衰老期积累,而次生人参皂苷在整个发育阶段均可检测。由于损伤会导致沉香木在伤口周围产生倍半萜类成分,利用 RNA-seq 技术调查了机械损伤处理对白木香(*Aquilaria sinensis*)基因表达的影响,共获得 22 095 unigenes,在沉香倍半萜生物合成途径中,编码 7 个合成酶的 26 个 unigenes 被挖掘,为进一步研究这些基因的功能及其机械损伤诱导沉香形成的机制提供了基础。利用 Roche 454 GS FLX Titanium 对七叶一枝花(*Paris polyphylla*)胚的转录组进行测序,共获得 47 768 个唯一基因,包括 16 069 条重叠群和 31 699 条单一序列,基因功能注释共发现 464 个转录本可能涉及植物激素代谢与生物合成、激素信号、种子休眠、种子成熟、细胞壁生长及昼夜节律,进一步基因表达分析表明,在种子分化过程中,存在着 11 个与植物激素相关的基因和其他 5 个基因(*CYP707A*、*NCED*、*GA20ox2*、*GA20ox3*、*ABI2*、*PP2C*、*ARP3*、*ARP7*、*IAAH*、*IAAS*、*BRRK*、*ORM*、*ELFl*、*ELF2*、*SFR6* 和 *SUS*)在胚和胚乳间展现出不同的表达谱,暗示这些基因在七叶一枝花种子休眠机制中将起到重要作用;利用 Illumina 测序平台,测定四岁龄健康东北梅花鹿鹿茸的顶端组织转录组,从中发现了参与鹿

茸发育的蛋白质合成和骨化过程相关的候选基因。

（2）研究药用生物胁迫响应机制：药用植物生长发育经常受到冷、热、干旱、盐碱、大气污染、土壤污染、病害、连作障碍等不良环境的影响，这些对植物生存或生长不利的环境因子统称为胁迫（stress）。植物在进化过程中，会形成对胁迫的适应性反应，在体内发生一系列响应机制。研究药用植物对胁迫的响应机制，不仅有助于了解它们在胁迫条件下的生长发育规律，而且对培育具有抵抗不良环境性状的优良品种具有重要指导作用。利用高通量测序技术构建地黄转录组文库及比较头茬与连作地黄根部、叶片差异基因表达谱，筛选响应连作地黄的差异表达基因，揭示了地黄连作障碍感知、响应和发生过程中的几个关键性决定事件。对冷处理条件下枳（*Poncirus trifoliata*）的转录组进行研究，获得了一系列差异表达基因，其中 60 个基因编码对寒冷胁迫起反馈调节作用的转录因子，其余部分基因参与分解代谢，且该类基因也受冷胁迫调节。在银杏（*Ginkgo biloba*）叶的转录组数据中发现了可能参与银杏抗病、抗逆的相关基因。

3. 构建中药资源基因调控网络　基于转录组的功能基因组研究改变了单个基因、蛋白、代谢产物的纵向研究模式，转向全面、系统、整体的基因、蛋白质、代谢产物的网络状研究模式。分析基因调控网络是理解基因功能的重要过程，通过中药资源转录组研究提供的海量基因数据，构建代谢途径数据库以及代谢网络，有助于发现未知的酶，进行代谢途径进化研究以及体外重构代谢途径。例如，萜类吲哚生物碱是长春花的主要活性成分，依据长春花 RNA-seq 数据构建的代谢途径网络，其含有 390 个初生和次生代谢途径，涉及 1 347 个合成酶，这些代谢途径包括萜类吲哚生物碱、三萜及其前体化合物合成以及它们的诱导剂茉莉酸类激素相关的代谢途径。结合基因表达谱信息可获得两条完整的长春花萜类代谢途径，可以合成萜类吲哚生物碱和三萜化合物，且显著受到植物生长发育和环境因素的调控，说明 RNA-seq 对于构建代谢途径网络是一种有用的途径。

另一方面，以活性成分为导向，利用转录组研究手段构建活性成分相关基因调控网络，在阐明药材活性成分形成分子机制的基础上，筛选用于评价药材质量的分子标记，有望建立快速、客观、全面的药材质量评价技术体系。例如，对金银花转录组进行分析，共获得 14.9 GB 数据，4 万余个 unigene，以金银花化学成分为切入点，围绕酚酸类、萜类、脂肪酸生物合成途径，初步构建了金银花活性成分基因调控网络，筛选获得用于评价金银花化学质量的关键酶，并用于金银花及其变种——红金银花的化学质量评价。

4. 开发中药资源分子标记　转录组信息还可进行转录本单核苷酸多态性（single nucleotide polymorphism，SNP）和简单序列重复（simple sequence repeats，SSR）的开发等。引物的开发是进行 SSR 分子标记研究的前提，从基因组开发 SSR 标记的引物需要 cDNA 文库构建、SSR 克隆筛选、测序等步骤，其步骤复杂、工作量大、开发成本高等，限制了 SSR 标记的发展。基于转录组数据开发 SSR 标记无需建库、克隆及筛选，不仅可以避免克隆偏差以及无效克隆造成 SSR 丢失而导致微卫星位点分离较少的问题，而且还提高了 SSR 标记开发的效率，使操作过程近乎一步化，大大节省了时间，且整个过程除提取基因组 DNA 外，无需任何的分子技术操作，具有开发成本低、近缘物种通用性高、可直接标记功能基因等优势。利用 Roche 454 GS FLX 平台对牡丹进行从头转录组测序，共获得 625 342 条 EST，从 EST 中共获得 2 253 个 SSR 位点，选择了其中的 149 个 SSR 位点设计引物，共有 121 对引物可以成功扩展条带，其中 73 对引物的 PCR 产物表现出多态性。在甘草、西洋参、三七等多种中草药转录组序列中都发现了大量的 SSR 信息，这些 SSR 将为进一步开发分子标记用于遗传育种及阐释中药材道地性的分子机制提供大量有效的遗传信息。

（四）中药资源转录组的发展趋势

转录组是基因功能和结构研究的基础,是基因组测序完成后首先要解决的问题。近年来,中药资源高通量转录组研究已获得一定成果,但仍面临一些挑战。

（1）功能基因解读难度大:中药资源模式植物少,活性成分多,代谢网络错综复杂,转录组研究所用数据仅为基因数据或联合代谢部分数据,数据的共享、复用、联合等均未普遍涉及,对数据所带信息的解读,尤其是对非模式生物中的数据解读,缺少基因组参考信息,不能对基因准确定位,对部分关键基因,特别是与活性成分或中药资源抗逆性等相关的一些功能基因,注释难度大,且仅考虑相似性的功能基因注释也会出现注释上的偏差。

（2）转录组测序技术存在不足:基于 Illumina 平台的第二代测序技术,测序序列较短,拼接效果差,存在一定的错误率以及较高的假阳性,无法得到大量全长转录本信息,而以 PacBio 平台为代表的第三代测序技术虽克服了第二代测序技术的诸多不足,但费用高,相对较低的测序通量也限制了其在定量转录组学研究中的应用。

（3）转录组与蛋白质组学的结合研究不足:中药资源生物个体的功能最终由基因编码的蛋白质在细胞水平上体现,但基因的表达水平与蛋白质含量并不完全一致,转录水平上的基因表达信息并不能够说明该基因体现在细胞水平的具体功能。

转录组测序能够全面揭示中药资源生物个体基因在特定时期和特定组织的表达情况,在分子标记、代谢物含量监控、功能基因挖掘、活性成分的生物合成与调控、逆境胁迫防御因子的探寻、药材道地性分子机制研究等方面提供了新的思路和方法。在中药资源研究中,基因组、转录组、代谢组、蛋白质组数据的联合分析,将逐渐在科学研究中成为新的实验设计和数据分析模式,而与中药资源生长所处地理环境数据的综合分析将是未来更全面理解中药资源特性的必然选择。另一方面,基于现代统计学、机器学习的数据分析技术为海量、多层次的数据分析提供了技术可能,将现代的 IT 架构和互联网技术应用到中药资源遗传数据共享和合作研究中,将会为本领域的研究带来思想碰撞和新的研究模式。此外,应用转录组测序技术研究中药资源活性成分的生物合成、干旱等逆境条件下的复杂网络调控也是当今及未来研究的热点,将为揭示中药资源响应质量形成与逆境胁迫的分子机制提供重要信息。

三、中药资源代谢组研究

20 世纪 90 年代后期发展起来的代谢组学是继基因组学、转录组学和蛋白质组学之后的一门新兴的组学技术。代谢组学是系统生物学的重要组成部分,距离表型最接近,是从整体层面上研究代谢变化,能够更全面地揭示基因的功能,为生物技术的应用提供科学依据。基因组学和蛋白质组学分别从基因和蛋白质层面探寻生命的活动,而实际上细胞内许多生命活动是发生在代谢物层面的,如细胞间通信、信号释放、能量传递等都是受代谢物调控的。基因与蛋白质的表达紧密相连,而代谢物则更多地反映了细胞所处的环境,这又与细胞的营养状态、药物和环境污染物的作用,以及其他外界因素的影响密切相关。因此有人认为,"基因组学和蛋白质组学告诉你什么可能会发生,而代谢组学则告诉你什么确实发生了"。代谢组学是有机化学、分析化学、化学计量学、分子生物学等多学科相结合的交叉学科,已经渗透到生命科学、中医药学研究中的各个方面,与突出整体效应的中医药学思想具有天然的相似性,比较适合在复杂系统中发现靶标代谢物或揭示药物作用的代谢机制。

（一）代谢组的概念与研究内容

代谢组（metabolome）是指在一定生理状态下,特定细胞、组织、器官或个体中所有小分子代谢物的集合。代谢组位于基因组的下游,是由体内酶催化所产生的,相对分子质量小于1 000 的所有内源性小分子化合物,对于动物,还包括机体摄取的外源性小分子化合物。代谢组中代谢物的数量因生物物种不同而差异较大,已知植物有 30 余万种,据估计它们所产生的代谢物有 20 万 ~100 万种。

代谢组学（metabonomics 或 metabolomics）旨在研究生物体或细胞中所有小分子代谢物及其动态变化。它反映的是生物体受到外界刺激或经遗传修饰的细胞或组织所产生的代谢响应变化。代谢组学是植物基因与表型的桥梁,是植物基因功能研究的重要手段。

代谢组学研究通常分为靶标分析（target analysis）、代谢谱分析（metabolite profiling analysis）、代谢组分析（metabolomic analysis）、代谢指纹分析（metabolic fingerprinting analysis）四个层面。靶标分析指对一小组已知的专属代谢产物进行定量研究,已被广泛应用。代谢谱分析则是对一组相关的化合物或专属代谢通路进行定性或定量研究。代谢组学分析指对所有代谢产物进行定性或定量研究,常利用联用技术,如 LC-MS/MS、GC-MS 以及 NMR,尽可能多地分析定量化合物,分析涉及的数据量巨大,需要一定的化学计量学基础。代谢指纹分析不具体鉴定单一组分,而是通过比较代谢物指纹图谱的差异对样品进行快速分类,给出目标样本的代谢"签名"或质谱特征,当捕获到样本之间具有显著差别的信号时,即可对化合物的生物相关性进行阐释,并极大地缩短分析所耗费时间。

中药资源代谢组学是以中药资源为研究对象,采用各种分析化学手段,全局性分析中药资源小分子代谢产物,从整体上定性、定量测定基因或环境对代谢物的影响,从而解析代谢物的生物合成途径、代谢网络及调控机制。

中药资源代谢组学研究通常结合基因组信息、分子生物学和各种组学,如基因组学、转录组学、蛋白质组学、分析化学、化学计量学等。研究内容主要包括中药资源的鉴别和质量评价,药用动植物的品种选育及抗逆研究,次生代谢途径解析,代谢网络、代谢工程研究及合成生物学研究等方面,最终为中药资源的品种选育、创新药物研发和质量安全性评价奠定基础。

（二）代谢组的研究方法

药用植物代谢组学研究的基本步骤包括实验设计、植物栽培、样品采集、样本前处理衍生化、检测分析、数据分析、代谢途径或代谢网络分析等。其中,样品采集、代谢物提取及前处理是代谢组学样品制备的 3 个主要组成部分,是获得可靠数据的前提（图 6-2）。

1. 药用植物的培育和采集　培育生长状态一致的植物材料是进行代谢组学研究的基础。相比培养微生物或者饲养动物,植物培育过程中通常难以维持一致性。人工培养箱可以维持温度、光照、湿度等环境条件的相对稳定,但植物仍会因为在培养箱中所处位置的微小变化无法进行完美控制。针对这一问题所采用的常见方法是在大容量培养箱里规模化种植实验材料,并定期更换栽培对象位置或使用优化培养基质等措施来减少实验误差。此外,利用无土栽培技术并联用陶瓷管路对水分和其他营养物质进行精确维持或通过测定水培溶液 pH、电导率等途径可实现对水分和营养物质的精准维持,显著提高了代谢组学数据的重现性和精确性。

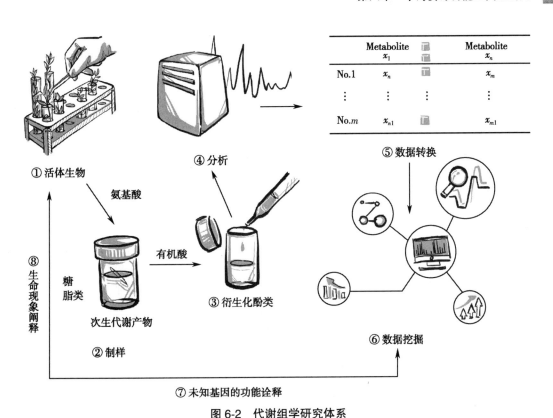

	Metabolite x_1		Metabolite x_n
No.1	x_n		x_m
⋮	⋮	⋮	⋮
No.m	x_{n1}		x_{m1}

④ 分析

⑤ 数据转换

① 活体生物

氨基酸

⑧ 生命现象阐释

糖脂类

次生代谢产物

③ 衍生化酚类

② 制样

⑥ 数据挖掘

⑦ 未知基因的功能诠释

图 6-2 代谢组学研究体系

　　植物代谢物的种类和含量除受到遗传和环境两方面的影响,也与样本提取和制备关系极大,样品采集不当导致的波动有时会超过生物体本身的变化。为了获得稳定的实验结果,样品的采集不仅要统一样本的生长状况、取样时间及取样量,还应避免人为原因造成的显著波动。此外,目标产物的理化特性也应作为取样时的重要考虑因素,选取合适的取样温度、保存温度及贮藏环境可以防止目标产物的降解和转化,减少实验误差,整个取样过程需要针对特定的样品和目标代谢产物进行单独拟定并优化(图 6-3)。对于靶标分析,合理选择内标化合物和纯化方法尤为重要。而对于代谢谱分析来讲,则需根据每一种代谢产物的特性,如水溶性、荷电等综合考量,尽可能多地覆盖代谢产物的范围,在分析过程中选择合理内标化合物,通过预实验重复摸索提取和分离效率也非常重要。为维持较高的提取效率,植物样本需要均匀粉碎,对于较为刚性的植物组织,宜用球磨机代替搅拌器粉碎样品。

　　2. 代谢物的分离和鉴定

　　(1)代谢物的提取与预处理:为了维持取样和提取过程中化合物的均一稳定,一般采用液氮将植物组织快速冷冻、碾磨后迅速加入提取液。常用提取液有甲醇 - 水 - 甲酸、甲醇 - 三氯甲烷 - 水、甲醇 - 异丙醇 - 水等。根据所选用的分析方法和设备,目标代谢产物通常需要预处理或衍生化。如使用 LC-MS 分析提取物时需要经过过滤,去除不溶物以防止堵塞分离柱。如采用 GC-MS 分析,需要对提取物进行衍生化时,应先进行干燥。衍生化的常用方法是首先加入甲氧胺盐吡啶溶剂,目的是减少还原糖的成环及保护羰基,然后加入双(三甲基硅烷)三氟乙酰胺[bis (trimethylsilyl) trifluoroacetamide, BSTFA]或 *N*- 甲基 -*N*(三甲基硅烷)三氟乙酰胺[*N*-methyl-*N*- (trimethylsilyl) trifluoroacetamide, MSTFA],两者硅烷化效果相

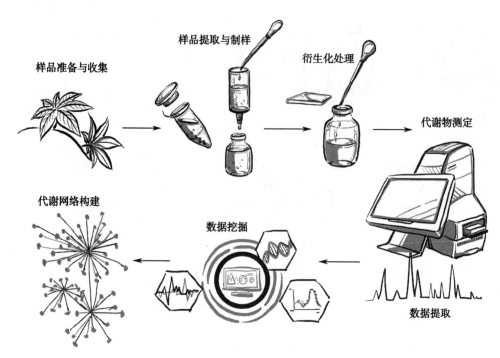

图 6-3　代谢组学研究的基本流程

似,但 MSTFA 的沸点较低,衍生化试剂及副产物在色谱图中出峰时间较早,对代谢物的分析影响较小。衍生反应所用试剂、反应条件和产生的衍生物的稳定性需要进行对应评估,衍生专属性和效率也要进行验证。

质谱技术在定性和定量研究中皆有很好的表现,因此被广泛应用于代谢组学研究。然而,当离子化室被污染时,目标分子的离子化效率极大地降低,这种现象被称为"离子化抑制"。离子化抑制通常是由目标化合物与污染物在分离过程中共同洗脱所导致的,尽管优化色谱行为是最为简单和直接的方法,但是对于多组分进行分离优化在实际操作过程中难以实现,而采用稳定同位素洗脱比较定量的方法更为便捷和实际。一般来讲,同位素通过采集后标记(post-harvest labeling)或者体内富集(in vivo enrichment)引入,带有同位素标记的目标代谢物作为内标正态化分析波动。从待测样本中提取出的代谢物与从对照样本中提取出的含有同位素标记的代谢物混合后利用气相色谱 - 质谱法(GC-MS)、液相色谱 - 质谱法(LC-MS)或毛细管电泳 - 质谱法(CE-MS)进行分析,目标代谢物和对应的含同位素标记的代谢物会被共洗脱。因此对每一种代谢物的定量,可以通过该种化合物与它对应的同位素标记的代谢物峰值比例进行推算,目前可利用的稳定同位素主要有 ^{34}S、^{13}C 和 ^{15}N 等。

（2）代谢物的分离与鉴定:中药资源活性成分来源于药用植(动)物体的代谢产物,特别是次生代谢产物,例如与植物抗病抗逆、临床疗效等密切相关的苯丙酸、醌类、黄酮类、萜类、皂苷、强心苷、生物碱类等活性物质。从植物药材中提取出的代谢产物数量巨大、结构复杂,据估计,植物中的代谢产物有 20 万 ~100 万种,因此代谢组学的研究依赖技术平台的支撑,尤其是高通量和大规模分析技术。代谢组学数据的质量通常由分辨率和定量决定。利用色谱或电泳方法实现对代谢物分离,并结合质谱方法定量是获取代谢组学数据的常用途径。目前代谢组学分析平台主要有核磁共振技术、色谱和质谱技术以及两者的联用。

1）核磁共振技术：核磁共振技术（nuclear magnetic resonance，NMR）具有样品预处理简单，分析速度快，无辐射损伤，在不破坏样品的情况下解析化合物内部结构，可以动态检测，具有较高的重现性和普适性等优点。与质谱法相比，NMR 的不足在于灵敏度低、动态范围有限。

近年来，高场强核磁共振及超低温探头技术的发展，使检测分辨率和灵敏度得到了较大的提高。新开发的魔角旋转（magic angle spinning，MAS）、磁共振成像（magnetic resonance imaging，MRI）和活体磁共波谱（vivo magnetic resonance spectroscopy，MRS）等技术则进一步促进了核磁共振在活体部位代谢组分析中的应用。

2）色谱和质谱及其联用技术：色谱质谱联用技术具有较高的分辨率和灵敏度，可以实现对上百个、上千个代谢物的快速分析与鉴定，对植物这样复杂的样本尤其适合。色谱技术主要有气相色谱（gas chromatography，GC）、液相色谱（liquid chromatography，LC）、毛细管电泳（capillary electrophoresis，CE）等，以及与质谱（mass spectrometry，MS）的联用技术，如GC-MS、LC-MS、CE-MS 等。色谱法常用于有机物的分离和检测，质谱法常用于化合物结构的分析，具有很高的灵敏度和专属性，可以实现对多个化合物的同时快速分析和鉴定。色谱与质谱联用技术可以发挥各自的优势，弥补单一分析技术的不足，能够对代谢物进行快速的定性和准确的定量分析。

GC-MS 是最早应用于代谢组研究的色质联用技术，具有分辨率高、灵敏度高、重现性好、成本相对低廉等特点，且具有大量可供检索的代谢物谱图库，适宜分析小分子、易挥发（或衍生化后易挥发）、极性低、沸点低、热稳定或者衍生化后具有挥发性的化合物，如氨基酸、脂肪酸、小分子有机酸、糖、醇类化合物等。GC-MS 的缺点是需要衍生化，耗时长，有时会引起样品变化或引入干扰物质，无法实现对热稳定性较差和高分子量代谢物的分析。

LC-MS 不受样品挥发性和热稳定性的影响，样品前处理简单，过滤后可直接进样，具有较高的分辨能力、较快的分析速度、高灵敏度等特点，对非挥发性的物质无须衍生化，更适合于高沸点、高极性、热稳定性差及高分子量化合物的检测。目前 LC-MS 植物代谢组学方法的瓶颈为代谢物的结构鉴定，现有化合物数据库可供检索和比对尚存在局限性。

CE-MS 技术与 LC-MS 相似，主要优点是能够检测离子型化合物，如磷酸化的糖、核苷酸、有机酸和氨基酸等，具有快速、高效、分辨率高和重复性好等特点，与质谱分析灵敏度高、速度快等优点相结合，在一次分析中可同时得到迁移时间、分子量和碎片特征信息，在强极性代谢物，特别是带电代谢物的分离分析中具有广泛的应用前景。

近年来，用于代谢组学研究的众多新技术得到了快速发展，如全二维气相色谱（GC×GC）、超高效液相色谱（ultra-high performance liquid chromatography，UPLC）、高分辨率串联四极杆飞行时间质谱（quadrupole time-of-fight mass spectrometer，Q-TOF/MS）、超高效液相色谱-三重四极杆串联质谱（ultra-high performance liquid chromatography triple quadrupole tandem mass spectrometry，UHPLC-QQQ/MS）、全二维气相色谱-飞行时间质谱（comprehensive two-dimensional gas chromatography-time of flight mass spectrometry，GC×GC TOFMS）、傅里叶变换红外光谱（fourier transform infrared，FTIR）、傅里叶变化核磁技术（FTNMR）、质谱成像（mass spectrometry imaging，MSI）技术等。其中，FTNMR 无需对样本进行复杂的分离，并且具有相当宽泛的检测范围，具有非常高的专属性。FTIR 可以对样品进

行快速、高通量地扫描,且不破坏样本,适合从大量群体中筛选代谢突变体,但其较难区分结构类型相似的化合物。GC×GC-Hires TOF/MS 质量精度可达到小数点后三位,分辨率可达到 4 000~7 000。MSI 采用成像方式的离子扫描技术,原位分析代谢物在不同时间和空间含量的变化,可同时对多种分子进行原位可视化分析,从而将代谢物与组织形态学高度关联。以上设备或技术的应用提升了代谢物分离的效率与检测灵敏度,但目前还不能使用单一的技术手段来实现代谢物的全景定性和定量分析,只能通过多种分析手段,取长补短,尽可能地跟踪监测植物代谢物的变化,以最大程度地满足中药资源代谢组学研究的需求。

3. 数据处理与分析　代谢组学数据分析的基本流程包括数据预处理、数据库检索和数据统计分析等主要步骤。

从色谱或电化学分析得到的原始数据需进行预处理,将其转化成矩阵数据表,通过峰识别和整合后才能进行多变量分析。而不同来源的数据通常使用其专属格式记录,因此所有矩阵数据表需要调整成相同数据格式进行分析。光谱数据以及从 GC-MS 或 LC-MS 所获得的数据,由于样品制备、实验操作、仪器运行的波动等,一般包含有一定程度的扰动,需要进行预处理以减少误差,提高后续数据分析的准确性。数据预处理主要包括数据降噪、校正基线、峰提取、峰对齐、峰定量、归一化、数据标准化等。

代谢组学分析离不开各种代谢途径和生物化学数据库,化合物的数据库检索是植物代谢组学研究的核心内容之一,其中基于 GC-MS 的数据库主要是 NIST 库、Wiley 库和 Golm Metabolome Database(GMD)等;基于 LC-MS 的数据库有 Metlin 代谢物数据库、KNApSAcK、MassBank、Feihn 实验室自建数据库、Duke 博士植物化学和民族植物学数据库(Dr. Duke's Phytochemical and Ethnobotanical Database, DPED)、Arizona 大学天然产物数据库等。此外还有 PubChem、ChemSpider 等化合物信息数据库,SetupX、Sesame LIMS 等代谢组学实验信息管理型数据库,KEGG、PlantCyc、MetaCye 等代谢途径数据库等。由于各仪器厂家产生的数据格式和谱图存在一定的差别,目前仍然缺乏通用型的 LC-MS 数据库。

通过 MS 和 NMR 方法所得代谢组学信息具有样品量多、数据信息复杂及多维数据矩阵内各变量间具有高度相关性等特点,选择合适的数据分析方法非常重要。在代谢组学中用于数据分析的方法主要有无监督法(unsupervised method)和有监督法(supervised method)两类。无监督法从数据本身出发,在没有任何外界指导的情况下,考察数据的整体性质及内部变量的各种关联,主要方法有主成分分析(principal components analysis, PCA)、自组织映射(self-organizing mapping, SOM)、非线性映射(non-linear mapping, NLM)和聚类分析(hierarchical cluster analysis, HCA)等。有监督法是利用一组已知分类的样本作为训练集,让计算机对其进行学习,获取分类的基本模型,进而可以利用这种模型对未知分类的样本进行类型判断,主要方法有偏最小二乘法(partial least squares, PlS)、偏最小二乘法 - 判别分析(partial least squares discriminant analysis, PLS-DA)、线性判别分析(linear discriminant analysis, LDA)、支持向量法(support vector machine, SVM)、人工神经元网络(artificial neural networks, ANN)等。PCA 和 PLS-DA 是代谢组学研究中最常用的模式识别方法,这两种方法通常以得分图(score plot)获得对样品分类的信息,以载荷图(loading plot)获得对分类有贡献的变量及其贡献大小,从而用于发现可作为生物标志物的变量。

植物代谢组学数据常用的分析软件有 XCMS(R 软件包或在线版本 https://source.wustl. edu/tag/xcms-online/)、AMDIS(automated mass-spectral deconvolution and identification system, http：//www.amdis.net）和 MET-IDEA（metabolomics ion-based data extraction algorithm）等工具，此外还有仪器公司自带的收费商业软件等。

药用植物代谢物种类繁多，但大部分的次生代谢产物仍然有待鉴定。代谢组学研究的技术平台尚未成熟，分析软件的功能仍需要完善。目前分析软件虽多，但功能多偏重于一个方面，能够同时满足多种分析需要的软件很少。这使得开发新的分析检测技术、研发海量数据处理软件以及构建代谢途径、代谢网络、代谢数据库显得尤为迫切。

（三）代谢组在中药资源中的应用

代谢组学是有机化学、分析化学、化学计量学、分子生物学等多学科相结合的交叉学科，已经渗透到生命科学、中医药学研究中的各个方面。从 2000 年左右提出代谢组学概念到现在，代谢组学一直保持着快速的发展势头。中医药学是一个极其复杂的体系，代谢组学与突出整体效应的中医药学思想具有天然的相似性，比较适合在复杂系统中发现靶标物质，在中药资源的各个领域有着广泛的应用。

1. 中药资源鉴定和质量评价　代谢组学可用于两个或多个同属药用植（动）物的分类研究，通过比较其代谢物组间的异同，以佐证或指导植（动）物分类的准确性。如通过 UPLC-Q-TOF/MS 技术结合主成分分析和自组织映射的分析方法，对 4 种麻黄属植物种质资源进行研究，发现了可区分这 4 个品种的化学标志物：麻黄素生物碱。代谢组学与分子标记技术相结合也已成功用于中草药的鉴别评价中，如代谢组学结合 AFLP 技术，成功鉴别出蒙古黄芪和膜荚黄芪；DNA barcoding 和代谢组学相结合不仅能鉴别乌拉尔甘草、胀果甘草和光果甘草，还能区分出不同的杂种及不同种的混合物，发现甘草中特异积累的甘草香豆素（glycycoumarin）、光果甘草中特异积累的光甘草定（glabridin）、胀果甘草中特异积累的甘草查耳酮（licochalcone A）和对 - 羟基苯基丙二酸（*p*-hydroxy benzyl malonic acid，HBMA）。

利用代谢组学技术还可以诠释药用植物不同药用部位、不同采收时间、不同炮制方法的质量与临床功效的差异，筛选与产地或道地性密切相关的代谢物，揭示药用植物道地性的形成机制。如基于 ^{1}H-NMR 的代谢组学方法对不同地区所产泽泻进行差异代谢物研究及质量评价，鉴定出 4 个主要代谢成分，可明显区分不同产地的泽泻，并发现四川产地的泽泻质量最优。如使用高效液相色谱 / 质谱法（LC/MS）结合多元统计分析系统地描述了丹参的代谢特征，推断出丹参根部样本中共含 40 种生物活性成分；通过主成分分析（PCA）发现与 3 个产地和 4 个丹参基因型有关的次生代谢产物存在显著差异。通过使用判别分析对潜在结构进行正交投影，可以分别筛选获得潜在的产地特异性和基因型特异性次生代谢产物标记。

2. 中药资源功能基因鉴定与代谢途径解析　中药资源的表型是基因与环境共同作用的结果，基因表达水平的变化并不总能引起表型的变异，但却可以使药用植（动）物的代谢产物发生显著变化，以代谢产物的分析比较而揭示相关基因表达水平的变化，可推断基因的功能及其对代谢流的影响。如分别利用高通量代谢组学和 RNA-seq 的方法对罂粟（*Papaver somniferum*）F2 群体 271 株进行检测，并对两组数据进行关联分析，验证了罂粟体内 6 个基因的生化功能；利用 UPLC/Q-TOF 检测菘蓝中黄酮类成分，验证了对菘蓝转录组功能基因的注释。可见通过高通量代谢组学方法研究中药资源代谢产物，可以更好地确定中药资源基因的功能，在基因型和表型之间架起一座桥梁。

药效成分代谢途径解析是中药资源代谢组学研究的一项核心内容，相对于初生代谢，次生代谢在植(动)物进化过程中呈现出代谢多样性的特点。为了阐明代谢途径,首先应用代谢组学的无偏分析技术系统研究并找出与某一代谢途径相关的全部代谢物,然后结合基因组与转录组学相关研究,进一步证明该代谢途径,找到与该途径相关的一系列底物、中间产物和末端产物以及关键酶,并阐明该代谢途径的调节机制和关键调节位点。植物代谢组学通过与基因和相关代谢产物的结合,对于一些天然产物如黄酮类、萜类、生物碱类的生物合成途径的阐明起到了非常重要的作用,如采用 UPLC-DAD-TOF-MS 非靶向代谢组学技术分析银离子诱导的丹参毛状根,鉴定了 5 个具有明显差异的丹参酮类代谢物,转录组分析鉴定了 6 358 个差异基因,其中 70 个候选转录因子和 8 个 P450 氧化还原酶可能与银离子诱导的丹参酮类物质合成有关,进一步通过 LC-MS 代谢组学分析发现 40 个差异代谢物,鉴定出其中 20 个差异代谢物,从 GC-MS 中得到 28 个差异化合物,由此揭示了丹参酮类化合物生物合成途径的复杂网络。目前已鉴定的中草药次生代谢途径还不是很多,代谢网络的研究鲜有报道,同位素标记法结合代谢组学分析,也可以较好地研究次生代谢网络,如添加稳定同位素 ^{13}C 标记的甲羟戊酸(萜类合成前体)到植物,通过非靶向代谢组学手段比较同位素标记的植株与野生型植株,可以研究植物萜类的代谢途径和网络。

3. 中药资源的抗逆与连作障碍研究 药用植物的生长环境,如光照、温度、湿度、土壤等对其生长发育和次生代谢产物的积累起重要作用。在自然界条件下,由于不同的地理位置、气候条件及人类活动等多方面原因,造成了各种不良环境,超出了植物正常生长、发育所能忍受的范围,致使植物受到伤害甚至死亡。这些对植物产生伤害的环境称为逆境或胁迫。植物常常面临高盐、低温、干旱、重金属污染、病虫害等各种逆境,对植物的生长、发育造成严重的不良影响。而植物应对逆境时往往会产生一系列的生理、生化变化,从代谢组学角度研究植物抗逆性,有助于发现和揭示植物抗逆的代谢产物和相关调控基因。例如,采用 ^{1}H-NMR 和 GC-MS 代谢组学方法,比较生长在干旱胁迫和正常水分条件下的狗牙根(*Cynodon dactylon* L. Pers.)化学物质群,发现脯氨酸等氨基酸含量在干旱胁迫下上调,此外,还新发现了一种特殊的非蛋白质氨基酸 5- 羟基正缬氨酸在干旱胁迫条件下也特异性上调。利用 NMR 和 LC-DAD-MS 技术研究丹参在干旱胁迫下的代谢组变化,通过对初级和次生代谢产物的分析发现,干旱促使丹参酮和脯氨酸的合成加强,同时碳和氨基酸代谢发生变化,但因日照而引起的干旱促进了莽草酸介导的多酚类合成的代谢,而因空气干燥引起的干旱则抑制此途径。利用 GC-MS 分析桑树叶片和韧皮汁液在诱发黄萎病的植原体感染后代谢物的变化,结果显示植原体感染后糖类、氨基酸、有机酸等代谢物发生变化,但感染对韧皮汁液组分的影响要大于叶片组分。

连作障碍对许多药用植物都有不利影响。生产实践表明,多数以块根(块茎)入药的植物都存在十分严重的连作障碍问题,如地黄(*Rehmannia glutinosa* Libosch.)、西洋参(*Panax quinquefolius*)、人参(*Panax ginseng* C. A. Mey)、三七[*Panax notoginseng*(Burk.)F. H. Chen]等,种植一年后一般需隔 8~10 年才能再次种植。连作障碍导致药用植物品种退化,产量和质量下降,道地性产区规模减小,产区外移以及道地性失真等问题。代谢组学为寻找引起连作障碍的化感自毒物质,揭示连作障碍的形成机制提供了精准技术手段。如采用 HPLC、FTIR 和电喷雾离子阱质谱(ESI-MS)技术,对连作地黄土壤浸提液进行分析,并详细评价其相应的自毒潜力,鉴定地黄根际分泌物的成分,检测到香草酸、D- 甘露醇、二十六烷酸苯羟基乙酯、毛蕊花糖苷、β- 谷甾醇和胡萝卜苷 6 个特征物质,确证了化感物质的存在。

4. 中药资源的分子育种 传统育种一般通过植物种内的有性杂交进行农艺性状或品

质的转移与改良,如提高药用植物的抗逆性和抗病性、提高药用植物活性成分的含量、提高产量等,这类方式存在育种周期长、遗传改良实践效率低的缺陷。代谢组学与分子育种技术相结合,可以快速发现中药资源标志性代谢物,通过控制目标性状的功能基因和调控元件,有效地提高目标性状改良的效率和准确性,实现由表型选择到基因型选择。如通过对小麦和大麦不同抗性品种进行非目标性代谢谱分析,获得一些与抗病性相关的标志性代谢物,这些标志性代谢物在生产实践中起到了辅助育种的作用。通过代谢组学和转录组学数据对黄芪抗旱基因进行研究,揭示了干旱条件下特殊基因的表达量变化,为黄芪抗旱育种提供了研究方向。

（四）中药资源代谢组的发展趋势

代谢组是从整体上分析所有小分子化合物的一门技术,在中医药各个领域有着广泛的应用。中药资源活性成分大都是次生代谢产物,结构多样,拥有许多独特的代谢基因。无论是中药资源的鉴别、质量控制,代谢途径解析,还是代谢工程和合成生物学研究,都离不开代谢物分析和代谢组学分析。然而代谢物的含量受到诸多因素的影响,包括遗传、生态环境、存储、制备、分析等各个环节,代谢组学研究中非实验性因素有较大干扰,给代谢组学的数据分析带来困难。同时,中药资源代谢组本身生物信息复杂,现有分析技术尚不能实现对生物体内所有代谢途径中的代谢产物进行全面的定性和定量分析,不同的分析方法会获得不同的结果,从而存在一定的局限性。目前尚无一种技术可以解决代谢组学研究过程中的全部问题,未来需要从更多层面上建立大量互补联用技术,尽可能多地提取、检测、定量和鉴定代谢物,系统解析中药资源中的各种问题。代谢组学技术研究中最重要的一步是从得来的大量数据中对有效信息的提取和解释,虽然目前已有几个较为常用的数据库,但是收集的代谢产物仍不全面,代谢物数据库还需完善,实验过程中的部分产物仍然无法在数据库中找到。与模式生物相比,中药资源代谢组学研究还相对缺乏基因组信息,缺少合适的遗传材料、人工群体、自然群体等。

目前,代谢组学在中药资源研究中已经取得了许多创新性的研究成果,为了促进植物代谢组学在中药资源研究中有更广泛的应用,在今后的研究中,应以转录组学、蛋白质组学、表型组学等多门学科交叉互补的方式,不断完善其理论体系,并利用其他学科前沿的、有效的技术充分支持代谢组学技术的发展。相信随着先进分析技术的不断发展及各种数据库的建立,代谢组学必将朝着更加精细化的方向发展,代谢物的定量、定性分析将更加准确,代谢组学在中药资源领域的研究应用将越来越广泛。

四、中药资源表型组研究

植物表型组学是在基因组水平上系统研究植物或细胞在不同环境条件下所有表型的学科,是一个新研究领域,能够有效追踪基因型、环境因素及表型之间的联系,植物科学研究的难点正逐渐从基因分析转向表型分析。表型组学是突破未来中药资源学研究和应用的重要方向,通过表型分析来描述关键性状可为功能基因组学研究、中药资源分子育种、高效栽培和道地性研究提供基于大数据的决策支持。此外,表型组学的潜力还体现在与其他组学研究的结合上,表型组学与基因组学、表观组学、转录组学、蛋白组学和代谢组学等组学的关联分析,可针对中药资源的细胞、组织、器官和群体等不同层面以及不同生长发育时期进行综合分析,以绘制各项生命活动过程中的调控网络,最终揭示生命本身的奥秘,解析中药资源的生物学规律。

（一）植物表型组的概念与研究策略

1. 表型组的概念　植物表型（phenotype）是具有特定基因型的植物个体或群体，在一定环境条件下，所表现出来的性状特征的总和。表型是基因型（genotype）和环境因素（environmental factor）复杂交互的结果，基因型是表型得以表达的内因，环境是各类形态特征得以显现的外部条件。利用表型的各种性状特征，应该能够将不同植物基因型和环境的决定作用或影响区分开来。在实际研究中，表型往往指发育过程中呈现的某一或某些具体性状，包括形态特征、生理和生化特征、生长特性和特征。

植物表型组（phenomics）的概念由 Steven A. Garan 于 1996 年提出，定义为受基因组和环境因素决定或影响，并能反映植物结构及组成、植物生长发育过程及结果的全部物理、生理、生化特征和性状。从信息学的角度看，表型组也指生物个体或遗传同质群体响应体内外信号所表现出的能以动态数据流形式呈现的全部特征和性状。植物表型组包括可辨识的性状、不可辨识的性状与隐性性状（图 6-4）。植物表型组研究的核心是获取高质量、可重复的性状数据，进而量化分析基因型和环境互作效应及其对产量、质量、抗逆等相关的主要性状的影响。相对于单一性状，植物表型组能为植物研究提供全面的科学证据。

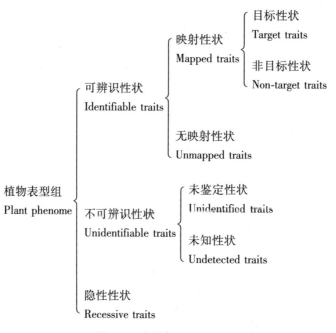

图 6-4　植物表型组的构成

植物表型组学（plant phenomics）是对植物表型组信息及相关环境参数的综合控制、完整采集和系统分析，主要研究植物表型组信息随突变和环境影响而变化的规律。植物生长的环境因素具有非恒定性和易消失特性，因而表型组学研究中必须提前或同步控制和采集环境参数，以保证植物表型组数据的可比性，同时，只有在严格可控条件下的精确表型分析才可能减少实验重复，快速确定基因型和环境与表型的确切关系。

2. 表型组学的研究策略　表型组学研究应与高分辨率连锁图谱（high-resolution linkage mapping）、全基因组关联分析（genome-wide association study）、基因组选择模型（genomic selection model）等技术紧密结合，通过建立强大的表型分型系统精确表征影响不同物种的细胞、器官和组织在不同发育阶段、不同年份、不同环境中表型差异的遗传学基础。其不仅要从细胞到群体层面获取各类相关联的表型性状（trait），更重要的是要为揭示性状调控的分子机制（mechanism）和阐明基因功能（gene function）提供大数据和决策支持。图6-5总结了表型组学研究进程的共识：①在完善大规模、高通量表型数据采集环节的自动化和遥感技术的基础上，发展和利用全新的统计方法设计大数据生物试验；②使用复杂的数据管理手段对表型数据集进行注释（data annotation）、标准化（data calibration）和存储（data storage）；③基于本体论（ontology）进行数据的优化整合；④引入最新的机器学习（machine learning）和深度学习（deep learning）等人工智能（artificial intelligence）方法对多维表型组数据集（multi-dimensional phenotypic datasets）进行分析；⑤萃取可靠的性状特征信息（feature extraction of phenotypic inforrmation），最终挖掘出有意义的生物学知识（knowledge mining），并解决实际的科学问题。

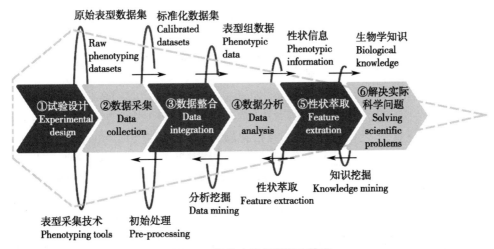

图 6-5　植物表型组学研究策略

（二）植物表型组的研究方法

植物表型组学的研究具有以下特点：①检测性状数据量大，需借助高通量、高分辨率的分析技术和平台对研究对象进行观测；②数据采集客观、严格，有利于基于统计学方法和数学模型进行深度分析；③可与其他层面数据如基因组、转录组、蛋白质组、代谢组等进行整合分析。

植物表型组学研究的发展之路实际上是高通量表型组学研究设施、表型采集技术、图像分析及其与数据关联分析3个方面的发展过程。根据不同的应用载体平台，表型采集技术大致可分为手持、人载、车载、田间实时监控、大型室内外自动化平台、航空机载以及不同级别的卫星成像平台等。目前已开发了一系列高通量、高精度表型工具，涵盖了环境传感（environmental sensor）、非侵入式成像（non-invasive imaging）、反射光谱（reflectance spectroscopy）、机器人技术（robotics）、机器视觉（machine vision）和高通量细胞表型筛选（high-content cell-based screening）等技术领域。

1. 高通量植物表型组学研究平台　高通量表型组学研究平台是集传送系统、采集相机、控制系统及分析存储系统于一体的大型研究设施，其能够全自动、无损伤地获取植物全生育期的多维度表型信息。这些表型设施平台通过复杂的非侵入性成像、光谱学、图像分析、机器人技术、高性能计算设备和表型数据库等方法来系统地收集并分析表型数据。作为一次表型革命，这些现代的表型组学平台和工具可在一天内记录成百上千株植物，旨在记录植物发育、结构、光合作用、生长或生物量以及生产力等特征数据，为解锁植物基因组编码信息提供所需知识。

（1）高通量监测设施：表型组研究设施通过配备自动、半自动或手动的成像系统及传感器，对植物进行监测，生成并储存高通量的实时动态数据。根据应用场景的不同，主要分为温室及田间表型设施两大类（表6-1）。

表6-1　高通量植物表型组学设施分类及国际代表性平台

平台名称	采集方式	特　色
澳大利亚植物表型加速器[1]	传送式	有2套大型温室表型平台，合计通量2 400盆，主要应用于非生物胁迫和植物衰老等方面研究
德国Julich研究中心表型平台[1]		自主研发的温室表型系统，包括根系MRI扫描系统和根系PET-CT扫描系统，用于植物地上及地下部位的表型研究
英国亚伯大学国家植物表型中心[1]		一套通量800盆的温室表型系统，重点关注能源植物（草本）研究
法国农科院表型中心[1]		在蒙彼利埃（Montpelier）和第戎（Dijon）各有一套大型温室表型平台，合计通量2 800盆，用于多种农作物的育种
比利时根特大学温室表型平台[1]		集成可见光、热成像及高光谱成像等成像单元，主要应用于玉米等农作物的非生物胁迫研究
德国马普学会轨道型温室表型平台[1]	轨道式	轨道上搭载了多光谱激光3D成像单元，用于各种作物的三维结构采集及光谱成像
上海师范大学轨道型温室表型平台[1]		搭载了RGB、多光谱和多光谱激光3D成像传感器，用于采集分析各种植物的颜色、三维结构、植物反射指数及光谱成像
英国洛桑实验站田间表型平台[2]	龙门吊	成像覆盖面积10 m × 120 m，包括可见光、红外、激光3D、叶绿素荧光、高光谱、NDVI和CO_2等多个传感器。应用于不同营养处理下植物田间表型研究
英国JIC田间表型平台[2]		以植物激光三维扫描测量仪为核心，通过3D顶部成像，获取植物生长情况。对生长在自然土壤里的农作物进行高通量表型测量
美国内布拉斯加林肯大学田间表型平台[2]	绳索悬浮式	高吞吐量的表型机器人安装在一个30 t重的钢架上，沿着高60.96 m的钢轨移动，在6 070.28 m^{2}田间移动。主要应用于研究植物高度、叶表面积、生物量、耐热性和对当地条件的其他反应的众多变化
澳大利亚昆士兰大学和澳大利亚联邦科学与工业研究组织田间表型平台[2]	行走式（手动或自动）	三轮带电动驱动系统，配置可见光和激光扫描测量器
日本东京大学田间表型平台[2]		在集成多个低成本传感器的基础上，通过网络云服务实现对植物在不同环境下的长期观察
英国诺维奇科学研究院作物表型监测平台CropQuant[2]		自主研发软件动态控制，根据不同光照条件自动调整成像模式连续拍摄，完成初步表型分析，实现对作物全生育期关键性状的高通量、高频率表型分析

续表

平台名称	采集方式	特　色
德国波恩大学田间平台[2]	无人机（UAV）	利用无人机搭载不同类型高光谱传感器,主要应用于监测田间大麦的表型参数
澳大利亚CSIRO昆士兰生物科学区[2]		改装后的载人直升机Pheno-Copter被应用于测量数以千计的田间小区的冠层温度和倒伏情况
意大利国际玉米和小麦改良中心CIMMYT[2]		结合全球定位系统和无人机影像信息来创建精确的正射影像图,用于计算并分析植物覆盖率和光合作用

注:[1]为温室型表型平台;[2]为田间表型平台。

温室表型设施主要针对盆栽植物,在可控环境条件下,进行全自动输送以及无损的高通量表型信息采集与分析。其中,又因表型采集方式的不同分为传送式(plant to sensor)和轨道式(sensor to plant)。国际上大多数的温室表型设施属于传送式,即植物或作物在传送带上培养,通过动力传送至成像区域进行成像,以澳大利亚植物表型加速器、德国Julich研究中心表型平台和英国国家植物表型中心为代表。轨道式温室表型系统主要根据温室结构搭建可移动的采集相机,实现植物原位表型收集,以德国马普学会轨道型温室表型平台为代表。

田间表型设施主要针对大田栽培植物进行研究,通过接收监测植物光谱信号来反映叶片水分、叶绿素、病害等参数。由于田间植物种植的固定性,田间表型采集设施大都是轨道式,根据相机搭载运行方式的不同又可细分为龙门吊、绳索悬浮式、行走式及无人机。英国洛桑实验站田间表型平台是国际上建成最早且功能最全的田间平台,其搭载可见光、红外、激光3D、叶绿素荧光、高光谱、NDVI和CO_2等多个传感器。

（2）高通量图形采集和分析系统:植物表型组高通量采集和分析系统主要依靠配备的成像及信号采集系统对植物进行无损测量。依照图像的性质可分为二维和三维图像采集技术(表6-2),主要包括以下几种类型:①基于可见光成像的图像分析,可进行植物的RGB颜色分析,以及尺寸参数、叶片形态、植株骨架结构等参数的测量,多用于作物产量预测、生长发育及逆境胁迫研究;②叶绿素荧光成像,主要应用于植物的光合作用研究;③近红外成像,可实现植物中水分、氮含量及无机盐等的无损监测;④红外成像技术,可无损测定并快速获取植株或冠层生理状态,揭示植株的蒸腾热耗散情况,常用于叶片水分状态评价、干旱耐受性评价及突变体筛选等;⑤高光谱成像,通过对特征光谱吸收与某一观测参数对象建立关联性而表征该生理特征,可以反映植物体内的可溶性固形物、花青素、叶绿素含量、叶片N和P元素含量及组织含水量等;⑥3D激光扫描,通过360°的云点扫描构建植株的立体成像,相较二维图像可以更准确地对某些参数进行预测,彻底解决了二维成像中叶片遮挡的问题。

表6-2　不同表型采集技术简介

成像技术	元数据	波长范围	采集性状
可见光成像	灰度或彩色图像,RGB通道反射值	400~700 nm	株高、叶面积、物候学信息、叶型、根系结构、产量、性状、穗型、种子形态、绝对生长率(GR)和相对生长率(RGR)、投影面积、紧密度、叶片衰老指数、伸长速率、卷曲指数、叶面积垂直分布、绿度、开花率等

成像技术	元数据	波长范围	采集性状
近红外成像	灰度图像	900~1 700 nm	NIR 反射值、组织含水量、含水量垂直分布、辐射分布等
热成像	灰度图像,IR 反射值	8 000~14 000 nm	IR 反射值、叶片或冠层温度、冠层温度下降差、温度分布
荧光成像	颜色图像,荧光反射值	400~700 nm	荧光反射强度、衰老指数、胁迫指数等
叶绿素荧光成像	颜色图像	400~700 nm	光合效率、光系统Ⅱ产生荧光强度、叶绿素指数、花青素指数、Fv/Fm、Fo 等
多光谱成像	灰度或彩色图像,光谱吸收曲线	400~2 500 nm	可溶性固形物、花青素、叶绿素含量,叶片 N、P 元素含量,组织含水量,归一化植被指数(NDVI),叶黄素、叶绿素等色素的反射峰值,生化组分光谱值,植物光谱反射指数等
高光谱成像	灰度或彩色图像,光谱吸收曲线	400~2 500 nm 连续波长	可溶性固形物、花青素、叶绿素含量,叶片 N、P 元素含量,组织含水量,归一化植被指数(NDVI),叶黄素、叶绿素等色素的反射峰值,叶片组织反射率,叶片生化组分光谱值
激光雷达成像 [a]	点阵云图	532 nm	株高、叶面积、物候学信息、叶型、根系结构、产量、性状、穗型、种子形态和大小(高度、宽度、长度)、倾角(如叶倾角)、基本体积等
计算机断层扫描成像 [a]	连续灰度图像	100 μm 或更低	生物量、分蘖数、分蘖角度、穗粒数、各部位密度分布、茎秆强度、根系分泌物等
磁共振成像 [a]	连续灰度图像	200~500 μm	根系长度、体内可动水的分布图、内部结构、组织体内电磁分布、根系结构、根系分泌物等

注: [a] 为三维成像技术,其余均为二维成像技术。

（3）植物根系的表型组研究：相较于地上部分,植物根系部分掩藏于土壤中,实现无损的表型观察具有更高的难度。研究植物根系表型组主要有两种策略：①根视系统,将植物根系取出,清洗后,利用高分辨率扫描仪采集根系图像,再通过图形分析软件提取表型特征参数。可对植物根系的直径、根数、长度、表面积等参数进行批量分析。此种方法属于离体分析,不可进行持续监测,同时操作过程中容易造成根系的断裂破损;②计算机断层扫描机及磁共振成像技术可以将光线穿透植物样本,通过一系列连续灰度图像重建的三维结构,获取内部结构信息,可以对根系的生长实现长期的动态监测,已广泛应用于根系研究。

除了以上两种对根系进行整体观测的表型分析方法,还可以把根系横截面切片作为研究对象,利用分析软件对不同的根系组织以及细胞类型进行分析。

2. 植物表型组的大数据分析　自动化和高通量成像技术可以生成大规模的可以表征植物表型及生理的数据(以数万亿字节计, terabytes data),从这个庞大的数据库中提取有效数据来表现植物的特征和模式则需要通过大数据的机器学习（machine learming, ML）分析工具来实现数据的均一化、特征识别以及模型建立。目前已编写并应用的 ML 工具主要基于 4 个层面的功能，即识别、分类、量化和预测。随着各类计算机视觉算法、图像处理和机器学习分类方法（classification methods）在表型数据解析中的应用，通过使用如 OpenCV、SciKit-Image、SciKit-Learn 和 TensorFlow 等开源软件库和 YOLO、Capsule Networks 等模型框架设计开发的自动化表型分析流程，有望解决表型组学研究中的数据解析瓶颈。植物表型组数据的解析和挖掘一般依循以下策略展开。

（1）数据预处理（preprocessing）：为保证数据分析结果真实反映植物表型的特征，首先需要将异常值（outlier）删除，保留高度可靠的表型特征。通常使用格拉布斯检验（Grubbs' test）进行异常值的筛选，将样本组内单一植物的每个性状参数进行假定正态分布分析（assumption of normal distribution）。格拉布斯检验可以检测样本是否包含异常值，将该离群值所指征的表型特征删除，并进行迭代测试直到无异常值存在。

然后进一步通过评估数据的鲁棒性（robust）以及信息的有效性（validity），从而评价数据在样本中的重现性（reproducibility）。计算两组随机样本间每个表型参数的皮尔森相关系数（correlation value），如相关系数大于阈值（$r>0.8$），或重复样本间的显著性明显高于随机样本（$P<0.001$），则可认为该特征具有良好的重现性。

（2）表型数据的深度挖掘（data mining）：表型数据深度挖掘的主要意义有 4 点。①描绘变量的总体变化和分布规律，筛选特异表型参数，分析方法采用线性特征提取，利用支持向量机（support vector machine, SVM）进行分析；②分别对表型特征和植物样本进行聚类，通常利用分层聚类分析（HCA）或主成分分析（PCA）；③构建形态特征之间的关联性，可用皮尔森相关系数构建表型关联，并用曼特尔检验（Mantel test）检查其相关程度；④预测基因型或环境因子对表型变化的影响，通常采用二元线性混合模型（bivariate linear mixing model）进行预测。

（3）建立植物生长模型：植物生长模型按照研究尺度方式可以分为微观模型和宏观模型，前者以细胞、组织为研究对象，后者则可以植株个体或群体模型为研究对象。本书着重介绍植物宏观模型的相关知识。植物的生长周期、光合作用、化合物积累、组织生长、总生物量等通常具有 S 形曲线特征，通过非线性函数描述这个过程即为植物生长模型。常用的植物生长模型建模函数包括 Logistic 模型、Gompertz 模型、Richards 模型、Morgan-Mercer-Flodin 模型以及 Weibull 模型，其中 Logistic 模型最常用于植物生长模型的建立。对应不同植物表型和生理参数，首先需要验证不同函数的拟合程度，从而选择最合适的模型。例如拟南芥、小麦等作物植株的生物量变化符合 Logistic 模型，而玉米籽粒的生长更适合用 Gompertz 模型建模。依据植物生长模型可以研究多种植物的生理过程，如形态发生、光合作用、呼吸作用、无机盐的吸收、化合物累积等。同时，基于正常状态下的生长模型，在种植过程中施加生长因子、环境胁迫等即可研究这些外因对植物生长的影响。

随着植物表型组学研究的发展，全自动且精准地从海量的图像数据中提取植物的表型特性至关重要，机器学习及深度学习等其他数据处理方法可以从多维度数据集中提取新的信息和认知，已在植物表型组学研究中的图像分类、物体识别与特征提取方面展示出强大的数据处理优势。

（三）表型组在中药资源中的应用

1. 药用植物品质鉴定研究　传统中药常以"辨状论质"判断药材的品质，中药道地性表现为"优形""优质",这些经验方法是否具有合理的科学依据需要依靠现代研究来判断。植物表型组学分析可以为中药"优形"特征提供数字化的信息,再整合活性成分含量、分布等化学信息,可深入阐明中药品质特征及其道地性形成的科学内涵,同时为中药品质评价提供参考,为进一步提升中药品质及优良品种创制提供科学依据。

2. 植物根系表型组研究　根系是植物的重要组成部分,也是许多药用植物的药用部位,具有非常重要的功能,如水分和养分的吸收与转运、有机物贮藏、次生代谢产物的积累、植株锚定及与土壤互作等。同时,由于根系生长在地下,根系表型采集的核心在于如何将自然条件生长的根系进行可视化。因此,药用植物根系表型性状的采集和分析已成为中药资源表型组研究的重点和难点。植物表型组学研究平台可无损伤、持续跟踪观测、原位采集土壤根系信息,测量根冠结构、根冠面积和根长等表型组数据。例如丹参为多年生草本植物,药用部位为根,其地上部分可使用高通量自动植物成像系统记录表型组数据,地下部分可采用断层扫描进行原位观测,将获得的表型参数用 Logistic 模型建模,显示在温室中丹参花期时地上部分达到最大生物量,而根系的快速发育发生在生殖生长以后的阶段。

3. 植物非生物胁迫表型鉴定研究　植物非生物胁迫的逆境因素包括干旱、高温、低温、盐胁迫、重金属胁迫等,这些逆境造成的植物表型都是复杂性状,对于复杂性状的解析需要获取多维度的表型信息,通过对高分辨率的表型信息的统计分析建模,才有望将非生物胁迫造成的复杂性状解析成可识别的简单指标。植物表型组学研究平台通过采集植物在多个光谱下的光谱反射值,建立特定的图像分析算法流程,可以动态、定量分析植株在干旱、盐胁迫及缺氮条件下表现出的生物量变化、叶片黄化面积、枯萎面积、叶片含水量与叶表温度变化等,以研究植物对胁迫的响应。如在干旱条件下,以生物量为标准,从一个高通量的表型组设施中筛选出 47 个不同基因型芒草,确定了具有高生物量和高抗旱性的芒草种质。

4. 植物病虫害预测及分析研究　植物受病毒、细菌、害虫等感染后所呈现出的颜色差异或是病灶处的颜色、形状和大小以及其他光谱特征,能够反映植物受病害影响的程度。因此,通过高通量病株的图形分析,可以反映出不同病虫害对植物影响的总体规律和特征,从而量化植物健康。此外,还可以挖掘植物的抗性表型特征,为研究植物的抗病虫害机制提供有效信息。

为了确保植物产量的稳健提高,在耕种过程中保护其免受病虫害是必不可少的环节。将稳定的植物病虫害表型监测系统用于大规模的田间检测,则可实现原发感染的精确检测,评估田间病虫害的总体情况,实现病虫害早期预测,为病虫害处理和后续管理及时预警。

5. 植物育种研究　植物的表型是遗传和环境共同作用的结果,表型组研究通过大数据的深度提炼,通过指示典型表型特征和群体结构的数据关系,真实地体现了种群遗传上存在的差异,是开展进一步遗传机制研究的依据。结合表型组与基因组分析,基于表型组分析选择目标性状,作为样本群体分组的依据,通过基因组关联研究(GWAS),将产量、抗病性、抗虫性、抗逆性、品质等植物特征定位到碱基差异层次,以此为基础开展杂交育种、基因编辑,将极大地减少育种的成本、步骤,并缩短育种周期。

（四）中药资源表型组的发展趋势

表型组是突破未来药用植物学研究和应用的关键研究领域,通过表型分析来描述关键性状可以为育种、栽培、中药资源及其道地性等研究提供基于大数据的决策支持,然而,当前药用植物表型组学应用仍面临如下瓶颈问题:①研发表型组学平台需要数学、算法设计、软硬件开发、生物统计学、生物信息学、生物化学与分子生物学、遗传育种学、栽培学、中药资源学、中药鉴定学、中药化学等诸多学科的协作,来自不同单位不同研究领域的研究者之间的交流合作,将面临学科背景不同的挑战,而且形成如此庞大而有效的队伍本身也是一种挑战;②在今后相当长的时间内,图像分析及数据解析方法仍然是新一代植物表型组学发展的瓶颈,各类表型设备只是完成了数据采集工作,如何从庞大的数据集中高效地总结共性规律,并提取有生物学意义的信息至关重要;③因为植物生长发育的特性差异,表型组学数据所使用的分析软件大多相对独立,无法通用,尚无可以全面地对数据及图像进行自动化采集并自动分析的评价体系;④表型组学数据库建设严重不足,没有像 GenBank 一样的 DNA 序列数据库,如何将传感器提取的图像性状与植物的关键性状进行关联分析,以及如何高效地对元数据进行有效注释和分析也是亟待解决的问题。

因此,对表型组学及其他组学研究平台所获得的高通量大数据进行全面有效地分析、并获得准确的生物信息,将成为未来表型组学研究的主要目标和研究方向。中药资源具有道地性,不同产地的药材,可能具有较大的质量差异,未来有必要针对不同生态环境中的中药资源表型组和其他组学数据进行整合和交叉验证,揭示中药资源的生物学规律、质量形成机制与功能基因,绘制中药资源各项生命活动过程中的调控网络,切实支撑我国中药资源生理学、发育学、遗传学、育种、栽培以及道地性质量等研究。

第三节　中药材分子标记辅助育种

基因组辅助育种是培育中药材优良种质的重要方法之一,其通过将现代分子生物学与传统遗传育种相结合,借助 DNA 分子标记对种质资源或其他育种材料进行选择,即通过对与目标性状连锁的单个或多个基因进行检测、定位和跟踪,检测种质资源等材料中是否具有不良性状基因的连锁,减少种质选择的盲目性,从而达到产量、品质和抗性等综合性状的高效改良,提高育种效率。

一、中药材分子标记辅助育种的研究现状

在传统选育的基础上,分子标记辅助育种的核心是开发与选取目标性状紧密连锁的分子标记,其不仅关注表型性状的选择,更侧重基因型的变化。分子标记辅助育种主要涉及遗传多样性分析、分子遗传连锁图谱构建、数量性状位点(QTL)定位、分子标记辅助选择、品种鉴定与纯度分析等领域。

(一)遗传多样性分析

在基因组水平上比较种质资源的遗传差异,将为遗传连锁图谱构建、QTL 定位和优良种质选择提供依据。利用 DNA 分子标记技术开展中药材遗传多样性分析已较为成熟,在莲、枳椇、苦参、石斛、金银花等药材中均见报道,主要用于物种间、产地间或居群间的遗传物质差异比较。

(二)遗传连锁图谱的构建

遗传连锁图谱构建的理论基础是染色体的交换与重组,基因重组是通过一对同源染

色体的 2 个非姐妹染色单体之间的交换来实现。遗传作图是将基因或遗传标记,以重组型配子推算出重组率并转化而来的遗传图距为标准,顺序排列成连锁群的过程,通常以厘摩(centi-Morgan,cM)表示标记间的距离。遗传连锁图谱构建包括 3 步:①选择建立适宜的遗传作图群体;②选择合适类型的遗传标记,利用多态性标记检测遗传作图群体个体或家系的基因型;③确立遗传标记连锁群、排列顺序和距离,并绘制图谱。

目前,分子标记技术在构建药用植物遗传连锁图谱研究上已取得了一定的进展,如以重组自交系为作图群体,构建了百合、绿豆等遗传连锁图谱;以杂交 F1 代为作图群体,构建了枇杷、药用扁豆、铁皮石斛等的遗传连锁图谱(表 6-3)。以 2 个丹参品系杂交获得的 94 株 F1 代个体作为作图群体,综合利用 SSR、SRAP 和 ISSR 构建了丹参遗传连锁图谱,该图谱包含 8 个连锁群、93 个标记位点、覆盖长度 400.1 cm、平均图距 4.3 cm。在此基础上,利用 EST-SSR 构建了丹参高密度遗传图谱,该图谱增加了标记位点 47 个、长度 127.6 cm,缩小了标记平均间隔 0.8 cm。同时构建了密度更高的丹参遗传连锁图谱,覆盖长度为 1 516.43 cm、平均图距为 0.29 cm。

表 6-3 已构建的中药材遗传连锁图谱

药材名称	作图群体	群体大小/个	标记类型	连锁群数目	图谱长度/cm	平均距离/cm
泡桐	F1	185	SNP	20	2 050.77	0.58
莲	F1	45	SSR	8	420.7	4.8
枇杷	F1	56	SSR、ISSR、SRAP	19	849	9.1
绿豆	RIL	190	SSR、RFLP、RFLP、RAPD	11	732.9	1.25
扁豆	F2	143	SNP	11	1 414.81	0.75
眉豆	F2	136	RAPD	14	1 302.4	9.9
铁皮石斛	F1	140	SRAP、SSR	27	1 580.4	11.89
蚕豆	F2	129	SSR	15	1 587	12.4
山楂	F1	109	SNP	17	1 551.97	0.4
百合	RIL	180	SRAP	16	2 135.5	27.4
丹参	F1	94	SSR、SRAP、ISSR	8	400.1	4.3
丹参	F1	94	SSR、SRAP、ISSR	8	527.7	3.5
丹参	F1	96	SNP	8	1 516.43	0.29

(三)数量性状位点(QTL)定位

QTL 定位的基本原理是利用特定群体中的遗传标记信息和相应的性状观测值,分析遗传标记和 QTL 连锁关系。目前主要采用方法包括单一标记分析法(SMA)、区间作图法(IM)、复合区间作图法(CIM)、多重区间作图法(MIM)、混合型线性模型复合区间作图法(MCIM)等。

QTL 定位对于种质资源遗传多样性分析、数量性状基因的分离与克隆、杂种优势机制探讨、优良种质筛选等具有重要意义。如采用区间作图法分析,共检测到 26 个与丹参农艺性状相关的 QTL。在构建遗传连锁图谱的基础上,可采用复合区间作图法,获得控制罗汉果果实鲜重、果实横径的 3 个 QTL,位于第 2、3、4 连锁群上;控制果实纵径的 5 个 QTL,位于 2、3、4、9、11 连锁群上;控制果形指数的 2 个 QTL,位于第 1、11 连锁群上,为进一步克隆罗汉果发育相关基因及筛选优良种质或品系奠定基础。在构建菊花 SRAP 遗传连锁图谱的基础上,也采用复合区间作图法共检测到 3 个与控制开花持续期的加性 QTL,主要分布在亲本的 14、20、42 连锁群上,且单个 QTL 对开花持续期表型变异的贡献率为 6.54%~11.58%;检测到 2 个与菊花管状花数量、7 个与花心直径显著相关的 QTL,分布于亲本的 6 个连锁群上。随后陆续检测到控制菊花花色、开花时间、舌状花和管状花数量、分枝性状、耐寒性、抗蚜性等产量特征的 QTL。

在与药材活性成分相关 QTL 研究方面也开展了一些工作,如在山楂高密度遗传连锁图谱的基础上,获得了与黄酮类含量相关的 21 个 QTL,分布于 10 个连锁群上;采用区间作图法获得了 5 个与石斛总多糖相关的 QTL。

（四）优良种质的分子标记辅助选择

为了减少连锁累赘、提高育种效率,可采用分子标记辅助选择,即在全基因组水平上利用与目标基因紧密连锁或表现共分离的 DNA 分子标记,对候选种质个体进行筛选,获得具有目标性状的个体,其具有高可靠性、高效率、位点丰富等优点。分子标记辅助选择包括前景选择和背景选择。前景选择主要针对目标性状基因,其作用是保证在每一回交世代选出的下一世代亲本个体中都含有目标基因;背景选择主要针对基因组中除目标基因以外的其他遗传背景,其作用是避免和减轻连锁累赘,即避免回交时在导入有利基因的同时也导入不利基因。

目前在中药材优良种质的分子标记辅助选择方面报道较少,如在杜仲优良种质筛选过程中,利用高密度遗传连锁图谱和 QTLs 定位研究结果,分别筛选获得了与树高、地径、产叶量、杜仲胶含量、绿原酸含量、芦丁含量等产量和品质指标相关标记;利用上述分子标记进行优良种质辅助选择,其准确率最高提升至 90%。在三七抗病品种选育中也采用了 DNA 标记辅助育种结合系统选育的方式,其选育品种的种子、种苗、块根对根腐病致病菌 *Fusarum oxysporum* 抗性增强。

（五）品种鉴定与纯度分析

常用的品种鉴定与纯度分析方法主要是形态学鉴定法、生化标记鉴定法和分子标记鉴定法,其中分子标记的出现克服了形态标记和生化标记鉴定的局限性,具有不受环境、时间、生长季节等因素的影响,能真实地从 DNA 水平直接反应出品种的基因特征,因此被认为是进行中药材新品种鉴定和品种权保护有效的手段。由于 SSR 标记具有多态性高、共显性特征,已成为构建中药材 DNA 指纹图谱的主要标记。目前已建立的中药材种质资源 DNA 指纹图谱包括乌头、白及、苦参、黄精、枇杷、地黄、薄荷等。利用分子标记构建 DNA 指纹图谱不仅可区分常用栽培品种,还可用于区分亲本及其杂交种。

二、中药材分子标记辅助育种的发展趋势

大多数中药材的生长周期长,采用分子标记辅助选择育种将有效提高其品种选育的效率。中药材品种选育的主要目标是使中药材的生物学性状稳定、产量和药用成分可控,所生产的药材具有“优形优质”特征。“优形”指药材具有公认的性状特征,“优质”指其具有独

特的化学成分组成。如乌天麻"优形"特征为块茎"酱瓜型"、潜伏芽饱满等,"优质"特征为其具有一定比例的天麻素、对羟基苯甲醇、多糖等成分。目前中药材分子标记辅助育种受到药材遗传背景不清、遗传群体构建难度大等局限性制约,一方面仅有少数药材发表了高密度遗传图谱,用于 QTL 定位的分离群体种类有限,且筛选的目标性状相关位点多为亲本间等位基因上的多态性位点;另一方面由于在群体构建时亲本杂交或自交次数较少,导致遗传图谱的分辨率较低,仅利用亲本配子的重组信息定位的 QTL 区间较大。随着高通量测序技术的快速发展,全基因组关联分析(GWAS)、分子设计育种等将有望推动中药材分子标记辅助育种的发展。

(一)全基因组关联分析

全基因组关联分析(GWAS)是一种利用基因组中数以百万计的 SNP 标记,进行全基因组水平上的对照分析或相关性分析,并通过比较发现影响复杂性状的基因变异技术。作为复杂数量性状定位的有效手段之一,GWAS 不需要构建遗传群体,使用自然群体即可同时对多个性状进行分析,找到与性状关联的 SNP 位点,进而找到与性状关联的候选区间。GWAS 常与 QTL 相互补充,以减少分析的误差,其可作为目标性状研究的基础试验,为性状关联分析提供种质材料的遗传结构,筛选可用于 QTL 分析的最佳亲本组合。

GWAS 的研究内容主要包括种质材料的选择、目标性状的选择和表型鉴定、基因型鉴定、群体结构和连锁不平衡分析、关联作图及候选基因发掘。其基本方法首先是在全基因组水平上通过检测研究材料的 SNP 标记并进行分型,统计目标性状的变异;基于 SNP 位点与目标性状的连锁不平衡衰减关系,通过统计学方法,精确鉴定出与目标性状表型变异密切相关的、具有特定功能的 SNP 位点,从而获得与目标性状相关联的候选基因或基因区域。

随着中药资源全基因组序列的发布,GWAS 技术开始在中药材关键性状及其品种选育研究中应用。如利用全基因组重测序对梅花鹿与鹿茸重量相关的遗传变异进行分析,共获得与鹿茸重量相关的候选标记 94 个,功能注释结果表明这些标记与鹿茸生长发育密切相关,其中 2 个位点分别定位于 *OAS2* 和 *ALYREF/THOC4* 基因的外显子区,且 *ALYREF/THOC4* 基因在鹿茸中表达量很高。基于简化基因组测序(RAD-seq)技术检测出在三七抗病品种中含有 12 个特异 SNP 位点,其中 1 个位点经验证与三七抗根腐病相关。利用 GWAS 共挖掘出 24 个与菊花耐寒性显著关联的 SNP 位点($P<0.001$),其中有 5 个与芽期相关、11 个与现蕾期相关、5 个与盛花期相关、3 个与盛花期舌状花相关;5 个 SNP 位点的耐低温表型效应值小于 −4℃,为优异等位变异位点;基于关联 SNP 位点及其 SLAF 标签序列,在菊花转录组数据库中共获得 5 个耐寒性候选基因。

对于微效多基因控制的数量性状研究,GWAS 技术尚存在一定的缺陷。必要时,应采用多组学联合分析等措施,如联合转录组学、蛋白组学和代谢组学等进行综合分析,以加速中药材优良性状标记的筛选及其品种的改良。

(二)中药材分子设计育种

分子设计育种的概念是由荷兰科学家 Peleman 和 Van der Voort 在 2003 年首次提出,其主要是在构建基因组、蛋白质组、转录组、代谢组、表型组等相关数据库的基础上,利用生物信息分析技术综合育种过程中的遗传、生理、生化、栽培、生物统计等信息,并根据育种目标和生长环境,模拟设计最优的亲本选配与后代选择方法,然后进行育种实验。与其他育种技术相比较,分子设计育种可在基因水平上实现对目标性状的精确调控,解决传统育种易受不良基因连锁影响的难题,大幅度提高育种效率、缩短育种周期。

分子设计育种的步骤主要包括性状 QTLs 的筛选、QTLs 等位基因变异评估和育种设计。实现分子设计育种应满足下列前提条件:具有高效 DNA 分子标记技术和高密度遗传连锁图谱;基本明确重要基因或 QTLs 的位置和功能;建立完整的分子设计育种遗传信息数据库;具有可用于设计育种的核心种质、骨干亲本、或具有目标性状的重组自交系(RILs)、双单倍体(DH)群体等;具有合适的统计分析方法和相关软件,可用于针对新品种定向创造进行模拟研究。

随着中药材重要性状 QTL 定位或基因克隆、遗传连锁图谱构建、生物信息数据库建设、品种预测模型及模拟工具、分子标记辅助育种、转基因育种等研究的发展,为进一步开展中药材分子设计育种奠定了基础。

三、用于加快中药材品种选育的研究策略

在中药材种质资源调查和整理的基础上,以药材"优形优质"特征为选育目标,将分子生药学理论和技术与传统选育相结合,将加快中药新品种选育的进程,具体研究策略包括系统选育法结合多组学技术、基于功能基因标记的分子设计育种和基于人工诱变技术的新品种选育。

(一)系统选育法结合多组学技术

系统选育法是目前中药材常用的一种品种选育方法,其主要根据育种目标,在种质资源中选出优良单株,分别种植,经多代连续选优去劣,从而育成优良新品种。建立中药材优良种质资源库是获得中药材新品种的前提,通过基因组学、转录组学、蛋白质组学、代谢组学等技术,可为中药材"优形优质"特征筛选提供标记,如利用代谢组学和转录组学发现了三七皂苷合成基因,可利用该基因开发功能标记,从而加速"优质"三七品种的育种进程。将系统选育法与代谢组学分析相结合,是弥补中药材品种选育"重产量、轻品质"的有力工具,如将菘蓝和甘蓝型油菜杂交构建单体附加系群体,在此基础上,通过植物代谢组学数据采集方法和主成分分析法,选育获得"蓝菜 1 号"品种,该品种产量高,且叶片水提取物对流感病毒 H1N1 表现出一定抑制作用。

(二)基于功能基因标记的分子设计育种

随着越来越多的中药材全基因组序列被发布,药材"优形优质"特征形成机制及其关键基因被解析,目标性状关键基因标记定位也逐步明确,使得中药材品种选育中可以针对目标性状进行准确地设计,即通过聚合优异等位基因,大幅提高育种效率。如可利用 GWAS 等方法鉴定中药材"优形优质"特征的关键基因,然后再结合表型组、代谢组学分析结果,筛选关键基因特异表达株系作为候选品系进行新品种选育。在获得薏米全基因组草图的基础上,构建了遗传连锁图谱,并检测到了和种壳抗压性相关的 QTL(Ccph1、Ccph2),两个基因协调调控种壳抗压性;并且基因 Ccph1 控制种壳厚度,Ccph2 控制种壳颜色,为进一步开展"纸壳"分子设计育种奠定基础。

(三)基于人工诱变技术的新品种选育

人工诱变育种是指人为地利用物理、化学诱变因子诱发植物产生遗传变异,并通过表型观测、成分分析、活性评价等方法,筛选获得产量与质量优良、变异性状稳定的新品系或新品种。物理诱变包括电离辐射、非电离辐射、航天诱变等。电离辐射主要为 γ、β、X 射线,中子等。非电离辐射主要为激光、紫外线等。航天诱变育种是指利用太空宇宙射线、微重力、弱

磁场、高真空等特殊的环境对农作物种子进行诱变。化学诱变是指某些特殊的化学药剂能和生物体内的遗传物质发生作用,改变其结构,使后代产生变异,提高生物体的自然突变率。这些具有诱变能力的药剂称为化学诱变剂。常用的化学诱变剂类型有烷化剂、核酸分子碱基类似物、嵌入剂等。如将铁棍山药零余子进行航天诱变育种,通过对航天诱变新品系和对照品种进行成分检测等方法,发现诱变后代产量及品质均发生了很大改变,并获得了两个具有单株鲜重高、单株干重高、抗性良好等优点的新品种。

（刘　越　赵云生　陈　同）

第七章　中药活性成分的生物合成

生物合成（biosynthesis）是指以生物体内的酶系为催化剂，按照一定的合成顺序催化前体物质合成次生代谢物，是生物体内同化反应的总称。包括氧化、还原、水解、缩合、胺化、酰基化、脱羧、脱水8大反应。

中药活性成分生物合成研究的意义主要体现在以下3个方面：①有助于天然产物的结构测定。很多天然产物特别是代谢中间产物在天然条件下含量很低，难以分离并进行结构鉴定，通过其生物合成途径的重构可以获得大量的代谢中间产物，可用于化学结构、构型的准确测定。②有助于天然产物的仿生物合成和定向合成。在解析生物合成途径的基础上，通过生物合成元件的构建、优化，可以实现天然产物的仿生合成，并建立酶基因库用于天然产物的特定化学修饰。③为进一步开展活性成分的调控机制研究奠定基础。

第一节　中药活性成分合成途径的代谢类型

无论是初生代谢还是次生代谢，都是植物为了维持生命活动，适应环境所作出的反应。初生代谢为次生代谢提供了前体物质和能量，次生代谢又在适应环境的过程中保障了初生代谢的顺利进行，两者相辅相成，相互促进。次生代谢产物分布具有种属性，且大多具有特殊、显著的生理和药理活性。了解次生代谢产物生物合成的有关知识，不仅对其成分进行结构分析及推导或者推测其生理药理作用有所帮助，而且对其仿生合成以及工业化生产有着重大的实际指导意义，同时还可用于判断生物体间的亲缘关系，是控制和利用有用天然产物的理论基础和前提。

一、初生代谢

一般将生物从外界吸收各种营养物质，通过分解代谢和合成代谢生成维持生命活动的物质和能量的过程，称为初生代谢（primary metabolism）。分解代谢，又称异化作用，是指机体将体内的大分子包括蛋白质、脂类和糖类转化为小分子并释放能量供机体使用的过程；相对应地，合成代谢，又称同化作用，是生物将消化后的营养重新组合，形成有机物和贮存能量的过程，在该过程中，又根据其营养来源分为自养型和异养型。自养生物能利用无机物合成自身的有机物，植物是其中的典型代表；异养生物则只能从外界摄取现有的有机物，如动物、真菌等。初生代谢是许多生物都具有的生物化学反应，例如能量代谢及氨基酸、蛋白质、核酸的合成等。对于植物来说,其初生代谢主要通过光合作用和呼吸作用两个途径来实现。

二、次生代谢

次生代谢是指只在一定范围内进行的、生物特异的代谢。该过程只在一定的生长时期(一般是稳定生长期)以初生代谢产物如氨基酸、核苷酸、多糖等为前体合成对生物本身的生命活动没有明确功能的物质,这些物质大多是分子结构比较复杂的化合物,根据其作用,可将其分为抗生素、激素、生物碱、毒素等。不同种类的生物所产生的次生代谢产物不相同,它们可能积累在细胞内,也可能排到外环境中,且次生代谢产物大多具有生物活性,包括药理作用,是植物代谢产物和中药活性成分研究的重点。

植物的次生代谢产物是植物在自然界中与各种逆境抗争产生的,其代谢产物种类繁多,大约有 10 万种。在逆境中,植物次生代谢途径至少有 20 条,其中有 5 条会显著影响其化感物质及品质与风味物质。这 5 条途径分别是:①生物碱代谢途径,产生含氮化合物;②酚类衍生物代谢途径,产生酚类化合物;③类黄酮类化合物代谢途径,产生黄酮类化合物;④有机酸代谢途径,改变 pH 值和果实风味;⑤萜类代谢途径,产生萜烯类和甾类化合物。

植物次生代谢是植物在长期进化中对生态环境适应的结果。其代谢产物具有多种复杂的生物学功能,在提高植物对物理环境的适应性和种间竞争能力、抵御天敌的侵袭、增强抗病性等方面起着重要作用。植物次生代谢物也是人类生活、生产中不可缺少的重要物质,为医药、轻工、化工、食品及农药等产业提供了宝贵的原料。植物次生代谢产物具有一定的生理活性及药理作用,如生物碱具有抗炎、抗菌、扩张血管、强心、平喘、抗癌等作用;黄酮类化合物具有抗氧化、抗癌、抗艾滋病、抗菌、抗过敏、抗炎等多种生理活性及药理作用,对人类抗衰老,肿瘤及心血管疾病的防治具有重要意义。几个世纪以来,人类一直从植物中获得大量的次生代谢产物用于医药卫生。目前,世界 75% 的人口依赖从植物中获取药物,除化学合成之外,人类大量依赖植物次生代谢产物作为药物。

(一)植物次生代谢物的生理活性

1. 防御作用　研究者在 20 世纪 60 年代发现,许多植物在受到微生物,特别是真菌侵染时会产生并积累一些小分子抗菌物质,用以增强自身的抵抗力,抵御病原菌的入侵。这些次生代谢物被称为植保素。其产生速度和积累的量与植物的抗病性有关。第一个被分离鉴定的植保素是异黄酮豌豆素。目前已鉴定的植保素有 200 多种。植保素多为一些有毒物质如棉酚,其大量的积累能导致病原微生物的死亡或生理功能的紊乱。

2. 木质化作用　在已发现的真菌病害中都可见病原菌感染引起的木质化作用。这是植物的一种特殊防御反应,为阻止病原菌的进一步侵染提供了防护。木质化增强了细胞抗酶溶的作用,同时增强细胞壁抗真菌穿透能力,限制了真菌和毒素向寄主扩散。除了屏障作用,低分子量酶类前体及多聚作用时产生的游离基还可以钝化真菌的膜、酶和毒素。

3. 信号分子作用　植物受病原微生物侵染后,引起局部防御反应和过敏反应,导致植物侵染部位附近积累抗病物质,既限制或杀伤病原菌,又破坏自身细胞结构,最后变褐生成枯斑。这种局部防御反应还导致信号分子产生(如水杨酸等),信号分子传输又引发植物其他部分抗性。

4. 趋避捕食作用　植物能合成一些次生代谢产物,这些产物对昆虫和草食动物是有毒的,如菊的叶和花中含有的单萜酯拟除虫菊酯是生物活性较强的杀虫剂。此外还有许多次生代谢产物可以防止昆虫、草食动物取食,如松树脂中的双萜冷杉酸、橡胶等,流出后可防止昆虫继续取食,并封闭伤口。

（二）植物次生代谢物的应用价值

1. 医药价值 有些植物的次生代谢产物还是具有独特功能和生物活性的化合物,是疾病防治、强身健体的物质基础。植物药是化学药品中的重要一类,包括从植物中提取的活性成分(如麻黄素等)、植物提取物再进行合成的药物(如薯蓣皂素合成的甾体激素类药品)以及全合成的及植物药成分相同的药物(如合成黄连素)。进入 21 世纪,天然药物越来越受到世界医药界的关注。在亚洲和非洲的热带地区,人们利用从青蒿中提取的青蒿素来治疗疟疾,取得了很好的疗效。在我国,也有利用植物治疗疾病的传统,如新疆紫草为我国传统药草,其根中含有多种萘醌类化合物,可用于烧伤、冻伤以及因细菌、真菌和病毒引起的各种皮肤病,此外其还具有抗肿瘤活性;再比如用于治疗心脑血管的萝芙木碱、西地兰等,抗癌药紫杉醇、长春新碱、长春花碱、高三尖杉酯碱等。我国植物资源丰富,从植物中寻找高效、低毒、价廉的药物越来越受到人们的重视。

2. 农用价值 次生性代谢物是植物对昆虫进行防御的主要手段。由于植物本身缺乏移动的能力,在进化的过程中不得不依赖次生代谢物质来避免动物的侵害,此即为这些有防御效应的物质最原始、最主要的生态功能。近年来的一些研究表明,有些次生代谢产物是生物毒素的主要来源,可以用于杀虫、杀菌,而对环境和人畜无害,为研制环保型抗虫害药剂提供了理想的原料。目前已从 20 多种蕨类植物和紫杉、罗汉松等植物中分离得到了具有昆虫蜕皮素活性的物质,当昆虫取食这些物质时,其变态发育过程受到影响,导致不育或死亡。再如香豆素一般分布在植物的根和种皮中,对病毒、细菌、真菌、脊椎动物和无脊椎动物都具有毒性。由此可见,次生代谢物作为农药在农业生产中具有广泛的应用价值。

3. 食用价值 在天然植物次生代谢物中,很多具有生物活性,它们的活性功能是合成物质无法替代的。随着保健意识的提高,人们开始更多地从植物材料中获取天然绿色物质,应用于食品工业。如从甜菜汁中提取色素用于冰激凌,从留兰香油中提取香精用于口香糖,使用花青素作为食用色素、香兰素作为食品调味剂,将辣椒素用于辛辣食品添加剂等。

第二节 中药活性成分的类型

一、糖类

糖类(saccharides)是多羟基醛或多羟基酮及其衍生物、聚合物的总称。其分子中含有碳、氢、氧三种元素,大多数糖分子中氢和氧的比例是 2∶1,因此,具有 $C_x(H_2O)_y$ 的通式,但有的糖分子组成并不符合这个通式,如鼠李糖(rhamnose)为 $C_6H_{12}O_5$。糖是中药中普遍存在的成分,可分布于植物的各个部位。根据糖能否水解和分子量的大小可分为单糖、低聚糖和多聚糖及其衍生物。多数有药理活性的糖均为多糖。

1. 单糖 单糖如葡萄糖、鼠李糖等,是糖类物质的最小单元,也是构成其他糖类物质的基本单元。单糖中比较常见和重要的是五碳(戊)糖和六碳(己)糖,同时还有一些较特殊的单糖及其衍生物。如在单糖的 2,6 位失去氧,就成为 2,6- 二去氧糖,如 *D*- 洋地黄毒糖（*D*-digitoxose）这类去氧糖主要存在于强心苷等成分中。单糖的伯或仲羟基被置换成为氨基,就成为氨基糖。天然氨基糖存在于动物和菌类中较多。

2. 低聚糖　天然存在的低聚糖多数由 2~4 个单糖基组成,在皂苷等成分中有时可达到 7~8 个单糖基。根据组成低聚糖的单糖基数目可分为二糖、三糖等;根据是否含有游离的醛基或酮基可分为还原糖和非还原糖。

3. 多糖　多糖是由 10 个以上的单糖分子通过苷键聚合而成,多数无甜味和还原性。多糖大致分为两类。一类为水不溶物,在动、植物体内主要起支持组织的作用,如植物中的半纤维素和纤维素,动物甲壳中的甲壳素等,分子呈直糖链型。另一类为水溶物,如动、植物体内贮藏的营养物质:淀粉、菊糖等;再如植物体内的初生代谢产物:人参多糖、黄芪多糖。一般有活性的多糖均为水溶性多糖,主要通过增强免疫细胞的功能来增强免疫力,如虫草多糖提高巨噬细胞吞噬指数;通过增强免疫、诱导癌细胞凋亡、增强抑癌基因的表达等来抗肿瘤,如红毛五加多糖使胃癌 DNA 梯状化从而诱发其凋亡;通过促进淋巴细胞增殖来降低血糖,如灵芝多糖和莼菜多糖;通过抑制病毒逆转录酶活性来抗病毒,如海洋硫酸多糖抑制 AIDS。

二、苷类

苷类（glycosides）是糖或糖的衍生物与另一非糖物质通过糖的端基碳原子连接而成的一类化合物,又称为配糖体。苷中的非糖部分称为苷元（genin）或配基（aglycone）。苷类可分布于植物的各个部位,其中以根及根茎为主。根据苷键原子的不同,苷类可分为氧苷、硫苷、氮苷和碳苷。

1. 氧苷　苷元通过氧原子和糖相连接而成的苷称为氧苷。根据形成苷键的苷元羟基类型不同又可分为醇苷、酚苷、酯苷和氰苷等。

（1）醇苷:是苷元的醇羟基与糖缩合而成的苷。主要分布在藻类、毛茛科、杨柳科、景天科及豆科等植物中。如能提高机体对氧气的利用率的红景天苷,专门治疗黄疸型肝炎的龙胆苦苷等。

（2）酚苷:是由苷元分子中的酚性羟基与糖脱水而成的苷。主要存在于木犀科、芍药属和松属等植物中。如天麻苷,临床用于治疗肝阳上亢的头痛;具有植物雌激素样活性的仙茅苷;具有抗菌、镇静作用的丹皮苷等。

（3）氰苷:主要是指一类具有 α- 羟腈的苷,特点是易水解,主要分布于蔷薇科、毛茛科、忍冬科、豆科、亚麻科、大戟科和景天科等植物中。如苦杏仁苷,小剂量有镇咳平喘的作用,但大剂量则会引起中毒的危险。

（4）酯苷:是由苷元以羧基和糖的端基碳结合而成的苷。如山慈菇苷,具有抗真菌活性。

（5）吲哚苷:是由苷元吲哚醇中的羟基与糖缩合而成的苷。例如靛苷。

2. 硫苷　糖的半缩醛羟基与苷元上疏基缩合而成的苷称为硫苷,主要存在于十字花科植物中,其主要作用是通过诱导谷胱甘肽转移酶和 UDP- 葡糖醛酸基转移酶等解毒酶和抑制细胞色素 P4501A1 等途径来达到抗癌功效。

3. 氮苷　是由糖端基碳与苷元上的氮原子相连的苷。如胞苷、巴豆苷。

4. 碳苷　是由糖端基碳直接与苷元上碳原子相连的苷类。组成碳苷的苷元有黄酮类、蒽醌和没食子酸等。其中以黄酮碳苷最为多见,具有保肝、抗氧化等活性。

三、醌类

醌类化合物是中药中一类具有醌式结构的化学成分,主要分为苯醌、萘醌、菲醌和蒽醌4种类型。在中药中以蒽醌及其衍生物尤为重要。

醌类在植物中的分布非常广泛,蓼科的大黄、何首乌、虎杖;茜草科的茜草;豆科的决明子、番泻叶;唇形科的丹参等均含有醌类化合物。其药理作用主要包括致泻作用,如番泻叶中番泻苷类;抗菌作用,如大黄中游离羟基蒽醌;止血作用,如茜草中的茜草素类成分;扩张冠状动脉的作用,如丹参中丹参醌类;以及驱虫、解痉、利尿等作用。

1. 苯醌　苯醌类(benzoquinones)化合物分为邻苯醌和对苯醌两大类。邻苯醌结构不稳定,故天然存在的苯醌化合物多数为对苯醌的衍生物。苯醌一般存在于紫金牛科、杜鹃花科和鹿蹄草科。

2. 萘醌　萘醌类(naphthoquinones)化合物分为 α(1,4),β(1,2)及 amphi(2,6)三种类型,但天然存在的大多为 α- 萘醌类衍生物,且 1,4- 萘醌分布较为广泛,如具有止血、抗菌活性的胡桃醌以及具有多种生物活性如抗炎、抗病毒、抗肿瘤等药理作用的紫草素。它们多为橙色或橙红色结晶,少数呈紫色。

3. 菲醌　天然菲醌(phenanthraquinone)分为邻醌及对醌两种类型,例如从中药丹参根中分离得到的多种菲醌衍生物,均属于邻菲醌类和对菲醌类化合物。

4. 蒽醌　按母核的结构分为单蒽核及双蒽核两大类。

(1)单蒽核类:天然存在的蒽醌类化合物在蒽醌母核上常有羟基、羟甲基、甲基、甲氧基和羧基取代。它们以游离形式或与糖结合成苷的形式存在于植物体内。

1)蒽醌及其苷类:根据羟基在蒽醌母核上的分布情况,可将羟基蒽醌衍生物分为大黄素型和茜草素型两种类型。大黄素型中多数化合物呈黄色,如大黄中的主要蒽醌类成分;茜草素型颜色较深,多为橙黄色至橙红色,如茜草中的茜草素等化合物。

2)蒽酚或蒽酮衍生物:蒽酚(或蒽酮)的羟基衍生物常以游离状态或结合状态与相应的羟基蒽醌共存于植物中。蒽酚(或蒽酮)衍生物一般存在于新鲜植物中,该类可以慢慢被氧化成蒽醌类成分。

(2)双蒽核类

1)二蒽酮类:指两分子蒽酮脱去一分子氢,通过碳碳键结合而成的化合物,其结合方式多为 C_{10}-C_{10}'。例如大黄及番泻叶中致泻的活性成分番泻苷 A、B、C、D 等均为二蒽酮衍生物。

2)二蒽醌类:蒽醌类脱氢缩合或二蒽酮类氧化均可形成二蒽醌类。天然二蒽醌类化合物中的两个蒽醌环都是相同而对称的,如天精和山扁豆双醌。

3)去氢二蒽酮类:此类化合物颜色多呈暗紫红色。其羟基衍生物存在于自然界中,如金丝桃属植物。

4)日照蒽酮类:由去氢二蒽酮进一步氧化所得,其多羟基衍生物也存在于金丝桃属植物中。

5)中位萘骈二蒽酮类:这一类化合物是天然蒽衍生物中具有最高氧化水平的结构形式,也是天然产物中高度稠合的多元环系统之一(含 8 个环)。

四、苯丙素类

苯丙素类（phenylpropanoids）是指基本母核由一个或几个 C_6—C_3 单元组成的天然有机物类群，包括简单苯丙素、香豆素、木脂素、木质素类和黄酮类。

在生物合成中，苯丙素类化合物均由桂皮酸途径（cinnamic acid pathway）合成而来。具体过程即碳水化合物经莽草酸途径合成苯丙氨酸，苯丙氨酸在苯丙氨酸脱氨酶的作用下，脱去氨基生成桂皮酸衍生物。

桂皮酸衍生物经氧化、还原等生成了简单苯丙素类化合物；经异构、环合反应生成了香豆素类化合物；经缩合反应生成木脂素类化合物。

1. 简单苯丙素类　简单苯丙素是苯丙烷衍生物，按照 C_3 侧链的变化可分为苯丙烯、苯丙醇、苯丙醛、苯丙酸等。常见的丁香酚和茴香脑等是苯丙烯类化合物；松柏醇是苯丙醇类化合物；桂皮醛则是桂皮的主要活性成分，属于苯丙醛类化合物；苯丙酸衍生物及其酯类，是中药中重要的简单苯丙素类化合物，包括桂皮中的桂皮酸，当归中的阿魏酸以及丹参中的丹参素等。

2. 香豆素　香豆素是一类具有苯骈 α- 吡喃酮母核的天然产物的总称。根据在 α- 吡喃酮环上有无取代以及 7 位羟基是否和 6、8 位取代异戊烯基缩合形成呋喃环、吡喃环，分为简单香豆素、呋喃香豆素、吡喃香豆素和其他香豆素四类。简单香豆素包括秦皮中的七叶内酯和七叶苷，蛇床子中的蛇床子素等；补骨脂中的补骨脂素、紫花前胡中的紫花前胡苷及其苷元等均属呋喃香豆素；紫花前胡醇、北美芹素等是吡喃香豆素；不属于上述三种类型的如茵陈内酯等是其他香豆素类型。

3. 木脂素　由两分子苯丙素衍生物（即 C_6—C_3 单体）聚合而成，多数呈游离状态，少数与糖结合成苷而存在于植物的木部和树脂中。根据其化学结构分为简单木脂素、单环氧木脂素、木脂内酯、环木脂素、环木脂内酯、双环氧木脂素、联苯环辛烯型木脂素、联苯型木脂素和其他类。简单木脂素是由两分子苯丙素通过 β 位碳原子（C_8—$C_{8'}$）连接而成，包括叶下珠脂素；单环氧木脂素则是在简单木脂素基础上存在 7—O—7'、9—O—9' 或 7—O—9' 等四氢呋喃结构，如恩施脂素；木脂内酯是在简单木脂素基础上存在 9、9' 位环氧，C_9 为 C=O 基，如牛蒡子苷；环木脂素是在简单木脂素基础上通过一个苯丙素单位中苯环的 6 位与另一个苯丙素单位的 7 位环合而成，如异紫杉脂素；双环氧木脂素是由两分子苯丙素侧链相互连接形成两个环氧结构的木脂素，有许多光学异构体，如连翘脂素；联苯环辛烯型木脂素中既有联苯结构，又有联苯与侧链环合成的八元环状结构，如五味子醇；联苯型木脂素则是两个苯环通过 3—3' 直接相连而成，如厚朴酚；其他不属于上述 8 种类型的木脂素即为其他木脂素，如牛蒡中的拉帕酚 A。

4. 黄酮类　黄酮类化合物（flavonoids）的基本母核为 2- 苯基色原酮，多呈黄色或淡黄色，在植物体中通常与糖结合成苷类存在。实验证明，黄酮类化合物的生物合成途径是复合型的，分别经莽草酸途径和乙酸 - 丙二酸途径后生成查耳酮（chalcone），异构化后形成二氢黄酮。二氢黄酮在各种酶的作用下转化成其他黄酮类化合物。

（1）黄酮类：是一类以 2- 苯基色原酮为基本母核，且 3 位上无含氧基团取代的化合物。常见的黄酮及其苷类有芹菜素、黄芩苷等。

（2）黄酮醇类：是一类以黄酮为基本母核的 3 位上连有羟基或其他含氧基团的化合物。常见的黄酮醇及其苷类有山柰酚、槲皮素等。

（3）二氢黄酮类：是一类以黄酮为基本母核，且2、3位被氢化的化合物，如甘草中的甘草素。

（4）二氢黄酮醇类：该类化合物具有黄酮醇类的2、3位被氢化的母核，且常与相应的黄酮醇共存于同一植物体中，如桑枝中的二氢桑色素和桑色素共存。

（5）异黄酮类：是一类以3-苯基色原酮为母核的化合物，如豆科植物葛根中的大豆素、大豆苷等。

（6）二氢异黄酮类：是一类以2、3位被氧化的异黄酮为母核的化合物，如广豆根中的紫檀素。

（7）查耳酮类：该类化合物的结构特点是二氢黄酮C环的1、2位键断裂生成开环衍生物，即三碳链不构成环。如红花中的红花苷、新红花苷等。

（8）二氢查耳酮类：该类化合物以查耳酮α、β位双键氢化而成，在植物界中分布极少，如蔷薇科梨属植物根皮中的梨根苷。

（9）橙酮类：该类化合物的结构特点是C环为含氧五元环，此类化合物较少见，主要存在于玄参科、菊科、苦苣苔科中，如黄花波斯菊花中的硫磺菊素。

（10）花色素类：其结构特点为基本母核的C环无羰基。

（11）黄烷醇类：根据其C环的3、4位存在羟基的情况分为黄烷-3-醇和黄烷-3，4-二醇。此类物质为鞣质的前体，前者又称为儿茶素类，如儿茶素，后者又称为无色花色素类，如无色矢车菊素。

（12）双黄酮类：由二分子黄酮衍生物聚合而成的二聚物。根据结合方式，常见的天然双黄酮可分为三类：①3'，8"-双芹菜素型，如银杏素；②8'，8"-双芹菜素型，如柏黄酮；③双苯醚型，如扁柏黄酮。

（13）其他黄酮类：包括苯骈色原酮以及其他结构复杂的黄酮类化合物，如异芒果素、榕碱等。

五、萜类

萜类化合物是一类由甲戊二羟酸（MVA）衍生而成，其基本骨架多具有2个或2个以上异戊二烯单位（C_5单位）结构特征的化合物。根据其异戊二烯单位多少可将其分为半萜、单萜、倍半萜、二萜、二倍半萜、三萜、四萜和多萜。萜类化合物在中药中分布极为广泛，藻类、菌类、被子植物等之中均有萜类的存在。单萜主要存在于唇形科、伞形科、樟科及松科的腺体、油室及树脂道内；倍半萜则主要存在于木兰目、芸香目等植物中；二萜分布丰富的科有五加科、菊科、橄榄科、唇形科、茜草科等；二倍半萜的数量不多，主要存在于菌类、地衣类等植物中。

1. 单萜　单萜的基本碳架由2个异戊二烯单位构成，多为挥发油的组成成分，具有较强的香气和生物活性。单萜可分为无环、单环、双环及三环等结构。无环单萜包括有香叶醇、香橙醇等；单环单萜包括有薄荷醇、胡椒酮等；双环单萜则包括能镇静、镇痛的芍药苷，用于炎症及跌打损伤的樟脑等；四环三萜包括白檀香油、香芹樟脑等。

2. 倍半萜　倍半萜的基本碳架由3个异戊二烯单位构成，多与单萜共存于植物挥发油中，包括无环、单环、双环、三环及四环等结构类型。无环倍半萜有金合欢醇、橙花醇等；单环倍半萜有抗疟疾的青蒿素、镇咳的吉马酮等；双环倍半萜有棉酚、苍术酮等；三环倍半萜有环桉醇等。

3. 二萜 二萜由 4 个异戊二烯单位构成,不能随水蒸气蒸馏,是叶绿素的组成成分,主要存在于植物的乳汁及树脂中,其结构可分为无环、单环、双环、三环、四环等类型。无环二萜如植物醇,是维生素 E、K_1 的合成原料;单环二萜有维生素 A 等;双环二萜如抗炎的穿心莲内酯,免疫抑制的防己内酯等;三环二萜如雷公藤甲素、瑞香毒素、紫杉醇等;四环二萜如甜菊苷、冬凌草素等。

4. 二倍半萜 二倍半萜由 5 个异戊二烯单位构成,目前该类化合物数量不多,共有无环、单环、二环、三环、四环及五环六种类型。

5. 三萜 三萜由 6 个异戊二烯单位构成,主要以游离形式或者与糖结合成苷或成酯的形式存在。游离三萜主要存在于豆科、菊科、卫矛科等;三萜苷类则在豆科、毛茛科、鼠李科等植物中分布较多。由于三萜苷类的水溶液振摇后能产生大量持久性肥皂样泡沫,故又被称为三萜皂苷。

三萜类化合物具有广泛的生理活性,包括抗癌、抗炎、抗菌等。如乌苏酸为夏枯草等植物的抗癌活性成分,雪胆甲素是山苦瓜的抗癌活性成分,雷公藤提取物用于治疗风湿性关节炎等。

三萜类化合物是由焦磷酸金合欢酯(FPP)尾尾缩合而成的鲨烯通过不同的环化方式转变而来。

根据三萜类化合物碳环的有无和多少可将其分为链状三萜、单环三萜、双环三萜、三环三萜、四环三萜、五环三萜。链状三萜多为鲨烯类化合物;单环三萜类化合物如 pouoside A~E,一种从海洋生物 Asteropus sp. 中分离得到的物质;三环三萜类化合物如楝科植物果皮中的 lansioside A、B、C;四环三萜在中药中分布很广,根据其结构特点可分为羊毛脂甾烷型、大戟烷型、达玛烷型、葫芦素烷型、原萜烷型、楝烷型和环菠萝蜜烷型。羊毛脂甾烷型类化合物中羊毛脂的主要成分为羊毛脂醇;大戟烷型类化合物中的大戟醇存在于许多大戟属植物乳液中;达玛烷型类化合物包括酸枣仁皂苷 A、B 以及五加科植物中的人参、三七等的根、茎、叶中的多种人参皂苷;许多来源于葫芦科植物的中药如苦瓜、喷瓜等均含有葫芦素烷型类化合物;原萜烷型类化合物包括泽泻萜 A、B 等;楝烷型化合物则主要存在于楝科楝属植物的果实及树皮中;黄芪中的绝大多数皂苷均属于环菠萝蜜烷型。在中草药中较为常见的五环三萜类化合物主要结构类型有齐墩果烷型、乌苏烷型、羽扇豆烷型、木栓烷型、羊齿烷型和异羊齿烷型、何帕烷型和异何帕烷型以及其他类型,其中商陆、地榆、人参、雷公藤等植物中的多数成分都属于五环三萜类化合物。

六、甾体

甾体类化合物是一类具有环戊烷骈多氢菲母核的化合物,根据其侧链可分为多种类型。该类化合物由甲戊二羟酸的生物合成途径转化而来,可以衍生成甾醇类、强心苷元类等。

1. 强心苷 该类化合物对心脏有显著的生理活性,主要分布于毛茛科、卫矛科、桑科等,根据 C_{17} 不饱和内酯环的不同,强心苷元可分为甲、乙两种。

2. 甾体皂苷 是一类由螺甾烷类化合物与糖结合而成的甾体苷类,主要分布在石蒜科、姜科、百合科等单子叶植物中。根据其结构类型可分为螺甾烷醇型、异螺甾烷醇型、呋甾烷醇型和变形螺甾烷醇型。

(1)螺甾烷醇型:由螺甾烷衍生的皂苷为螺甾烷醇型皂苷,如知母皂苷 A-Ⅲ。

(2)异螺甾烷醇型:由异螺甾烷衍生的皂苷为异螺甾烷醇型皂苷,如薯蓣皂苷元。

（3）呋甾烷醇型：由 F 环裂环而衍生的皂苷为呋甾烷醇型皂苷,如菝葜皂苷。

（4）变形螺甾烷醇型：由 F 环为呋喃环的螺甾烷醇衍生的皂苷为变形螺甾烷醇型皂苷。

3. C_{21} 甾体化合物　该类化合物是一类具有 21 个碳原子的甾体衍生物,多具有抗炎、抗肿瘤、抗生育等生物活性,多数以苷的形式与强心苷共存于植物中。

4. 植物甾醇　是一类 C_{17} 位是 8~10 个碳原子链状侧链的甾体衍生物,多以游离形式存在于植物中,常见的有 β- 谷甾醇等。

5. 胆汁酸类化合物　胆汁酸是胆烷酸的衍生物,存在于动物胆汁中,如熊胆粉、牛黄等。

6. 昆虫变态激素　是甾醇的衍生物,具有促蜕皮活性,包括桑树中的川牛膝甾酮等,具有降血脂和降血糖的作用。

七、生物碱

生物碱是来源于生物界的一类含氮有机化合物。多呈碱性,除生物体必需的含氮有机化合物之外,其他均可视为生物碱。该类化合物主要分布在双子叶植物中,如毛茛科黄连、乌头、附子等,且是多种生物碱共存,多具有显著而特殊的生物活性,如能降血压的利血平、抗疟的奎宁、抗菌消炎的小檗碱等。

根据生源途径可将生物碱分为鸟氨酸系、赖氨酸系、苯丙氨酸和酪氨酸系、色氨酸系、邻氨基苯甲酸系、组氨酸系、萜类、甾体类 8 大类生物碱。

1. 鸟氨酸系生物碱　包括吡咯烷类、莨菪烷类和吡咯里西啶类生物碱。吡咯烷类生物碱数量较少,如益母草中的水苏碱;莨菪烷类生物碱主要存在于茄科的颠茄、莨菪属等植物中,典型的化合物如莨菪碱;吡咯里西啶类生物碱主要分布在菊科千里光属中,如大叶千里光碱。

2. 赖氨酸系生物碱　包括哌啶类、喹诺里西啶类和吲哚里西啶类。哌啶类生物碱的代表化合物如槟榔碱等;喹诺里西啶类化合物主要分布于豆科、千屈菜科等,苦参碱为其代表化合物;吲哚里西啶类化合物主要分布于大戟科—叶萩属植物中,如一叶萩碱。

3. 苯丙氨酸和酪氨酸系生物碱　该类化合物数量多,分布广泛,具有较高药用价值。包括苯丙胺类、异喹啉类、苄基苯乙胺类 3 类。

（1）苯丙胺类：典型化合物为麻黄碱。

（2）异喹啉类：按化学结构可分为 20 多种,主要有小檗碱类和原小檗碱类,如延胡索乙素;苄基异喹啉类,如厚朴碱;双苄基异喹啉类,如蝙蝠葛碱;吗啡烷类,如吗啡、可待因等。

（3）苄基苯乙胺类：该类生物碱主要分布于石蒜科的石蒜属以及水仙属等,主要的化合物如石蒜碱等。

4. 色氨酸系生物碱　也称吲哚类生物碱,是数目最多的一类生物碱。可分为简单吲哚类、色胺吲哚类、半萜吲哚类和单萜吲哚类 4 种。属于简单吲哚类的如蓼蓝中的靛青苷;属于色胺吲哚类的如吴茱萸碱;半萜吲哚类则主要分布于麦角菌类中;单萜吲哚类包括利血平、士的宁等。

5. 邻氨基苯甲酸系生物碱　该类主要包括喹啉和吖啶酮类生物碱,主要分布于芸香科植物中,如白鲜碱、山油柑碱等。

6. 组氨酸系生物碱　主要为咪唑类生物碱,如毛果芸香碱和龙胆碱等。

7. 萜类生物碱　可分为单萜类、倍半萜类、二萜类、三萜类 4 种。单萜类生物碱主要为环烯醚萜（iridoid）衍生，多分布于龙胆科，如龙胆碱；倍半萜类生物碱主要分布于兰科石斛属中，如石斛碱；二萜类生物碱主要存在于毛茛科乌头属、飞燕草属等植物中；三萜类生物碱主要分布于交让木科交让木属植物中。

8. 甾体类生物碱　该类生物碱都有甾体母核，包括孕甾烷类、环孕甾烷类和胆甾烷类及异甾烷类，如藜芦胺碱属异甾烷类。

八、鞣质

鞣质是由没食子酸（或其聚合物）的葡萄糖（及其他多元醇）酯、黄烷醇及其衍生物的聚合物以及两者混合共同组成的植物多酚。鞣质具有多种生物活性，包括抗肿瘤、抗脂质过氧化、抗病毒等，主要存在于五倍子、地榆、大黄、虎杖等植物中。

可水解鞣质是通过莽草酸途径合成的没食子酸及其关联代谢物，缩合鞣质是过乙酸 - 柠檬酸及莽草酸复合途径合成黄烷 -3- 醇及黄烷 -3,4- 二醇的聚合体。根据其化学结构特征可将鞣质分为可水解鞣质、缩合鞣质和复合鞣质 3 大类。

1. 可水解鞣质　该类鞣质可水解成小分子酚酸类化合物和糖或多元醇，根据水解产物可分为没食子鞣质、可水解鞣质低聚体、C- 苷鞣质和咖啡鞣质等。没食子鞣质水解后能生成没食子酸和糖或多元醇，其代表物质为五倍子鞣质；逆没食子鞣质水解后可产生逆没食子酸，是植物中种类最多的一类可水解鞣质，包括老鹳草素；可水解鞣质低聚体是由逆没食子鞣质二分子以上缩合而成，包括山茱萸素；C- 苷鞣质包括旌节花素等；咖啡鞣质主要存在于咖啡豆中。

2. 缩合鞣质　该类鞣质是黄烷 -3- 醇及黄烷 -3,4- 二醇类通过 4,8- 或 4,6 位以 C—C 缩合而成的，主要存在于植物的果实、种子及树皮等中，例如槟榔、茶叶、大黄、肉桂等物质中均含有该物质。

3. 复合鞣质　由可水解鞣质和黄烷醇缩合而成的鞣质为复合鞣质。

第三节　中药活性成分的主要生物合成途径

一、莽草酸途径

莽草酸途径（shikimate pathway）广泛存在于植物、细菌、真菌中，是连接糖代谢和次生代谢的主要桥梁。在微生物中，莽草酸途径参与蛋白质合成所需的芳香族氨基酸的合成；在植物中，莽草酸途径是多种次生代谢的前体来源，如类黄酮、木质素、生物碱等，这些物质有的可以作为信号分子（如水杨酸）参与植物发育的调节，有的赋予植物抗紫外线、抗虫害、抗伤害、抗离子毒害等的能力，有的则是构成植物（如中草药）特有品质的要素或是花果特征香气（如苯乙醛、苯乙醇）的主要成分，可见莽草酸途径是植物体内许多物质代谢的枢纽。

糖酵解途径产生的磷酸烯醇式丙酮酸（PEP）和戊糖磷酸途径产生的赤藓糖 -4- 磷酸（erythrose 4-phosphate，E4P）进入莽草酸途径，两者由 3- 脱氧 -*D*- 阿拉伯糖 - 庚酮酸 -7- 磷酸合成酶（DAHP synthase，DHAPS）催化发生羟醛缩合形成 3- 脱氧 -*D*- 阿拉伯糖 - 庚酮酸 -7- 磷酸（3-deoxy-*D*-arabino-heptulosonate-7-phosphate，DAHP），再经 3- 脱氢奎尼酸合成酶（3-dehydroquinate synthase，DHS）催化生成 3- 脱氢奎尼酸（3-dehydroquinate），该物质可还原成奎宁酸（quinic acid），在许多植物组织中作为绿原酸（chlorogenic acid）等的缩酚酸类的组成成分，常与莽草酸共存。3- 脱氢奎尼酸由 3- 脱氢奎宁酸脱水酶（3-dehydroquinate dehydratase，DHQ）催化脱水形成 3- 脱氢莽草酸（3-dehydroshikimic acid），经莽草酸脱氢酶（shikimate dehydrogenase，SDH）还原后生成莽草酸（shikimate）。莽草酸经莽草酸激酶（shikimate kinase，SKK）催化生成 3- 磷酸莽草酸（shikimate-3-phosphate），后在 5- 烯醇丙酮酰莽草酰 -3 磷酸合成酶（5-enol-pyruvylshikimate-3-phosphate synthase，EPSPS）催化下与磷酸烯醇式丙酮酸经缩合生成 5- 烯醇丙酮酰莽草酰 -3- 磷酸（5-enol-pyruvylshikimate-3-phosphate，EPSP），EPSP 去磷酸后在分支酸合成酶作用下形成了分支酸（chorismate）（图 7-1）。

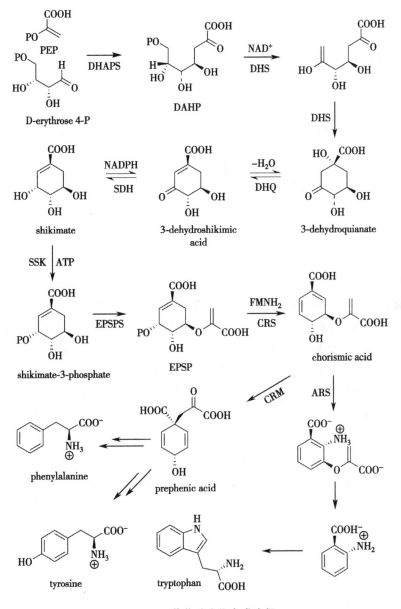

图 7-1　莽草酸生物合成途径

分支酸是莽草酸途径的重要枢纽物质，其后去向有两个分支：一个走向色氨酸（Try）的合成，另一个是走向苯丙氨酸（Phe）和酪氨酸（Tyr）的合成。分支酸在分支酸变位酶（chorismate mutase, CRM）催化下形成预苯酸。预苯酸可以经脱水、脱羧后形成苯丙酮酸，然后在转氨酶的作用下与谷氨酸进行转氨形成苯丙氨酸；预苯酸也可以通过一系列反应生成酪氨酸。分支酸也可在邻氨基苯甲酸合成酶（anthranilate synthase, AS）催化下形成邻氨基苯甲酸，经一系列反应生成 L- 色氨酸。

（一）莽草酸

作为莽草酸途径中重要的中间产物，莽草酸由 3- 脱氢莽草酸脱水形成，除了形成莽草酸以外，3- 脱氢莽草酸经脱水和烯醇化反应可生成简单酚酸原儿茶酸（protocatechuic acid）（3, 4- 二羟基苯甲酸），也可经脱氢和烯醇化反应生成没食子酸（gallic acid）。莽草酸存在于八角中，其本身具有抗炎、镇痛的作用，具有刺激性，不宜直接使用，一般作为抗病毒和抗癌药物的中间体，如抗禽流感特效药达菲（主要成分为磷酸奥司他韦）。

（二）苯丙氨酸和酪氨酸

作为分支酸途径中的产物之一，苯丙氨酸和酪氨酸均可经酶催化生成肉桂酸（cinnamic acid），该物质是苯丙素类化合物形成的关键前体。不同的是，苯丙氨酸在苯丙氨酸裂解酶（phenylalanine ammonia lyase, PAL）的作用下，通过非氧化脱氨方式催化苯丙氨酸转化形成肉桂酸；酪氨酸则是在酪氨酸脱氨酶（tyrosine-ammonialyase, TAL）的催化下生成肉桂酸。同时 PAL 在高等植物中广泛存在，TAL 则只存在于禾本科植物中，且在高等植物中几乎不存在使苯丙氨酸氧化成为酪氨酸的酶，因此，苯丙素类化合物在生物合成上均来源于苯丙氨酸。

根据生物合成特点，苯丙素类化合物可分为简单苯丙素、香豆素、木脂素、木质素类和黄酮类。

1. 简单苯丙素　苯丙氨酸生成肉桂酸后在肉桂酸 -4- 羟化酶（cinnamate-4-hydroxylase, C4H）的催化作用下进一步生成 4- 香豆酸（p-coumaric acid），而酪氨酸可在 TAL 催化下直接生成 4- 香豆酸。C4H 是植物中分布最广的主要细胞色素 P450（CYP450）之一，是第一个被鉴定的植物 CYP450 单加氧酶，也是第一个被克隆和确定功能的植物 CYP450，对肉桂酸的催化具有专一性，可在肉桂酸的对位点上催化位置特异性的羟化反应。

4- 香豆酸不同程度的羟基化和甲基化，衍生出咖啡酸（caffeic acid）、阿魏酸（ferulic acid）、5- 羟基阿魏酸（5-hydroxyferulic acid）和芥子酸（sinapic acid）等简单苯丙素类化合物。如 4- 香豆酸在香豆酸 -3- 羟化酶（4-coumarate 3-hydroxylase, C3H）的催化作用下形成咖啡酸，再经咖啡酸转移酶（caffeic acid O-methyltransferase, COMT）催化下形成阿魏酸，继而在阿魏酸 -5- 羟基化酶（ferulate-5-hydroxylase）作用下转化生成芥子酸（图 7-2）。

在植物中，它们以游离态或酯的形式存在，如与奎宁酸结合［如 1-O- 苯丙烯葡萄糖苷（1-O-cinnamoylglucose）］、与胆碱结合［如芥子酸胆碱（sinapine）］。

2. 木质素　木质素（lignin）是一种具芳香族特性的三维高分子化合物，其含量仅次于纤维素，填充于纤维素构架中，不仅能提高细胞壁的强度，还使其具有不透水性，同时也加强了植物对逆境的防御能力。

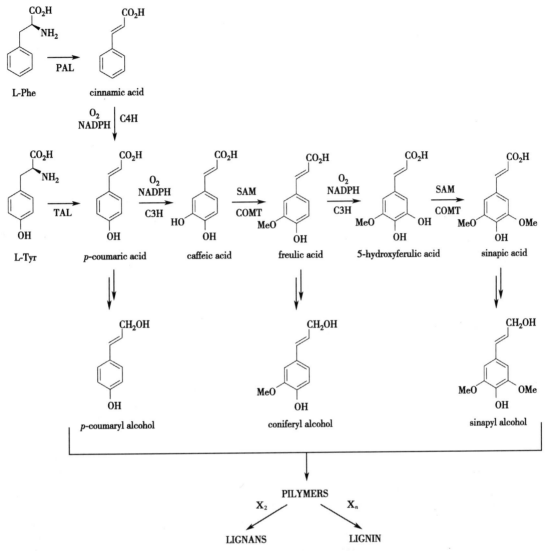

图 7-2　简单苯丙素类化合物的生物合成途径

聚合为木质素的单体主要有 3 种：香豆醇（p-coumaryl alcohol）、松柏醇（coniferyl alcohol）和芥子醇（sinapyl alcohol），分别聚合成对 - 羟基苯基木质素（p-hydroxy phenyl lignin，H 木质素）、愈创木基木质素（guaiacyl lignin，G 木质素），紫丁香木基木质素（syringyl lignin，S 木质素）。木质素的组成和含量因植物而异，一般裸子植物主要由 G 亚基构成，被子植物则主要由 G 和 S 亚基构成。

以 H 木质素为例，苯丙氨酸在苯丙氨酸裂解酶（PAL）的催化下生成肉桂酸，接着在 C4H 的催化下生成香豆酸，香豆酸在 4- 香豆酸辅酶 A 连接酶（4-coumarate CoA ligase，4CL）活化作用下形成相应的 CoA 酯，再经肉桂酰 -CoA 还原酶（cinnamoyl-CoA reductase，CCR）催化形成香豆醛，最后经肉桂醇脱氢酶（cinnamyl alcohol dehydrogenase，CAD）还原生成香豆醇。香豆醇在过氧化物酶等酶催化下聚合成 H 木质素。作为上述途径中重要的酶，4CL 具有被多基因编码的特点，同时主要聚为 2 类，一类是双子叶植物中的，一类是单子叶和裸子植物中的。经进一步环化和修饰后,木质素前体可生成重要的天然木质素,如鬼臼毒素(podophylotoxin)具有非常好的抗肿瘤和抗病毒药理活性。鬼臼毒素属芳基四氢萘内酯,由松柏醇在松脂醇合成酶(pinoresinol synthase)、松柏醇-落叶松脂素还原酶(pinoresinol-lariciresinol reductase)、开环异松脂醇脱氢酶(secoisolariciresinol dehydrogenase)等一系列酶催化生成罗汉松脂素(matairesinol),再经芳环取代和脱氧鬼臼毒素-7-羟化酶(deoxypodophyllotoxin 7-hydroxylase)等酶的羟基化修饰生成鬼臼毒素。

3. 香豆素 香豆素类化合物广泛分布于高等植物的次生代谢产物中,大部分以单香豆素形式存在,少部分以双分子或三分子的聚合物形式存在。以东莨菪内酯(scopoletin)生物合成途径为例,苯丙氨酸在 PAL 的作用下被催化生成肉桂酸,随后在 C4H 和 4CL 的共同催化下转变成生物合成的活性中间产物 4-香豆酰辅酶 A(p-coumaroyl CoA),在 4-香豆酰-3'-羟化酶(p-coumaroyl-3'-hydroxylase,C3'H)的作用下发生 3' 位羟化生成咖啡酰辅酶 A(caffeoyl CoA),进一步在咖啡酰辅酶 A 氧甲基转移酶(caffeoyl CoA O-methyltransferase,CCOAOMT)的修饰下 3' 位的氧形成甲基化生成阿魏酰辅酶 A(feruloyl CoA),再经阿魏酰辅酶 A-6'-羟化酶(feruloyl CoA 6'-hydroxylase,F6'H)羟基化生成 6'-羟基阿魏酰辅酶 A,最后经侧链异构化和内酯化生成东莨菪内酯(图 7-3)。

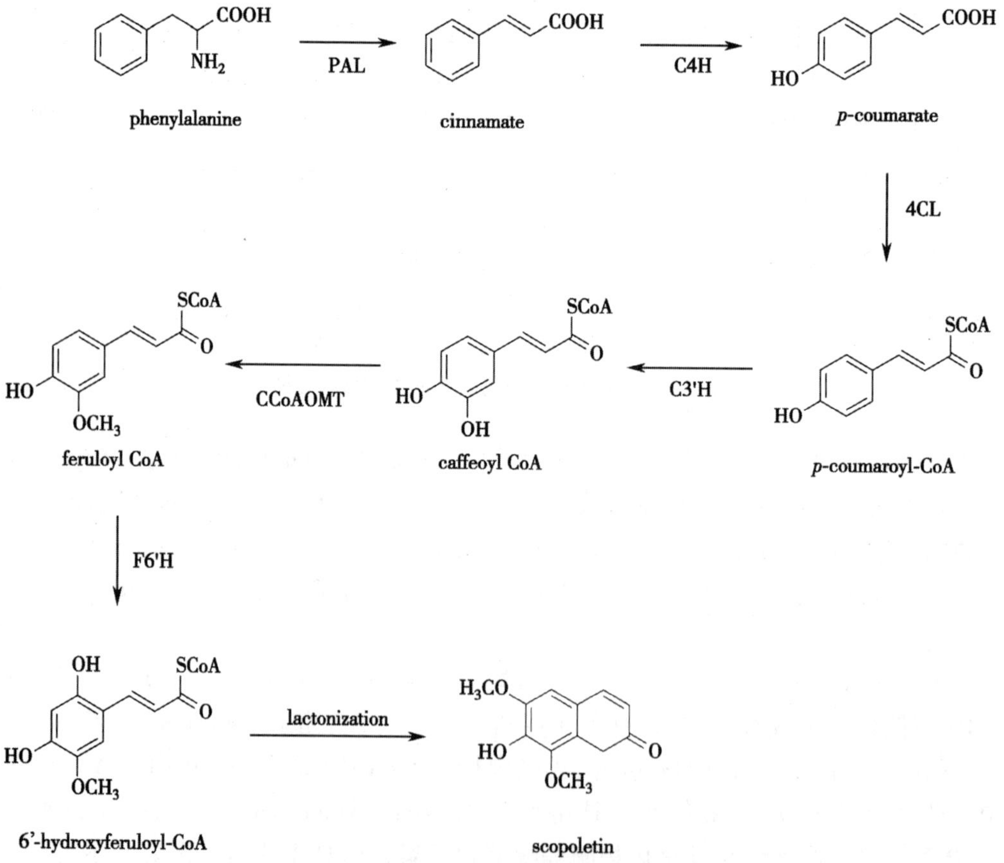

图 7-3 香豆素类化合物的生物合成途径

4. 黄酮类和芪类生物合成 在众多的生物合成途径中,黄酮类(flavonoids)和芪类化合物(stilbenes)的生物合成途径是目前研究最为清楚的次生代谢途径之一。作为一类重要的次生代谢产物,黄酮类化合物在植物花色形成、花粉萌发、吸引授粉虫媒和种子传播、抵抗紫外线辐射、防止病原微生物侵染植物以及植物与微生物相互识别等过程中均发挥重要作用。同时,黄酮类化合物具有抗炎、抗氧化、抗菌、抗肿瘤等多种生物活性。

黄酮类和芪类化合物的生物合成途径是以来源于莽草酸途径的香豆酰辅酶 A 为起始单元,引入三分子丙二酰单酰辅酶 A(malonyl-CoA),在查耳酮合酶(chalcone synthase, CHS)或二苯乙烯合成酶(stilbene synthase, STS)的催化下缩合形成芪类(如白藜芦醇,resveratrol)或查耳酮类(chalcones)化合物(如查柚皮素,naringenin-chalcone)。CHS 和 STS 同属植物Ⅲ型聚酮合酶(PKS)家族,两者具有很高的相似度,通过比较两者的晶体发现,STS 是从 CHS 进化而来的。同时,CHS 在植物组织器官以组成型形式表达,而 STS 只有在诸如紫外照射、伤害和感染等信号诱导后才表达。查耳酮合酶是植物黄酮类化合物合成的关键酶和限速酶,其表达与否直接影响到植物黄酮类化合物的含量高低。白藜芦醇是葡萄、红酒以及其他食品中的一种成分,具有抗氧化、抗炎和癌症预防等作用;查耳酮则是植物中普遍存在的各类黄酮化合物的前体物质。

查耳酮在查耳酮异构酶(chalcone isomerase, CHI)的催化变构下,由酚羟基亲核进攻不饱和酮发生 Michael 加成反应环化形成黄烷酮(flavanone)。黄烷酮化合物的基本骨架发生改变可以形成很多其他类型化合物,如黄酮(flavone)、黄酮醇(flavonol)、花色素(anthocyanidin)和儿茶素(catechin)等。在黄烷酮的两个芳环上羟基还可发生甲基化、糖基化和二甲烯丙基化等取代,产生结构多样的黄酮类化合物。

黄烷酮在黄酮合成酶的催化下形成黄酮类化合物,在植物中有两种黄酮合成酶,即黄酮合成酶Ⅰ(flavone synthaseⅠ, FSⅠ)和黄酮合成酶Ⅱ(flavone synthaseⅡ, FSⅡ)。FSⅠ是可溶的,存在某些伞形科植物中,它是 2- 氧代戊二酸(2-oxoglutarate)依赖的酶;FSⅡ存在于多数植物中,属于细胞色素 P450 单氧化酶,催化反应依赖于 NADPH。黄烷酮也可在异黄酮合成酶(isoflavone synthase, IFS)的催化下生成异黄酮。IFS 属于 CYP450 家族,可催化 B 环在杂环上的移动,催化甘草素和柚皮素分别生成大豆苷(daidzein)和染料木素(genistein)。此外,与黄酮类化合物生物合成的相关酶还有很多。查耳酮还原酶(chalcone reductase, CHR)为 NADPH 依赖型单体酶,可催化查耳酮还原为 6- 脱氧查耳酮,需与 CHS 联合催化。二氢黄酮 -3- 羟化酶(flavanone-3 -hydroxylase, F3H 或 FHT)、黄酮类 -3'- 羟化酶(flavonoid-3'-hydroxylase, F3'H)和黄酮类 -3', 5'- 羟化酶(flavonoid-3', 5'-hydroxylase, F3'5'H)等酶共同负责黄酮类化合物的羟基化反应,如柚皮素分别在 F3H 和 F3'5'H 的催化下生成二氢槲皮素(dihydrquercetin)和二氢杨梅素(dihydromyricetin)。二氢黄酮醇可在黄酮醇合成酶(flavonol synthase, FLS)催化下生成黄酮醇。二氢黄酮醇还原酶(dihydroflavonol-4-reductase, DFR)可催化二氢黄酮醇生成无色花青素,并在花青素合成酶(anthocyanidin synthase, ANS)或无色花青素双氧酶(leucoanthocyanidin dioxygenase, LDOX)的参与下催化生成矢车菊素(cyanidin)、天竺花色素(pelargonidin)等花色素。黄酮类和芪类化合物的生物合成途径如图 7-4 所示。

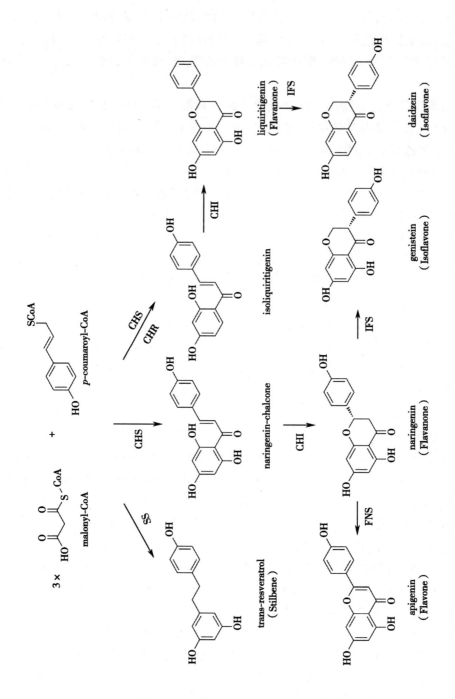

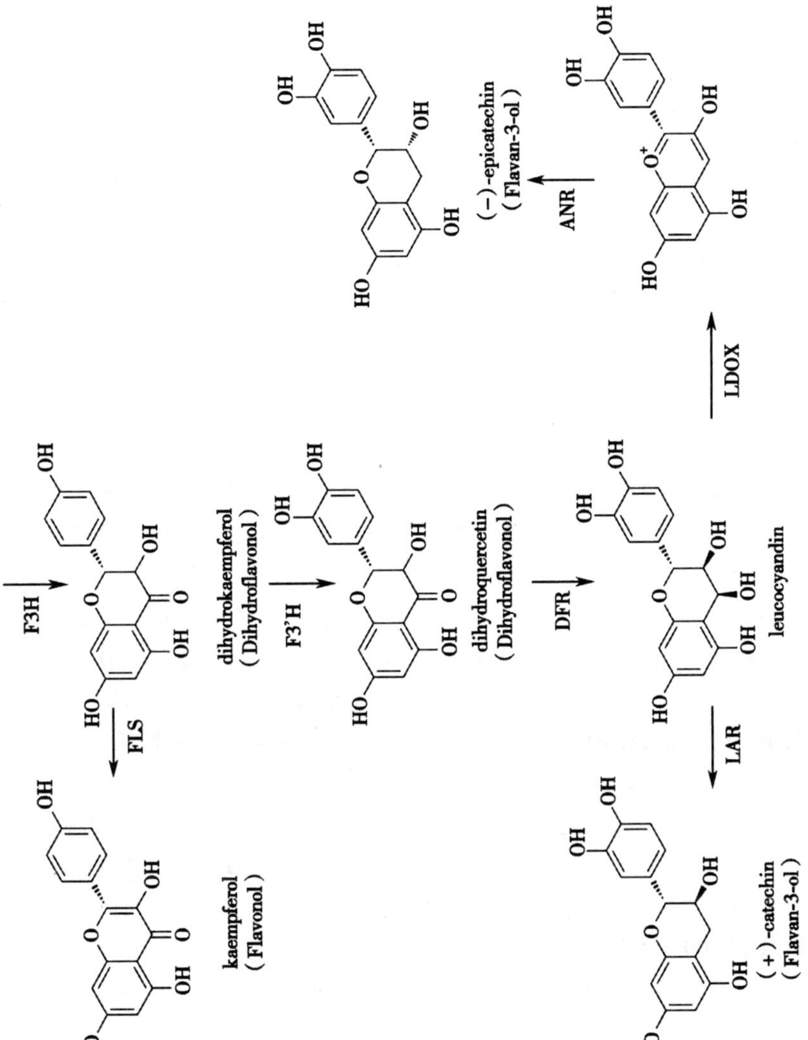

图 7-4　黄酮类和茋类化合物的生物合成途径

二、甲羟戊酸途径和脱氧木酮糖磷酸酯途径

甲羟戊酸途径(mevalonic acid pathway，MVA 途径)和脱氧木酮糖磷酸酯途径(deoxyxylulose phosphate pathway，DOXP 途径)是萜类(terpenoids)和甾类(steroids)化合物的生物合成途径。萜类化合物是由一个或多个异戊二烯单元(isoprene units)相接生成的一类数量巨大、骨架多样的天然成分，按其聚合的异戊二烯单元数目可分为半萜(hemiterpenoids，C_5)、单萜(monoterpenoids，C_{10})、倍半萜(sesquiterpenoids，C_{15})、二萜(diterpenoids，C_{20})、二倍半萜(sesterterpenoids，C_{25})、三萜(triterpenoids，C_{30})、四萜(tetraterpenoids，C_{40})和多聚萜(polyterpenoids，>C_{40})。自然界中绝大部分萜类化合物均可分解为不同数量的异戊二烯单元，但少部分经过降碳、重排的萜类不符合此规律，如甾类化合物是由三萜类化合物经进一步修饰降解而形成。尽管天然萜类成分是由异戊二烯单元构成，但生物体内真正具有生物活性的异戊二烯单元是焦磷酸二甲基烯丙酯(dimethylallyl diphosphate，DMAPP)和焦磷酸异戊烯酯(isopentenyl diphosphate，IPP)。目前已知生物体内的 DMAPP 和 IPP 有两条来源途径，分别为甲羟戊酸和脱氧木酮糖磷酸酯途径。

(一)甲羟戊酸途径

甲羟戊酸途径(MVA 途径)是由乙酰辅酶 A 出发，经甲羟戊酸形成焦磷酸异戊烯酯(IPP)或焦磷酸二甲基烯丙酯(DMAPP)，进而以不同方式形成萜类化合物的途径(图 7-5)。

MVA 途径的具体过程为：2 个乙酰辅酶 A 分子先缩合生成乙酰乙酰辅酶 A(acetoacetyl-CoA)，产物再与第 3 分子乙酰辅酶 A 通过羟醛缩合反应形成 β- 羟基 -β- 甲基戊二酸单酰辅酶 A(β-hydroxy-β-methylglutaryl-CoA，HMG-CoA)。HMG-CoA 在 HMG-CoA 还原酶(HMG-CoA reductase)和 2 分子 NADPH 作用下不可逆地形成中间体甲羟戊酸(MVA)，MVA 在激酶催化下经数步反应转化成甲羟戊酸 -5- 焦磷酸(mevalonate-5-pyrophosphate，MVAPP)，MVAPP 在 MVA 焦磷酸脱羧酶(mevalonate pyrophosphate decarboxylase，MPD)催化下生成 IPP，IPP 可异构化形成 DMAPP。IPP 和 DMAPP 两者均可转化为半萜，并在酶的作用下，"头尾"相接缩合为焦磷酸香叶酯(geranyl-pyrophosphate，GPP)，衍生为单萜类化合物，GPP 再与一分子 IPP 缩合可形成焦磷酸金合欢酯(FPP)，FPP 可衍生成倍半萜类化合物。三萜及甾体则由反式角鲨(*trans*-squalene)经氧化、还原、脱羧、环合或重排等反应转变而成。其他萜类也均可经由对应的焦磷酸酯衍生得来。

(二)脱氧木酮糖磷酸酯途径

长期以来，甲羟戊酸途径(MVA 途径)被认为是萜类及其衍生物合成的唯一途径。1993年 Rohmer 等通过研究证明，萜类化合物的生物合成除 MVA 途径外，还存在一条非 MVA 途径(non-mevalonic acid pathway)，又称为甲羟戊酸非依赖途径(mevalonate-independent pathway)或 DOXP 途径(图 7-6)，该途径是由丙酮酸和磷酸甘油醛为原料进行的，因此也称为丙酮酸 / 磷酸甘油途径。

DOXP 途径的第一步反应为 3- 磷酸甘油醛(*D*-glyceraldehyde 3-phosphate，GA-3P)和丙酮酸(pyruvic acid)在 5- 磷酸脱氧木酮糖合成酶(*l*-deoxy-*D*-xylulose 5-phosphate synthase，DXS)的催化下缩合形成 5- 磷酸脱氧木酮糖(*l*-deoxy-*D*-xylulose 5-phosphate，DOXP)，DOXP 在 5- 磷酸脱氧木酮糖还原异构酶(*l*-deoxy-*D*-xylulose 5-phosphate reductoisomerase，DOXR)催化下发生分子内重排和还原反应生成 2-*C*- 甲基 -*D*- 赤藓糖醇 -4- 磷酸(2-*C*-methyl-*D*-erythritol 4-phosphate，

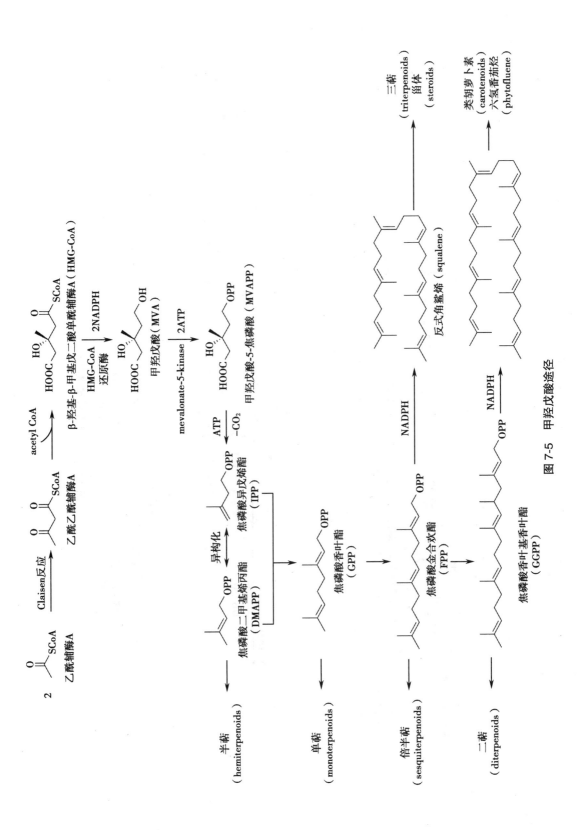

图 7-5　甲羟戊酸途径

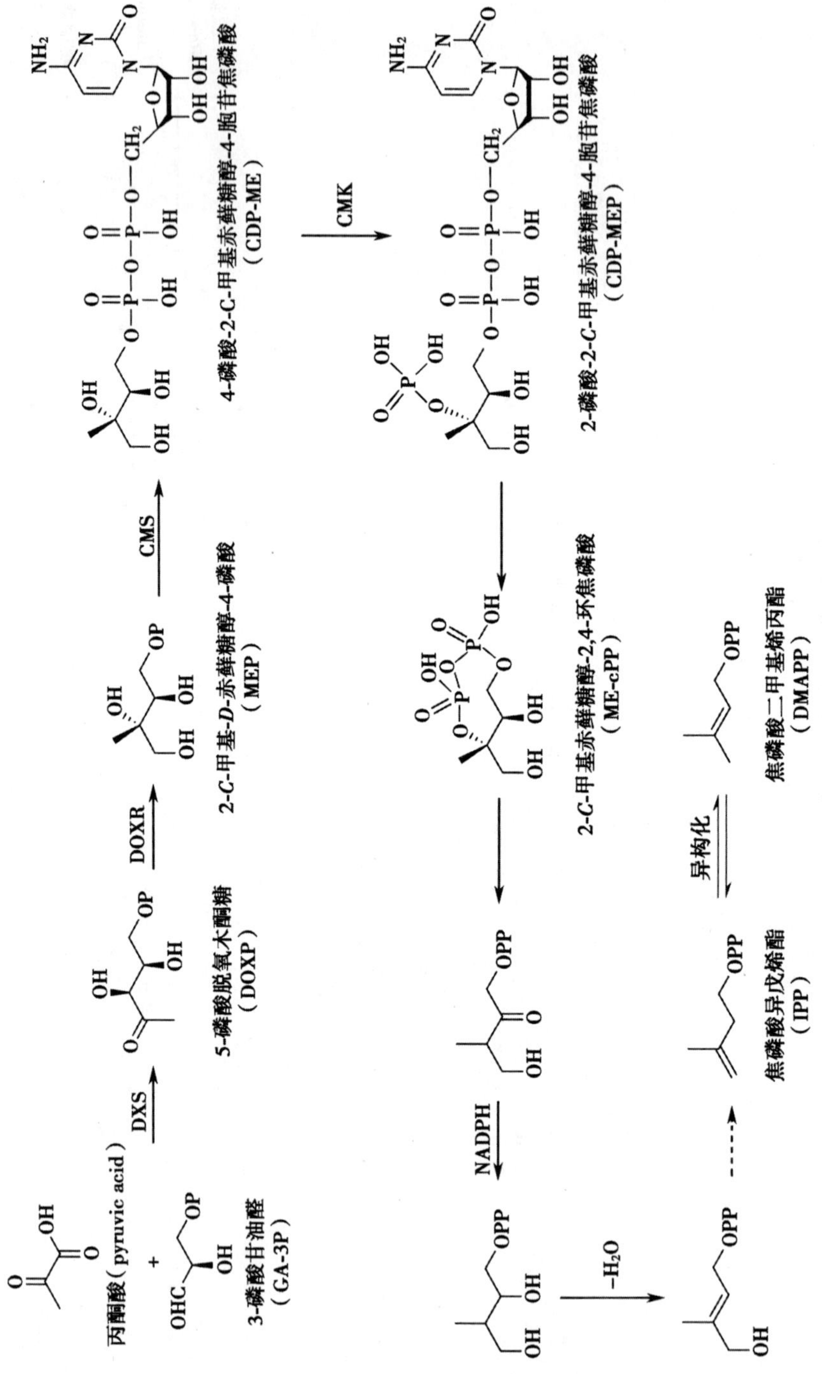

图 7-6　脱氧木酮糖磷酸酯途径

MEP）。随后，MEP 在 4- 磷酸 -2-*C*- 甲基赤藓糖醇 -4- 胞苷焦磷酸合成酶（4-diphosphocytidyl-2-*C*-methyl-*D*-erythritol 4-phosphate synthase，CMS）、2-*C*- 甲基赤藓糖醇 -4- 胞苷焦磷酸合成酶（4-diphosphocylidyl-2-*C*-methyl-*D*-erythritol kinase，CMK）等一系列酶的催化下经磷酸化、环化、还原、脱水等多步反应最终形成 IPP。DOXP 途径中的焦磷酸二甲基烯丙酯（DMAPP）可能通过 IPP 异构化生成，但也可能是由独立过程生成的，还有待于进一步确证。由此 DOXP 途径与 MVA 通过共同的中间产物 IPP 联系起来。最终，IPP 和 DMAPP 经与 MVA 相同的反应衍生为各种萜类化合物。

在萜类化合物的生物合成中，通过 MVA 或者 DOXP 途径提供异戊二烯单元的理论已通过实验得到了证实。动物体内由于缺少 DOXP 途径，因此 MVA 途径是唯一的生物合成途径。而许多其他生物体（包括植物）一般都同时存在两条合成途径。在植物体内，两条合成途径的合成位点是分开的，参与 MVA 途径的酶位于细胞溶胶（cytosol）中，而参与 DOXP 途径的酶则位于叶绿体（chloroplast）中。已有研究表明，倍半萜、三萜及甾体类化合物形成于细胞溶胶中，大部分其他萜类化合物形成于叶绿体中，因此，倍半萜、三萜和甾体是通过 MVA 途径合成，而单萜、二萜和四萜类化合物是由 DOXP 途径衍生而成。MVA 途径和 DOXP 途径虽然存在于植物细胞内的不同位置，但其并不是绝对独立的，其中共有的少量代谢物可以通过叶绿体膜进行相互交换。

三、氨基酸途径

有些氨基酸，如鸟氨酸、赖氨酸、苯丙氨酸等，经脱羧成为胺类，再经过一系列化学反应（甲基化、氧化、还原、重排等）生成各种生物碱。大多数生物碱类成分由此途径生成。

吡咯类生物碱和托品烷类生物碱来源于鸟氨酸；哌啶类生物碱、喹诺里西啶类生物碱和吲哚里西啶类生物碱来源于赖氨酸；吡啶类生物碱则来源于烟酸；苯乙胺类生物碱、简单四氢异喹啉类生物碱以及酚氧化偶联起重要作用的其他一些生物碱（如苄基四氢异喹啉类生物碱、苯乙基异喹啉类生物碱、萜类四氢异喹啉类生物碱和石蒜科生物碱）均来源于酪氨酸；简单吲哚生物碱、简单 β- 卡波琳类生物碱、萜类吲哚生物碱、喹啉类生物碱、吡咯吲哚类生物碱和麦角生物碱来源于色氨酸；喹唑啉、喹啉和吖啶类生物碱来源于邻氨基苯甲酸；咪唑类生物碱则来源于组氨酸。同时，有些生物碱的母核并不是来源于氨基酸而是由其他类型的底物经氨基化作用生成，这些底物可以经乙酸途径、苯丙氨酸途径合成，也可以是萜类或甾体。

（一）托品烷类生物碱的合成（以莨菪碱合成为例）

托品烷类生物碱的生物合成（图 7-7）起始于鸟氨酸（ornithine）和精氨酸（arginine）。鸟氨酸在鸟氨酸脱羧酶（ornithine decarboxylase，ODC）作用下，脱羧生成腐胺（putrescine）；精氨酸在精氨酸脱羧酶（arginine decarboxylase，ADC）催化下脱羧生成精胺，然后经过一系列未知酶促反应生成腐胺。腐胺在 *N*- 甲基 - 腐胺转移酶（putrescine *N*-methyltransferase，PMT）作用下，甲基化形成 *N*- 甲基 - 腐胺（*N*-methyl-putrescine，MP），*N*- 甲基 - 腐胺在二胺氧化酶（diamine oxidase，DAO）作用下生成 4- 氨基 - 正丁醛（4-amino-butanal）；4- 氨基 - 正丁醛再自发地转化为 1- 甲基 -Δ- 吡咯啉正离子（1-methyl-Δ-pyrrolinium cation），并经过一系列未知酶促反应生成托品烷类生物碱（tropane alkaloids，TAs）途径特有的前体托品酮（tropinone）。

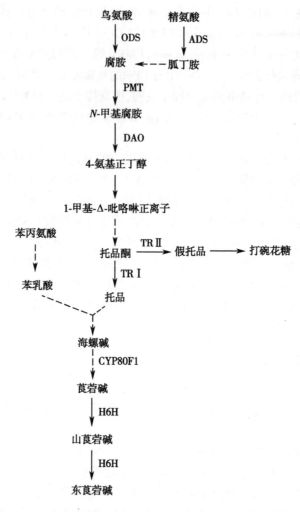

图 7-7　托品烷类生物碱——莨菪碱等的生物合成

托品酮是 TAs 生物合成途径中的分支点：①托品酮在托品酮还原酶 I（tropinone reductase I，TR I）催化下还原成托品（tropine），托品是莨菪碱和东莨菪碱等药用 TAs 的直接前体；②托品酮在托品酮还原酶 II（TR II）催化下还原成假托品（pseudotropine），假托品是打碗花精的直接前体。因此，相对于目标产物莨菪碱和东莨菪碱而言，由 TR II 主导的假托品生物合成途径是 TR I 主导的托品生物合成途径的竞争途径。托品与来自于苯丙氨酸（phenylalanine）的苯乳酸（phenyllactic acid）缩合生成海螺碱（littorine），而后海螺碱在 CYP80F1 的作用下生成莨菪碱，最后在莨菪碱 6-β- 羟化酶（hyoscyamine 6-β-hydroxylase，H6H）的作用下，莨菪碱羟基化形成山莨菪碱，进而环氧化成东莨菪碱。其中主要的关键酶为 PMT、TRs 和 CYP80F1，PMT 是一种甲硫氨酸依赖性的甲基转移酶，能够促进腐胺氮甲基化生成 N- 甲基 -1，4- 丁二胺和 S- 腺苷高半胱氨酸，一般认为 PMT 催化的反应是 TAs 生物合成途径的限速反应，PMT 是 TAs 生物合成途径中的第一个限速酶。TRs 是依赖还原型辅酶 II（NADPH）的立体专一性还原酶，包括 TR I 和 TR II 两种类型，构成了托品烷类生物碱生物合成的一个分支点。CYP80F1 则是细胞色素 P450 氧化酶中的一员，研究表明，该酶不是 TAs 合成途径中的限速酶。

（二）萜类吲哚生物碱（terpenoid indole alkaloid，TIA）的合成（以长春花 TIA 合成为例）

长春花生物碱主要有 3 种类型：即单吲哚生物碱如文多灵（vindoline），二氢吲哚型的长春质碱、蛇根碱等和双吲哚生物碱二聚体如长春碱、长春新碱等。长春花 TIA 生物合成途径（图 7-8）分为上游途径和下游途径，上游途径包括生成裂环马钱子苷的环烯醚萜途径（iridoid pathway）和生成色胺的吲哚途径（indole pathway），以及由裂环马钱子苷和色胺经缩合反应生成 $3\alpha(S)$- 异胡豆苷的过程。下游合成途径是指以上游途径合成的终产物 $3\alpha(S)$- 异胡豆苷为共同前体，在各自的酶促反应下经过多种不同的代谢途径最后生成各种 TIA 的代谢过程。

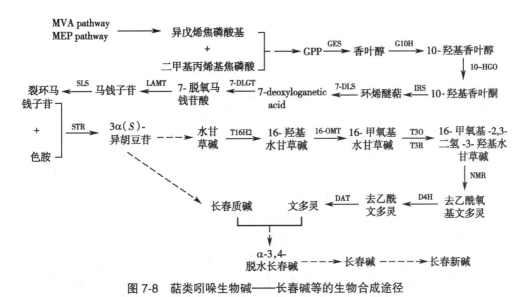

图 7-8 萜类吲哚生物碱——长春碱等的生物合成途径

1. 环烯醚萜途径　该途径的前体香叶醇（geraniol）是由 MVA 和 MEP 途径产生的 IPP 在 IPP 异构酶（IPP isomerase，IPI）催化作用下生成 IPP 的同分异构体二甲基丙烯基焦磷酸（DMAPP）后与 IPP 以头尾缩合的方式合成十碳化合物 GPP，GPP 在香叶醇合成酶（geraniol synthase，GES）的催化作用下生成的。环烯醚萜途径由香叶醇到裂环马钱子苷的形成总共经过 8 个酶促反应。首先香叶醇 -10- 脱氢酶（geraniol 10-hydroxylase，G10H）催化香叶醇生成 10- 羟基香叶醇（10-hydroxy-geraniol），10- 羟基香叶醇经 10- 羟基香叶醇氧化还原酶（10-hydroxygeraniol oxidoreductase，10-HGO）氧化还原生成 10- 羟基香叶酮（10-oxogeranial），再由烯醚萜合成酶（iridoidial synthase，IRS）环化生成环烯醚萜（iridoid），IRS 是一种 NADPH 依赖的 10- 羟基香叶酮环化酶。7-deoxyloganetic acid synthase（7DLS）接着将环烯醚萜氧化为 7-deoxyloganeti acid，7-deoxyloganetic acid glucosyltrans-ferase（7-DLGT），再将其催化为 7- 脱氧马钱苷酸（7-deoxyloganic acid），马钱苷酸进一步在马钱苷酸甲基转移酶（loganic acid methyltransferase，LAMT）的作用下生成马钱子苷。最后，马钱子苷在裂环马钱子苷合成酶（secologanin synthase，SLS）的催化作用下裂环生成裂环马钱子苷（secologanin）。SLS 是一种与细胞膜相关的对氧气和 NADPH 依赖的细胞色素 P450 单加氧酶。

2. 吲哚途径　长春花中的吲哚途径由 7 步连续的酶促反应催化完成，其中参与第一步反应的邻氨基苯甲酸合成酶（anthranilate synthase，AS）和参与最后一步反应的色氨酸脱羧酶（tryptophan decarboxylase，TDC）是该途径的主要调节节点。AS 只存在于植物细胞的细胞质中，且只在叶片的上表皮细胞中表达。该途径产生的色胺（tryptamine）和环烯醚萜途径产生的裂环马钱子苷在异胡豆苷合成酶（strictosidine synthase，STR）的催化作用下耦合生成 $3\alpha(S)$- 异胡豆苷。$3\alpha(S)$- 异胡豆苷是长春花 TIA 生物合成中一个重要的中间产物，是形成多种 TIA 的关键前体物质，所以 STR 是长春花 TIA 整个代谢合成途径中最为重要的一个关键酶，同时该酶的活性受反应终产物文多灵、长春质碱和阿玛碱等的反馈抑制。

3. 文多灵途径（vindoline pathway）　该途径被认为是产生双吲哚类生物碱的限速步骤，其合成共有 7 步。$3\alpha(S)$- 异胡豆苷先合成水甘草碱（tabersonine），水甘草碱在其羟化酶（tabersonine 16-hydroxylase 2，T16H2）的酶促作用下芳烃羟化，生成 16- 羟基水甘草碱（16-hydroxytabersonine），随后 16- 羟基水甘草碱在甲基氧化酶（16-O-methyltransferase，16OMT）作用下生成 16- 甲氧基水甘草碱（16-methoxytabersonine），然后通过水甘草碱 -3- 加氧酶（tabersonine 3-oxygenase，T3O）和水甘草碱 -3- 还原酶（tabersonine-3-reductase，T3R）的协同作用将 16- 甲氧基水甘草碱转化为 16- 甲氧基 -2，3- 二氢 -3- 羟基水甘草碱（16-methoxy-2，3-dihydro-3-hydroxytabersonine），接着在 N- 甲基转移酶（N-methyltransferase，NMR）的催化作用下生成去乙酰氧基文多灵（desacetoxyvindoline），经去乙酰氧基文多灵在羟化酶（desacetoxyvindoline-4-hydroxylase，D4H）作用后生成去乙酰文多灵（deacetylvindoline），最后在去乙酰文多灵 -4-O- 乙酰转移酶（deacetylvindoline-4-O-acetyltransferase，DAT）的作用下生成最终产物文多灵。文多灵途径中水甘草碱 -16- 羟化酶（tabersonine 16-hydroxylase，T16H）、去乙酰氧基文多灵 -4- 羟化酶（desacetoxyvindoline-4-hydroxylase，D4H）和去乙酰文多灵 -4-O- 乙酰转移酶（deacetylvindoline-4-O-acetyltransferase，DAT）是该途径中的关键酶。

4. 长春质碱途径　$3\alpha(S)$- 异胡豆苷水解成不稳定的 cathenamine 和葡萄糖，经一系列分支途径生成阿玛碱（ajmalicine）、水甘草碱（tabersonine）和长春质碱（catharanthine），阿玛碱在过氧化物酶的催化下进一步生成蛇根碱（serpentine）。目前长春质碱途径尚不明确。

5. 双吲哚生物碱（长春碱和长春新碱）长春质碱和文多灵耦合生成中间产物 α-3，4- 脱水长春碱（α-3，4-anhydrovinblastine），然后转化为长春碱，长春碱再转化为长春新碱（图 7-8）。

四、其他途径

有关中药活性成分的生物合成，除前面所述几大类化合物的生物合成之外，蒽醌类（anthraquinones）化合物的生物合成也尤为重要。蒽醌类化合物是植物中一类具有醌式结构的重要天然色素，广泛分布于约 50 余科 100 余属的高等植物中，如蓼科（Polygonaceae）、茜草科（Rubiaceae）、豆科（Leguminosae）、百合科（Liliaceae）和鼠李科（Rhamnaceae）等。常用药用植物如大黄、虎杖、番泻叶、芦荟、紫草、何首乌、决明子和丹参中的主要活性成分均是醌类化合物。蒽醌类化合物主要包括蒽醌及其不同的还原产物或衍生物，按母核可分为单蒽醌及双蒽醌，按氧化程度又可分为氧化蒽醌、蒽酮、蒽酚及蒽酮的二聚物。天然蒽醌以 9，10- 蒽醌最为常见，其 C-9 位和 C-10 位处于最高氧化状态时较为稳定。中药中存在的蒽醌类活性成分多为蒽醌的羟基、羧甲基、甲氧基和羧基衍生物，以游离或苷类状态存在。根据羟基在蒽醌母核的分布，可将羟基蒽醌分类为分为大黄素型（emodin）和茜草素型（alizarin），多数分别呈现黄色和橙黄色 - 橙红色。蒽醌的生物合成是一个比较复杂的过程，

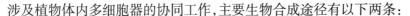

涉及植物体内多细胞器的协同工作,主要生物合成途径有以下两条:

（一）乙酸 - 丙二酸途径

乙酸 - 丙二酸途径（acetate-malonate pathway,AA-MA 途径）是以乙酰辅酶 A、丙酰辅酶 A、异丁酰辅酶 A 等为起始物,在丙二酸单酰辅酶 A 的延长碳链作用下,生成各种聚酮类化合物。醌类、脂肪酸类、酚类等化合物均来源于这一途径。

大黄素型蒽醌的生物合成主要通过 AA-MA 途径,可大致分为 3 个阶段（图 7-9）:①以乙酰辅酶 A 为合成起始单元,在查耳酮合酶系的催化作用下,连续与 8 个丙二酸单酰辅酶 A 发生缩合反应,生成聚八酮化合物;②聚八酮化合物经过还原、脱羧及氧化等步骤,形成大黄酚（chrysophanol）、芦荟大黄素（aloe-emodin）和大黄酸（rhein）等蒽醌类化合物;③聚八酮化合物经过水解、脱羧、脱水与甲基化等步骤形成大黄素（emodin）和大黄素甲醚（physcion）等蒽醌类化合物。其中,查耳酮合酶系是植物Ⅲ型聚酮合成酶（polyketide synthase,PKS）的一个家族酶系,包括 CHS、STS、吡喃酮合酶（2-pyrone synthase,2-PS）、苯甲酮合酶（benzalacetone synthase,BAS）、吖啶酮合酶（acridone synthase,ACS）和芦荟松合酶（aloesone synthase,ALS）等。

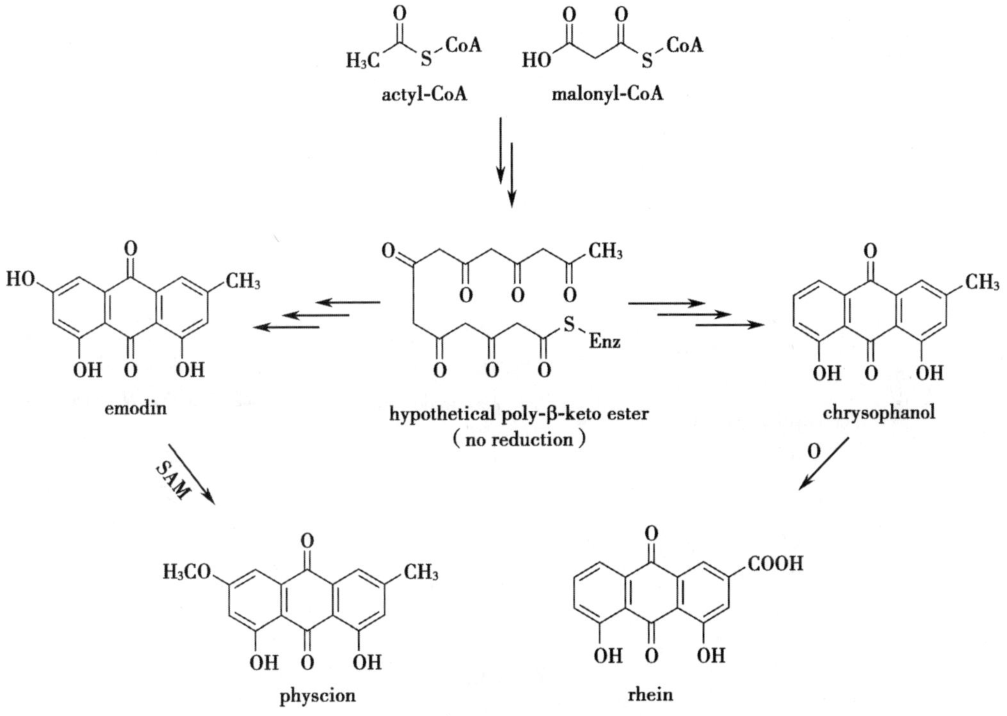

图 7-9　大黄素型蒽醌的生物合成

（二）莽草酸 - 萜类途径

茜草型蒽醌类化合物的生物合成主要是通过莽草酸 - 萜类途径（图 7-10）。经由莽草酸（shikimate acid）、异分支酸（isochorismic acid）和 α- 酮戊二酸（α-ketoglutaric acid）,再经过一系列的代谢分别形成蒽醌的 A 环和 B 环,C 环来源于异戊烯二磷酸。一般认为异戊烯二磷酸（isopentenyl pyrophosphate,IPP）的形成是通过甲羟戊酸（mevalonate,MVA）途径或甲基赤藓糖醇磷酸（2-C-methyl-D-erythrito 4-phosphate,MEP）途径。在莽草酸途径中,主要涉及以下 3 种相关酶类：①异戊烯基二磷酸异构酶（IPP isomerase）催化 IPP 与二甲基丙烯二磷酸（dimethylallyl pyrophosphate，DMAPP）的异构化反应，后者直接参与蒽醌 C 环的形成；②1- 脱氧木酮糖 -5- 磷酸合成酶（1-deoxy-*D*-xylulose 5-phosphate synthase，DXS）催化 MEP 途径中丙酮酸（pyruvic acid）与三磷酸甘油醛（3-phosphoglyceraldehyde，PGAL）缩合形成 1- 脱氧木酮糖 -5- 磷酸的反应；③异分支酸合成酶（isochorismate synthase，ICS）催化分支酸 4 位上的羟基转移至 2 位上，形成异分支酸，进一步形成蒽醌。

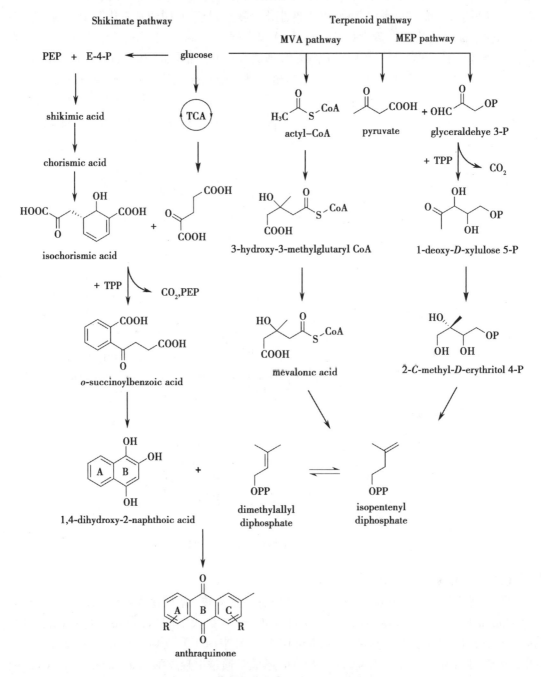

图 7-10　茜草型蒽醌类化合物的生物合成

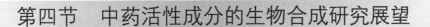

第四节 中药活性成分的生物合成研究展望

大自然中的生物是真正的化学合成大师,它们用极其简单、有限的原料在温和的条件下精巧地合成了丰富多样的次生代谢产物(天然产物)。生物合成体系是迄今为止人类所知的最高效和最具有选择性的温和催化反应体系,它以远超出人们想象的速度在体内或体外催化各种生化反应,生产结构多样的代谢产物。虽然这些次生代谢产物对于合成它们的生物本身的生长繁殖和发育影响甚微,但却是人类生活必不可少的重要物质,很多次生代谢产物对人体具有显著的生理活性,称为活性成分。中药活性成分是中药发挥效应的物质基础,也是创新药物的重要来源;与人工合成化合物相比,天然产物在化学结构方面更为复杂和多样;由于产生于自然,它们的化学结构在长期的进化过程中得以选择和优化,从而赋予许多天然产物多样的生物活性与特定的靶点。迄今,人们已经从中药中发现并分离纯化出数以万计的活性化合物,其中许多化合物被成功地开发成为药物,诸如青蒿素、紫杉醇、利血平、地高辛、麻黄碱等。另外有很多具有独特生物活性或作用机制的天然小分子成为了研究化学生物学的小分子探针,用于探讨一些复杂的生命现象,如免疫识别、细胞凋亡等。

目前,很多活性成分主要从中药中直接提取分离而获得,这一方式严重依赖于中药资源的获取和消耗,还容易受到季节、气候等环境因素的限制,且大多数活性成分在中药中含量低微、结构复杂、化学合成困难,依靠传统的天然提取或者人工化学合成的方法难以满足科研和应用的需求。因此,大健康领域迫切需要开发活性成分新的获取途径,而生物合成以其天然、绿色、高效的特点正备受关注。

近年来,针对活性成分的生物合成研究已成为中药学、生物学及化学学科的一个重要领域和研究热点。围绕活性成分的生物合成研究主要包括两个方面:第一是活性成分(主要指次生代谢产物)生物合成途径的研究。第二是基于已阐明的生物合成途径,开展活性成分的绿色化学、仿生合成、药物代谢和生物转化等研究。目前,随着生物技术水平的提高,围绕生物合成的研究已出现了大量的研究成果,积累了相当丰富的基础数据,针对活性成分的生物合成研究已呈现多学科交叉融合的趋势,很多新兴技术已经开始渗透到传统的生物合成研究与开发中。

一、生物合成相关酶的研究

生物合成的实质是各种酶的催化反应,因此对生物合成中相关酶的研究已成为该领域的研究热点。由于生物合成反应的多样性,参与的酶也丰富多样,如羟基化酶、糖基转移酶、氧化还原酶、水解酶、异构化酶等。近年随着结构生物学及分子生物学的发展,很多生物合成的关键酶的立体结构及其与底物相互结合的具体位点得以确定,对酶的底物和立体选择性、最佳反应条件等性质也有了比较深入的认识。迄今已有多种催化一些重要反应的酶被分离鉴定,如用于合成异羟基洋地黄毒苷的洋地黄毒苷 12β- 羟基化酶,用于将莨菪碱转化为东莨菪碱的莨菪碱 6β- 羟基化酶,以及用于紫杉醇半合成的 C-10 去乙酰酶、C-7 木糖酶等。

但同时也要看到,自然界中的次生代谢物种类繁多且结构复杂,生物合成过程往往由多种酶顺序催化,且合成途径高度区域化,同一途径中的酶经常分布在不同的系统中,而不同细胞器和内膜系统中的 pH 值、氧化还原环境、离子环境、辅酶种类和浓度都不完全相同,这为生物合成途径中各种酶的结构和功能的完全解析带来极大挑战。相信随着易错

PCR（error-prone PCR）技术、DNA 重排（DNA shuffling）技术、高通量筛选（high throughput screening）技术、介质工程（medium engineering）、底物工程（substrate engineering）、计算机设计（computational design）等技术的应用和发展，这些问题必将得到有效解决。

二、生物转化与组合生物转化

生物转化（biotransformation）是利用生物体系（植物细胞、动物细胞或微生物）及其相关的酶系对外源性底物（exogenous substrate）进行结构修饰而产生目标产物的生理生化反应，又称生物催化（biocatalysis）。生物转化具有区域专一性和立体选择性等优点，以及催化效率高、反应条件温和、反应种类多以及环境污染小等特点，并且往往可以用于催化有机合成中难以完成的化学反应。因此，生物转化作为化学修饰的一种重要补充，在活性成分的结构修饰方面有着独特的优势。目前已广泛应用于天然产物的合成、药物前体化合物的合成、有机化合物的不对称合成、光学活性化合物的拆分、活性化合物的筛选、新药的开发以及药物代谢等诸多方面的研究。

针对天然活性成分的生物转化，近些年形成了一种新的研究思路——组合生物转化（combinatorial biotransformation），它借鉴组合化学的思想，将具有不同催化功能的多个催化体系（包括酶和整体细胞）结合起来，通过多步生物转化反应，生成大量取代方式各异的转化产物，即形成分子多样性（molecular diversity）；或是利用催化酶比较宽泛的底物选择性（broad substrate specificity），同时催化多种底物发生类似的化学反应。组合生物转化的优点在于可以快速获得大量的转化产物，合成效率比单体系的生物转化有了显著提高。更为重要的是，在了解催化酶性质的基础上，它还可以实现产物的定向合成（directed synthesis），使得生物转化的目标性更强。

目前采用生物转化技术已经获得了大量结构新颖的化合物，包括众多具有较高活性的天然产物的衍生物，为新药的研制提供了有价值的先导化合物。有些生物转化反应还达到了工业化生产规模，创造了巨大的经济效益。但该技术用于中药活性成分的结构改造还处于初级阶段，尤其缺乏针对某类中药活性成分进行系统的生物转化研究。此外，生物转化技术本身也有一定局限，其中生物转化反应的不可预测是主要问题之一。生物转化反应实质是底物和酶的相互亲和并相互作用最终导致底物结构发生变化的过程。一种酶的底物特异性决定了一种酶对某一个（类）天然产物能够产生一种反应并不一定对其他底物能进行同样的反应。生物转化反应不像传统有机化学合成反应在一个较广的范围内有一定的规律可循，因此，要对某一天然产物进行特定的生物转化反应时，可供参考的依据甚少，必须经过大量的筛选试验。另外，目前生物转化产物得率往往较低，一定程度上限制了生物转化的应用。

为了解决这些问题，更好地利用生物转化技术进行有效和特异的化学改造，围绕转化酶的筛选及反应机制的研究已成为生物转化领域的研究重点和热点。随着生物技术，特别是酶工程的发展，实现对生物转化酶的定向改造已成为可能。不久的将来，生物转化反应的产率、选择性和可预测性将得到显著增加。

三、代谢工程

生物的代谢网络是在长期进化过程中形成的，其中各种物质的合成与降解、积累与排泄适应自身的生存和发展。为了获得大量的特定成分或新物质，往往需要在代谢及其调控规律的基础上，借助于以基因工程技术为主的现代生物技术，改造甚至构建新的代谢途径，这就是代谢工程（metabolic engineering）或代谢途径工程（metabolic pathway engineering）。

代谢工程的方法技术可以促进生物体中目标产物的生物合成，降低竞争途径的代谢流或降低目标化合物的分解代谢等，使生物体可积累更多目标化合物，从而达到定向且稳定改良药用资源品质的目的。从严格意义上讲，代谢工程属于利用生物技术改造生物，产生高产品种的范畴，因此也属于创制新品种的一种技术方法。中药代谢工程近年来发展迅速，展示出广阔的应用前景。很多活性成分代谢途径中相关限速酶基因的克隆、鉴定，以及将一个完整的次生代谢途径导入异源生物进行表达都取得了突破性进展。但是，次生代谢产物的多样性及其相关酶和基因表达调控的复杂性增加了中药活性成分代谢工程的难度，目前对代谢途径的总体调控以及次生代谢途径之间的协调等方面，仍然知之甚少。因此，代谢工程领域未来研究的一项重点任务是探明次生代谢物生物合成的详细途径及其调控网络，从不同侧面对代谢过程及其调控加以整合分析和设计。包括参与各步反应的酶及其基因的表达与调控、次生代谢产物合成的细胞分区、定位和转运以及各代谢途径之间的相互联系等。

此外，系统生物学讲求从整体层次上研究生命系统的特点，与生物代谢途径的网络化特点十分契合，所以依据系统生物学的原理来指导代谢工程设计也将成为今后研究的重要方向。

四、合成生物学

合成生物学技术可将不同来源的生物合成相关的代谢途径模块化，并在底盘细胞上进行组装，构建高效的细胞工厂，提高代谢途径的效率，降低大规模生物催化反应的成本，实现各种重要次生代谢产物的高效生物合成和规模化生产。目前，合成生物学技术已在紫杉醇、青蒿素和丹参酮等研究及生产中成功应用。例如，加州大学伯克利分校的学者实现了利用酵母高效生产青蒿酸，然后经过简单反应合成了青蒿素，该项研究被认为是利用合成生物学生产萜类活性成分的重要里程碑。

目前，利用合成生物学技术研究活性代谢物的一个难点在于解析这些代谢物的生物合成途径，所有合成生物学的设计也正是基于这一过程和机制的解析。迄今为止，生物合成途径完全得以解析的活性代谢物还很少，即使一些著名的成分，其合成途径仍然存在未知，如抗肿瘤药物紫杉醇的途径上还缺少多步关键酶基因，青蒿素过氧桥的形成仍然未知等。这些关键合成酶编码基因的缺失，正成为天然活性成分合成生物学设计的最大障碍。此外，合成生物学元件库建设、生物途径高通量组装和优化、人造系统的调试等方面也还处于初级发展阶段，一些工程细胞异源合成效率还比较低等，这些问题制约着合成生物技术在中药活性成分研究中的应用。但总的来说，随着人工智能技术的逐渐发展成熟，高通量化学合成基因技术的完善，以及全局代谢网络为基础的代谢途径优化理念和操作的进一步突破等，最终将真正迎来"非天然"的天然活性成分合成的新时代。

综上所述，对特定活性成分生物合成途径的研究和解析具有重要的科学意义和应用价值。通过深入探讨生物体中活性成分的生物合成途径及形成规律，研究其从前体经中间体至产物的形成历程，涉及的反应机制等，不仅有助于理解天然活性成分的自身属性（结构、分类、合成等），而且可为新药研发中先导化合物的发现和天然药物资源的可持续利用提供理论依据和新思路。

可以预见，随着化学、生物学与分子生物学技术的不断发展，以及生物信息学、结构生物学、化学生物学、合成生物学等新兴学科的涌现与融合，天然活性成分的生物合成研究将步入一个全新的时代，届时将极大地推动中药相关领域的发展进程。

（唐金富　许洪波　王如锋　蒲高斌）

第八章 药用植物次生代谢与调控

植物次生代谢(secondary metabolism)是相对于植物初生代谢或称基本代谢(primary metabolism)而言的。植物次生代谢产物(secondary metabolites)是指植物中一大类并非生长发育所必需的小分子有机化合物,这些物质在植物体内含量不等并且有自己独特的代谢途径。植物次生代谢产物通常是由初生代谢产物派生而来,其产生和分布通常有种属、器官、组织和生长发育期的特异性。据估计,植物次生代谢产物在10万种以上,包括萜类、酚类(黄酮类、花色苷)、生物碱、多炔等。

第一节 药用植物次生代谢调控策略

一、药用植物次生代谢调控特点

(一)药用植物次生代谢具有种、属特异性

植物次生代谢是植物进化过程中与周围环境相互作用的结果,由于遗传背景和生存环境复杂多样,各类药用植物中积累的次生代谢产物各不相同,具有种、属特异性。一般来说,物种进化距离越近,其积累的次生代谢产物种类越类似。如木兰科植物中大多可以积累异喹啉类生物碱。但近缘种间次生代谢产物并不完全相同,如罂粟属植物有150多种,吗啡(morphine)仅存在于罂粟(*Papaver somniferum*)和刚毛罂粟(*Papaver setigerum*)两个种中。

(二)药用植物次生代谢具有时空特异性

次生代谢产物是植物为应对其生存环境中各种不利因素而产生的一些防御性成分。由于不同发育时期组织分化及外界环境的不同,植物合成次生代谢产物的种类和含量也不相同,次生代谢产物形成具有发育时期特异性。如黄花蒿(*Artemisia annua*)叶中青蒿素(artemisinin)含量在5—6月较低,7—10月上旬较高,在9月含量达到峰值。同时,次生代谢产物的形成和储存都被严格限制在不同的器官、组织和细胞中,具有组织、器官特异性。如盛花期丹参(*Salvia miltiorrhiza*)中酚酸类成分在根、茎、叶中均有分布,但根中含量较高,丹参酮类成分则主要分布在根中。红豆杉(*Taxus wallichiana*)中不同部位的紫杉醇(taxol)含量可相差上百倍,其中树皮中含量最高,枝叶和心木中则较低,也有报道称嫩叶和嫩芽中也有较高的含量。

（三）药用植物次生代谢具有环境特异性

植物一般进行固着生长,无法像动物一样趋利避害,主要通过次生代谢产物的合成和释放应对不利的环境因素。次生代谢产物在植物对物理和化学环境的反应和适应、植物与植物之间的相互竞争和协同进化、植物对昆虫和植食性动物甚至人类的化学防御以及植物与微生物的相互作用等过程中起着非常重要的作用。研究表明,生物因子（如昆虫、食草动物、病原微生物等）和非生物因子（如水分、光照、温度、土壤、海拔高度、营养物质等）都对次生代谢产物的形成具有显著的影响。需要说明的是,环境条件对药用植物次生代谢的调控是多个因子综合作用的结果,想要明确某种特定次生代谢产物积累的适宜环境条件,就必须加强对目标植物所处环境的各种生态因子的多方面观测,通过现代统计分析方法进行综合分析,找出主导生态因子。

（四）药用植物次生代谢具有调控水平和网络的复杂性

药用植物次生代谢产物的形成及其调控是多层次的、立体的复杂网络。从调控水平上来说,环境因子作用于植物体,一方面影响植物的营养和生殖生长进而间接影响植物的次生代谢,另一方面,可以作用于细胞表面的受体分子,通过一系列的信号转导,调控次生代谢相关基因的表达,并直接调控特定次生代谢产物的形成和降解。整个调控过程引起个体水平、组织水平和细胞水平的多个生理生化变化,涉及基因转录、翻译、翻译后修饰等一系列的分子调控过程。从调控网络来说,次生代谢与初生代谢之间,不同次生代谢产物生物合成途径之间并没有明确的界限。次生代谢产物的最初前体如乙酰辅酶 A、丙二酰辅酶 A、莽草酸及一些氨基酸等基本上全部来源于初生代谢。查耳酮是类黄酮类物质生物合成中重要的中间产物,其结构中的 A 环和 B 环分别来源于乙酸 - 丙二酸途径和莽草酸途径。

二、个体水平的调控及应用

（一）近缘种药用植物次生代谢具有相似性

药用植物次生代谢产物的种类和合成部位受遗传因素的影响。一般来说,亲缘关系相近的植物不但在外形上相似,其体内的生理生化特性和代谢途径也相似,可以积累相似的次生代谢产物。反过来说,某些特定的次生代谢产物,往往只存在于特定的属或有亲缘关系的属中。含有结构相同或近似的次生代谢产物的物种可能起源于同一祖先,这是形成植物化学分类学的理论基础。在药用植物资源开发利用过程中,利用近缘种化学成分相似的原理,在相近种中寻找新的资源植物,是省时省力的一条捷径。例如,印度在 20 世纪 50 年代研制出的利血平（降血压药物）,是从印度蛇根木（*Rauvolfia serpentina*）中提取出来的,我国没有这种植物。但是,应用近缘种化学成分相似性原理,我国专家在其同属植物中找到了含有相似成分的植物萝芙木（*Rauvolfia verticillata*）,研制出了替代品"降压灵",打破了国外对利血平的垄断局面。

（二）同种药用植物次生代谢个体间的差异性

虽然同种植物个体间遗传信息基本相同,但由于年龄、发育阶段、生存环境等因素的差异,它们的次生代谢也会发生相应变化。如产于集安的大马牙、二马牙、长脖、圆芦、竹节芦等不同类型人参（*Panax ginseng*）的人参皂苷（ginsenoside）含量分别为 5.39%、4.24%、4.34%、4.79% 和 4.40%,最高者是最低者的 1.33 倍,其总挥发油含量分别为 0.042 6%、0.121 1%、0.138 5%、0.119 0% 和 0.084 6%,最高者是最低者的 3.25 倍。不同叶型毛花洋地黄（*Digitalis purpurea*）的毛花苷 C（lanatoside C）的含量相差 1 倍，个体植株之间相差 5~6 倍。产于伊朗北部和西北部的近东罂粟（*Papaver orientale*）有 5 个化学型，不同化学型的次生代谢产物种类也有差异，化学型 A 只含东罂粟碱（oripavine），化学型 B 含东罂粟碱和蒂巴因（thebaine），化学型 C 含异蒂巴因（isothebaine），化学型 D 含东罂粟碱和高山罂粟碱。

处于不同发育阶段的药用植物，其次生代谢产物的含量往往呈现一定的变化趋势，据此可为确定最佳采收期提供参考。例如，益母草（*Leonurus artemisia*）中的总生物碱含量在越冬幼苗期、盛叶期、花蕾期、盛花期、晚花期、果熟期和枯草期分别为 1.06%、0.97%、0.93%、1.06%、0.70%、0.39% 和 0.08%；欧当归（*Levisticum officinale*）在休眠期、萌芽期、蕾养生长期、孕蕾期、开花期、花果期、种子成熟期和枯草期的挥发油含量分别为 3.8%、4.5%、4.8%、4.4%、3.8%、3.8%、5.5% 和 4.1%；藁本内酯（ligustilide）含量分别为 1.81%、2.33%、2.46%、1.72%、1.59%、1.20%、1.77% 和 1.94%。对于多年生植物来讲，生长年限不同，次生代谢活动也有差异。人参随着植株年龄的增长活性成分逐年增加，5 年生植株含量接近 6 年生植株，但 4 年生植株中只有 6 年生植株的一半；甘青赛莨菪（*Anisodus tanguticus*）体内生物碱含量随植株年龄增长而上升，地上部分以 10 年生者最高，地下部分以 8 年生者最高。

（三）环境因素对药用植物次生代谢的影响

光照、水分、温度、大气、养分等环境因素是植物赖以生存的基础，对植物种子的萌发，植物体形态建成、营养生长及生殖生长等生理过程均产生显著的影响。这些环境因素的异常变化，会在一定程度上对植物形成胁迫，改变植物体内次生代谢产物的积累。

1. 光照　光照是影响植物发育的主要环境因子，不仅参与光合作用的调控，还参与多种次生代谢产物的合成和积累。光首先被植物细胞中的光受体接受，引起一系列的级联反应，最终影响结构基因的表达来控制植物次生代谢产物的生源合成。太阳光谱按照波长分为三部分，分别为紫外光（UV<400 nm）、可见光或光合有效辐射（400~700 nm，其中蓝光 400~500 nm，绿光 500~600 nm，红光 600~700 nm）和红外光（700~800 nm）。在各种光质中，紫外光对植物次生代谢的影响最显著。植物在受到紫外辐射后会产生一系列的自我保护机制，诱导植物体内自由基的形成并引起碳分配的变化，使碳从初生代谢产物向具有保护或防御功能的次生代谢产物中转移。如 UV-B 辐射后，香叶天竺葵（*Pelargonium graveolens*）叶片中总酚、类黄酮和花青素最高分别提高了 27.96%、59.13% 和 38.22%。UV-B 辐射圆锥铁线莲（*Clematis terniflora*）后，可使其叶片中的吲哚生物碱含量增加 7 倍。其他光质同样影响植物次生代谢产物的形成，如红光和蓝光处理 2 天后，会显著提高青蒿（*Artemisia carvifolia*）中青蒿素（artemisinin）和青蒿酸（artimisinic acid）的含量。相似地，红光处理同样可以提高 1 年生喜树（*Camptotheca acuminata*）苗中喜树碱（camptothecin）的含量。

根据植物对光照强度要求的不同，可将植物分为阳生、阴生及中间类型植物。不同类型的植物合成次生代谢产物所需的光照强度不同。对于某些阳生植物，光强的增加能够提高其次生代谢产物的含量，如生于阳坡的金银花（*Lonicera japonica*）中绿原酸（chlorogenic acid）的含量高于阴坡。朝鲜淫羊藿（*Epimedium koreanum*）在野生状态下，强光区生长的淫羊藿苷（icariin）含量是弱光区的 6.93 倍。而对于阴生植物，则须适当遮阴以减少光照强度才能提高次生代谢产物含量，如在 20% 的遮阴棚透光率时，人参中的人参皂苷含量可提高到干重的 4.5%。

光照时间同样影响植物次生代谢产物积累量。对某些植物来说,适当延长光照时间有利于提高次生代谢产物的含量,如长日照可提高植物酚类和萜类化合物的含量。短时期的遮阴使毛脉酸模(*Rumex gmelini*)根中白藜芦醇(resveratrol)和白藜芦醇苷(polydatin)含量随着遮阴时间的增加而增加,较长时期的遮阴则使白藜芦醇和白藜芦醇苷含量降低。其原因是长时间的遮阴导致毛脉酸模光合作用减少,从而使体内 C/N 比值下降,最终导致白藜芦醇和白藜芦醇苷等以碳为基础的次生代谢产物含量降低。光照时间与植物生长的纬度、坡向、季节有密切关系,在一定范围内,随着纬度的升高,日照时间相应延长,对提高植物次生代谢产物含量有积极的影响。如西洋参(*Panax quinquefolium*)中人参皂苷(ginsenoside)含量与年日照时数的垂直变化呈正相关,在 530~850 m 海拔范围内随年日照数的逐渐增加,总皂苷含量呈线性增加,由 6.75% 上升到最大值的 8.72%;在海拔 850~1 000 m 范围内,由于强云雾带减少了年日照数,西洋参总皂苷含量下降较快,在海拔 1 000 m 以上,由于年日照增多,总皂苷含量接近最高值。

2. 水分　水分是植物生长发育不可缺少的条件,缺水可导致植物的形态特征产生变化,如植株变小,根系发达,叶片角质层增厚等。同时,水分状况也影响植物的次生代谢及次生代谢产物的种类和含量。水分条件对植物次生代谢的影响与植物本身的生理特性有关,如黄连(*Coptis chinensis*)、何首乌(*Polygonum multiflorum*)、半夏(*Pinellia ternata*)等喜温暖湿润的土壤环境,而甘草(*Glycyrrhiza uralensis*)、麻黄(*Ephedra sinica*)则在适当干燥的环境中活性成分含量较高。干旱胁迫通常会使植物体内的萜类、生物碱、酚类、氰苷及其他含硫化合物等次生代谢产物含量升高。例如与其他水分条件相比,土壤相对湿度为 55%~75% 时高山红景天(*Rhodiola sachalinensis*)中红景天苷(salidroside)的含量最高。金鸡纳(*Cinchona ledgerinana*)在高温干旱条件下,奎宁(quinine)含量较高,而在土壤湿度过大的环境下,含量就显著降低。东莨菪(*Scopolia japonica*)在干旱条件下,阿托品(atropinol)的含量可高达 1% 左右,而在温润环境中则只有 0.4% 左右。雨季中的麻黄体内生物碱含量急剧下降,而在干燥的秋季则上升到最高值。

干旱对次生代谢产物含量和种类的影响通常与干旱胁迫的程度和发生时间的长短有关。如分别对丹参进行中度干旱胁迫(土壤含水量占田间持水量的 50%)和重度干旱胁迫(土壤含水量占田间持水量的 40%)处理,二氢丹参酮I(dihydrotanshinone I, DT-I)含量在中度水分胁迫处理下增加了 1.5 倍,在重度水分胁迫处理下增加了 2 倍。隐丹参酮(cryptotanshinone)含量在中度胁迫处理下增加了 3 倍,在重度胁迫处理下增加了 4 倍。对膜荚黄芪(*Astragalus membranaceus*)进行干旱胁迫处理后,随着处理时间的延长,其根中总皂苷含量呈现先降低后升高的趋势。

3. 温度　当环境温度升高或降低到极限温度以上维持一段时间后而引起植物生长发育不可逆转的破坏,谓之温度胁迫。温度胁迫引起植物的生理、生化等代谢变化和植物次生代谢产物的变化是植物自身防御机制的表现。关于温度胁迫特别是高温诱导植物次生代谢产物形成的机制,目前公认的主要包括以下 3 个方面:①大多数次生代谢产物是以碳代谢的中间产物作为初始前体经一系列不同的次生代谢途径合成,在高温胁迫下,植物的生长受到抑制,植物光合作用积累的碳更多地转向次生代谢产物的合成途径,导致以碳为底物的次生代谢产物含量升高。如高温促进了贯叶连翘(*Hypericum perforatum*)植物次生代谢的变化,使金丝桃素(hypericin)的含量随着温度的升高而升高;②次生代谢产物合成途径种酶的最适宜温度不同,如茶叶中咖啡因合成酶的最适宜催化温度是 25℃,烟草种子中生物碱合成酶的最适宜催化温度是 27℃,植物苯丙氨酸解氨酶活性在一定范围内随着温度的升高而升高。高温胁迫可能在一定程度上上调了次生代谢途径上关键酶活性,从而促进次生代谢产物的合成;③植物次生代谢产物本身是植物响应温度胁迫的保护性成分。如花青素有利于植物在环境胁迫条件下增加水分吸收和减少蒸腾,类异戊二烯对植物的耐热能力具有补偿效应。

4. 土壤条件　土壤是药用植物水分和营养元素的主要来源,土壤的物理和化学性质直接决定药用植物的生长状况和次生代谢产物积累情况。根据土壤的质地,可以分为砂土、壤土和黏土等。适宜砂土的药用植物有北沙参(*Glehnia littoralis*)、川贝母(*Fritillaria cirrhosa*)、阳春砂(*Amomum villosum*)等,适宜壤土的药用植物有人参、川芎(*Ligusticum chuanxiong*)、白术(*Atractylodes macrocephala*)等,适宜黏土的药用植物有泽泻(*Alisma plantago-aquatica*)、黑三棱(*Sparganium stoloniferum*)等。pH 值 6~7 的微酸性土壤中土壤养分的有效性最好,有利于大部分植物的生长。但土壤 pH 值对不同类型次生代谢产物积累的影响有较大差异,如连翘(*Forsythia suspensa*)中连翘酯苷(forsythoside)的含量与土壤 pH 值呈正相关,连翘苷(phillyrin)的含量则与土壤 pH 值呈显著负相关。透气性好的弱碱性土壤(pH 7.5~8.5)更有利于地黄(*Rehmannia glutinosa*)块根中梓醇(catalpol)的积累。

土壤中的矿质元素对药用植物次生代谢产物的合成同样具有重要的调控作用。研究发现,土壤氮素的增加会导致植物中非结构碳水化合物含量下降,从而使以非结构碳水化合物为直接合成底物的单萜类次生代谢产物含量降低,但以氨基酸为前体的次生代谢产物含量提高;反之,在增加植物体内非结构碳水化合物的条件下,缩合单宁、纤维素、酚类化合物和萜烯类化合物等含碳次生代谢产物大量产生。磷和钾可以促进多种药用植物中黄酮类成分的积累。锰、锌、铁、硼等微量元素也调控多种次生代谢产物的合成。

土壤中的盐分含量也影响药用植物次生代谢产物的积累,次生代谢产物可能在植物对抗盐胁迫过程中发挥功能。如盐胁迫可以显著提高白棘枝(*Lippia alba*)中芳樟醇(linalool)的含量。巴西人参(*Pfaffia glomerata*)经 120 mmol/L 的 NaCl 处理后,20-羟基蜕皮激素(20-hydroxyecdysone, 20E)含量可以提高 47%。

三、细胞水平的调控及应用

植物细胞具有次生代谢的"全能性",即植物的任何离体细胞在适宜的人工培养条件下与亲本植物具有相同或相似的合成次生代谢产物的能力。每个细胞具有次生代谢产物合成所需的全部遗传信息(转录、翻译、翻译后修饰等)和生理基础(酶、底物、代谢物等),这为在细胞水平上研究药用植物次生代谢调控提供了理论基础。

(一)细胞次生代谢产物在细胞中的空间定位及调控

药用植物次生代谢产物在细胞中的储存位点分为质体中和质体外。每类次生代谢产物都有自己独特的存储位点,亲水性的次生代谢产物很多存储在液泡和叶绿体中,一些脂溶性次生代谢产物则存储于细胞膜内。长春花生物碱的生物合成过程涉及细胞质、液泡、液泡膜、内质网膜、类囊体膜等多个亚细胞结构。固醇类和倍半萜类一般在细胞质中合成。类胡萝卜素、质体醌和叶绿素 K_1 在质体中合成,泛醌在线粒体中合成,橡胶在一些特化的液泡中合成。次生代谢产物生物合成位点的存在,有效地隔绝了其合成过程中中间产物在细胞内的扩散,有利于底物与酶的有效结合及酶促反应的顺利进行,减少次生代谢途径中不同支路之间争夺底物的现象及有毒中间产物对细胞的伤害,使细胞内多种类型次生代谢产物的合成途径得以同时存在。

(二)培养条件对细胞次生代谢产物合成的调控作用及应用

培养条件如培养基组分、培养基 pH 值、培养温度及光照条件等均可影响细胞中次生代谢产物的合成。植物常用的基本培养基有 White、Heller、MS、ER、B5 及 N6 等。研究表明,MS 培养基有利于大部分药用植物细胞的悬浮生长,如杜仲(*Eucommia ulmoides*)、红景天(*Rhodiola rosea*)、益母草、半夏、黄芩(*Scutellaria baicalensis*)、红豆杉及白木香(*Aquilaria sinensis*)等。但对于旨在生产次生代谢产物的细胞培养,次生代谢产物的产量是选择培养基的重要考虑因素。如 MS 培养基有利于丹参悬浮细胞的生长,但 6,7-V 培养基更有利于丹参酚酸类成分的积累,故目前一般选择 6,7-V 作为丹参悬浮细胞的培养基。培养基中不同组分的含量也影响次生代谢产物的含量,如在锦紫苏(*Common coleus*)悬浮细胞中,当糖浓度为 2.5% 和 7.5% 时,迷迭香酸(rosmarinic acid)的含量分别为 0.8 g/L 和 3.3 g/L。在云南红豆杉(*Taxus yunnanensis*)愈伤组织培养过程中,高浓度的 NO_3^- 有利于愈伤组织的生长,而高浓度的 NH_4^+ 则有利于紫杉醇的积累。

目前认为,培养基的 pH 值能够改变细胞溶质的 pH 值和培养基中营养物质的离子化程度,从而影响细胞对营养物质的吸收以及代谢反应中各种酶的活性和次生代谢水平。不同的 pH 值对细胞内不同次生代谢产物积累的影响不同,如较低的 pH 值有利于人参皂苷 Rb_1 的合成,较高的 pH 值有利于西洋参多糖的合成。在细胞培养过程中,改变培养基的 pH 值可以显著改变次生代谢产物的积累,如将培养基的 pH 值降至 3.5 可使长春花(*Catharanthus roseus*)须根培养基中阿玛碱(ajmalicine)浓度增至原来的 400 倍,把南方红豆杉(*Taxus chinensis*)愈伤组织培养基的 pH 值由 5.5 提高到 7.0,紫杉醇的含量可提高至原来的 2 倍多。

光是影响药用植物细胞中次生代谢积累的一个重要因素,细胞培养过程中,光质、光强及光照时间等的不同,导致次生代谢产物含量的显著变化。如蓝光可以促进水母雪莲(*Sasussurea medusa*)愈伤组织中黄酮类化合物的积累,红光却对黄酮类化合物的积累起抑制作用。对白花蛇舌草(*Hedyotis diffusa*)愈伤组织生长最有利的光照强度为 35 μmol/(m²·s),随着光照强度的增加,环肽(kalata B_1)的生物合成被诱导和激发,在光照强度为 120 μmol/(m²·s)时达到最高值。和全光和全暗处理相比,采用光暗交替处理的杜仲愈伤组织中的绿原酸和黄酮含量显著提高。

温度影响植物细胞的生长和分裂,调控次生代谢相关酶蛋白的活性,从而影响药用植物次生代谢产物的合成和积累。如烟草培养细胞中泛醌积累的最适温度为 32℃,蔷薇(*Rosa* sp.)中生物碱的积累量在 16℃时为 27℃的 12 倍。低温(4℃)处理曼迪亚红豆杉(*Taxus media*)细胞 24 h,使细胞处于同步化状态,结合茉莉酸(jasmonic acid,JA)处理可使细胞中紫杉醇的含量提高 6 倍。

(三)诱导子对细胞次生代谢产物合成的调控作用及应用

在各种胁迫条件下,细胞会合成特定的次生代谢产物来响应胁迫,使自身得以适应和生存。诱导细胞产生响应性次生代谢产物的胁迫因子称为诱导子。诱导子一个典型的特征是其在极低的浓度条件下便可大幅提高特定化学成分的合成和积累。按照其来源不同,诱导子分为生物诱导子和非生物诱导子两类。生物诱导子主要包括细菌类诱导子、真菌类诱导子和病毒类诱导子等。非生物诱导子又进一步分为物理类诱导子（如物理损伤、UV 辐射、渗透胁迫、盐胁迫、干旱、高温、低温等），化学类诱导子（如金属离子、矿质盐、气态有毒物等）和激素类诱导子（如茉莉素、水杨酸、乙烯、赤霉素等）。

目前诱导子的应用已经成为提高药用植物细胞培养中次生代谢产物含量的重要手段，其作用机制也逐渐得以解析。诱导子对次生代谢产物的调控过程大概分为三个阶段，即诱导子的识别、胞内信号的传导和胞内特定生物学效应的产生。诱导子作为一种外界信号被细胞膜上的受体所识别，改变膜的透性和膜内离子的分布，从而产生胞内信号。这种胞内信号经细胞内一系列第二信使，如 Ca^{2+}、H_2O_2、NO、cAMP、水杨酸、茉莉素等的传导和级联放大，改变特定生源途径上调控基因和结构基因的表达，促进或抑制次生代谢产物的合成和积累。

在利用诱导子促进目标次生代谢产物积累的过程中，要注意几点：①诱导子具有作用专一性，同一诱导子对不同植株和同一植株不同细胞株的诱导作用不同；②诱导子具有作用快速性，通常在施加后几个小时内就可以引起细胞的防御性应答反应；③诱导子具有浓度效应，不同的浓度对次生代谢产物合成积累的影响不同；④诱导子具有时间效应，在细胞培养的四个时期（延迟期、对数期、稳定期和衰亡期）中，不同时期细胞对诱导子的响应不同，只有选择合适的细胞生长期才能发挥诱导子的最佳诱导效果；⑤诱导子具有协同性和拮抗性，不同种类的诱导子之间可以相互作用，从而促进或者抑制彼此之间的诱导作用。

四、分子水平的调控及应用

（一）结构基因在药用植物次生代谢产物合成中的功能及应用

1. 结构基因的定义　结构基因是与调控基因相对的概念，编码除调节因子（regulatory factor）以外的多种功能和结构的 RNA 或蛋白质。包括结构蛋白、酶类（如催化酶）或不执行调控功能的 RNA 分子。结构基因的功能是把携带的遗传信息通过转录传递给 mRNA（信使核糖核酸），再以 mRNA 为模板合成具有特定氨基酸序列的蛋白质或特定序列的 RNA。以下所述结构基因主要指编码次生代谢产物生源途径上关键酶的基因。

2. 结构基因的分类及功能

（1）氧化还原酶类基因：氧化还原酶类是一类催化氧化还原反应的酶，可分为氧化酶和还原酶两类。氧化还原酶在植物界广泛存在，其中细胞色素 P450（cytochrome P450, CYP450）家族基因在药用植物次生代谢中发挥重要作用。多数植物 CYP450 定位于内质网膜上，通过催化底物进行氧化还原反应参与多种次生代谢产物的合成。如根据桔梗皂苷 D（platycodin D）的结构推测，CYP450 可以在 β- 香树脂醇的 C-28 位引入羧基并氧化 β- 香树脂醇的 C-2β、16α、23、24 位生成桔梗皂苷元；CYP716A47 和 CYP716A53v2 参与达玛烷型人参皂苷生物合成过程中 2 个连续的氧化反应。

（2）转移酶类基因：这些基因的产物催化底物之间进行某些基团（如乙酰基、巯基、甲基、羟基、氨基、磷酸基等）的转移或交换，包括甲基转移酶、乙酰基转移酶、转硫酶、氨基转移酶、激酶和多聚酶等。次生代谢多个生源途径都需要转移酶类的参与，如苯丙烷代谢途径上的酪氨酸氨基转移酶（TAT），各类糖苷类物质合成途径中的糖基转移酶，萜类合成甲羟戊酸（mevalonate, MVA）途径上的乙酰辅酶 A 酰基转移酶（AACT）等。

（3）水解酶类基因：水解酶类基因的产物催化底物发生水解反应，包括淀粉酶、蛋白酶、脂肪酶、磷酸酶、糖苷酶等。例如，糖苷酶类基因的作用与糖基转移酶类基因相反。苦杏仁苷在 β-葡萄糖苷酶（β-glucosidase）和 α-羟腈酶（α-hydroxynitrilelyase）的顺序作用下，释放糖基和氢氰酸，后者是植物防御动物取食的策略之一。

（4）裂合酶类基因：这类基因编码的蛋白催化从底物（非水解）移去一个基团并留下双键的反应或其逆反应，包括脱水酶、脱羧酶、碳酸酐酶、醛缩酶、柠檬酸合酶等。查耳酮合酶（chalcone synthase, CHS）是一个典型的裂合酶，催化 1 分子的 4-香豆酰辅酶 A（4-coumaryl CoA）和 3 分子的丙二酰辅酶 A（malonyl CoA）生成 4, 5, 7-三羟基黄烷酮（narigeninchalcone）。

（5）异构酶类基因：这些基因的产物催化各种同分异构体、几何异构体或光学异构体之间相互转化，包括异构酶、表构酶、消旋酶等。黄酮类物质生源途径上的查耳酮异构酶（chalcone isomerase, CHI）是这类酶的代表，催化柚皮素查耳酮（naringenin chalcone）形成柚皮素（naringenin）。

（6）连接酶类基因：这些基因的产物催化 2 分子底物合成 1 分子化合物，同时偶联有 ATP 的磷酸键断裂释能，包括谷氨酰胺合成酶、DNA 连接酶、氨基酸-tRNA 连接酶以及依赖生物素的羧化酶等。苯丙烷代谢途径上的 4-香豆酸辅酶 A 连接酶（4CL）是这类酶的一个代表，催化肉桂酸及其羟基或甲氧基衍生物生成相应的辅酶 A。

（二）调控基因在药用植物次生代谢产物合成中的功能及应用

1. 调控基因的定义　调控基因（regulatory gene）是从基因功能角度进行划分，其主要功能是通过与目的基因的 DNA 调控序列（又叫顺式作用元件，*cis*-elements）或目的基因结合元件（蛋白或 RNA，又叫反式作用元件，*trans*-elements）相互作用，进而调节目的基因活性的一类基因。按照其对目的基因的调控效果，可以分为正调控（positive regulation）和负调控（negative regulation）两类。调控基因对目的基因的调控具有复杂性，多个调控基因可以相互作用共同调控一个目的基因，单个调控基因也可以同时调控多个目的基因的表达。每个调控基因都处于调控网络中，在调控目的基因的同时，本身也受其他调控基因的调控。目前已知的在药用植物次生代谢中发挥作用的调控基因主要包括转录因子（transcription factor, TF）和非编码 RNA（non-coding RNA, ncRNA）。

2. 调控基因的分类及功能

（1）转录因子

1）转录因子的结构概述：转录因子是一类能与基因 5' 端上游特定序列专一性结合，从而保证目的基因以特定的强度在特定的时间与空间表达的蛋白质分子。典型的植物转录因子一般由 DNA 结合域（DNA-binding domain）、寡聚化位点（oligomerization site）、转录调控域（transcription regulation domain）和核定位信号（nuclear localization signal, NLS）组成。DNA 结合域负责转录因子对目的基因的识别和结合，同一类型转录因子 DNA 结合域的氨基酸序列具有保守性。转录调控域包括转录激活域和转录抑制域两类，转录调控域的类型决定了该转录因子是正调控基因还是负调控基因。寡聚化位点是不同转录因子间相互作用的功能域，有些转录因子不能直接与 DNA 结合，通过寡聚化位点与其他蛋白形成调控复合物，共同调节目的基因的转录。核定位信号区是转录因子中富含精氨酸和赖氨酸残基的区域，每个转录因子含一至多个，负责转录因子向细胞核的转运，但也有的转录因子不含核定位信号，通过与其他蛋白的结合进入细胞核。

2）AP2/ERF 类转录因子的结构和功能：在结构上，AP2/ERF 家族成员至少含有 1 个保守的 DNA 结合区，该结构域由 60 个左右氨基酸组成，其 N 端存在 1 个碱性亲水区，包含 3 个反向平行的 β 折叠，通过 β 折叠上的精氨酸和色氨酸残基与靶基因双螺旋结构大沟上的 8 个碱基相连以实现与 GCC-box 结合。AP2/ERF 类转录因子可以调控多种药用植物中次生代谢产物的合成。如黄花蒿（*Artemisia annua*）中 AaERF1 和 AaERF2 可以通过影响 *ADS* 和 *CYP71AV1* 基因的表达，促进青蒿素的积累，AaOCA 则可通过正向调控 *ADS*、*CYP71AV1*、*DBR2* 和 *AaERF1* 的表达同时提高青蒿素和青蒿酸的产量。长春花 OrCA2 可以与异胡豆苷合酶基因（*Str*）启动子区的 GCC-box 结合，在茉莉素的诱导下激活 *Str* 的转录，可能与长春花中生物碱合成相关。烟草中转录因子 ORC1 可以和 *PMT* 及 *QPRT* 基因启动区的 CCC-motif、GCC-box 互作，在 JA 诱导下提高尼古丁的含量。

3）bZIP 类转录因子的结构和功能：碱性亮氨酸拉链（basic leucine zipper，bZIP）类转录因子由一个碱性区域和一个亮氨酸拉链结构组成，其中碱性区域高度保守，由 16~20 个氨基酸残基组成，位于 bZIP 结构域的 N 端，含有 DNA 识别序列和核定位序列，能够识别目的基因启动子区的"ACGT"序列并与之结合。亮氨酸拉链结构域不保守，位于 bZIP 结构域的 C 端，同时含有大量疏水残基。构建 *AabZIP1* 过表达载体转化青蒿植株，可使青蒿素含量明显增加，说明转录因子 *AabZIP1* 正向调控青蒿素的合成。从长春花中分离出编码 bZIP 转录因子 G 亚家族成员 CrGBF1 和 CrGBF2 的 cDNA，EMSA 实验结果证明 CrGBF1 和 CrGBF2 能特异性结合 *Str* 启动子区 G-box，说明其可能参与长春花中萜类吲哚生物碱（terpenoid indole alkaloids）的合成。

4）bHLH 类转录因子的结构和功能：bHLH 超家族成员含有 2 个高度保守且功能不同的结构域，分别为碱性区域（basic region）和螺旋 - 环 - 螺旋（helix-loop-helix，HLH）区域。碱性区域由 15~20 个氨基酸组成，位于 bHLH 结构域 N 端，为 DNA 结合区域，可识别 E-box 和 G-box。位于 C 端的 HLH 区依赖疏水氨基酸的相互作用，形成 2 个 HLH 蛋白的同源或异源二聚体，调节目的基因的表达。在长春花中利用酵母单杂交，以参与萜类吲哚生物碱生物合成的异胡豆苷合酶（strictosidine synthase，STR）基因启动子区 G-box 的四聚体为诱饵，筛选得到 5 个 MYC 转录因子 GrMYC1-5，其中 CrMYC1 和 CrMYC2 证明可能参与长春花中萜类吲哚生物碱的生物合成过程。在紫杉（*Taxus cuspidata*）中发现受茉莉酸甲酯诱导的 MYC 转录因子 TcJAMYC1 可以在体外结合 E-box，负调控大多数参与紫杉醇生物合成基因的表达。转录因子基因 *AabHLH1* 在黄花蒿叶片中的过表达能够提高青蒿素合成途径中关键酶基因 *ADS* 和 *CYP71AV1* 的表达。

5）MYB 类转录因子的结构和功能：植物中 MYB 转录因子均具有保守的 MYB 结构域，MYB 结构域由 51~52 个高度保守的氨基酸残基组成，形成 3 个 α- 螺旋结构，第二个和第三个 α- 螺旋形成"螺旋 - 转角 - 螺旋（HTH）"结构，其中第三个 α- 螺旋被认为是"识别性螺旋结构"，负责与 DNA 序列的识别，直接插入 DNA 的大沟中。根据 MYB 结构域的个数，MYB 转录因子被分成了单一重复序列 MYB，R2R3 MYB，R1R2R3 MYB 和 4R-MYB 四类。目前对于 MYB 类转录因子在类黄酮和酚酸类成分生源合成过程中的调控作用研究较多。如将苦荞（*Fagopyrum tataricum*）中 *FtMYB1* 和 *FtMYB2* 在烟草中瞬时表达，可显著提高上调烟草中类黄酮途径关键酶基因 *PAL*、*CHI* 和 *F3H* 表达量，提高总黄酮含量。丹参中 SmMYB36 和 SmMYB39 通过下调相关关键酶基因的表达，抑制丹参酚酸类成分的合成积累，同时 SmMYB36 还可以作为正调控因子，提高丹参毛状根中丹参酮类成分的含量。

6）WRKY类转录因子的结构和功能：WRKY转录因子是植物特有的一类转录因子，含1~2个约由60个高度保守的氨基酸残基组成的WRKY结构域，为其DNA结合域。WRKY结构域由位于N端的WRKYGQK保守序列和位于C端的锌指结构组成。WRKY转录因子与靶基因启动子区的W-box（TTGACC/T）结合，参与对逆境胁迫的应答和次生代谢产物的合成。青蒿中AaWRKY1转录因子可以调控*ADS*基因的转录，极有可能参与青蒿素合成的调控。在过表达*WRKY1*的红豆杉细胞株中，紫杉醇合成途径关键酶基因*ts*、*t5αh*、*dbbt*、*dbat*及*dbtnb*等的表达量上调，且紫杉醇的含量提高了2.7倍。黄连CjWRKY1转录因子可以上调黄连素生物合成途径上所有关键酶基因的表达，暗示其是黄连素合成的重要调控因子。

7）SPL（squamosa-promoter-binding protein-like）类转录因子的结构和功能：SPL是广泛存在于植物中的转录调控因子，该类转录因子含有一个由80个氨基酸残基组成的高度保守SBP结构域，用于与靶基因启动子区的结合。该类转录因子调控植物次生代谢的相关报道不是很多。在拟南芥中*AtSPL9*可以与MYB-bHLH-WD40复合体中的MYB蛋白PAP1相互作用，影响该复合体的稳定性，从而抑制花青素的积累。

（2）miRNA

1）miRNA结构及作用机制：miRNA是由19~25个核苷酸组成的内源性单链小分子RNA，由DNA转录产生，不翻译成蛋白质，通过碱基互补配对的方式与靶基因的3′UTR区域部分或完全互补，剪切靶基因的转录产物或者抑制转录产物的翻译，从而起到转录后调控靶基因表达的作用。大多数miRNA的启动子序列和基因的启动子类似，具有TATA盒及转录因子结合位点等。miRNA也同样受转录因子调控，也具有时空表达的特异性。miRNA主要通过两种途径调控基因的表达。一是通过碱基互补配对直接结合在靶基因上，利用AGO1蛋白（argonaute1）切开靶mRNA中的磷酸二酯键，导致靶mRNA被特异性剪切。二是miRNA通过碱基互补配对作用结合靶基因的mRNA，抑制靶mRNA的翻译。

2）miRNA对药用植物次生代谢的调控作用：miRNA主要通过作用于植物次生代谢途径上的酶及转录因子，或者通过影响植物激素的信号转导来调控次生代谢产物的合成。目前已在超过20种药用植物中明确了miRNA对次生代谢产物合成的调控作用。如杨新兵构建了丹参中miR156前体序列Sm-MIR156a的干涉载体，转化丹参后明显上调了酚酸类成分合成途径上关键酶基因的表达，提高了酚酸类成分的含量。广藿香（*Pogostemon cablin*）中miR156靶向*SPL*，通过调节*TPS21*基因表达而参与广藿香主要药用成分倍半萜烯的生物合成过程。研究证明，过表达miR156的转基因广藿香其主要倍半萜烯的含量下降，过表达靶基因*SPL10*的植株其含量则升高。罂粟中pso-miR13、pso-miR2161和pso-miR408分别靶向*7-OMT*、*4-OMT*和牛心果碱氧化酶类蛋白（reticuline oxidase-like protein）等异喹啉生物碱合成关键基因，参与调控异喹啉生物碱的合成。红豆杉中miR164和miR17分别通过靶向调控紫杉烷13α-羟基化酶（13α-hydroxylase）基因和紫杉烷2α-*O*-苯甲酰转移酶（2α-*O*-benzoyltransferase）基因，调控紫杉醇的生物合成。

（三）转运蛋白在药用植物次生代谢产物合成中的功能及应用

次生代谢产物对药用植物本身具有重要的生理作用，如可以保护其免受食草动物和病原菌的侵害，免受高温、干旱、紫外线辐射等环境胁迫的损伤。但次生代谢产物本身对植物也有毒害作用,必须被分泌到细胞外或者存储在特定的细胞器中。另外,次生代谢产物的合成和积累具有一定的组织器官特异性,如茄科植物中尼古丁主要在根中合成,在叶中发挥对植物的保护作用。次生代谢产物要从其合成部位转运到积累部位,必须借助转运蛋白的协助。转运蛋白(transport protein)是膜蛋白的一大类,介导生物膜内外的化学物质及各类信号交换。目前认为,转运蛋白介导的次生代谢产物的跨膜转运主要有两种机制:一种是以直接水解 ATP 供能的三磷酸腺苷结合盒蛋白(ATP-binding cassette protein, ABC 蛋白)所介导的转运;另一种则是依赖于 H^+/Na^+ 浓度梯度的逆向转运机制。

1. ABC 蛋白对次生代谢产物积累的调控作用及应用　ABC 蛋白是自然界一大类跨膜蛋白,利用水解 ATP 释放的能量直接转运底物。其底物包括肽、糖、脂、重金属螯合物、多糖、生物碱、类固醇、无机离子和谷胱甘肽结合物等多种化合物。ABC 蛋白在结构上一般包括核苷酸结合域(nucleotide binding domain, NBD)和跨膜域(transmembrane domain, TMD)。NBD 位于膜的胞质面,能结合并水解 ATP 提供能量。每个 TMD 通常含有 4~6 个跨膜的 α-螺旋,形成底物跨膜通道,并利用 ATP 水解提供的能量选择并转运底物。根据蛋白分子的大小,植物 ABC 蛋白分为全分子转运蛋白(含 2 个 NBD 和 2 个 TMD)、半分子转运蛋白(含 1 个 NBD 和 1 个 TMD)和可溶性转运蛋白(NBD 和 TMD 存在于不同的多肽上)三类。ABC 蛋白的命名有多种标准,以模式植物拟南芥为例,Sánchez-Fernández 等将其划分为 13 个亚家族,其中属于全分子转运蛋白的 4 个亚家族为 MDR、MRP、PDR 和 AOH;属于半分子转运蛋白的 5 个亚家族为 PMP、WBC、ATH、ATM 和 TAP;属于可溶性转运蛋白的 4 个亚家族为 RLI、GCN、SMC 和 NAP。Kang 等则将其划分为 ABCA~ABCG、ABCI 共 8 个亚家族。

相对其他种类的转运蛋白,有关 ABC 蛋白对次生代谢产物的转运方面的研究较多。生物碱是很多药用植物中主要的次生代谢产物,这类生物活性物质对植物细胞可能具有潜在的毒性,如影响染色体结构的稳定性或者抑制 DNA 的复制。但是产生生物碱的植物自身对这些代谢产物并不敏感,例如,当把黄连素加到各种植物细胞的培养基中时,黄连素对不产生黄连素的植物物种如烟草显示了很强的细胞毒性,而产生黄连素的亚欧唐松草(*Thalictrum minus*)和黄芪(*Astragalus propinquus*)却能耐受这种生物碱。而且,当把黄连素加入培养基中时黄芪细胞能够逆浓度梯度从培养基中摄取黄连素,而且被吸收的黄连素全部累积在液泡中。目前已从黄芪中克隆得到一个 MDR 类的 ABC 蛋白基因 *Cjmdr*,用非洲爪蟾的卵细胞对其进行功能分析,发现该转运蛋白能够识别黄连素作为底物。目前有关 ABC 蛋白对萜类物质转运的机制报道较少,研究人员从人参中克隆得到了 3 条 *PgPDR* 基因,其中 *PgPDR1* 的表达受水杨酸和冷胁迫的正调控,受脱落酸(ABA)的负调控。*PgPDR3* 与 MeJA 诱导的人参皂苷积累有关,可能参与人参皂苷向胞外的转运。MRP 亚家族的 ABC 蛋白与花色素苷向液泡的转运密切相关,如玉米中 ZmMRP3 定位于液泡膜,是花色素苷积累所必需,除玉米外,ABC 蛋白对花色素苷的转运功能在包括大麦(*Hordeum vulgare*)、康乃馨(*Dianthus caryophyllus*)、矮牵牛(*Petunia hybrida*)等多种植物中得到了证实。

2. MATE 类转运蛋白对次生代谢产物积累的调控作用及应用　多药和有毒化合物排出(multidrug and toxic compound extrusion, MATE)蛋白是目前已知参与次生代谢产物转运的另一类转运蛋白。MATE 转运蛋白由 400~700 个氨基酸组成,大多数含有 12 个跨膜螺旋

（transmembrane helix，TM）。MATE 成员之间大约有 40% 的序列相似性，保守区域大多位于 TM1 和 TM7 附近，TM1、TM2 以及 TM7、TM8 的胞外连接环，TM2、TM3 和 TM8、TM9 的胞内连接环，TM4、TM5 及 TM10、TM1 的连接环中。MATE 蛋白的 N 端和 C 端均暴露于细胞质中，暗示该类蛋白可能与其他蛋白相互作用。该类蛋白一般依赖于 H^+/Na^+ 浓度势能差来实现对底物的跨膜转运。

对 MATE 类转运蛋白的了解较晚，目前有关该类蛋白对次生代谢产物的转运作用多见于拟南芥及烟草等模式植物中。AtDTX1 是拟南芥中筛选到的一个 MATE 转运蛋白，定位在细胞膜上，研究表明它可能作为一个外排转运蛋白，将黄连素等有毒物质转运至细胞外，从而对细胞起到解毒作用。NtMATE1 定位于烟草细胞液泡膜，可以利用 H^+ 浓度梯度促进尼古丁在液泡中的积累，另外两个同类蛋白 Nt-JAT1 和 Nt-JAT2 具有相似的功能。*AtTT2* 是一个典型的 MATE 蛋白基因，在胚珠和发育中的种子中特异性表达，与种皮的着色有关，*tt2* 突变体种皮中类黄酮的含量和组成发生变化。目前已在甘蓝型油菜（*Brassica napus*）、蒺藜苜蓿（*Medicago truncatula*）、番茄（*Solanum lycopersicum*）、葡萄（*Vitis vinifera*）及草莓（*Fragaria ananassa*）等植物中获得多个 MATE 类转运蛋白，这些蛋白大多与花青素或原花青素在液泡中的积累有关。药用植物中有关 MATE 类转运蛋白的研究目前较少。

第二节　药用植物次生代谢调控研究实例

一、紫杉醇生物合成调控

紫杉醇是存在于红豆杉属植物中具有抗癌作用的二萜类次生代谢产物。由于其独特的抗癌作用，自 1992 年美国食品药品监督管理局（FDA）批准上市以来，广泛用于卵巢癌、乳腺癌、非小细胞肺癌等的治疗。目前，市场上的紫杉醇主要依靠从红豆杉树皮中提取。但红豆杉等植物资源匮乏，且直接从红豆杉树皮中提取紫杉醇的含量仅为 0.01%~0.05%，天然提取得到的紫杉醇远远无法满足临床需求。为此，国内外研究者在筛选高产紫杉醇红豆杉品种、细胞培养、化学半合成及全合成、微生物生产和生物技术等方面做了大量探索，获得了一定的进展，但是仍未能解决紫杉醇的供需问题。

（一）紫杉醇生物合成途径

目前，红豆杉中紫杉醇的生物合成途径已基本阐明，从二萜类物质合成前体牻牛儿基牻牛儿基焦磷酸（geranylgeranyl pyrophosphate，GGPP）到紫杉醇的合成需 19 个酶促反应，其中紫杉醇的骨架结构与侧链分别进行合成，之后再组装到一起，其生物合成途径如图 8-1 所示。

国内外学者对于紫杉醇生物合成相关的关键酶基因进行了大量的研究，获得了多个与紫杉醇生物合成相关的基因并且完成了其中包含编码羟基化酶和酰基化酶在内的 14 个基因的克隆（表 8-1），并对这些基因转录水平的表达与紫杉烷类化合物的合成之间的关系展开了相关的研究。

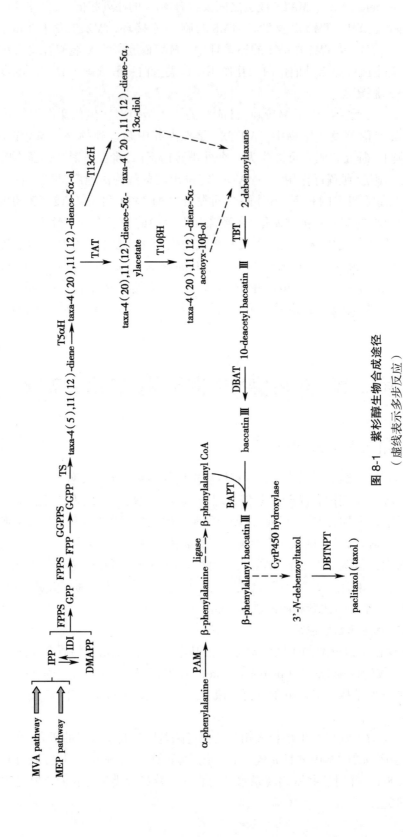

图 8-1 紫杉醇生物合成途径

（虚线表示多步反应）

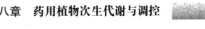

表 8-1　已克隆的紫杉醇生物合成相关基因

中文名称	英文名称	英文缩写	基因登录号	大小 /bp
牻牛儿基牻牛儿基焦磷酸合酶	GGPP synthase	*GGPPS*	AF081514	1 179
紫杉烯合酶	taxadiene synthase	*TS*	U48796	2 586
紫杉烷 10β- 羟基化酶	taxane 10β-hydroxylase	*T10βH*	AF318211	1 494
紫杉烷 13α- 羟基化酶	taxane 13α-hydroxylase	*T13αH*	AY056019	1 458
紫杉烷 14β- 羟基化酶	taxane 14β-hydroxylase	*T14βH*	AY188177	1 530
紫杉烯 5α- 羟基化酶	taxadiene 5α-hydroxylase	*T5αH*	AY289209	1 509
紫杉烷 2α- 羟基化酶	taxane 2α-hydroxylase	*T2αH*	AY518383	1 488
紫杉烷 7β- 羟基化酶	taxane 7β-hydroxylase	*T7βH*	AY307951	1 503
紫杉烯醇 -5α- 乙酰氧化基转移酶	taxadien-5α-ol-*O*-acetyl transferase	*TAT*	AF190130	1 317
紫杉烷 2α-*O*- 苯甲酰转移酶	taxane 2α-*O*-benzoyl transferase	*TBT*	AF297618	1 320
10- 去乙酰巴卡亭Ⅲ -10β-*O*- 乙酰基转移酶	10-deacetylbaccatin Ⅲ -10-*O*-acetyl transferase	*DBAT*	AF193765	1 320
巴卡亭Ⅲ -3- 氨基 -3- 苯基丙酰转移酶	baccatin Ⅲ -3-anino-3-phenylprop anoyltransferase	*BAPT*	AY082804	1 335
3'-*N*- 去苯甲酰 -2'- 脱氧紫杉醇 -*N*- 苯甲酰基转移酶	3'-N-debenzoyl-2'-deoxytaxol N-benzoyl transferase	*DBTNBT*	AF466397	1 323
苯丙氨酸氨基变位酶	phenylalanine aminomutase	*PAM*	AY582743	2 094

（二）紫杉醇生物合成调控

1. 紫杉醇代谢个体及细胞水平调控　紫杉醇作为植物的次生代谢产物,其代谢过程受多种环境因素的影响,致使其产量不稳定。当植物受到外界因素胁迫时,便会产生相应的次生代谢产物来抵御逆境,包括微生物感染、食草动物或昆虫的侵袭、激素作用以及紫外照射等。紫杉醇作为细胞防御反应的产物,添加诱导子如茉莉酸（JA）,水杨酸（SA）和冠毒素（coronatine）等对细胞进行刺激可有效增加紫杉醇含量。JA 及其类似物,如茉莉酸甲酯（MeJA）、葫芦酸甲酯（methylcucurbate）、顺 - 茉莉酮（*cis*-jasmone）等,都能够显著提高紫杉醇含量。TASY 是催化前体形成紫杉烷类物质的萜类合成酶,是位于代谢分支并调控代谢流向的关键酶,研究其调控和代谢规律对于指导增加紫杉醇的产量有重要的作用。其次,*TASY* 是紫杉醇合成酶基因中能够显著并持续响应 JA 信号的酶基因之一。比较 MeJA 处理后 *TASY*、*DBAT*、*PAM*、*T13H*、*T2H*、*BAPT*、*T7H*、*DBTNBT* 等基因的表达情况,发现 *TASY* 基因是唯一在 4 d 内始终保持 50~150 倍高表达的基因,说明 *TASY* 是 JA 信号调控的重要靶点基因。另外,通过对紫杉醇合成关键酶基因启动子的顺式作用元件分析发现,*TASY* 基因启动子上富含对 JA 信号响应的 T/G-box,G-box 和 GCC-box 等元件,与长春花碱关键合成酶基因 *STR*,尼古丁合成关键酶基因 *PMT2* 具有相似的启动子顺式作用元件。此外,同时使用多种诱导子对紫杉醇的含量提高更为显著,比如 JA 和 Coronatine,JA 和 SA。同时利用两种策略方法能够更为显著地提高紫杉醇含量,比如同时用 JA 和 Coronatine 处理 *TASY* 转基因红豆杉细胞系,能使紫杉醇含量提高 55 倍。

2. 紫杉醇代谢分子水平调控

(1)细胞色素 P450(CYP450):从紫杉醇母核(紫杉二烯)到最终形成紫杉醇需要经过 C-1、C-2、C-4、C-5、C-7、C-9、C-10、C-13 八个位点的有效羟化,并且所有羟化修饰均由 CYP450 单加氧酶催化完成。其中,已有 5 个碳位有对应的 CYP450 羟化酶被克隆并得以功能验证,分别是 *T2αH*、*T5αH*、*T7βH*、*T10βH*、*T13αH*。这些羟化酶也都具有典型的 CYP450 家族保守结构:PFG motif,EXXR motif,PERF 或 PSRF motif 和半胱氨酸残基(表 8-2)。此外,鉴定出了紫杉烯 14β- 羟化酶(T14βH),它可以将 α- 乙酸基 -10β- 羟基紫杉二烯羟化成 5α- 乙酸基 -10β,14β- 羟基紫杉烯。但紫杉醇的结母核上的 C-14 位并没有被羟化,所以该酶并不参与紫杉醇的生物合成路径,而是参与其他紫杉烷类的合成旁路,流向 14β- 羟基紫杉烷。因此,可以采用生物技术的手段抑制该酶活性,将代谢流引向紫杉醇合成路径,提高紫杉醇的产量。

表 8-2 已知紫杉烷羟化酶的保守特征

酶	分子量 /kDa	PEG	EXXR	PSRF	必有半胱氨酸
紫杉烷 2α- 羟基化酶	55.652 2	433	362	416	441
紫杉烯 5α- 羟基化酶	56.557 5	437	366	420	445
紫杉烷 7β- 羟基化酶	56.323 7	438	367	421	446
紫杉烷 10β- 羟基化酶	56.690 6	435	364	418	443
紫杉烷 13α- 羟基化酶	54.653 2	423	352	406	431

(2)酰基转移酶:酰基转移酶在紫杉醇生物合成的 19 步反应中催化其中的 5 步,在紫杉醇生物合成的代谢途径中也起到了至关重要的作用。例如,BAPT 专一性催化 β- 苯丙氨酰辅酶 A 与巴卡亭Ⅲ C-13 位羟基反应生成去苯甲酰紫杉醇;DBTNBT 催化苯甲酰和去苯甲酰紫杉醇合成紫杉醇,是紫杉醇生物合成途径中的最后一个酰基转移酶,因此,它们在决定紫杉醇合成量上具有举足轻重的作用。通过将参与或相关的次生代谢产物合成酶基因导入红豆杉细胞中是提高紫杉醇产量的一个有效手段,*DBAT* 超表达能够提高 1.7 倍紫杉醇含量;*DBTNBT* 超表达也能不同程度地提高紫杉醇的含量。另外,从红豆杉中分离出了 2 个促进红豆杉支链代谢物紫杉素酰基化的酰基转移酶基因(*TAX9* 和 *TAX14*),为利用基因敲除等方法促进紫杉醇及其相关前体的合成提供了新思路。

(3)转录因子:转录因子在植物次生代谢途径中起到重要的调控作用,能够调控次生代谢物质的产量。参与植物次生代谢生物合成调控的转录因子主要有 MYB、AP2/EREBP、WRKY、bHLH、MADS-box 和 bZIP 等家族。目前已经报道了一些关于参与紫杉醇生物合成调控的转录因子。例如,利用酵母单杂交技术对与紫杉醇生物合成途径中的 *DBAT* 基因启动子的顺式元件相结合的转录因子进行了筛选工作,得到 6 个结合蛋白的编码基因。在东北红豆杉中分离、克隆到两个 AP2 类转录因子,其中 TcDREB 能与紫杉醇合成途径中的 *TS*、*T5H*、*T10H* 和 *T13H* 4 个关键酶编码基因的启动子相结合。从中国红豆杉细胞中克隆

DBAT 基因长度为 1 740 bp 的 5' 端片段,并利用该片段作诱饵,通过酵母单杂交方法从中国红豆杉悬浮细胞所建立的 cDNA 文库中成功地获得一个 WRKY 类转录因子 TcWRKY,并发现 TcWRKY 的过量表达或者 RNA 干扰(RNAi)技术干扰抑制后都可以分别增强或者降低 *DBAT* 表达水平。

(4)非编码 RNA:研究发现 miRNA 通过转录切割或翻译抑制的方式调控基因的表达,在植物的生命活动中起着非常重要的作用。miRNA 高通量测序表明,中国红豆杉有 56 个保守的 miRNAs,它们分属于 23 个 miRNA 家族,还有 2 个非保守的 miRNAs。研究发现茉莉酸甲酯(MeJA)诱导后 miR168 和 miR169 表达水平下降,而 miR164 和 miR390 表达水平上调。这些 miRNA 的靶基因大部分是转录因子,所以推测红豆杉细胞中的 miRNA 很可能是通过作用于转录因子来影响紫杉醇生物合成的。借助 Illumina 测序技术,利用曼地亚红豆杉叶子为材料对其 miRNA 和降解组进行了测序分析,发现 *T13H* 和 *T2H* 分别是 miR164 和 miR171 的可能的剪切靶标。

二、长春碱生物合成调控

长春碱是一种存在于夹竹桃科长春花属长春花中一种重要的萜类吲哚生物碱(terpenoid indole alkaloids, TIAs)。TIAs 唯一的商业化来源就是长春花,目前认为长春花中至少合成了 150 多种 TIAs,TIAs 是含有芳香杂环并且由异戊二烯组成的一类生物碱,对治疗癌症等有非常重要的药用价值。长春花生物碱如长春新碱(vincristine)、长春碱(vinblastine)、长春瑞滨(vinorelbine)、长春地辛(vindesine)已在临床试验中被广泛应用。长春花次生代谢途径及次生代谢产物的研究越来越具有应用价值,越来越受到国内外研究的重视,是现今探索生物化学途径和复杂代谢途径等分子生物学问题的模式药用植物之一。由于长春花全草中生物碱种类较多,而长春碱在植物中的含量很低,一般都在万分之几,产能问题成为长春类药物的瓶颈问题。利用化学合成和半合成的方法可以得到长春碱及其衍生物,但是由于长春碱的结构复杂,目前主要是从天然植物中提取长春碱。

(一)长春碱生物合成途径

包括长春碱在内的 TIAs 的合成通路以关键化合物异胡豆苷为界分成上游和下游途径。上游途径包括由萜类化合物途径合成的裂环马钱子苷和由莽草酸途径合成的色胺,在异胡豆苷合成酶(strictosidine synthase, STR)催化下耦合成异胡豆苷,异胡豆苷作为共同的合成前体在下游途径中进一步转化成一系列含有多种结构多种生物功能的萜类生物碱(图 8-2)。TIAs 代谢途径是个非常复杂的过程,从色氨酸和香叶醇开始,到合成长春碱需要经过至少 35 个步骤,涉及 30 多个生物反应、30 多个酶、2 个调节基因,并且跨越 7 种细胞及亚细胞结构。

(二)长春碱生物合成调控

1. 长春碱代谢个体水平调控 作为植物次生代谢产物,TIAs 生物合成很大程度上也受到环境因子的影响。研究发现,光照是影响长春花细胞中酶活性,进而影响 TIAs 合成与积累的重要因素。在液体培养基上培养长春花激素自养型细胞系,发现红光比蓝光有利于长春花阿玛碱的合成;紫外光照射长春花的完整植株或离体培养的试管苗,可刺激文多灵和长春质碱向长春碱和长春新碱的方向合成。文多灵合成途径中的 3 个酶,包括 T16H、D4H、DAT 都需要在光照条件下才能表达。在长春花幼苗中,D4H 表达量是黄化幼苗中的 8~9 倍,而暗室培养的长春花幼苗进行光照培养后其 DAT 的表达也逐渐增加。

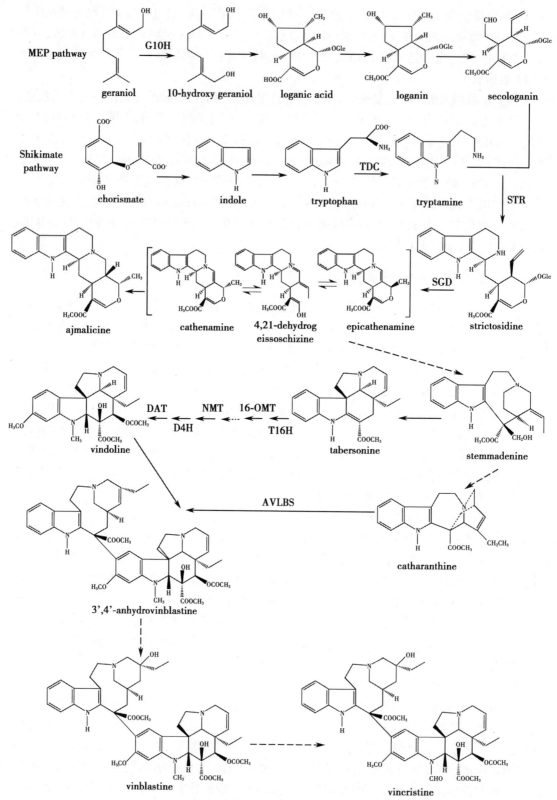

图 8-2　长春碱生物合成途径（引用自 Zhu et al., 2015）

（虚线表示多步反应）

干旱和盐胁迫也对长春碱代谢产生了很大影响。盐处理可使长春花顶端叶片的干重降低约 50%，这些叶片吲哚生物碱的含量的升高超过 5 倍，在中叶和基叶中结果类似。轻度干旱条件下早期（0~21 d）有利于文多灵、长春质碱、长春碱、长春新碱积累，后期（28~35 d）反而起抑制作用。另外，施加外源氮素能有效提高长春花叶片中全氮含量，POD 和 TDC 酶活性，文多灵和长春质碱的含量。干旱胁迫的同时施加氮素对这些生物碱含量的提高更为显著。

2. 长春碱代谢细胞水平调控　长春花中 JA 类物质通常能够促进所有目标生物碱的产生。MeJA 能够激活长春花幼苗中水甘草碱、文多灵、长春质碱等单萜吲哚类生物碱的合成，促进长春花悬浮细胞、毛状根培养物中阿玛碱、蛇根碱等生物碱的合成与积累。生物碱的产量与 JA 的浓度、细胞和毛状根的日龄有关。另外，低浓度的水杨酸能够诱导长春花幼苗中蛇根碱和水甘草碱的积累，而高浓度的水杨酸则诱导文多灵的积累。

真菌诱导子对长春花生物碱合成的诱导效果与真菌种类、诱导剂量、诱导时间长短及诱导时细胞或毛状根的日龄等具有密切关系。真菌诱导子通过多糖或信号物质与植物细胞表面的特异受体结合，激发胞内的信号传递，诱导生物碱合成相关基因的表达，进而诱导生物碱的合成与积累。酵母激发子诱导包括 TDC 和 STR 在内的多种吲哚生物碱合成酶基因的表达，其诱导作用由蛋白质磷酸化、Ca^{2+} 内流和 JA 所介导。

3. 长春碱代谢分子水平调控

（1）代谢途径基因：在长春花中超量表达 TDC 基因，能导致色胺的大量积累，但下游的 TIAs 积累并不明显，而同时转化了 TDC 和 STR，转化细胞中的色胺、异胡豆苷以及多种 TIAs 的产量都有所提高；相反抑制 TDC 表达，会导致 TIAs 合成受阻。由此可见，STR 作为介导 TIAs 生物合成的中心酶，在 TIAs 代谢中具有至关重要的作用。香叶醇 -10- 羟化酶（geraniol 10-hydroxylase，G10H）的超量表达，可诱导裂环马钱子苷的积累。裂环马钱子苷的生成是 TIAs 生产的限制因子之一，而 G10H 是裂环马钱子苷合成的关键调控位点，而且在 MeJA 的诱导下，G10H 活性和 TIAs 在长春花细胞中产量大大增加，说明 G10H 活性与 TIAs 的产量有着密切的关系。

（2）转录因子：关于 TIAs 途径的最直接的调控发生在转录水平。最著名的转录因子是硬脂酸应答的长春花 AP2/ERF（octadecanoid-responsive catharanthus AP2/ERF，ORCA）转录因子，包括 ORCA1，ORCA2 和 ORCA3。其中，ORCA3 转录因子的研究最为深入，它的表达受 JA 和真菌诱导子的诱导。在长春花毛状根或悬浮细胞中过表达 ORCA3 都会提高一些 TIAs 代谢途径催化酶编码基因（AS、TDC、DXS、CPR、G10H、SLS，STR、SGD 以及 D4H）的表达水平，进而提高了 TIAs 的产量。采用 STR 启动子进行酵母单杂交筛选的结果表明 ORCA2 激活 STR 启动子，同时在 JA 和真菌诱导子的诱导下其表达量迅速提高；相反，ORCA1 的表达则不参与受 JA 和真菌诱导子诱导的 STR 启动子的表达调控。其他转录因子如长春花 box P-binding factor（BPF-1）会在 ORCAs 已经结合到启动子区的基础上进一步增强 STR 基因的表达；MYC1 和 MYC2 都受到 JA 和真菌诱导子的诱导，MYC1 激活 STR 基因的表达，MYC2 作用于 ORCA2 和 ORCA3 上游的顺式作用元件并激活它们的转录；长春花 Cys2/His2-type 锌指蛋白家族的 3 个成员 ZCT1、ZCT2 和 ZCT3 能抑制 TDC 和 STR 启动子的活性，还会抑制 ORCAs 的 AP2/ERF 结构域的活性；长春花毛状根中过表达 WRKY1 使 TDC 表达水平上调，同时也使转录抑制因子 ZCT1、ZCT2 和 ZCT3 的表达水平上调，并下调了转录激活因子 ORCA2、ORCA3 和 MYC2 的表达水平；长春花毛状根中过表达 WRKY2 激活了 TDC、NMT、DAT 和 MAT 的表达，同时还提高了转录激活因子 ORCA2、ORCA3 和 MYC2 以及转录抑制因子 ZCT1、ZCT2 和 ZCT3 的表达水平。

三、人参皂苷生物合成调控

五加科植物人参（*Panax ginseng* C. A. Mey.）作为一种名贵中草药,在我国已有几千年的应用历史。人参具有增强免疫力、抗肿瘤、抗衰老、抗辐射、抗疲劳等多种药理活性,这与人参含有的多种生物活性物质有关,如人参皂苷、肽类、氨基酸、植物甾醇类、有机酸等,其中人参皂苷是迄今为止研究最多的活性物质,有着显著的生理活性。人参皂苷是一种固醇类化合物,目前已分离出 Rb_1、Rb_2、Re、Rg_1、Rg_2、Rh_1 等数十种单体,均属于三萜类皂苷,它的多种功效主要表现在抗癌、保护心脑血管系统、保护神经系统、减少肝损伤、抗病毒等多方面。

（一）人参皂苷生物合成途径

人参皂苷按照其苷元的化学骨架不同可划分为四环三萜类皂苷和五环三萜类皂苷,都是经由异戊二烯途径合成（图 8-3）。首先由细胞质中共同的前体乙酰辅酶 A 经过甲羟戊酸途径合成 3-异戊烯基二磷酸（IPP）,其后经过烯丙基转移酶如 GPS、FPS 等,以及鲨烯合酶（SS）和鲨烯环氧酶（SE）催化合成 C_{30} 产物 2,3-氧化鲨烯。之后 2,3-氧化鲨烯经过环化作用即可合成三萜类皂苷骨架:齐墩果烷型和达玛烷型。已形成的三萜骨架再经过各种酶的修饰（氧化作用、置换作用、糖基化作用）,如细胞色素 P450 单加氧酶、糖基转移酶和其他酶类的作用,即可得到各种人参皂苷。

（二）人参皂苷生物合成调控

1. 人参皂苷代谢个体水平调控　有研究表明,适当低温有利于人参皂苷的积累,土壤中有效硼、有效铁、速效氮与人参皂苷含量呈显著正相关,而降水量和日照时数与人参皂苷相关不显著。在吉林的集安、珲春及抚松地区,人参总皂苷含量随海拔升高而升高;在长白山高海拔地区,人参总皂苷含量随海拔升高而降低;海拔 400~952 m 人参总皂苷含量较高,是人参栽培的适宜海拔高度。人参在 20% 透光棚下根中人参皂苷的含量最高,叶片中皂苷的含量以 15% 透光棚下最高,而光照强度过大时人参皂苷含量反而下降,可能与光照强度过大造成叶片损伤有关。研究发现土壤水分含量为 0.45ρw 时有利于人参皂苷 Rg_1 的积累,人参皂苷 Rb_1 则在 0.70ρw 处理下积累最多。西洋参在土壤 pH 值 5.5 时总皂苷量最高,明显优于其他酸度土壤。

2. 人参皂苷代谢细胞水平调控　在人参毛状根培养时,加入硒、$NiSO_4$ 和 NaCl 均会提高毛状根中人参皂苷含量。除了微量元素,在人参毛状根或悬浮细胞培养过程中加入各种激素、真菌等诱导子也可对人参皂苷代谢产生一定的调控作用。多项研究表明,加入适当适量的真菌诱导子能够促进人参皂苷的外排,对人参皂苷的大规模发酵培养中产物的连续回收和节约成本十分有利。在人参细胞培养过程中,以人参根际优势菌种地球囊霉作为诱导子加入培养基后发现,皂苷含量达到 3.6%,是对照组的 1.63 倍;不同浓度的棉花枯萎病菌、黑曲霉、黄瓜炭疽病菌及青菜炭疽病菌处理人参毛状根,结果显示,浓度为 40~800 mg/L 的棉花枯萎病菌能抑制毛状根的生长及皂苷合成;20 mg/L 的黑曲霉能够促进总皂苷合成,是对照组的 1.46 倍;浓度为 800 mg/L 时,黄瓜炭疽病菌可促进总皂苷的合成,总苷含量为 3.636%,是对照组的 1.46 倍;青菜炭疽病菌在 40~800 mg/L 的浓度范围内对总皂苷合成都有促进作用。另外,酵母提取物（YE）不仅能促进人参毛状根中总皂苷和单体皂苷的积累,还能促进人参皂苷的外排。当培养基中添加 0.10 mg/ml 的 YE,总皂苷含量为 3.595%,是对照组的 1.57 倍;Rg_1、Re、Rb_1、Rd 含量分别为 0.192%、0.189%、0.231%、0.108%,分别是对照组

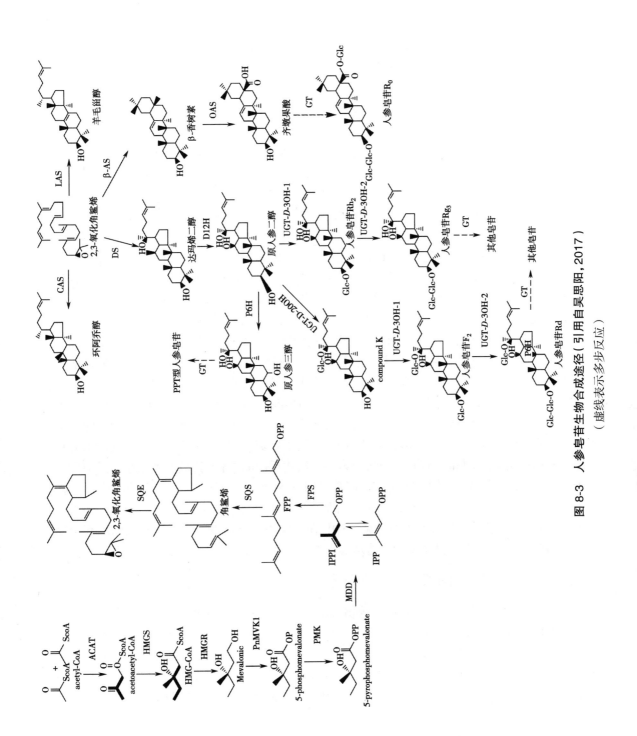

图 8-3 人参皂苷生物合成途径（引用自吴思阳，2017）

（虚线表示多步反应）

的 1.35 倍、1.42 倍、1.28 倍和 1.29 倍。推测可能是由于 YE 中的 Zn^{2+}、Ca^{2+} 等阳离子及寡糖素影响了人参皂苷的合成。

MeJA 在较低浓度的时候对总皂苷的积累和人参毛状根的生长有促进作用。当其浓度为 0.001 mmol/L 时，总皂苷产量为 0.12 g/L。其中 Rb_1 产量为 11.41 mg/L。升高 MeJA 浓度为 1.0 mmol/L 时，Rb_1 产量仅为 6.5 mg/L。在人参毛状根培养中添加 SA，对人参毛状根中总皂苷的积累无明显促进作用，但能明显提高 Rb_1、Re、Rg_1 和 Rd_4 等单体皂苷的含量，而且能促进人参皂苷分泌到细胞外并在培养液中的积累。研究人员在对人参愈伤组织培养时发现，SA会影响人参培养物的过氧化物酶、多酚氧化酶、苯丙氨酸解氨酶活力。在人参悬浮细胞培养中添加 50 μmol/L 的钒酸盐（NH_4VO_3），皂苷含量可以达到 499.3 μg/100 mg 干重（DW）。

3. 人参皂苷代谢分子水平调控　随着分子生物学水平的不断发展，人参皂苷生物合成途径的各关键酶的基因也逐一被克隆，使得人们能够利用分子生物学手段如构建反义载体、进行 RNA 干扰等，或是对合成途径中某一支路进行抑制，以实现其他支路皂苷含量的增加，达到预期皂苷的定向合成，或通过在分子水平上调控酶的合成或酶原的激活，调控对人参皂苷的生物合成。

3- 羟基 -3- 甲基戊二酰辅酶 A 还原酶 hmgr-1 基因是调控人参皂苷合成 MVA 途径的第一个限速酶，HMGR 通过影响人参皂苷前体 IPP 和 DMAPP 产量而最终影响人参皂苷的生物合成。从人参中分离得了一个编码法呢基焦磷酸合成酶（FPS）的基因 PgFPS，用甲基茉莉酮处理人参毛状根发现 PgFPS 的 mRNA 水平显著升高。另外，鲨烯合成酶（SQS）基因（Pgss1）的过量表达，造成了甾醇和三萜类化合物合成途径下游鲨烯环氧酶（SQE）和环阿桥醇合成酶（CAS）等表达的上调，提高了人参中甾醇和人参皂苷含量，这两种酶被认为是人参皂苷合成中非常重要的限速酶。通过构建鲨烯合成酶基因的干扰载体，利用根癌农杆菌为介质转化人参愈伤组织，对所得的抗性愈伤组织进行分析，结果表明，转化后的人参愈伤组织中鲨烯合成酶基因的表达量仅为对照组的 21.2%，单体皂苷 Rg_1、Re 和 Rc 的含量有所下降，而 Rb_1 的含量有所增加，甚至在转化后的人参愈伤组织中出现了新合成的 Rb_2 和 Rd。SQE 是合成甾醇和三萜类化合物的第一步氧化反应的催化酶，是人参皂苷合成中另一个非常重要的限速酶。利用 RNAi 技术沉默基因 PgSQE1，会导致人参中三萜皂苷含量急剧下降，干扰效果最强的一组特征材料皂苷含量比野生型降低了 2 倍，同时 PgSQE2 基因和环阿屯醇合成酶基因 PNX 的表达则上调。SQE 在一定程度上可以决定甾醇和三萜皂苷生物合成的偏好性，通过过表达 PgSQE1 将增加人参皂苷的合成。

四、丹参酮及丹酚酸生物合成调控

丹参酮和丹酚酸两类物质是药用植物丹参（*Salvia miltiorrhiza* Bunge）中主要活性物质，具有保护心脑血管、抗凝、抗炎、扩血管、改善微循环、清除自由基、保护线粒体、抗肿瘤等作用，是国际上广泛认可的治疗心脑血管疾病的天然药物。迄今已证实丹参含有三十余种具有二萜醌结构的脂溶性化合物（丹参酮 I ~ VI、丹参酮 B、隐丹参酮、二氢丹参酮 I、异丹参酮 II_A 等）和五十余种具有酚酸结构的水溶性化合物（丹参素、丹酚酸 A、丹酚酸 B、原儿茶醛、迷迭香酸等）。

（一）丹参酮、丹酚酸生物合成途径

1. 丹参酮生物合成途径　丹参中丹参酮类物质的生物合成来自于细胞质中的甲羟戊酸途径（mevalonate pathway，MVA pathway）和位于质体中的甲基赤藓糖醇磷酸途径

（2-C-methyl-*d*-erythritol-4-phosphate pathway，MEP pathway），MVA 和 MEP 途径分别经过一系列酶促反应生成异戊烯基二磷酸（isopentencyl diphosphate，IPP），然后形成二萜类化合物直接前体 GGPP，GGPP 再被柯巴基焦磷酸合酶（copalyl diphosphate synthase，CPS）、贝壳杉烯合酶（kaurene synthase，KS）催化形成丹参酮的前体次丹参酮二烯（miltiradiene），再逐步经修饰反应形成丹参酮类物质（图 8-4）。

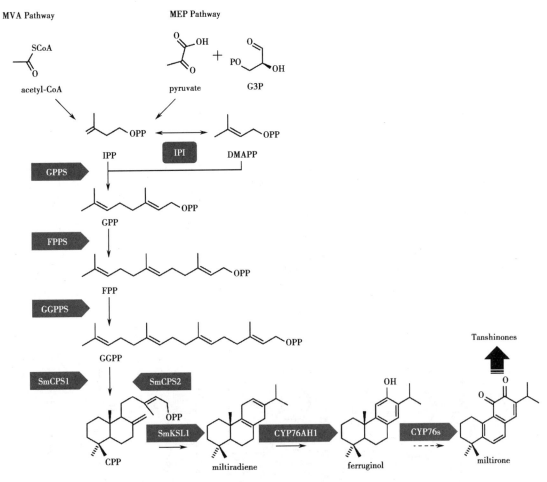

图 8-4　丹参酮生物合成途径（引用自 Ma et al.，2015）

（虚线表示多步反应）

2. 丹酚酸生物合成途径　丹参水溶性酚酸类成分主要来自于迷迭香酸（RA）代谢途径，迷迭香酸合成途径目前研究较为清楚。RA 的生物合成途径包含苯丙氨酸（phenylalanine）和酪氨酸（tyrosine）两条途径。苯丙氨酸经过苯丙氨酸解氨酶（PAL）作用生成肉桂酸，肉桂酸在肉桂酸 -4- 羟化酶（C4H）和 4- 香豆素辅酶 A 连接酶（4CL）的催化下生成 4- 香豆酰 CoA，4- 香豆酰 CoA 在查耳酮合酶（CHS）的作用下合成花青素等类黄酮成分；酪氨酸经过酪氨酸氨基转移酶（TAT）催化生成 4- 羟基苯丙酮酸，4- 羟基苯丙酮酸在对羟基苯丙酮酸还原酶（HPPR）催化下生成 4- 羟基苯乳酸。4- 香豆酰 CoA 和 4- 羟基苯乳酸在迷迭香酸合成酶（RAS）催化下产生两种 2-*O*-（4- 香豆酰)-3-（4- 羟基苯)- 乳酸的异构体，再由细胞色素 P450 家族蛋白酶 CYP98A14 催化作用生成 RA（图 8-5）。

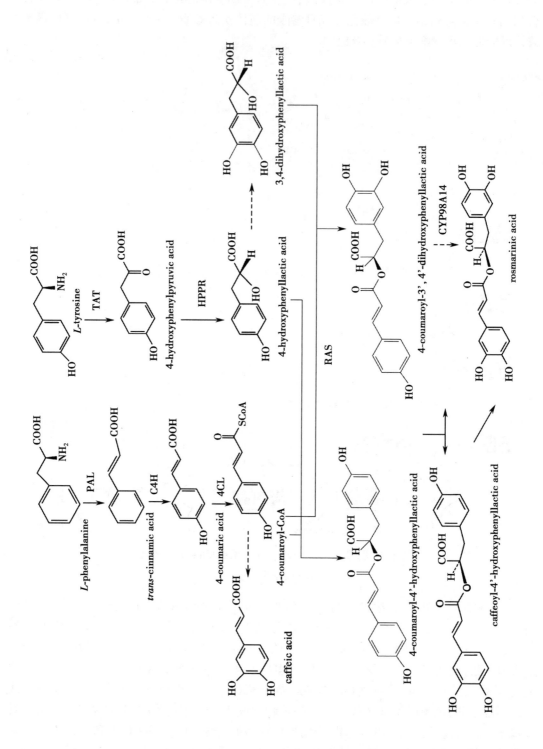

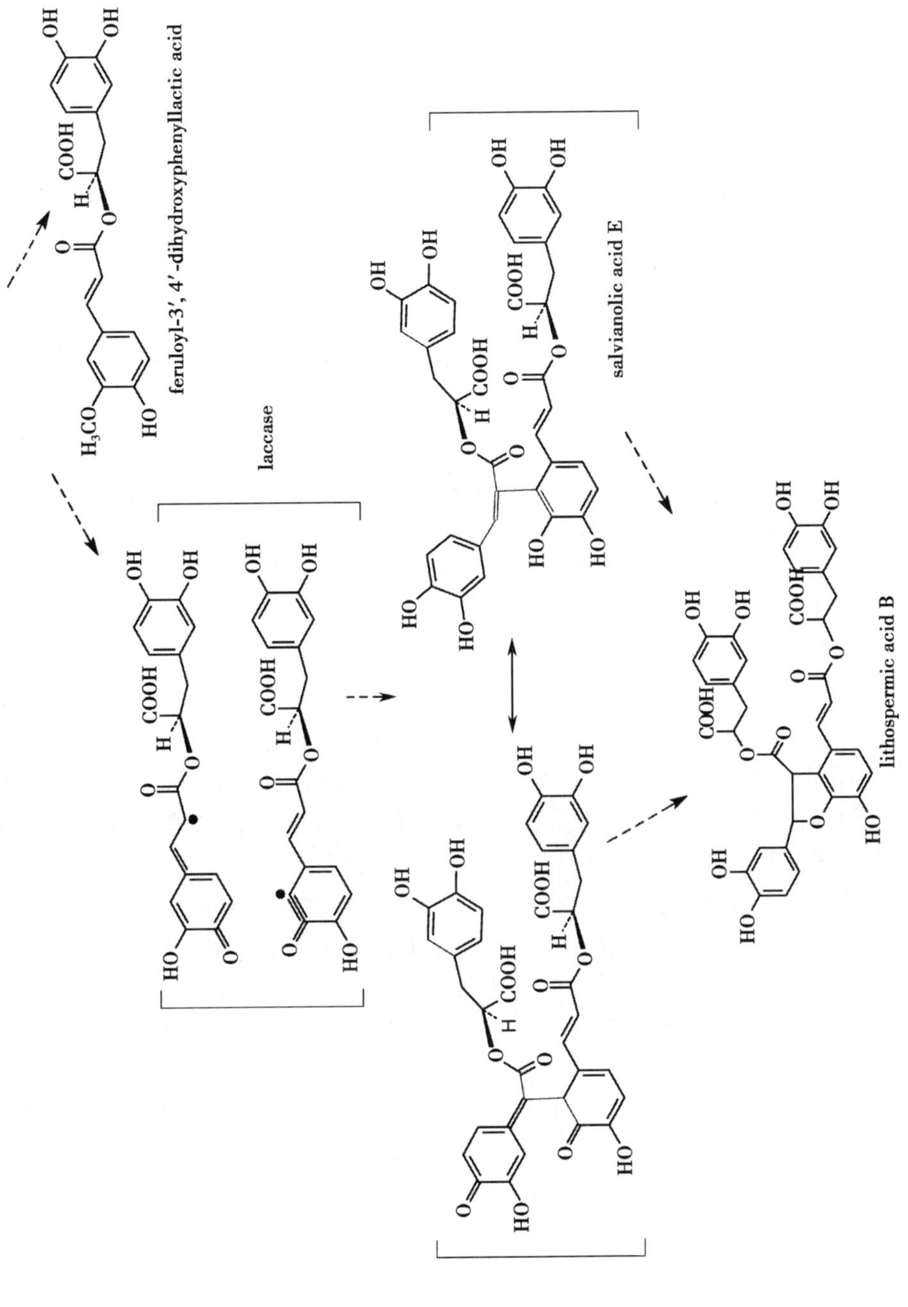

feruloyl-3′,4′-dihydroxyphenyllactic acid

laccase

salvianolic acid E

lithospermic acid B

图 8-5 丹酚酸生物合成途径（引用自 Di et al. 2013）

（虚线表示多步反应）

（二）丹参酮、丹酚酸生物合成调控

1. 丹参酮、丹酚酸代谢个体水平调控

（1）光照：丹参的生长和次生代谢产物的积累受光色影响显著，不同光质对丹参根系活性成分含量影响显著。与相同光照强度的白光相比，丹酚酸B（SAB）的含量可以在补充蓝光和红光后增加；但是补充光质对丹参酮II_A（T-II_A）含量没有显著影响。激光照射不会影响丹参中T-II_A的积累。在完全黑暗的培养条件下，丹参不定根培养系中丹参酮类含量明显增加；而SAB含量主要受年日照量影响。

（2）水分：对于丹参酮，当土壤含水量为15%~60%时，丹参酮的含量和积累量随水分含量的增加而逐渐增加。当土壤含水量达到75%~80%时，丹参根中丹参酮的含量和积累显著降低，甚至低于15%的丹参酮。适合丹酚酸的合成和积累的土壤含水量范围为40%~75%，其中55%的水分胁迫最有利于叶片中总酚酸的积累。丹参无菌苗中的丹参素在自然干旱处理后呈上升趋势，说明温和的干旱胁迫处理可以增加丹参中次生代谢产物的含量。

（3）温度：温度是影响丹参根系活性成分积累的关键因素。其中7月的平均温度对活性成分的含量影响最大。如果丹参在生长季节内年均温度较高，可以促进丹参素和SAB的积累。但是9月份气温过高不利于T-II_A的合成和迷迭香酸的积累。高温对迷迭香酸积累的影响可能与热刺激对迷迭香酸代谢途径中关键酶基因表达的影响有关。同时，在丹参加热干燥的过程中，随着处理温度的升高和处理时间的延长，丹参中SAB与T-II_A等活性成分的含量会降低。因此，在制备过程中应特别注意温度控制，以确保丹参药材的质量。

（4）盐分与矿质元素：磷是植物生长必需的大量元素，研究表明适量的磷胁迫可以在不影响丹参根生物量的情况下显著提高丹参酮 I（T-I）、T-II_A、二氢丹参酮 I（DT-I）和隐丹参酮（CT）的含量，并且对水溶性的咖啡酸、RA、SAB、丹参素和阿魏酸的生物合成也有促进作用。在丹参组织培养过程中，当培养基中大量元素的浓度过高时，丹参酮物质在丹参毛状根中的积累相对较低；而缺乏大量元素却有利于丹参酮物质的积累。对微量元素的相关研究表明，土壤中适量铁、锰、锌和铜等微量元素对丹参生长有一定的胁迫作用，可以促进丹参酮类物质的积累，这可能是因为丹参酮类是二萜醌类物质，适量的微量元素增强了PPO、POD的活性，而PPO、POD可能促使丹参体内的酚类物质更多地转化为萜类物质，因此促使丹参酮类的积累量增加。适当盐胁迫也可刺激丹参素含量在一定程度上增加。但当土壤中过量的铜对丹参生长产生胁迫时，除丹参地上部分酚酸类成分中咖啡酸、丹参素和原儿茶酸含量增加外，地上和根系中其他活性成分的含量均降低。同样，硼元素量的增加不利于T-II_A的积累。

2. 丹参酮、丹酚酸代谢细胞水平调控　目前，利用诱导子来处理丹参毛状根或悬浮细胞调控丹参酮和丹酚酸成分代谢也有较为广泛的研究。叶酸作为合成蛋白和核酸的必要成分，对丹参毛状根中CA、RA、SAB及总酚酸代谢积累都有促进作用。在一定的浓度条件下，稀土元素镧、铈和钕，重金属镍及有益元素硒都可以促进诱导T-II_A、CT、DT-I和T-I积累。金属离子Ag$^+$同样对丹参酮类及酚酸类物质的生物合成都有着显著的促进作用。酵母提取物（YE）对紫花丹参和藏丹参中的丹参酮类和酚酸类物质积累均有一定的促进作用，200 mg/L的YE处理能使RA和总酚酸的含量及丹参酮类成分的产量得到显著提高，而100 mg/L的终浓度诱导则可以将总丹参酮产量提高3.2倍。营养因子水解乳蛋白也可以通过诱导藏丹参中 3-羟基-3-甲基戊二酰辅酶A还原酶（HMGR）、1-脱氧-*D*-木酮糖-5-磷

酸还原异构酶(DXR)、牻牛儿基牻牛儿基焦磷酸合成酶(GGPPS)和 *CYP76AH1* 基因表达,从而增加丹参酮类物质积累。

外源激素作为诱导子也是一个研究的热点。在丹参毛状根的培养过程中添加 MeJA 也可以显著地提高 RA、SAB 的含量及产量,同时也明显增加了 CT 和 DT-Ⅰ含量及产量。用水杨酸(SA)分别处理丹参幼苗、丹参悬浮细胞及丹参毛状根都可以不同程度地提高酚酸类物质的生物合成。SA 同样可以提高丹参毛状根中丹参酮类物质的代谢。在丹参毛状根培养基中添加赤霉素(gibberellin, GA)和乙烯(ethylene, ET)可以使 T-Ⅱ、CT、DT-Ⅰ和 T-Ⅰ四种成分的积累都得到了提高,特别是 DT-Ⅰ和 T-Ⅰ含量的提高尤为显著。脱落酸(ABA)可以显著促进丹参毛状根内酚酸类物质的积累,ABA 的处理浓度对咖啡酸的诱导表现出正相关,而对于 RA 和 SAB 的积累,则是在低浓度效果较好。深入研究还发现 80 μmol/L ABA 可以分别将白花丹参毛状根中 SAB 和丹酚酸 A 的含量分别提高到对照组的 2.0 倍和 3.3 倍。另外,聚乙二醇(PEG)作为诱导子处理丹参毛状根也可以提高丹参酮类物质的含量,其原理可能是通过 ABA 途径诱导了丹参毛状根中内源 MeJA,从而刺激丹参酮类物质代谢积累。

3. 丹参酮、丹酚酸代谢分子水平调控

(1)结构基因:PAL 作为苯丙氨酸代谢途径的第一个关键酶,其活性对下游代谢的进行有着重要作用。利用 RNAi 技术将 *SmPAL1* 沉默,发现 *SmPAL1* 表达的减少直接降低了 PAL 活性,而且转基因株系中总酚酸含量降低 20%~70%,其中 RA 和 SAB 含量显著减少。将 *SmC4H* 过表达发现 RA 和 SAB 的生物合成得到促进;同时发现酪氨酸代谢途径上的关键酶基因 *SmTAT* 和 *SmHPPR* 过表达株系中 RA 和 SAB 的含量也显著高于对照组,特别是在 *SmTAT* + *SmHPPR* 共同过表达的毛状根中 RA 和 SAB 的含量分别达到了对照组的 4.4 倍和 3.3 倍。分别过表达 *Sm4CL1* 和 *Sm4CL2* 都可以提高丹参毛状根中 RA、SAB 和丹酚酸 K(SAK)的含量。RAS 和 CYP98A14 作为下游的两个关键酶,其对酚酸类物质代谢的重要作用也得到了验证,将其沉默后发现转基因毛状根中包括 RA 和 SAB 在内的酚酸类成分的生物合成量明显降低。此外,抑制支路基因 *SmHPPD* 或查耳酮合酶基因(*SmCHS*)表达也是提高酚酸类成分积累的有效策略。

过表达丹参酮类物质代谢途径关键酶基因可以促进丹参酮的生物合成。例如,过表达 *SmDXS*、*SmDXR*、*SmHMGR* 及 *SmGGPPS* 毛状根株系中丹参酮类物质含量明显高于对照组,而 RNAi 技术干扰株系中丹参酮类物质的代谢受到抑制。途径下游 *SmCPS1* 表达干扰后 DT-Ⅰ和 CT 含量分别降低了 53% 和 38%。而利用 CRISPR/Cas9 所获得的 *SmCPS1* 纯合毛状根突变体中则无法检测出 T-Ⅰ、T-Ⅱ、DT-Ⅰ和 CT 四种主要丹参酮类成分。CYP76AH1 是催化次丹参酮二烯合成丹参酮前体物质-铁锈醇的关键酶,次丹参酮二烯的含量在沉默 *CYP76AH1* 后得到提高,而下游的铁锈醇以及几种丹参酮类物质含量明显降低。

(2)转录因子:目前,包含 MYB、bHLH、AP2/ERF、AREB、GRAS 和 WRKY 在内的多个转录因子家族都被发现可以调控丹参酮或丹酚酸的生物合成。SmMYB39 作为转录抑制因子对酚酸类物质具有负调控作用;SmMYB36 同样可以抑制酚酸类成分的生物合成,但同时对丹参酮类的代谢有着促进的作用;SmMYB9a、SmMYB9b 和 SmMYB98b 三个转录因子对丹参酮都有正调控作用,在这三个转录因子基因过表达毛状根中丹参酮类物质的含量都可以提高到对照的数十倍,同时 SmMYB9a 还负调控了酚酸类成分的代谢;过表达 *SmMYB111* 可以提高丹参中 RA 和 SAB 的含量,而沉默 *SmMYB111* 表达则减少 RA 和 SAB 的积累。过表

达 *SmMYC2* 可以促进 RA 和 SAB 的积累；另外两个 MYC 转录因子 SmMYC2a 和 SmMYC2b 可与 JAZ 蛋白互作，通过调控 *SmHCT6* 或 *SmCYP98A14* 表达分别促进丹参酮类和酚酸类物质的代谢；SmbHLH51 同样被发现可以正向调控酚酸类物质的代谢；与 SmMYC2 功能相反的 SmbHLH37 同样参与到了茉莉酸信号通路，而且可以结合到酚酸类生物合成基因 *SmTAT1* 和 *SmPAL1* 的启动子上，负调控 SAB 的合成积累。另外，SmWRKY1、SmERF1L1、SmERF6、SmERF115 也都不同程度地正向调控了丹参酮或丹酚酸的生物合成。

（张 磊 邵清松 蒲高斌 张顺仓 郑 汉）

第九章 中药材生产过程中的生物学原理

第一节 中药材生产过程概述

中药材的生产是中药药品研制、生产、开发和应用全过程的源头，是保证药材质量和实现中药标准化和现代化的关键。对于栽培药材来讲，中药材生长的各个环节均可通过影响药用动植物体内的生理代谢活动，从而影响药材的产量和质量。

中药材生产是以培育药用植物产品为目标，通过种质选择、环境调控、适时采收、产地加工等一系列操作过程，主要包括产前、产中和产后三个方面的内容，其中产中即中药材的生产过程尤其需要科学的指导和规范。中药材产前主要包括产地的选择、栽培制度的确定、品种选择等。中药材生产具有很强的道地性，需要在适宜药材种植的特定产区种植，才能生产出优质的中药材。栽培制度包括药用植物种植的面积，适宜配套种植作物，适宜的前茬作物，育苗移栽等。合理的栽培制度可以合理利用土地资源，优化种植业结构，实现资源可持续利用。选择来源纯正的道地药材优良品种，是提高药材品质和产量，保持稳产性和稳定的品质，利于机械化生产，提高生产效率和效益的根本保证。

中药材生产过程包括中药材繁殖材料播种、田间管理、病虫害防治、采收等，规范化种植是保证中药材产品安全、有效、稳定、可控的前提。选择有良好生活力的中药材种子，采用适宜的方法对种子进行处理，在适当的播种时期采取适宜的播种方式进行种植，能促进出苗整齐和健壮。田间管理是根据药用植物的生物学特性，不同发育阶段的生长特点，采用促进和控制相结合的综合措施，如间苗、中耕除草、肥水调控、植株调整、温光控制等，以满足药用植物生长发育和品质形成所需要的环境条件，从而达到丰产和优质的目的。药用植物种类繁多，病虫危害严重，缺乏有效的防治措施，已经成为制约中药材产量和品质的突出问题。药用植物的药用部位生长发育到一定阶段以后，需要在适宜的时期进行采收，方可获得质量符合要求的中药材。

中药材产后包括药用部位的产地初加工、包装、储藏和运输。药用植物的药用部位收获后，需要经过清洗、修整、蒸煮、干燥等措施，使之成为"药材"或者进一步加工成中药提取物等原料。对药材进行标准化的包装有利于保证药材质量，便于储运、运输和装卸，也便于识别和计量。药材储藏需要通风、干燥、避光，防止虫蛀、霉变、腐烂、泛油等现象发生。药材在运输过程中不能与其他有毒、有害、易串味物质混装，需保持包装完好，通气良好。

药用植物的种类超过 11 000 种，实现人工种植的药材有约 300 种，生物学特性丰富多样,栽培方式也各不相同,采收时间也有很大差异,因此,中药材生产中应根据药用部位生物量和品质形成的机制对药用植物栽培群体进行合理的调控。

第二节 药用植物生长发育的分子调控机制

一、药用植物的生长发育

(一)药用植物的营养生长

药用植物的营养生长主要指营养器官根、茎、叶的生长,这些营养器官具有养分合成、吸收输导和储存的作用。

1. 根的生长 根是药用植物的营养器官之一,具有固着植株、吸收水分和养分、合成、贮藏物质等生理功能。常用的药用植物如人参、党参、柴胡、地黄、牛膝、当归、黄芪等,均是以根为入药部位。根的发育一方面决定了药用植物的生长发育,另一方面影响着根类药用植物的外观品质和药用品质,是根类药材优质、高产、稳产的保障。

植物根的发育起始于胚根的发育。根尖最顶端的根冠原始细胞层发育形成根冠,根冠主要起保护作用;根冠向上是分生区,包括原分生组织和初生分生组织,主要负责细胞分裂从而增加细胞的数量,一部分补充到根冠以补充其损耗,另一部分成为其后伸长区的新生部分。伸长区细胞由分生区细胞生长而来,该区域细胞体积大,生长速度快,主要负责根尖的伸长,使得根尖不断向土壤深层推进;伸长区细胞进一步分化形成成熟区,成熟区外层细胞突出形成根毛,用于吸收水分和无机盐。当主根发育到一定程度,中柱鞘某些细胞进行脱分化、平周分裂使细胞层向外突起,并分化出根冠和顶端分生组织,根冠分泌酶使得主根皮层和表皮细胞溶解,突起进一步生长形成侧根,而主根的生长会抑制侧根的生长。

植物根的发育受遗传因子、植物激素等多种因素的共同调控。目前对根发育的分子调控机制研究主要集中在拟南芥、水稻等模式植物上,对于药用植物根发育机制的研究还比较少。同源异型基因(homeobox gene)是一类编码同源异型盒蛋白的重要转录因子,在植物根的发育中具有重要的调控作用。同源异型基因根据序列特征分为不同的亚家族,主要包括WUSCHEL-related homeobox(WOX)、Knotted I-like homeobox(KNOXI)、HD-ZIP(Ⅰ~Ⅳ)和BEL 等,其中 WOX 和 HD-ZIP 亚家族在植物主根、侧根、根毛及不定根的发育过程中均有重要的调控作用。在拟南芥中,*WOX5* 能够保持根尖生长素梯度,维持干细胞生态位;*WOX7*对侧根的发育具有抑制作用;*WOX11* 和 *WOX12* 参与根的从头发生,控制不定根和侧根的发育。HD-ZIP 亚家族中的 *PHABUL* 通过 *WOX5* 间接维持正常的干细胞生态位;*AtML1* 对主根的生长和次生生长具有促进作用;*AtHB10* 能够抑制根毛的形成。水稻中的 *WOX3A* 能够促进侧根的发育,控制根毛的形成;*OsHOX1* 对侧根和不定根的生长具有促进作用。而KNOX 亚家族主要在侧根和不定根的发育过程中发挥重要调控作用。水稻中的 *KN1*、*KN2*和 *KN3* 基因抑制不定根的生长;*KNAT1* 基因能够抑制拟南芥侧根的生长,而对根的次级生长产生促进作用。除此之外,同源异型基因还能与植物激素共同作用调控植物根的生长和发育。

贮藏根是根常见的变态类型之一,主要通过根的膨大贮藏大量的营养物质和次生代谢产物。萝卜是一种常见的贮藏根,其肉质根膨大过程中差异表达的蛋白涉及植物信号转导、糖与淀粉代谢即次生代谢产物合成、蔗糖合酶 SUS1、磷酸葡萄糖变位酶 PME51、信号识别元件 SRP54 等多个蛋白参与蔗糖合成、细胞壁形成与信号转导等进程,推测在肉质根的膨大起始期发挥作用;木葡聚糖内转葡糖基酶/水解酶 XTH24、扩展蛋白 EXPB1 和细胞周期蛋白 CDC5 等参与肉质根膨大过程中的细胞分裂与膨大。对地黄块根的膨大机制研究较为深入,形态解剖学揭示地黄块根是次生形成层持续快速分裂,以及副形成层形成和分裂的结果。光信号和激素信号诱导了块根膨大的启动,钙信号转导可能间接介导了信号的传递,参与了地黄块根的膨大起始。地黄拉线伸长期决定了须根能转向块根的发育,块根膨大前期是初生形成层和次生形成层同步快速分裂的关键期,决定了块根发育的程度和水平。在地黄块根膨大过程中,与生长素吲哚乙酸(indole-3-acetic acid, IAA)、细胞分裂素(cytokinin, CK)、油菜素内酯(brassinosteroid, BR)、脱落酸(abscisic acid, ABA)、乙烯(ethylene, ET)等代谢和信号转导相关的基因显著上调表达,而赤霉素(gibberellin, GA)合成和信号转导的相关基因显著下调表达。

2. 茎的生长 茎由胚芽发育而来,其上端不断向上生长,下端产生分枝,是植物体地上部分的轴状营养器官。茎上承叶、花、果实和种子,下接根部,具有向地性,负责输送水分、无机盐和营养物质。茎的顶端有顶芽、叶腋和叶芽,顶芽和腋芽的发育使茎不断伸长并分枝。此外,茎与根的区别在于茎表面具有节和节间。许多药用植物的茎或茎皮是重要的入药部位,如桂枝、半夏、厚朴、黄连等。

植物茎的连续发育正是由于茎端分生组织(shoot apical meristem, SAM)的存在,SAM 是由中心未分化的干细胞池和边缘未分化的器官原基组成的一个动态结构,是植物地上部分所有组织的来源。其中控制茎生长的主要是顶端分生组织和近顶端分生组织,前者控制后者的活性,而后者细胞的分裂和伸长决定茎的生长速率。从茎尖的纵剖面来看,它包括分生区、伸长区和成熟区。分生区位于茎尖顶端,主要负责细胞的分化,包括两种原分生组织、周缘分生组织和髓分生组织。其中周缘分生组织继续分化形成原表皮、基本分生组织和原形成层三种初生分生组织,髓分生组织继续向下分化形成基本分生组织。茎间的伸长区与根类似,伸长区主要进行细胞的延伸,在外观上表现为茎和枝的伸长。同时伸长区内部组织继续分化,髓分生组织分化形成髓,原表皮形成表皮,基本分生组织进一步形成皮层和髓射线,原形成层分化形成维管束。成熟区的细胞分裂和伸长已基本停止,各种成熟组织的分化基本完成,已具备幼茎的初生结构。在不同类型的药用植物中初生组织进一步分化形成茎的次生结构。

调控 SAM 的生长分化过程的重要的基因,主要包括 CLV1、CLV3、STM、WUS 等。CLV1 和 CLV3 基因对维持茎端分生组织细胞增殖和分化之间的平衡具有重要的作用,缺失任一基因都会导致 SAM 变大和花序分生组织过度生长。WUS 基因对茎端干细胞的起始和维持具有重要的促进作用,该基因的表达是通过 3 个 CLV 基因控制的,它们一起在信号转导途径中发挥作用控制干细胞的命运,且 CLV3 的表达受 WUS 的调控。CLV 和 WUS 基因在茎端分生组织发育过程中还存在着反馈调节机制。在拟南芥中,clv 和 wus 双突变体与 wus 单突变体表型一致,这说明 WUS 基因位于 CLV 基因上游,当 WUS 基因发生突变,无论下游基因正常与否,均表现出 WUS 基因突变体表型;而 clv 和 wus 双突变体与 clv 单突变体表型相反,说明 CLV 可能是 WUS 的负调控因子。进一步实验证明,茎端分生组织中干细胞的增殖与分化平衡依赖于 CLV 和 WUS 间的反馈调节。STM 基因属于 KNOX 家族成员,对维持茎端分生组织中干细胞活性具有重要作用,能够调控 *CLV3* 基因的表达,且可以抑制细胞的分化,维持茎端分生组织部分细胞处于未分化状态。*WUS* 与 *STM* 两者间的互补作用对茎尖分生组织的功能维持和干细胞数量的动态平衡具有重要的作用。

植物茎的生长发育除了受基因的调控,还受生长素 IAA、GA、BR 和 ETH 等多种内源激素的调控。其中 IAA 具有促进茎节间 GA 合成并抑制 GA 降解的双重效应,使茎间持续合成 GA,从而两者在不同过程中共同促进茎的伸长。IAA 与 BR 之间也存在协同作用,它们能够对 *IAA5*、*IAA19* 和 *SAUR-1* 等靶基因的转录水平进行调控,从而促进胚轴的伸长。此外,IAA 还能够使 ETH 合成途径中的两种关键酶 ACC 合酶(ACS)和 ACC 氧化酶(ACO)上调表达,促进 ETH 的合成,而 ET 对 IAA 的极性运输会产生抑制作用,两种激素间形成的反馈调节对茎的伸长有重要的促进作用。

3. 叶的生长　叶是药用植物重要的营养器官,通过光合和呼吸作用提供植物生长发育所需要的能量,同时储存有机物和矿质营养。完整的叶由叶片、叶柄和托叶组成,缺少任何一部分或两部分的叶称不完全叶。一些重要的药用植物如艾叶、大青叶、桑叶等均以叶为入药部位。叶片的结构由上到下依次为上表皮及其附属物、栅栏组织、海绵组织和下表皮。其中上表皮多附着茸毛;栅栏组织含有叶绿体,其细胞细长且排列紧密;海绵组织中的维管束经叶柄通至茎部,是养分、水分运输的重要通道,此外海绵组织还是光合作用和蒸腾作用进行气体和水分交换的重要场所;下表皮含有气孔,是叶片和外界进行气体和水分交换的场所,气孔的开闭由周围的保卫细胞控制。

叶的发育发生于 SAM 表面的 1~3 层周边细胞,细胞经分裂突起先形成叶原基,然后叶原基经过顶端细胞的分裂伸长形成叶轴。在叶原基形成过程中,SAM 中的特征基因,如 KNOXI 家族成员的表达被沉默,而叶原基发育相关调控基因开始表达。此外,在叶原基的发育起始阶段还需要植物激素的诱导,如生长素浓度的局部升高对叶原基的起始发育具有重要的诱导作用。叶片形态构建的核心是极性的建立,根据 SAM 与叶原基的相对位置,定义了叶在空间三维轴的极性。第一维轴向是基 - 顶轴,基部靠近 SAM 并分化出叶柄,远离SAM 的顶部能够长出叶片;第二维轴向是中 - 侧轴,沿着叶的中脉向叶的边缘水平扩展的方向;第三维轴向是近 - 远轴,叶原基靠近 SAM 端为近轴,背离 SAM 侧为远轴,近 - 远轴主要分化成不同的功能区域。此外,叶片近 - 远轴极性的正确建立还是叶其他两个轴向极性建立的前提和后续形态建成的基础。

植物叶原基的发育、叶片极性建立、叶片大小等发育受内源功能基因和激素水平的调控。*KNOX* 基因是顶端分生组织功能中重要的调控因子,对维持 SAM 的分化具有重要作用,在叶发育起始部位 SAM 周围区聚集着高浓度的生长素,通过抑制 *KNOX* 基因的活性进而促进叶原基发育。*ARP* 基因中的 *PHAN*、*RS2* 和 *AS1* 也是通过抑制 *KNOX* 基因的表达,从而调控叶原基的起始发育。近 - 远轴性是叶片极性构建的关键,HD-ZIP Ⅲ基因家族成员如 *PHB*、*PHV*、*PEV* 等决定叶近轴化发育,这些基因相互协调共同调控 SAM 细胞分裂向近轴面表达分化。而 KANADI 基因家族、YABBY 基因家族、*ARF* 和 miRNA165/166 在叶远轴化的发育过程中起着重要的作用。叶片的大小主要取决于细胞的增殖与扩大,受生长素、细胞分裂素和赤霉素等植物激素、*TCP* 基因、*GRF* 基因等的调控。其中,生长素主要通过诱导 *ARGOS* 的表达来影响叶片的大小,如 *ARGOS* 上调表达时拟南芥叶片明显变大,而下调表达时叶片变小。*TCP* 基因家族是通过调控细胞增殖与分化来参与叶的发育。根据 TCP 保守结构域的差异,TCP 蛋白分为促进细胞增殖与植物生长和抑制细胞增殖两类。拟南芥的

GRF 基因家族中有 9 个成员,它们通过冗余的方式调控细胞增殖促进叶的生长发育。根据植物叶的发育机制,一方面可以对以叶片为经济性状的药用植物进行调控,从而实现高产优质的育种目标;另一方面可以改变叶形、着生角度来改变植物对光能的利用率,从而实现高产的目标。

(二)药用植物的生殖生长

生殖生长是植物生长到一定时期,开始进行花芽分化形成花器官,经开花、授粉、受精进一步形成果实和种子的过程,其中花芽分化是植物营养生长到生殖生长的转折点。药用植物的生殖生长主要包括花、果实和种子生殖器官的分化、发育和成熟。

1. 植物开花诱导　植物的开花是一个复杂的生命现象,开花的过程受环境因子和自身内在因素的共同调控。花起源于茎顶端分生组织,花的发育进程包括开花诱导、花分生组织形成、花器官的形成和发育。开花诱导是第一步,当植物营养生长达到一定的阶段后,感受到外界环境的信号(如光周期、温度、水分、营养等)会刺激植物叶片产生成花物质或开花信号。成花物质通过输导组织运输到茎尖,或开花信号达到适宜开花的程度时,茎顶端分生组织的特定区域转化为花分生组织,形成花原基,进入生殖生长阶段,经过花芽分化过程,逐渐形成花器官。植物的开花诱导受一个极其复杂的网络状信号转导途径调控,在模式植物拟南芥中已经研究得比较清楚,其受四种反应途径调控:光周期途径、自主途径、春化途径和 GA 途径。

植物对昼夜相对长度的反应就是光周期现象。拟南芥是典型的长日照植物,在长日照条件下开花,在短日照条件下抑制开花。植物感受光周期的部位为叶片,发生反应的部位在茎端。拟南芥中感受光信号的受体为 4 种光敏色素 PHYA、PHYB/D、PHYC/F、PHYE 和 3 种隐花色素 CRY1、CRY2 和 CRY3,它们感受昼夜长短和光的强度,产生昼夜节奏。*CCA1* 和 *LATE LHY* 是影响昼夜节律的基因,它们的 mRNA 的水平会随着昼夜节律的变化而改变,并激活 *CO* 的表达,将光信号转化为开花信号,激活成花蛋白基因 *FT*、*AP1*、*LFY* 的表达,最终促使拟南芥开花。水稻的成花蛋白为 Hd3a 和 RFT1,其中 Hd3a 在短日下激活、长日下抑制,*RFT1* 在长日下表达量升高。在长日和短日下,Hd3a 和 RFT1 都可以被水稻特异的 B 类响应因子 Ehd1 激活。

另一个影响植物开花的环境因素为低温,低温诱导植物开花的现象就是春化作用(vernalization)。冬性和两年生植物开花必须经历一段时间的低温诱导才能开花。春化过程是一个缓慢的量变过程,一般需要 4℃,2~8 周时间。植物对春化作用的感应和效应部位都在茎端。春化作用能够引起开花抑制基因 *FLC* 染色质结构改变,使其处于关闭状态,以解除对植物开花的抑制。在缺少环境诱导因素的情况下,有些植物在营养生长到一定阶段以后也会开花。与春化途径一样,自主途径也是通过抑制 *FLC* 基因的表达来促进开花的。GA 在一定程度上可以代替春化作用,主要通过 *GA-MYB* 激活 *LFY* 基因的表达。

TFL1 是开花抑制基因,*tfl1* 突变体导致开花时间提前,花序发育被抑制,花序结构由无限花序变成有限花序,形成花序缩短的顶花。*TFL1* 功能丧失会使拟南芥提早开花,导致主花序分生组织和侧生分生组织转化为花分生组织,相反,*TFL1* 转基因超表达会延迟拟南芥开花,花序分枝增多。玉米 *TFL1* 同源基因在玉米中过量表达出现开花延迟现象,同时花序结构发生变化。在拟南芥和烟草中过量表达龙眼(*Dimocarpus longan*)*DlTFL1-1* 和 *DlTFL1-2* 都出现了开花延迟的现象。

2. 植物花器官和配子发育　花是被子植物所特有的生殖器官。自然界中不同植物的花在形态、颜色、大小、香味等各方面有很大差异，但从解剖结构上看，双子叶植物的完全花一般由萼片、花瓣、雄蕊和雌蕊（心皮）组成，单子叶植物的小花由外稃、内稃、浆片、雄蕊和雌蕊组成。

多年来，在花器官的形态特征、结构适应性进化和基因调控方面开展了大量的研究，提出了花器官发育的多种模型。基于双子叶模式植物拟南芥和金鱼草花器官突变体研究结果，提出了经典的花器官发育"ABC 模型"。在"ABC 模型"中，萼片、花瓣、雄蕊和雌蕊的发育由 A、B、C 三类基因单独或协同控制。A 类基因 *AP1* 和 *AP2* 调控萼片的发育；B 类基因 *AP3*、*PI* 和 A 类基因协同调控花瓣的发育；C 类基因 *AG* 和 B 类基因协同调控雄蕊的发育，且 C 类基因决定了雌蕊（心皮）的发育。随着研究的深入和克隆出的花同源异型基因数量的增加，进一步发展出了"ABCDE 模型"，其中 D 类基因 *STK* 参与胚珠的发育，E 类基因 *SEP* 与其他花器官发育控制基因结合，维持所有花器官的发育。水稻、玉米和小麦花器官的研究结果表明，"ABCDE 模型"同样适用于禾本科类单子叶植物的花器官发育。

在植物花器官的发育过程中激素具有重要的调控作用，而且缺少 GA 或者 JA 都会导致雄蕊过短并造成雄性不育。有研究表明，GA 可以通过促进 JA 的合成来诱导 *MYB21/24/57* 的表达，从而促进雄蕊发育。进一步研究发现，茉莉素信号通路的抑制子 JAZ 通过与 MYB21 和 MYB24 转录因子相互作用抑制其转录活性，介导 JA 对雄蕊的发育调控。另外，研究还发现，bHLH 类型 Ⅲe 亚组的转录因子 MYC2、MYC3、MYC4、MYC5 可与 MYB21 和 MYB24 互作并形成 bHLH-MYB 复合体，协同调控雄蕊的发育。

植物在形成生殖细胞前必须要历经配子体发育阶段，减数分裂产物需经过有丝分裂才能分化发育成生殖细胞。植物配子体的发育是植物完成世代交替的关键，包括雄配子体发育和雌配子体发育。雄配子体（花粉粒）在雄蕊的花药中发育，雄配子体是由 2 个精细胞和 1 个营养细胞组成的三细胞结构。雌配子体（胚囊）在子房的胚珠中发育，通常雌配子体包括 4 种不同类型的 7 个细胞：3 个反足细胞，2 个助细胞，1 个卵细胞和 1 个中央细胞。在植物配子体及花器官发育过程中受基因和环境等因子的调控，可能导致发育异常，如植物雄性不育现象。

植物雄性不育是自然界中一种常见的现象，表现为花药畸形或发育不良，没有花粉或花粉败育，包括细胞核基因控制的雄性不育和细胞质基因控制的雄性不育两类。在植物长期的进化历程中，形成了协调的核质关系，当通过核置换形成新的核质关系时，由于细胞质基因和细胞核基因不协调会导致雄性不育。植物线粒体基因组有大量的重复序列，细胞质雄性不育系与其保持系的线粒体基因序列结构也有差异，如玉米 C-CMS 不育系的 *atp6* 基因、矮牵牛不育系的 *pcf* 位点，小麦 T-CMS 的 *atp6* 基因等。细胞核雄性不育性完全受细胞核基因控制，如一个调节水稻绒毡层退化和花粉外壁形成的基因 *OsNP1*，突变后花药细小、发白，没有花粉，为隐性突变。"太谷核不育小麦"的败育受一个显性基因 *Ta1*（国际基因代码 *Ms2*）控制，*Ta1* 基因只在减数分裂时期的败育花药组织表达，其特异的时空表达模式受到一个反转录转座子（*Taigu*）的调控。*Ms2* 属于小麦族特有的进化产物，不仅可以导致小麦雄性不育，也可以使大麦和短柄草产生雄性不育。利用细胞质雄性不育和光温敏核不育可以分别通过"三系法"和"两系法"生产杂交种，显性核不育性可以用于轮回选择改良植物群体的生产水平，在利用杂种优势和提高植物的生产水平方面前景广阔。

3. 授粉　开花前后,雄蕊中的花粉粒成熟,花粉粒从花药中散出,借助重力、风力、昆虫、人力等传到雌蕊柱头上的过程,称为授粉。植物的授粉方式有自花授粉和异花授粉两种类型。自花授粉是指同一朵花的花粉传播到同朵花的雌蕊柱头上,或同株的花粉传播到同株雌蕊柱头上。常见的自花授粉植物有小麦、水稻、菜豆、天仙子、桃儿七等。异花授粉是指植物的雌蕊接受不同植株的花粉。常见的异花授粉植物有长春花、菘蓝、薏米、银杏、薯蓣、天门冬、益母草等。

有些植物具有完全花,雌雄蕊发育都正常,能够形成可育的雌雄配子,但自花授粉不能结实,这就是自交不亲和性(self-incompatibility,SI)。自交不亲和是开花植物防止自交退化,保持遗传多样性的一种常见的生殖隔离现象。根据自交不亲和的遗传控制方式可以为两类,即配子体型(gametophytic type)自交不亲和、孢子体型(sporophytic type)自交不亲和。

目前,以十字花科芸薹属为代表的孢子体自交不亲和研究较为成熟,这种不亲和性由一个复等位基因座控制,该基因座被命名为 S 基因座,在该基因座中存在三个自交不亲和的关键复等位基因 *SRK*、*SLG* 和 *SCR*。S 位点受体激酶(S-locus receptor kinase,SPK)属于植物受体蛋白激酶家族,一般位于细胞膜上具有识别功能,该蛋白在芸薹属植株柱头的乳突细胞中特异表达。SRK 具有跨膜结构域,内嵌于细胞膜,激酶结构域位于胞内,S 蛋白结合结构域位于细胞膜表面。当自身的花粉落到柱头上时,由花粉粒分泌的 SCR 与 SRK 的 S 蛋白结合结构域特异性识别,再加上特异性糖蛋白 SLG 的辅助作用,SRK 的构型改变,使原本与 SRK 结合并抑制其磷酸化的硫氧还原蛋白 h 家族的 THL1/THL2 游离下来;之后 SRK 磷酸化,并与 ARC1、MLPK 等 ARK 底物结合,诱发一系列的级联反应,最终导致植株的自交不亲和。

配子体自交不亲和又分为单因子自交不亲和和双因子自交不亲和。在单因子自交不亲和中对单因子钙离子型自交不亲和机制的研究相对成熟。通过微注射的方法将 Ca^{2+} 敏感性染料注射到罂粟的花粉管内,再利用激光扫描共焦显微镜观察,结果表明罂粟的自交不亲和反应与花粉管中的 Ca^{2+} 浓度的变化有关。罂粟科植物以 Ca^{2+} 作为胞内信号因子诱导各种反应,阻碍花粉管生长。首先,柱头 S 蛋白与花粉 S 蛋白特异性结合,花粉管细胞内的 Ca^{2+} 浓度迅速升高。接着 Ca^{2+} 驱使下游信号因子工作。p26 磷酸化后,焦磷酸酶活性降低,阻碍花粉管生长所需物质的合成,使花粉管停止生长。另外,Ca^{2+} 激活 PrABP8 蛋白,在其他辅基的作用下使 F 肌动蛋白解聚,最终通过多条途径导致植株自交不亲和。而双因子不亲和机制较为复杂,仍有待进一步验证和完善。

4. 果实和种子发育　植物果实和种子的发育是植物种群繁衍、扩大、可持续发展及育种工作开展的关键。果实主要是由子房经授粉、受精发育而来。子房中的胚珠发育形成种子,子房壁发育为果皮,果皮和种子共同组成果实;种子来源于受精后的胚珠,是植物有性生殖的产物。

果实的发育和成熟是植物生长发育的重要阶段,是调控果实产量和品质形成的关键。在果实成熟过程中,尤其是肉质果实一般会发生一系列的变化:①叶绿素、类胡萝卜素或黄酮类成分的积累使果实颜色发生改变;②糖、酸、挥发性成分等的修饰进一步改变果实的品质、风味和香气;③通过细胞膨大,细胞壁结构和新陈代谢的改变从而影响果实的结构;④果实的成熟通常增强了对条件性致病菌的敏感性。在模式园艺植物番茄的研究中发现,花分生组织(floral meristem,FM)的大小决定了果实的大小。研究人员将测序技术与

CRISPR/Cas9 基因组编辑技术结合,进一步鉴定出 ENO(excessive number of floral organs)是编码调节花分生组织的 AP2/ERF 转录因子,其在调控花分生组织大小的遗传网络中起重要作用。番茄中 ENO 基因的缺失,会导致 FM 分化时间延长且变大,因而产生更大的多房果实。果实的成熟过程涉及多个生化反应,尤其是植物激素乙烯在植物开始成熟至完全成熟过程中发挥至关重要的催化作用。RIN 基因能够编码一种果实成熟过程中所必需的 MADS-box 蛋白。番茄的成熟抑制剂(rin)和未成熟突变体(nor)基因在乙烯生物合成的上游起作用,能够调控乙烯的合成,从而影响果实的成熟。乙烯反应途径中的重要组成部分,如 Gr 和 Nr 基因,也能够通过调控乙烯的反应对果实的成熟产生一定的影响。

在果实成熟的最后阶段,一种常见的生物学现象是果实成熟开裂,种子被外露释放。如拟南芥种子成熟后,果实的心皮壁与胚座框之间的边界区开始木质化,进而干燥开裂使种子从种荚中散落出来。在拟南芥的果实成熟开裂过程中,调控边界区发育的基因或转录因子起了重要作用。拟南芥中存在两个功能重复的 MADS-box 转录调节因子 SHP1 和 SHP2,对于边界区分裂层的分化以及木质化层的木质化起重要作用。拟南芥 MADS-box 基因 FUL 及其他功能重复基因,如在胚座框中表达的 RPL 对果实发育也起着重要作用,通过抑制边界区特异基因的表达,进而限制果实边界区的发育。除了 MADS-box 基因外,还发现 bHLH 蛋白家族成员 IND 基因在果实开裂方面也起到一定作用。IND 主要参与果实边界区 2 种不同类型细胞的分化,并且与 SHP 和 ALC 共同调节边界区细胞的分化。研究还发现调控侧生器官组织极性的基因——FIL 和 YAB3,它们分别在心皮壁及边界区促进 FUL 和 SHP 的表达。另外一个与侧生器官组织生长相关的基因——JAG,与 FIL 和 YAB3 功能重复,都是 FUL 和 SHP 的上游调控因子。在胚座框中,RPL 一方面可能通过负调控 JAG、FIL 和 YAB3 来抑制边界区特异基因的表达,进而限制边界区的发育;另一方面可能通过直接抑制边界区特异基因的表达,进而限制边界区的发育。最近研究发现,KNOX 家族中的 BP 也在果实中胚座框和边界区表达,对 RPL 起正调控的作用;而分别编码 MYB 家族的一个转录因子和侧生器官边界区的蛋白 AS1 和 AS2 通过抑制 BP 的表达影响果实的发育。

植物种子的发育包括形态发育和种子成熟两个阶段,每个发育阶段都是由相应的转录因子进行调控和监管。转录因子包含 DNA 结合区(DNA-binding domain, DBD)、寡聚化位点区(oligomerization site, OS)、核定位信号区(nuclear location signal, NLS)和转录调控区(transcription regulation domain, TRD)4 个功能结构域,通过这些结构域与顺式元件相互作用调控基因的表达。WOX、HAP3(heme-activated protein 3)等转录因子调控种子的形态发育,B3(B3 superfamily)、bZIP 等转录因子对种子的成熟具有调控作用,参与调控植物种子大小的转录因子有 AP2/EREBP(APETALA2/ethylene-responsive element binding protein)、bHLH 等。在种子发育的第一阶段,WOX 家族调控胚芽发育且能够阻止未成熟细胞提前分化;HAP3 家族调控胚胎形态发生和细胞分化;MADS-box 家族调控胚座和胚珠的发育;NAC 家族调控胚珠、珠被的生长发育,蛋白质和铁、锌等微量元素的积累;bHLH 家族调控种皮细胞的大小和形态;MYB 家族是种皮发育的正调节因子,且能够调控种皮中色素的积累。在种子的成熟阶段,HAP3 家族主要负责调节胚胎伸长、贮藏蛋白积累和脂肪酸合成,且 HAP 家族成员 LEC1 和 B3 超家族的 AFL 亚家族成员 LEC2、FUSCA3、ABI3 一起互相作用形成一个调控网络,共同调控种子的成熟发育。Dof 家族属于 Zinc finger 超家族,对种子的胚乳发育、贮藏蛋白的合成及脂肪含量的变化具有重要调控作用,bZIP 家族调控种子贮藏基因的表达来进一步调控贮藏蛋白的积累,AP2/EREBP 家族调控种子的体积与重量、蛋白与油类积累,WRKY 家族、*IKU*、*MINI3*、*SHB1* 基因和 *KLU* 基因负责调控种子体积的大小。

二、环境因素的影响

药用植物的生长发育受光、温、水、土壤和生物等各种环境因素的综合影响。各个环境因子间相互促进又相互制约,在生产中应关注各种环境因素对药用植物生长不同阶段的特殊作用,抓住主要矛盾,采取合理的调控措施适当促进或抑制药用植物生长,达到中药材优质高产的目的。

药用植物的活性成分多为次生代谢产物,其合成积累除了受自身遗传因素的影响外,还与环境因素息息相关,许多药材在特定的环境下生长才会形成其特殊的功效,即药材的"道地性"。中医在用药上,尤其讲究药材的道地性。道地药材品质的形成是温度、湿度、光照、土壤和水分等生态因子相互制约的产物。一般而言,适宜的温度和高湿土壤环境有利于药用植物碳水化合物(淀粉、糖等)和脂肪油的合成,而不利于蛋白质、生物碱的合成;高温、低湿条件下有利于药用植物生物碱、蛋白质等含氮物质的合成,而不利于碳水化合物和脂肪的合成。因此,为了使药材优质、高产,栽培上需要运用综合配套技术措施调控药用植物生长的环境条件。

(一)温度

1. 植物生长对温度的需求　温度是植物生命活动中的重要因子。植物生长过程中需要一定的积温才可以完成某一阶段的发育,同时温度也会影响药用植物的新陈代谢、生长发育和地理分布等。温度变化会引起其他环境因子的变化,并通过多种环境因子的综合作用,影响药用植物的生长发育、产量和品质等。药用植物生命维持、生长和发育均有其最适温度、下限温度和上限温度。植物生长发育和生理活动可正常进行且效率较高的温度范围为最适温度,最适温度一般随植物的成熟度降低;植物生长发育和生理活动所需的最低和最高温度为下限温度和上限温度,低于下限温度或高于上限温度,植物将停止生长甚至导致其死亡。

植物只能在最低温度与最高温度范围内生长,植物生长的最适温度并不是使植物生长最健壮的温度,因为在最适温度下植物会消耗较多的有机物。因此在实际生产中,常常要求低于最适温度。日温较高夜温较低可以促进植物的营养生长,白天温度高有利于光合作用,夜间低温减少呼吸作用消耗有机物。药用植物在变温条件下生长比恒温条件下品质更好。

根据植物对温度的适应范围可分为广温植物和窄温植物。广温植物可以在较广的温度范围内生存,一般在 –5~55℃范围内可维持生命活动,其分布范围广,可能遍布全国各地。如车前草、金银花、天麻、半夏在我国多个地区均可种植,但在不同地区叶型、株型上可能会存在差异。窄温植物一般只能生活在较窄的温度范围内,通常分布在特定的区域。如肉苁蓉、锁阳等基本上只生长在西北地区。

2. 春化效应　春化效应指植物必须经历一段时间的持续低温才能由营养生长进入生殖生长的现象,即低温促进植物开花的效应。春化效应的作用部位一般包括种子和营养体,种子萌发时感受低温的部位是胚,营养体时期感受低温的部位为茎尖生长点。春化效应具有可逆性,称为脱春化,即指春化效应未完全通过前给予高温(4~25℃)可解除春化。脱春化的种子仍然可以再春化。春化效应除了需要低温以外,水分、氧气(低温诱导花原基形成过程需要有氧呼吸)、糖类(呼吸作用的底物)也是必需条件,干种子不能被春化。

冬性植物需要经历春化效应,一般在秋季播种萌发,经过一段时间的营养生长后度过寒冬,第二年夏初开花结实。如果冬性植物在春季播种,会出现只营养生长,即长茎叶不开花或花期延迟很久的现象。但冬性植物已经萌动的种子在一段时间的低温处理后于春季播种可以正常开花结实。我国古代时已经有低温处理种子的经验,古人将冬小麦的种子装入罐子中放在冬季的低温下四五十天,在春季取出种子播种,可获得同秋播一样的收成。春化效应影响植物的物候期与地理分布,在引种时需注意植物对春化效应的要求。

3. 热害与冷害　热害与冷害这种极端温度都会对植物造成很大伤害。当温度高于上限温度时,常常会损伤植物细胞的生物膜结构,引起蛋白质变性导致酶失活,破坏植物体内水分平衡,引起氧供应不足,植物细胞积累过多毒素等。当温度低于下限温度时,会导致植物受害甚至死亡,植物细胞内和胞间的自由水变成冰晶使原生质体破裂,损坏胞内和胞间的微细结构,细胞无法进行正常的生命活动。同一药用植物不同器官、不同发育阶段对极端温度的抵抗能力存在差异,同一药用植物不同器官对低温的敏感性一般为花 > 叶片 > 茎 > 根,同一药用植物不同发育阶段抗低温能力一般为休眠期 > 营养生长期 > 生殖生长期。

当适度高温或低温时,会激发药用植物的逆境胁迫反应,进行一系列的次生代谢反应来抵御逆境。对于药用植物来说,适宜的环境反而生产不出优质药材,而适度的逆境有利于药用活性成分即次生代谢产物的积累,产出优质的药材。因此,在药用植物生产中应根据其对温度的耐受性合理安排节令,协调药用植物发育规律与温度的关系,保障药材的稳产优质。

热激蛋白(heat shock protein, HSP)是较早发现响应高温胁迫的蛋白分子,在拟南芥中过量表达 *HSc70-1* 可以有效提高转基因植株的耐热性,水稻线粒体 HSP70 的过量表达抑制了高温和氧化引起的细胞凋亡。最近,从非洲稻中克隆了一个高温抗性的主效数量性状位点(QTL)*OgTT1* 基因,其编码一个 26S 蛋白酶体的 α2 亚基,在高温下对泛素化底物的降解速率更快,可以显著降低高温逆境胁迫下在水稻细胞中积累的大量变性蛋白。在低温胁迫下,植物通过细胞膜的流动性和蛋白构象感受温度的变化,使一系列低温调控基因(COR)被激活,诱导解毒酶、参与渗透调节和脂肪酸代谢的关键酶等保护性蛋白的产生,保护植物细胞免受冻害。参与植物低温驯化的转录因子主要有 CBF(C-repeat-binding factor)基因家族和 DREB1(dehydration-responsive element-binding protein)基因家族。在拟南芥中,正向调控 CBF 基因的转录激活因子主要有 ICE1(inducer of CBF expression 1)、CAMTA3(calmodulin binding transcription activator 3)和 BZR1(brassinazole resistant 1)。近来的研究表明,一些蛋白激酶如 OST1(open stomata 1)、CRPK1(cold-responsive protein kinase 1)和 MPK3/6 等也参与植物的低温应答,其中 OST1 正调控 ICE1 基因的表达,可以提高植物的抗冻性,而 CRPK1 和 MPK3/6 是植物耐寒的负调控因子。光信号受体感光蛋白(phyB)可以通过感知光、温信号调控植物的生长,phyB 的突变体均表现出冻敏感的表型,而过表达 phyB 则表现出抗冻性增强。phyB 在冷胁迫下介导冷驯化的转录因子 CBFs 与 PIF3(phytochrome-interacting factor 3)相互作用,揭示了 CBFs-PIF3-phyB 是调控植物响应低温胁迫的重要模块。

(二)光照

太阳光是光合作用的主要因素,是植物能量的主要来源。光也是重要的环境信号,广泛参与植物的生长发育和生理过程。

1. 植物的光信号感知和转导　植物感知和识别光信号的光受体主要有 3 类：识别 280~315 nm 的 UV-B 信号的紫外光受体 UVR8；波长为 315~500 nm 的 UV-A 和蓝光受体隐花色素（cryptochrome，CRY），以及向光素（phototropin，PHOT）；吸收 600~750 nm 红光和远红光的光敏色素（phytochrome，PHY）。植物的光受体在识别不同波长的光信号后，迅速地在植物细胞内启动不同的生物学事件，将信号传递至下游，并通过影响大量基因的表达而调控不同的生理和生长发育过程。

在光的信号转导过程中，COP1 是光形态建成的核心抑制因子，其通过降解参与植物光形态建成的促进因子及调节开花和生物钟节律的一系列调控因子，参与植物生长发育的很多进程。COP1 在黑暗中位于细胞核内抑制光形态建成，见光反应后重新定位于细胞核外，降低了对光形态建成的抑制。光信号通过调控转录因子的积累影响植物体内约 3 000 个基因的表达，其中 HY5 是光信号转导中最为关键的一个转录因子。在黑暗条件下，HY5 被 COP1 泛素化降解；而在光照条件下，积累的 HY5 能够调控下游基因的表达。经过 30 多年的研究，确定了光受体 -E3 泛素化连接酶复合体 - 转录因子为主要调控途径的光信号转导体系。

2. 光照强度对药用植物生长发育的影响　光照强度通过影响药用植物的光合速率和干物质的积累来影响其形态建成和生长发育。植物超过 90% 的干物质由光合作用产生，光合作用是植物干物质积累和产量形成的基础。在一定范围内，光照强度增加，光合作用也相应增强；当超过光饱和点时光照强度增强，光合作用强度不再增加。当光照强度过强时会破坏原生质体导致叶绿体分解或细胞失水过多而引起气孔关闭造成光合作用减弱甚至停止；当光照强度弱时，呼吸作用消耗的有机物大于光合作用合成的有机物，植物停止生长。

根据对光的需求不同，将药用植物分为阳生植物、阴生植物和耐阴植物。阳生植物在强光下生长健壮，弱光下则会发育不良。当光照强度降低时，会导致花芽数量减少，生物量下降、品质变差，如金银花、麻黄、甘草、芍药等药用植物。光照强度增加有利于曼陀罗和紫花曼陀罗的发育及茎、叶生物量的积累；光照不足会影响一些喜光根类药用植物的地下器官发育，如 60% 遮阴的地黄块根膨大变慢，90% 遮荫的地黄几乎不形成块根。阴生植物在弱光条件下生长良好，如三七、人参、半夏、鱼腥草、细辛、天南星、淫羊藿、天麻等。耐阴植物则对光照强度有较广的适应性，全光照下生长良好，也能忍耐适度的遮阴，如桔梗、党参等。光照强度对药用植物的品质也有较大影响，如强光条件下，果实中积累更多的糖分，花青素含量也高，如遮光会降低宁夏枸杞果实中蔗糖、果糖和葡萄糖的含量，随着光照强度的增加曼陀罗和紫花曼陀罗茎中花色素苷、类黄酮及总酚含量呈升高趋势。耐阴药用植物适当降低光照强度时，会有助于产量的增加和品质的提高，如人参、三七、半夏等药用植物，半夏用遮阴网遮阴时，产量比不遮阴的对照增产 34.6%，罗汉果在适当遮阴后，其总苷、总糖、维生素 C 含量均有较大幅度提高。

药用植物发育的不同阶段对光的需求也不一样，很多耐阴的药用植物在春季苗期要求有较强的光照，而在夏季高温季节需要一定程度的遮阴，在夏末、秋初光照不足又会对其生长造成不利影响，如金莲花在 5—6 月中旬以全光照或轻度遮阴为宜，夏季以 40% 和 60% 遮阴为宜，夏末、秋初应及时撤去遮阴棚。

3. 光质对药用植物生长发育的影响　光质分为紫外光、可见光和红外光三类，红光生热，红蓝光对于光合作用很重要。光质随昼夜、季节、空间而呈规律性变化，中午短波光较多,早晚长波光多;冬季长波光增多,夏季短波光增多;在空间上短波光随纬度增加而减少,随海拔升高而增加。太阳光中红、橙光能被叶绿素吸收;蓝紫光能被叶绿素和类胡萝卜素吸收,而绿光很少被利用。光质按不同波长分为长波光和短波光,红光和红外光促进茎的伸长,红外线主要转变为热能,提高环境温度,短波光蓝紫光、紫外线,能抑制植物的伸长生长,而使植物形成矮粗的形态。

光质影响药用植物的品质和产量。改变或调整光质可以影响药用植物的生长发育、次生代谢反应,从而提高药用植物的品质。如西洋参生长过程中以蓝色遮阴网加 PVC 参用膜遮阴对其发育最为有利,获得的西洋参更高产优质。高山红景天覆盖红色滤光膜时,对其根的生长发育抑制程度较小,同时可以大幅度提高红景天苷含量。蓝色滤光膜覆盖利于喜树幼苗叶片喜树碱含量增加。在组织培养过程中,红光较蓝光有利于长春花生物碱合成;蓝光促进水母雪莲黄酮的合成。

4. 光周期效应　光周期现象(photo periodism)是指植物对自然界昼夜长短规律性变化的反应。光周期影响药用植物的生长发育、分布、品质和产量。短日植物主要分布在热带和亚热带;长日植物分布在寒带和温带。光周期对植物有成花诱导作用,许多药用植物的开花需要一定时期的适宜光周期诱导才能开花。按照对光周期的适应类型将药用植物分为长日照植物、短日照植物、日中性植物,寒带植物多属于长日照植物,其自然成花多在晚春和初夏,如红花、当归、牛蒡、木槿、除虫菊等。一般热带和亚热带植物多属于短日照植物,成花期有些是在早春,有些则在夏末或初秋日照较短时,如紫苏、菊花、穿心莲、大麻、龙胆等;中日性植物对光照长短没有严格要求,可在不同的日照长度下成花,它们的地理分布则受温度等其他条件的限制,例如曼陀罗、颠茄、红花、地黄、蒲公英等。

一般而言,光照时间的延长有利于(或抑制)植物的光合作用,从而影响某些次生代谢物质前体的合成,造成次生代谢物质积累量的变化。有研究表明,延长光照时间有利于西洋参皂苷含量的提高,葛根中葛根素含量随光照时数的延长而减少。

(三)水分

水是原生质的主要组成成分,植物含水量一般为80%~90%。水是生物体不可缺少的组成成分,是生理代谢、吸收与运转及生化反应介质。水的比热容量大,温度变化没有大气剧烈,为生物创造稳定的温度环境。水能维持细胞和组织的紧张度,使生物保持一定的状态,维持正常的生活。生物起源于水环境,生物进化 90% 的时间在海洋中进行。

影响药用植物生长发育的水包括降水、大气湿度、土壤水分。雨水是药用植物生长发育期间的主要水源。水分影响药用植物的分布,我国东南降水最多,气候湿润,分布了我国绝大多数栽培药用植物;西部降水较少,多为干旱半干旱地区,分布了许多野生药用植物,如甘草、枸杞、北沙参、黄芪等。

1. 药用植物的需水规律　药用植物生长需要一定的土壤含水量,即三基点含水量:最低、最适、最高含水量。含水量高于最高点,植物烂根;低于最低点,植物缺水萎蔫,生长停止;最适范围内,生长发育良好。根据对水分需要不同,将药用植物分为耐旱植物和喜湿植物。耐旱植物如甘草、黄芪等一般不需要灌溉。而喜湿的药用植物如薏米、半枝莲、垂盆草等则需水分较多,需保持土壤湿润。

药用植物不同的发育阶段对水分的需求不同。药用植物种子从发芽到萌发需要一定的土壤水分,水可软化种皮,增加透性,呼吸加强,使种子内的凝胶物质转变为溶胶物质,使代谢加强,促进种子萌发,缺水则出苗不齐,水分过多则烂种烂芽;苗期根系分布浅,抗旱能力弱,要多次少灌;封行以后植株正处在旺盛生长阶段,根系深入土层需水量多,而这时正值酷暑炎热高温天气,植株蒸腾和土壤蒸发量大,灌水要足。花期及时灌水,可防止落花,并促进授粉和受精。灌溉应尽量在早晨、傍晚进行,这不仅可以减少水分蒸发,而且不会因土温发生急剧变化而影响植株生长。生育中期开花前后对水分最敏感,缺水严重影响产量。药用植物抽穗扬花期需水量最大,该时期植物生长旺盛,蒸腾面积大,生殖器官的发育,需要有足够的水分供应生长和开花。

药用植物需水量大小常受气象条件和栽培措施的影响,当环境不利于植物蒸腾作用时导致需水量降低,有利于植物蒸腾的环境导致需水量增加;当药用植物密植叶面积大时,需水量增加,但地面蒸发降低;缺肥时需水量增加。

2. 干旱与淹水对药用植物的影响　药用植物在面临干旱或涝灾胁迫时,生长发育过程中形成了一系列的形态结构适应。对地上部分来说,抗寒性强的药用植物,植物体表面积不发达,叶面积小,甚至在干旱季节落叶。干旱地区的药用植物植株矮小,细胞小,叶片小而少,叶片表面有角质层和茸毛等,气孔小而多,保水性强。长期干旱,种皮、树皮、茎秆、叶片角质化或木栓化。对于地下部分,土壤水分情况影响根系在水平和垂直方向的伸展度、根密度,具有强吸收功能的细根数量、根冠比等。直根系根据土壤水分变化规律可以形成深根系,亦可形成浅根系;须根系亦然。若降水在植物生长季节较少或没有,但非生长季节有一定的降水量,则根系深而窄;若降水主要在植物的生长季节,且雨量有限,土层上部含水丰富,则植物的根系浅而广;若生长季降水量丰富,或者淹水情况下,新生根趋向于表土生长,分布范围较窄。旱生药用植物根系一般分布浅而广;根多汁,能储存大量水分;根系皮层厚且木质化程度高。

干旱影响药用植物的一系列生理活动,从而直接影响药用植物的生长发育,间接影响其产量和品质。具体表现为:导致药用植物体非正常失水,使其器官和组织脱水干枯,损伤生物膜结构,引起细胞死亡;使不耐热的酶活性钝化,破坏核酸和蛋白质的正常代谢,造成可溶性氮化合物大量积累并渗出细胞外;使气孔关闭,蒸腾减弱,气体交换和矿质营养的吸收和运输缓慢;抑制药用植物细胞分生、分化和伸长,影响生长发育;削弱药用植物对病虫害的抗御能力。但适度干旱有利于一些药用植物的生长,如丹参幼苗处于轻度干旱(55%~60%)时,根茎叶侧芽均无不干旱(75%~80%)情况下长得好。土壤短期缓慢失水,植物体内半纤维素增加,淀粉转化为糖,以提高细胞的渗透压和吸水保水能力,增强植物抗旱性。土壤适度干旱,使植物根系深扎,支根和根毛发达,抗旱性强。长期严重干旱,植物加快将低叶位的叶片和分蘖中的养分和水分向主蘖、茎尖以及根部运输,通过下部叶和小分蘖枯死脱落,减少水分蒸腾,保持主蘖和茎尖的生长活力。

干旱胁迫会激发不同植物器官中的 ABA 产生和积累并激活下游信号转导,通过对 ABA 受体 PYR1 的遗传改造可以提高拟南芥和番茄的抗旱性。缺水时叶片中的 ABA 可以通过调节气孔开闭保持植物体内的水分,但会影响植物的生长和产量形成。研究表明,将蓝光诱导的 K^+ 通道 1(blue light-induced K^+ channel 1,BLINK1)导入保卫细胞后,可以加速气孔在光驱动下的开闭速率,在不损失水分利用效率的前提下拟南芥的生物量提高了 2.2 倍。生长素在植物根系结构的形成中非常重要,拟南芥生长素途径的调节因子 EXO70A3 的变化与季节性降雨有关,EXO70A3 通过影响生长素极性运输因子 PIN4 的分布调控其根系深度,进而适应不同的土壤湿度环境。

淹水会影响植物的光合作用、活性氧代谢、糖代谢、危害植物根系。淹水容易引起土壤缺氧、土壤中 CO_2 积累增加、土壤板结、肥力降低。土壤缺氧会造成根呼吸减弱，窒息死亡，还会导致根茎类药用植物烂根而严重减产。长期缺氧积累有毒物质，淹水情况下植物细胞内活性氧大量增加，引起膜系统的损伤，且影响气孔行为、光合色素代谢，不利于植物光合作用。为了降低淹水胁迫对植物生长的危害，一些植物会发生组织形态改变和生理生化的代谢反应。淹水后，根部会形成大量的通气组织，或在茎基部形成很多不定根，根系外层细胞层会形成径向氧损失（radial oxygen loss, ROL）屏障。淹水条件下，1-氨基环丙院-1 羧酸（ACC）合成酶 ACS 的活性急剧增高，大量合成 ACC 从厌氧的根系逐渐向茎下部集中，并在 ACC 氧化酶（ACO）催化下生成乙烯，乙烯的合成有利于形成通气组织。同时，乙烯的释放也会加速植物细胞的凋亡和器官的衰落，可以利用能够抑制 ACS 和 ACO 基因表达的调控基因控制乙烯的释放在一个合理的水平。耐涝基因 Sub1A 受乙烯的诱导，能激活乙醇发酵途径的乙醇脱氢酶（ADH）基因和丙酮酸脱羧酶基因（PDC）的表达，加速丙酮酸的分解并释放出 ATP 维持细胞的存活，而且能够诱导赤霉素 2-β-双加氧酶基因 GA2ox 的表达降低活性赤霉素的含量，从而抑制细胞的伸长。

（四）土壤

土壤对药用植物生长过程中的养分、水分供应起重要作用，土壤因素不仅影响药用植物的生长发育，也影响药材的外观品质。

药材的道地性很大程度上取决于栽培土壤的性质，土壤的酸碱性、土壤结构和土壤质地、土壤中营养元素的组成等均可影响药用植物的品质。药用植物道地产区的面积有限，会存在道地产区的优质药材不能满足市场需要的情况，因此中药材引种很常见。中药材引种需要对当地环境因子进行考察，若盲目引种，药用植物即使生长正常，产量上能得到保证，但若质量显著下降，引种也是不成功的。

1. **土壤类型对药用植物生长的影响** 土壤因子对药用植物的品质影响极大，如黄芪在纯沙壤和纯重壤土中根长、根重、根形态均较差，且活性成分含量也较低，而在纯沙壤和纯重壤土混合的土壤中生长的质量较好。土壤质地差异易影响药材的生长，尤其是根的性状，如土壤过松，非毛管空隙占优势，通透性强，但持水性差，养分易流失，不利于药用植物生长；土壤过实，土壤密度大，毛管孔隙多，透气透水差，影响土壤微生物的活动和土壤养分的有效化，根系伸展难度大。

2. **矿质营养对药用植物生长的影响** 土壤肥力是土壤物理、化学、生物等性质的综合反映，这些基本性质通过直接或间接的途径影响药用植物的生长发育和产量品质的形成。氮能促进叶片的生长，对药用植物体内生物碱、苷类和维生素等活性成分的形成与积累也有重要作用，例如增施氮肥可以增加浙贝母总生物碱的含量，磷能提高种子的产量，钾能促进块根、块茎的发育，可作为选用肥料的参考。土壤中增加腐殖质有利于药用植物的生长，腐殖质可以改善土壤的理化性质，促进土壤动物和微生物的活动，提高土壤溶液的缓冲性能。

药用植物不同生长发育时期需肥不同，生育前期多施氮肥，能促使茎叶生长；生育后期多用磷、钾肥，以促进果实早熟，籽粒饱满。多年生药材在春季返青时、一年可多次收获的药材在每次采收后都要大量施肥。不同种类的药用植物药用部位不同，对养分需求不同。豆科植物有固氮的能力，所以一般不需过多地施氮肥而需要较多地施用磷、钾肥。以根及根茎入药的，幼苗期需要较多的 N（但丹参在苗期比较忌 N，应少施 N 肥），以促进茎叶生长，但不宜过多，以免徒长；到了根茎器官形成期则需较多的 K、适量的 P、少量的 N，如药用植物人参、党参、地黄等后期增施磷钾肥效果好。全草茎叶类药用植物，如薄荷、荆芥、紫苏、藿香等适当增施氮肥,能获得较好的收成。以花果入药的,幼苗期需氮较多,P、K 可少些;进入生殖生长期后,吸收 P 的量剧增,吸收 N 的量减少,如果后期仍供给大量的 N,则茎叶徒长,影响开花结果。种子类药用植物,如五味子、薏米、决明等,增施磷肥效果好;此外磷能促使提早开花结果,提高果实和种子的产量和品质,增强植物抗寒、抗旱和抗病虫害的能力。

目前对植物必需的大量元素 N、P、K 的功能基因组学研究较为深入,尤其是 N 和 P 的吸收和转运调控网络已经初步阐明。植物对硝态氮吸收和转运主要通过硝酸盐转运蛋白(nitrate transporter,NRT)来完成。拟南芥中负责硝酸盐吸收或转运的蛋白主要为 NRT1s 和 NRT2s。其中 NRT1s 主要由低亲和力硝酸盐转运蛋白构成,在拟南芥中有 53 个成员,12 个与硝酸盐的转运有关,其中 AtNRT1.1(CHL1)是植物中第一个鉴定出来的硝酸盐转运蛋白,不仅可以从根吸收及向地上部分运输硝酸盐,还参与硝酸盐的应答反应。水稻中有 93 个家族成员,与拟南芥 AtNRT1.1 同源的基因有 3 个,分别为 *OsNRT1.1A*、*OsNRT1.1B* 和 *OsNRT1.1C*。*OsNRT1.1B* 在高氮和低氮条件下都具有硝酸盐转运活性,且在籼稻中的硝酸盐转运活性高于粳稻,是引起籼粳稻间磷酸盐吸收效率存在差异的主要原因,在富集水稻根际具有氮代谢功能的微生物过程中发挥了关键作用。NRT2s 的大多数成员具有高亲活性,主要在低硝酸盐浓度下调控植物对硝酸盐的吸收(或转运)过程。植物吸收铵盐主要通过铵转运蛋白(ammonium transporters,AMTs)来完成。在拟南芥中,铵转运蛋白有 AMT1 和 AMT2 两类,其中 AMT1 家族负责根中铵盐的吸收,AMT2 主要负责铵盐从根向地上部分的转运。最近还发现赤霉素信号传递途一个关键调控元件 GRF4(growth-regulating factor 4)能够促进水稻铵态氮吸收速率,是植物碳 - 氮代谢的正调控因子。

土壤中的 P 一般以复合物的形式存在,植物无法直接吸收利用土壤中的有机磷,只有有机磷被磷酸酯酶水解成无机磷后才能被利用。植物缺磷时,根系会分泌酸性磷酸酯酶到土壤中,促进植物对土壤中难溶性含磷化合物的利用。水稻中共有 26 个紫色酸性磷酸酶(PAP)基因,其中有 10 个 *PAP* 基因受缺磷诱导。植物对土壤中磷的吸收及植物体内磷的转移均需要磷转运蛋白的参与,已报道的具有磷转运活性的蛋白主要是磷酸盐转运体 PHT 家族、参与磷从根往地上部转运的 SPX-EXS 亚家族 PHO1 及其同源基因,还有参与液泡磷转运的 SPX-MFS 亚家族基因如 *VPT1*、*OsSPX-MFS3* 等。PHT 家族有 4 个亚家族,其中 PHT1 蛋白家族成员在磷酸盐转运中作用关键,大部分 PHT1 蛋白受缺磷胁迫,直接参与植物体对土壤中磷酸盐的吸收。有多个转录因子参与磷信号转导,在缺磷条件下 PHR1(phosphate starvation response 1)通过 microRNA miR399 和 miR827 调控磷转运体基因 *PHT1* 和 *PHO1* 的表达。

植物体内钾离子吸收系统主要包括钾离子转运蛋白和钾离子通道 2 大类。钾离子转运蛋白来源于多个基因家族,如 KUP/HAK/KT、HKT、NHX、CHX 等。水稻 OsHAK1 受缺钾诱导,参与钾的吸收和钠 / 钾平衡。钾离子通道主要包括 Shaker 通道、TPK(tandem-pore K⁺)通道和 KIR(K⁺ inward rectifier)-like 通道 3 类蛋白。在水稻克隆出的钾离子通道基因 *OsAKT1* 属于 Shaker 通道基因,其突变体降低了对钾的吸收能力。

3. 土壤酸碱度对药用植物生长的影响　土壤酸碱度影响土壤微生物的活动,有机质的合成与分解,土壤营养元素的释放、转化以及土壤发生过程中元素的迁移,微量元素的有效性,土壤保持养分的能力等。土壤酸碱度对土壤养分的有效性有重要影响,在 pH 值 6~7 的微酸条件下,土壤养分的有效性最好,最有利于植物生长。在酸性土壤中容易引起钾、钙、镁、磷等元素的短缺,而在强碱性土壤中容易引起铁、硼、铜、锰和锌的短缺。土壤具有缓冲性能对药用植物的生长是十分有利的。

土壤酸碱度影响药用植物分布。土壤酸度通过影响微生物的活动影响药用植物的分布。根瘤菌、褐色固氮菌、氨化细菌和硝化细菌等多生长在中性土壤中。乌拉尔甘草和胀果甘草具有一定的耐盐碱性，广布在新疆的盐碱地上。枸杞、苦豆子也有一定的耐盐碱能力。酸性土壤适于种植肉桂、黄连、槟榔等。

（五）生物

土壤生物包括土壤动物、土壤植物和土壤微生物等。土壤生物对土壤中有机物质的分解和转化，以及元素的生物循环具有重要的作用，并能影响、改变土壤的化学性质和物理结构，构成了各类土壤特有的土壤生物区系。

1. 根瘤菌　根瘤菌是与植物共生形成根瘤，并固定空气中的氮气为植物提供营养的一类杆状细菌，自然界中有几十个属100多种植物可以形成根瘤帮助宿主固氮。根瘤菌从植物的根毛侵入根内形成根瘤，但在根瘤内不生长繁殖，根瘤菌与宿主形成特殊的共生关系，宿主为根瘤菌提供良好的居住环境及必需的营养物质，根瘤菌为宿主提供氮素促进宿主生长，每个根瘤都相当于一个微型氮肥厂，源源不断地给宿主供氮。土壤中的根瘤菌数量较少，难以满足植物的需要。根瘤菌剂不污染环境、不造成浪费并能改善作物品质，而人工施用氮肥流失率常常大于50%，生产中播种豆科作物时与根瘤菌剂搅拌，可使大豆、花生增产10%以上。根瘤菌与植物间的共生并不专一，苦参可以与超过30个种的根瘤菌共生。对于非豆科植物与根瘤菌的共生研究潜力巨大，利用好共生固氮可降低对氮肥的依赖减少对环境带来的负面影响。

关于根瘤形成和生物固氮的机制研究较多，主要集中在结瘤因子的感知和信号转导，固氮过程的分子调控等方面。多数时期，根瘤菌在土壤中进行腐生生活。当条件适宜时，根瘤菌与豆科植物展开分子"对话"，植物根部释放出的类黄酮化合物被相应的根瘤菌感知，并激活 nodD 基因的表达，诱导根瘤菌合成并分泌脂壳寡糖信号分子（lipo-chitooligosaccharides，LCOs），即结瘤因子。植物中发现的识别结瘤因子的受体类激酶主要有 NFR5（nod factor receptor 1）、NFR1 和 NORK（nodulation receptor kinase），NFR1/BFR5 与共生受体激酶 SymRK 形成复合物，激活下游共生的信号通路。共生信号的激活最终可以引起细胞内钙离子内流。细胞核内的 Ca^{2+} 振荡被 Ca^{2+}-钙调蛋白依赖性蛋白激酶（Ca^{2+}/calmodulin-dependent protein kinase，CaMK）解码，进而磷酸化 DNA 绑定转录激活因子 CYCLOPS，CYCLOPS 与 NSP1（nodulation signaling pathway 1）蛋白、NSP2 蛋白等形成转录复合物共同激活共生相关基因的表达，调控根瘤的形成和发育。根瘤菌的固氮过程是在细胞内固氮酶的催化下进行的。生物固氮的过程是在 ATP 提供能量的条件下，e^- 和 H^+ 通过固氮酶传递给 N_2，使它们还原成 NH_3。固氮酶由固氮基因 nif 编码，不同固氮微生物中的 rif 同源性较高。固氮酶是由钼铁蛋白和铁蛋白组成的复合体，其中铁蛋白由 nifH 基因编码，钼铁蛋白的 α 亚基和 β 亚基分别由 nifD 和 nifK 基因编码，这两种蛋白单独存在时都没有固氮酶活性。豆血红蛋白（leghemoglobin）是有效固氮根瘤内的一种特有蛋白，起到结合和运输氧的作用，确保固氮作用有效进行。如百脉根中的 3 个豆血红蛋白基因 LjLb1/2/3 能够协调调控根瘤的高效固氮过程。

2. 菌根　菌根是指土壤中某些真菌与植物根的共生体。菌根的菌丝体既向根周围土壤扩展又与寄主植物互通，一方面以寄主植物的有机物作为自己的营养，另一方面又从土壤中吸收养分、水分供给植物，菌根可以合成植物激素、抗生素等物质，既能促进植物生长又能提高植物抗逆性和抗病性,还可以改良土壤提高土壤的生产力。菌根真菌与植物之间建立相互有利、互为条件的生理整体,这是真核生物之间实现共生关系的典型代表。如兰科植物种子的萌发需要菌根真菌共生才能成苗,杜鹃科植物若没有菌根真菌共生则发育不良,施用菌根菌生物有机肥显著提高红豆杉种苗的成活率。

在菌根形成过程中信号转导和共生体中一些基因的表达量发生了明显的变化,如丛枝菌根(arbuscular mycorrhiza, AM)通过促进根系可利用磷浓度发生变化关闭宿主植物的防御相关基因的表达,促进 AM 与宿主植物识别物质独角金素内酯合成相关基因的表达。此外,在菌根真菌侵染后,菌根共生体营养吸收(P、N、C)相关蛋白基因和水孔通道蛋白相关基因表达量均显著升高。由于缺乏足够的突变体,AM 真菌纯培养难度较大,AM 真菌自身基因的存在很高的变异性,都限制了菌根分子生物学的研究。

3. 病原微生物　病原生物包括真菌、细菌、病毒、类菌原体、寄生性线虫及寄生性种子植物等。真菌病害给植物生产带来了巨大的损失,仅因水稻稻瘟病就造成全球水稻减产 10%~30%。病原真菌包括鞭毛菌亚门(Mastigomycotina)、接合菌亚门(Zygomycotina)、子囊菌亚门(Ascomycotina)、担子菌亚门(Basidiomycotina)和半知菌亚门(Deuteromycotina)5 个亚门。其中半知菌亚门含有大量的药用植物病原菌,约占药用植物病原真菌的半数左右,能危害药用植物的所有器官,引起局部坏死、腐烂、畸形、萎蔫等症状,常见病有炭疽病、斑枯病、灰霉病、白粉病、腐烂病、立枯病、叶枯病等。细菌性病害的数量和危害性较小,多为急性坏死病,初期有水渍状或油渍状边缘,半透明,病斑上有菌脓外溢;细菌主要是通过植物表面的溢泌水的回收,靠鞭毛的游动从伤口和自然孔口侵入植物。细菌性腐烂常散发出特殊的腐败臭味,腐烂、萎蔫、斑点、肿瘤多数是细菌病害的特征,部分真菌也引起萎蔫与肿瘤。如天麻的根腐病,百合的细菌性软腐病。

植物为了应对病原菌的侵袭进化出完善的防御体系,主要有植物自身固有的和病原菌诱导的两种。植物抵制病原菌的第一道防线是主动的防御体系,主要包括植物叶、茎表面的角质层、蜡质层、木质素和特殊的气孔结构等,小分子的抗病物质(如酚类化合物、萜类、类黄酮类等植保素及过氧化物酶、多酚氧化酶等),病程相关(pathogenesis-related, PR)蛋白,凝集素和核糖体失活蛋白等。当病原菌突破第一道防线后,诱导植物开启第二层防御体系,即产生过敏反应(hypersensitive reaction, HR),导致侵染部位细胞程序性死亡,使周围的细胞合成抑制病原菌生长的物质,使植物获得系统抗性。病原菌侵染后会诱导细胞产生一类信号分子,沿着韧皮部传递到其他部位,进而诱导整个植株抗病基因的表达,产生持续抵抗多种病原物侵染的能力,即系统获得抗性(systemic acquired resistance, SAR)。大量的研究表明,当植物受到病原物侵染后,水杨酸、茉莉酸、乙烯等信号分子会引起一系列的抗病信号转导,诱导参与植物抗病相关基因的表达。

植物抗性基因(R 基因)是在植物抗病过程中发挥作用的基因,如核苷酸结合位点 - 富含亮氨酸重复区蛋白(nucleotide-binding site-leucine-rich repeat, NBS-LRR)。目前已经克隆出多个 NBS-LRR 基因,被证实在植物中具有光谱抗性,如小麦 CC-NBS-LRR 基因 *Pm21* 对小麦白粉病具有广谱抗性,水稻中鉴定出的 8 个 NBS-LRR 基因均具有稻瘟病抗性。在人参中鉴定出 NBS-LRR 家族基因 73 个,在人参锈腐菌(*Cylindrocarpon destructans*)侵染后多个 NBS-LRR 基因的表达量出现明显变化,参与了抗真菌侵染免疫过程。

有研究表明,植物对生物胁迫的响应受生物钟的调控,而病原微生物侵染会影响生物钟的昼夜节律。研究人员发现,植物拟南芥核孔蛋白 NUP205 基因 *EDS4* 发生突变后对丁香假单胞菌（*Pseudomonas syringae*）表现出更易感的表型，*eds4* 突变体的昼夜节律周期比野生型更长，差异表达的基因中核心时间钟基因得到了很强的富集。野生型拟南芥在丁香假单胞菌感染后使包括 *LNK* 的多个核心时钟基因显著下调表达，在 *eds4* 突变体中这种下调变得不是很明显，*lnk1lnk2lnk3lnk4* 四突变体更易感染丁香假单胞菌，说明病原微生物通过破坏植物的时钟基因表达以减轻其免疫反应。

4. 昆虫　药用植物害虫种类繁多，严重影响其质量和产量。除受一般农作物害虫为害外，其本身还有一些特有害虫，如蚜、蚧、螨类等刺吸口器害虫。这类害虫吸食药用植物汁液，造成黄叶、皱缩，叶、花、果脱落，严重影响药用植物生长、产量和质量。有些种类还是传播病毒病的媒介，造成病毒病蔓延。危害叶、花、果的害虫常为咀嚼口器害虫，如金银花咖啡虎天牛（*Xylotrechus grayii* White）、菊天牛（*Phytoecia rufiqentria* Gautier）、肉桂木蛾（*Thymiatris* sp.）等。危害根茎的害虫多为地下害虫，种类很多，包括蝼蛄、蛴螬、金针虫、地老虎、根蚜、白蚁等，但以前四种为害最普遍。大宗药材中根部入药者居多，地下害虫直接为害药用部位，致使商品规格下降，影响产量和质量。在道地产区常年种植同种药用植物，导致相应寄主植物的病原、虫源逐年累积，严重危害这些地道药材。例如人参锈腐病，它的生长发育所需的条件与人参生长发育所需的条件相吻合，因此成了人参的重要病害。又如云南三七的根腐病，宁夏枸杞的蚜虫、负泥虫等。

植物为了应对昆虫的取食，从形态、解剖结构和生理生化特性等方面进化出一系列的防御措施。植物形态特征会影响昆虫的取食，如某些茄科植物叶片表面的腺毛对食草昆虫有抑制作用。有些植物器官的形状也成为昆虫取食的影响因素，如雌性卷叶象鼻虫（*Apoderus praecellens*）会优先选择没有深裂叶片香茶菜属植物 *I. trichocarpus*，而对另一种有深裂叶片的 *I. umbrosus* 没有兴趣。

一些抗虫性较强的植物品种受到昆虫取食伤害时会诱导茉莉酸、水杨酸等信号激素的合成和积累，诱发一系列的生理生化反应。*Bph14* 是水稻上克隆的第一个抗虫基因，其编码一个独特的具螺旋-螺旋（CC）、核结合位点（NB）和亮氨酸富集重复（LRR）基序的蛋白质，能够激活水杨酸依赖的防御信号途径，诱导筛管和维管束细胞间胼胝质的沉积，从而抑制褐飞虱的取食、生长和降低存活率，具有显著的抗虫效应。苯丙氨酸解氨酶（PAL）是植物参与防御病虫害的一个关键酶，褐飞虱取食显著诱导水稻的多个 *PAL* 基因表达，在感虫品种中过表达 *PAL8* 基因显著提高了对褐飞虱的抗性。植物的广谱抗虫性与抗性基因位点的数目有关，如来源于斯里兰卡水稻品种 Rathu Heenati 的抗褐飞虱基因 *Bph3* 为一个包含编码 4 个植物凝集素类受体激酶（OsLecRK）的基因簇，基因簇中单个基因的缺失会显著降低褐飞虱抗性，说明 *Bph3* 的广谱、持久褐飞虱抗性是由 OsLecRKs 基因簇共同控制的，基因簇中各成员对褐飞虱的抗性具有累加作用。

（六）群体管理

药用植物在生长过程中除了受气候、土壤等环境条件影响外，还受种植方式、前茬植物类型、栽培密度等因素的影响，适宜的种植制度和密度有助于药用植物及其共生植物在时间和空间上合理搭配，提高光能的截获，降低水分的蒸发，保持土壤的含水量，促进干物质的积累，进而影响其产量和品质。

间作是一种常见的药用植物种植方式，如将毛白杨与天南星、桔梗进行间作，可提高桔梗、天南星的日平均净光合速率和产量。将板栗与掌叶半夏进行间作，可同时提高掌叶半夏的产量、总生物碱和多糖含量。林（农）间种植豆类的药用植物，或药用植物与豆类作物间套作,可以改善土壤化学性质,提高微生物活性,促进植物对磷的吸收,增加土壤有效氮的含量。高秆作物可以为耐阴性药用植物遮蔽强烈日光,同时药用植物的种植改变了病原菌与害虫等寄主植物的邻居和小气候环境,使间作系统内部温度降低、湿度增加、光照降低,直接影响到病原菌的生长、扩散与害虫的发育,使病虫害受到抑制,有利于药用植物的生长。

轮作是在同一田地上有顺序地轮换种植不同植物的种植方式。轮作有助于减轻病虫害、改善土壤肥力、提高中药材的产量和品质等,已经成为药用植物栽培的一种主要种植模式。一方面,轮作可以调节土壤养分平衡,改善土壤理化性质,有效减少有毒物质积累;另一方面,轮作可以改善土壤微生物组成,有助于减少土壤中病原菌的数量,如丹参与桔梗轮作时,根际土壤细菌群落的香农-威纳指数显著高于连作和套作,接合菌门和壶菌门的相对丰富度也显著高于连作模式。筛选轮作植物时要考虑植物之间的亲缘关系,一般而言,亲缘关系较近的植物不宜轮作,如芝麻和地黄均属于管状花目,会产生类似的化感物质,前茬种植过芝麻的田地不能种植地黄。豆科植物适宜作为叶类和全草类药用植物的前茬作物,可以为药用植物提供充足的氮肥。

连作是指在同一田地上连年种植相同植物的种植方式。许多药用植物存在严重的连作障碍问题,如地黄、三七、丹参、黄连、当归、太子参等,使中药材的产量和品质大幅度下降。一方面,连作可引起土壤微生物失衡,导致微生物种群数量发生变化,土壤酶活性也发生了很大变化,致使植物根际的生态平衡遭受破坏。如头茬地黄根际土壤有丰富的 *Bacillus*、*Pseudomonas* 等有益菌,而连作地黄根际土壤病原菌 *Clostridium* sp.、*Flexibacter polymorphus*、*Clostridium ghoni* 等大量滋生,有益菌群和纤维素降解菌群减少;连作土壤理化性质变差,如种植过一茬人参后土壤比重、容重增加,孔隙度变小,物理性黏粒增多,土壤板结,通气透水能力变差,影响根系对水、肥的吸收;连作引起土壤养分失衡,如长期种植太子参,会导致土壤中参与植物氮代谢的微量元素钼的含量减少,影响太子参的生长。另一方面,连作导致化感自毒物质积累,长期的自然选择和人为选择使药用植物次生代谢产物的含量不断提高,更易释放到环境中去,种植过药用植物的土壤积累了丰富的自毒物质,影响同种类药材继续种植。连作种植后,调控药用植物生长与次生代谢的基因表达会发生明显变化,如比较转录组分析表明,与头茬地黄相比,连作地黄块根中上调的大部分基因与细胞程序性死亡、纤维根的形成、Ca^{2+} 信号转导、乙烯合成响应等代谢通路相关。选育抗病性较强的品种、对化感物质不敏感的品种,采用轮作、施加菌肥等措施,是目前缓解连作障碍的最有效途径和常用手段。

仅有少数药用植物耐连作,如怀牛膝连续种植有益于品质和产量的提高,表现为连作时间越长,主根明显增粗,侧根较少,牛膝甾酮和皂苷的含量也高于头茬。对土壤理化性质和微生物群落分析发现,其连作土壤的有机质、速效磷和速效钾均有所增加,微生物对氨基酸的代谢活性较高,枯草芽孢杆菌、假单胞菌属等有益菌增加,病原菌减少。

三、中药材的采收期

我国历代医药学家都非常重视药材采收的问题,南北朝时期徐之才在其所著的《药对》中指出"古之善为医者,皆自采药,审其性体所主,取其时节早晚。早则药势未成,晚则盛势已歇"。唐代孙思邈曾云:"凡药,皆采之有时日;若不依时采之,则与凡草不别,徒弃功用,终无益也。"梁代陶弘景曾云:"其根物多以二、八月采者,谓春初津润始前,未充枝叶,势力淳浓也；至秋枝叶干枯，津润归流于下也，大抵春宁宜早，秋宁宜晚，花、实、茎、叶，各随其成熟尔。"其他医学家也多有著述，这些宝贵的实践经验对当今中药材的采收工作具有一定的指导和借鉴作用。

中药材最佳采收期的确定应综合考虑药用植物的生长发育和活性成分积累规律，如桑叶需经霜降后方可采收，研究表明，桑叶总黄酮积累量在8月最低，霜后11月达到最高值，一些黄酮单体成分也是在10、11月后经霜降达到最大值。苯丙氨酸解氨酶（PAL）作为桑叶中黄酮类成分物质合成的第一个关键限速酶，其活性在4—5月较高，之后随气温升高而有所下降，9月之后又逐渐上升，霜降后（约10月23日）后又显著增加，在11月达到峰值，待12月桑叶自然脱落时未能检测出活性。黄酮类物质合成的最后一个关键酶类黄酮糖基转移酶（UFGT）表现出同样的规律。低温可以诱导桑叶生物合成途径中PAL、UFGT酶活性的提高，从而促进黄酮类物质的合成与积累。因此，桑叶在霜降后进行采收存在一定的科学依据。

红花的花期大致可以分为五个阶段：始花期、盛花初期、盛花中期、盛花末期及终花期，不同花期干燥后的红花浸出物含量差异不显著，羟基红花黄色素A的含量呈现出缓慢增长的趋势，越到采收后期质量越佳；红花山柰素的含量在采收期内呈波浪式增长，在采收后期达到最高。同一天不同时间段的采收对红花品质也有影响，同一天内红花的羟基红花黄色素A含量呈现"V"型变化，最高值在上午7时，最低值出现在下午1时；同一天内红花山柰素含量呈"W"型变化，最低值在上午9时和下午1时，最高值出现在早上7时。因此，在一天内，红花的采收时间最好在上午11时之前和下午5时之后；在整个生育期内，在采收后期收获较好。查耳酮合酶（CHS）是黄酮类化合物合成途径中的第1个关键酶，也就是红花活性成分红花黄色素合成途径中的第1个关键酶。通过实时PCR对红花开花过程中CHS的表达量分析显示，在其开花的第三天表达量最高，远远高于其他阶段。

穿心莲有"天然抗生素"之称，其活性成分主要为二萜内酯类化合物。ent-柯巴基焦磷酸合酶（CPS）是穿心莲二萜化合物合成途径中的重要调控位点，CPS表达水平的高低决定了萜类化合物的组成和含量。南京产穿心莲CPS基因的相对表达量在花蕾期前呈快速上升趋势，这段时期是穿心莲生长的旺盛期，也是次生代谢产物合成的高峰期；在蕾期至始花期趋于平缓，开花后，植株趋于衰老，因代谢能力减退CPS基因表达水平减退。从催化酶基因的表达特性和萜类化合物的积累特征确定穿心莲的最佳采收期为始花期。

宁夏枸杞的果实发育呈现出双"S"形曲线，果实的成熟过程中主要以积累己糖为主。酸性转化酶（AI）和中性转化酶（NI）随果实的发育呈上升趋势，在果实成熟后期有所下降，较高的转化酶类活性促进了果实内部己糖的积累，说明AI和NI在宁夏枸杞果实的糖代谢中起着重要的调控作用。

第三节　中药材品质的形成及调控技术

药用植物是中药材的主要来源，其品质包括内在质量和外观性状两部分。内在质量主要指药用成分或活性成分的多少；外观性状包括色泽、质地、大小、形状等。其中主要药效成分是药材品质的重要标志，对中药材品质形成的影响因素很多，主要有遗传因素、环境因素、种植与采收加工技术。

一、遗传因素的影响

中药品质遗传主导论认为遗传因素是中药材形态特征及代谢产物形成的主导因素,主导了药用植物的形态结构和生理功能特征,决定了药用植物次生代谢的类型及次生代谢的关键酶。药用植物遗传差异是造成其品质变化的内因,其次生代谢产物的生物合成与其他生物学现象一样受遗传调节。

中药材的历史演变和各地用药习惯差异以及新兴品种和代用品的层出不穷,导致中药材多基源现象比较普遍,如《中国药典》中淫羊藿来源于淫羊藿属 4 个物种,即淫羊藿 *Epimedium brevicornum* Maxim.、柔毛淫羊藿 *Epimedium pubescens* Maxim.、箭叶淫羊藿 *Epimedium sagittatum*(Sieb. et Zucc.)Maxim. 或朝鲜淫羊藿 *Epimedium koreanum* Nakai;有的中药材甚至来源于不同科属的物种,如小通草来源于 2 个科的 3 个物种,即旌节花科的喜马山旌节花 *Stachyurus himalaicus* Hook. F. et Thoms.、中国旌节花 *Stachyurus chinensis* Franch. 或山茱萸科的青荚叶 *Helwingia japonica*(Thunb.)Dietr.;老鹳草则来源于牻牛儿苗科 2 个属的 3 个物种,即牻牛儿苗属的牻牛儿苗 *Erodium stephanianum* Willd.、老鹳草属的老鹳草 *Geranium wilfordii* Maxim. 或野老鹳草 *Geranium carolinianum* L.。

从遗传角度看,近缘种的遗传信息具有一定的相似性,但差异还是明显的,因此导致次生代谢产物的药效成分含量差异显著,使来源于不同物种的异种异质现象非常普遍。如采用 ISSR 和 SRAP 分子标记技术分析忍冬属药用植物忍冬 *Lonicera japonica* Thunb.、灰毡毛忍冬 *Lonicera macranthoides* Hand.-Mazz.、红腺忍冬 *Lonicera hypoglauca* Miq.、华南忍冬 *Lonicera confusa* DC. 或黄褐毛忍冬 *Lonicera fulvotomentosa* Hsu et S. C. Cheng 的遗传多样性,UPGMA 可将 5 种忍冬属药用植物聚为 2 大类,在遗传相似系数为 0.63 处金银花基源植物忍冬与山银花基源植物分开,单独聚为一类,表明遗传差异明显;其指标成分木犀草苷、异槲皮苷、马钱苷酸等在不同物种中也存在显著差异。

有的中药材虽然来源于同一物种,但在自然选择和人工培育过程中,形成了种内的遗传多样性,从而导致同种异质现象。如薄荷在我国广布于南北各地,由于分布范围广,生态适应幅度大,自然杂交现象普遍,以及有性和无性繁殖并存,造成种内在形态和化学成分上都产生很多变异,挥发性成分类型及含量也存在很大差异;通过 SRAP 和 ISSR 标记对不同来源薄荷种质材料的 DNA 多态性进行分析,发现薄荷种质遗传多样性较丰富,群体间存在一定的遗传变异。有些中药材在栽培过程中因人为干预已形成了不同的栽培品种、品系或类型,如枸杞、人参、地黄、薄荷、金银花等,由于各地选育工作进度不一,品种的一致性及群居的混杂性导致了同种中药材品质不一致性。如宁夏枸杞,有果大、肉厚、汁多、味甜等特点,而在宁夏栽培的枸杞中,仍有多个品种,带来了极大的品质差异。

目前研究遗传引起中药材品质的差异主要集中在药效成分次生代谢合成的一些共同途径酶活性及其功能基因的表达与调控,证实了遗传变异是中药材药效成分合成中不可忽视的因素。如丹参中丹参酮生物合成途径起始于萜类化合物的通用途径,两个 C_5 化合物经 GPPS 催化结合生成 GPP,继而经 FPPS、GGPPS、CPS、KS 生成次丹参二烯;基于转录组数据库筛选并鉴定了影响青蒿素合成的调控因子 *AaMIXTA1*,过表达和抑制 *AaMIXTA1* 可使青蒿素含量增加和减少;研究发现苦荞麦中的转录因子 *FtMYB116* 通过激活类黄酮 -3'-羟化酶表达促进黄酮的积累;通过基因沉默和过表达验证广藿香转录因子 *PatJAZ6* 功能,*PatJAZ6* 下调了广藿香合成酶的表达,进而抑制了广藿香醇的生物合成。次生代谢合成途径及其基因调控研究对中药材栽培产、优良品种培育和药材质量控制有重要意义。

二、环境因素的影响

中药材品质除与药用植物的遗传相关外，还受生态环境的影响。中药材的药效成分是植物体内各种生理活动协调的结果，而这些生理活动受外界条件的影响，主要有纬度、海拔、光照、温度、降雨量、湿度、矿质营养、土壤结构等因素，这些因素的差异可能导致药用植物形态、生理功能及次生代谢产物上的差异，从而影响中药材品质。如在不同温度下培养黄芩愈伤组织，黄芩苷含量随温度的升高呈增加趋势，25℃、30℃培养条件下 *PAL*、*C4H*、*CHS* 基因相对表达量与黄芩苷含量相关性达到极显著或显著水平，合成途径的上游酶基因 *PAL*，*C4H* 对黄芩苷的积累作用显著；盐胁迫和红光可以使黄花蒿中青蒿素含量增加，青蒿素生物合成相关基因 *ADS* 和 *CYP71AV1* 表达上调；中度干旱条件下，银杏叶中总黄酮醇苷含量最高，黄酮代谢途径 *PAL*、*C4H*、*CHS* 基因表达与黄酮含量升高趋势相对应；干旱 - 复水 - 干旱对柴胡皂苷生物合成的影响较大，外部环境的快速变化（干旱 - 复水 - 干旱）使柴胡皂苷生物合成所需要的关键酶基因 *HMGR*、*IPPI*、*SS*、*β-AS* 等对干旱做出响应，进而影响柴胡皂苷的积累；夜间 15℃可以显著提高党参扦插幼苗的生长和发育，还会刺激和增加可溶性糖、淀粉、总酚和黄酮类化合物含量，*GBSS*、*RBCL* 和 *FDX* 基因的表达量也上调。

因此，深入研究掌握各种环境生态因子，特别是主导生态因子对药用植物体代谢过程的作用关系，选择适宜的育种及种植环境，促进活性成分的形成与积累，对提高药材品质有着积极作用与重要意义。

三、种植及采收加工技术的影响

中药材的品质形成还受到种植技术的影响。通常情况下，很多野生药用植物经引种、驯化与人工栽培后，由于环境条件的改变，植株生长发育及其活性成分的形成、转化和积累也会发生改变。近年来，合理应用微量元素肥料、高效施肥技术对中药材品质影响受到了重视。例如，在党参种植中，施用锌、锰、铁等微肥，能有效提高其多糖等活性成分的积累，其中以微量元素锌肥对其内在品质影响最为显著；用不同浓度锰处理甘草，结果表明随着锰处理浓度的增加，甘草 *SQS1* 基因的相对表达量和甘草酸含量均呈现先升高后下降的趋势，且两者之间存在极显著正相关，*SQS1* 基因表达量在锰浓度 18.1 mg/L 处理时达到最大值，甘草酸含量在锰浓度 1.81 mg/L 和 18.1 mg/L 处理时达到最大值；对金银花根施不同浓度微量元素铁、硼、锰可通过调节绿原酸生物合成关键酶基因 *LjHCT*、*LjC3H1* 的表达从而有效促进绿原酸的形成和积累。

适宜采收对于中药材品质的提高也有重要意义，金元时期医家李杲谓："根、叶、花、实，采之有时……失其时，则气味不全。" 说明药材在不同的生长、发育阶段的药效成分差异较大，品质的形成与相关基因表达的时间特异性紧密相关，由于功能基因严格按一定时间顺序开启或关闭。例如，桑叶多是经霜采收，研究表明桑叶总黄酮积累量在 8 月最低，经霜后 11 月积累量达到最高值，参与黄酮类物质合成的关键酶基因 *PAL* 与 *F3H* 表达均在经霜后明显增加；在秋季黄芩中 4 种黄酮类化合物（黄芩苷、汉黄芩苷、黄芩素、汉黄芩素）呈缓慢下降的趋势，黄芩根组织中关键酶基因 *C4H*、*UBGAT* 的表达对秋季黄芩根部黄酮类化合物的积累具有重要影响，最大降雨强度可能通过对关键酶基因表达的影响来间接影响黄芩黄酮类化合物的积累；麻黄碱主要存在于麻黄的地上部分草质茎中，木质茎中含量很少，根中基本不含,所以采收时应割草质茎;采收时间与气候关系密切,降雨量及相对湿度对麻黄中麻黄碱含量影响很大,凡雨季后,生物碱含量都大幅度下降。

合理加工直接关系到中药材品质。如当归晒干的产品色泽、气味、油性等性状均不如阴干的好;玄参烘干过程中必须保持一定的湿度,并要堆放发汗,使根内部变黑,待内部水分渗透出来后,才能再烘干,否则药材断面不是黑色;发汗后的续断药材中川续断皂苷Ⅵ含量显著升高;太子参热风干燥和晒干产品品质优于其他干燥方式。总之,加工工艺的优劣直接关系到药材品质的好坏。

四、提高中药材品质的途径

根据中药材品质的影响因素,可以从以下几个途径提高中药材质量:

(一)开展中药材优良种质筛选及品种育种工作

选择品质好的中药材作为栽培对象,是提高中药材品质的重要途径。对栽培历史悠久、用量较大、品种丰富的药用植物,应将品种选育和良种推广相结合,侧重品质选育。其方法除了常用的系统选育法外,还可结合组培技术、杂交育种及生物技术育种等方法,并与提纯复壮结合,培育活性成分含量高的中药材新品种。对于还处于野生驯化或引种栽培还未成熟的药用植物,应广泛收集种质资源,从中选优繁育,为进一步纯化育种创造条件。

(二)控制药用植物代谢途径中酶的活性

中药材的品质取决于药用植物的代谢途径,而代谢途径则受控于酶,酶的活性受外界条件的影响。因此,可根据植物的代谢类型,人为创造适合该类型的条件,控制植物体中药效成分的形成和转化,提高药材品质。如在光饱和点内可通过光照强度调控人参中皂苷类成分、薄荷挥发油的含量;低温条件下可刺激川续断幼苗,使川续断皂苷Ⅵ中关键酶表达量上升,从而控制续断药材中川续断皂苷Ⅵ含量。

(三)筛选适宜种植区

中药材的分布有其地理特性,具有相同品质的同一种药用植物一般来说具有相同的气候特征、土壤特征和地形特征。据此,如果可以找到与某种药用植物道地产区或原产区相同的地理特征区域,就能够在这些地区开展这种药用植物的种植。如基于区划分析太子参最适宜区主要分布在长江中下游区域,主要有贵州中部,重庆与湖南、湖北接壤处,河南南部,安徽西部,江苏中部,福建东北部以及浙江北部和东南部区域,其品质与野生分布区地理特征相似。

(四)规范中药材生产过程中的各环节

建立合理的轮作、套种、间种等种植方式,可以消除土壤中有毒物质和病虫害,改善土壤结构,提高土地肥力和光能利用率,达到优质的目的。中药材种类很多,不同植物因产品器官及其内含物的化学成分组成的不同,从土壤中吸收的营养元素也有很大差异。有些中药材因根系入土深度不同,从土壤不同层次吸收营养。如贝母只能吸收土壤表层营养,而红花和黄芪等则可吸收深层营养元素,把它们搭配起来,合理地轮作、套种和间作,既可合理利用土地,又能达到优质高产的目的。药用植物中很多是早春植物,生育期较短,还有些是喜阴植物或耐阴植物,在荫蔽环境中生长良好,这些药用植物还可以与农作物、果树等间种或套种,可以收到良好的效果。

在药用植物生长发育过程中,采用合理的栽培措施能提高中药材的品质,所以要对播种、种植密度、施肥、灌水、病虫害防治及采收加工等各个环节严格控制。如当归播种过早则抽薹率高,品质下降;增施氮肥能提高生物碱类药材的活性成分含量;对根及根茎类药材适当增施磷肥和钾肥,淀粉和糖类的含量增加。

(五)改进加工方法

加工是中药材生产技术中的重要环节,若方法措施使用不当,必将影响药材的内在品质,降低药效成分,因此在加工过程中必须注意温度不宜过高,水洗、浸漂时间不宜过长。药材中的药效成分有的有热敏性,即在一定的高温条件下,易发生氧化、还原、异构化及挥发,如酚类成分易被氧化,木脂素类成分易异构,挥发油易挥发丧失。药材在水中浸泡时期过长,可导致药材中水溶性成分的减少,若水溶性成分为皂苷类,则因皂苷有助溶作用,还能使部分脂溶性成分溶于水而含量降低。

第四节　中药材产量的形成及调控

中药材产量的形成与器官的分化、发育及光合产物的分配和积累有关,其形成与中药材品质一样受到的影响因素很多,主要有遗传因素、环境因素、种植与采收加工技术。了解其形成规律,进行合理调控,在保证质量的前提下,可实现稳产、高产目标。

一、中药材产量的形成

中药材产量的形成是药用植物不同生育时期依次叠加的,一般前一个生长时期是后一个时期的基础。营养器官和生殖器官的生长互相影响,生殖器官生长所需要的养分,大部分由营养器官供应。因此,只有营养器官生长良好,才能保证生殖器官的形成和发育。以根或根茎入药的药用植物,生长前期主要以茎叶的生长为主,根冠比值比较低;生长中期是地上茎叶快速生长,地下部分开始膨大、伸长,根冠逐渐变大,生长后期以地下部增大为主,根冠比值逐渐增大,当两者的绝对质量差达最大值时收获,即可达到高产。

中药材产量形成的全过程包括光合器官、吸收器官及产品器官的建成及物质的形成、运输和积累。从物质生产的角度分析,中药材产量实质上是通过光合作用直接或间接形成的,并取决于光合产物的积累与分配。药用植物光合生产的能力与光合面积、光合时间及光合效率密切相关。一般在适宜范围内,光合面积越大,光合时间越长,光合效率较高,光合产物消耗少,分配利用合理,就能获得较高的产量。中药材种类和品种不同,生态环境和栽培条件不同,各个时期所经历的时间、干物质积累速度、积累总量及在器官间的分配均有所不同,干物质的分配随物种、品种、生育时期及栽培条件而异。

二、中药材产量形成的影响因素

与质量一样,中药材产量也主要受到遗传因素、环境因素、种植与采收加工技术的影响。

来源于同一物种的中药材,因自然选择和人工培育产生了种内遗传差异,常出现产量的差异。如通过筛选出 30 个非同义突变 SNP 标记作为中研肥苏 1 号特征性 SNP 标记,选育形成具有叶籽两用、丰产的中研肥苏 1 号紫苏新品种,产量显著高于农家品种;灯盏花3 个品系产量差异基因型效应占总效应的 54.10%,表明灯盏花基因型效应显著,可以通过品种选育提高灯盏乙素含量和产量;不同品种(系)间木薯在干物质积累率及相关途径重要基因表达水平上均存在显著差异,块根形成期 *MeAGPS1* 的表达量及块根形成期和膨大期

MeGBSS1 的表达量与块根膨大期木薯块根的干物质率呈显著正相关；山药块茎膨大期淀粉合成、积累与淀粉合成关键酶及其相关调控基因表达密切相关，*PFK3* 基因在山药淀粉合成过程中起重要作用，且 *PFK3* 基因和 *Starch synthase3* 基因可能对直链淀粉的合成起重要作用，从而促进块茎膨大；地黄的发育阶段可划分为苗期、拉线期、块根膨大初期、膨大中期、膨大后期和成熟期，拉线期和块根膨大前期是地黄块根发育最为关键的时期，IAA、CK、ABA、ET、JA、EB 的合成和响应基因的上调与 GA 合成基因的下调可促进块根的发育。

环境是影响中药材产量不可忽视因素，不同药用植物要求的生态环境不同，有的以光或温度或土壤为主导因子，这些生态因子随着地理区域的不同而发生改变。例如，地黄遮阴后块根长度、直径和单株块根产量均显著降低，90% 遮阴处理块根几乎不膨大，遮阴后与淀粉降解有关的 2 个 β- 淀粉酶基因（Bmy）均上调表达，而蔗糖磷酸合成酶基因（SPS）下调表达，参与木质素合成的多数基因下调表达，纤维素合成基因多数上调表达，表明遮阴后地黄光合能力下降，光合产物减少，地黄通过一系列激素通路基因的差异表达对遮阴作出响应调控，使块根膨大受阻；太子参不定根生长期用适宜浓度的赤霉素处理，块根膨大期用脱落酸处理可以获得较大的块根，增加太子参产量，外源赤霉素和脱落酸通过影响乙烯合成关键酶基因（*PhACO1*、*PhACO2*、*PhACO3*、*PhACS1*、*PhACS2*、*PhSAMS*）表达，进而调节太子参块根膨大。

随着野生中药材产量的急剧下降，大宗常用中药材基本来源于栽培，在选择优良种质和适宜的自然环境后，栽培技术对中药材的产量影响同样重要。如不同的种植方式灯盏花产量不一样，塑料大棚内的种植产量是露地种植产量一倍多；不同种植密度的牛膝产量存在极显著差异；秋冬季节增施磷肥，可提高麦冬产量；选择适宜采收时期可提高太子参的产量。

三、提高中药材产量的途径

中药材产量高低主要决定于植物源、库、流三者的强弱及其相互之间的协调程度，协调好药用植物源、库、流的关系，才能最大限度地提高中药材的产量。

（一）提高源的供给能力

增加中药材产量最根本的途径是增加光合产物，增加光合产物可通过以下途径：①增加叶面积是提高源的供给能力的基本保证。在一定范围内，种植密度增大，叶面积增加快，达到叶面积指数最大值的时间较早。②延长叶片寿命。一个植株叶片寿命的长短与光、温、水、肥等因素有关，一般光照强、肥水充足，叶色绿浓，叶片寿命长，光合强度高，光合积累率就高。③增加群体的光照强度。在饱和光照度内，光照越强，光合积累越多。对于喜阴性药用植物也要保证供给的光照度不低于光饱和点或接近于光饱和点的光照强度，对于喜阳性药用植物，要保证群体中各叶层接受光照度总和为最高值。④创造适宜药用植物生长的温、水、肥条件。有了充足的光照条件，提高生长温度，适时灌水、追肥也是必不可少的措施。⑤增加净同化率。净同化率是指单位叶面积，在一定时期内，由光合作用所形成的净干物质量，是除去呼吸作用所消耗量之后的净值。提高净同化率在于提高光合强度、延长光合作用时间和降低呼吸消耗，降低呼吸消耗的有效措施是增加昼夜温差。

（二）提高库的储积能力

药用植物的储积能力由单位面积上产量容器的大小决定。药用植物不同，储积的容器也不同。如根及根茎类药材产量的容积取决于单位土地面积上根及根茎类的数量及大小的上限值，花类药材产量容器的容积决定于单位土地面积上分枝数目、分枝上花的数目和小花大小的上限值,种子、果实入药药材产量容器的容积决定于单位土地面积上的穗数、每穗颖花数和籽粒大小的上限值。植物体内同化物分配总的规律是由源到库。由于药用植物体存在着许多的源库单位,各个源库对同化物的运输分配都有分工,各个源的光合物主要供应各自的库。对于生产来讲,有些库没有经济价值,对于这些没有经济价值的库,就应通过栽培措施除掉,使其光合产物集中供应给有经济价值的库。如摘蕾、打顶、修剪枝,以及代谢调节、激素调节和环境调节等。

（三）缩短流的途径

药用植物光合产物很多,如果运输分配不力,产量也不会高。同化物运输的途径是韧皮部,韧皮部输导组织的发达程度是制约同化物运输的一个重要因素。适宜的温度、光照,充足的肥料都可促进光合产物的合成和运输,从而提高储积能力。库与源相对位置的远近也影响运输效率和同化物的分配。通常情况下,库与源相对位置较近,能分配到的同化物就多。因此,很多育种工作者都致力于矮化株型的研究。

（王丰青　肖承鸿）

第十章 药用植物与微生物的互作关系

第一节 药用植物与微生物互作关系概述

药用植物体内或其周围环境中的微生物是植物微生态系统的重要组成部分。药用植物与微生物在长期的侵染和抗侵染过程中逐渐形成了复杂的互作关系,两者能相互利用、协同进化。药用植物与微生物的关系可以分为共生关系、互生关系以及寄生关系。

一、共生关系

形成共生关系的药用植物和微生物之间相互依赖,彼此有利,倘若彼此分开,则双方或其中一方便无法生存。自然界中常见主要有植物与细菌共生,植物与蓝细菌共生,植物与弗兰克菌共生,植物与真菌共生。目前关于药用植物与微生物共生关系的研究主要集中在菌根真菌和根瘤菌的共生关系。

(一)菌根共生

菌根(mycorrhiza)是指一类土壤真菌侵染植物营养根后所形成的共生体,这类参与菌根形成的真菌称为菌根真菌。植物界菌根侵染是一种极为普遍的现象,在自然界中大多数植物都可以与菌根真菌形成共生关系。据统计在已经调查的植物中,95%的植物是可以形成菌根的,甚至有学者指出"自然界中没有纯的根,只有菌根"。菌根的类型可以根据解剖学特征进行划分。按照菌根在植物体内的着生部位和形态特征分为内生菌根(endomycorrhiza, EM)、外生菌根(ectomycorrhiza, ECM)和内外生(兼生)菌根(ectoendomycorrhiza, EEM)。随着研究的不断深入,人们逐渐认识到将菌根仅分成这三类是远远不够的,而且具有一定的局限性。为此,1989年Harley根据参与共生的真菌和植物种类及它们形成共生体的特点,重新将菌根进一步分为7种类型,即丛枝菌根(arbuscular mycorrhiza, AM)、外生菌根、内外生菌根、浆果鹃类菌根(arbutoid mycorrhiza, ARM)、水晶兰类菌根(monotropoid mycorrhiza, MM)、欧石楠类菌根(ericoid mycorrhiza, ERM)、兰科菌根(orchid mycorrhiza, OM),不同种类的菌根的相关特征及分布情况见表10-1。目前药用植物与菌根共生关系的研究主要集中在丛枝菌根和兰科菌根。

丛枝菌根真菌在自然界中的分布极为广泛,能与70%~80%高等植物的根系形成共生关系,到目前为止,在从热带雨林到极地冰川绝大多数类型的生境中均发现了丛枝菌根真菌的存在。据保守估计,土壤中丛枝菌根真菌的生物量占土壤微生物总量的5%~10%。

表 10-1　不同类型菌根的特征

真菌的特征	菌根类型						
	丛枝菌根	外生菌根	内外生菌根	浆果鹃类菌根	水晶兰类菌根	欧石楠类菌根	兰科菌根
菌丝隔膜	-	+	+	+	+	+	+
是否侵入细胞	+	-	+	+	+	+	+
菌鞘	-	+	+（-）	+（-）	+	-	-
哈氏网	-	+	+	+	+	-	-
胞内菌丝团	+（-）	-	+	+	-	+	+
丛枝	+	-	-	-	-	-	-
泡囊	+（-）	-	-	-	-	-	-
真菌分类	球囊菌	担子菌,子囊菌	担子菌,子囊菌	担子菌	担子菌	子囊菌	担子菌
宿舍植物	苔藓植物、蕨类植物、裸子植物、被子植物、蓝细菌	裸子植物、被子植物	裸子植物、被子植物	杜鹃花目	水晶兰科	杜鹃花目、苔藓植物	兰科

注:"+"和"-"分别表示"有"和"无";所有兰科植物在幼苗早期都不含叶绿素,大部分兰科植物在生长中期含叶绿素;真菌的结构都是按成熟期的特征来描述的。

丛枝菌根真菌属于球囊菌门,其包含了1纲4目11科27属约300种。丛枝菌根真菌与植物形成共生体后,能够大量供应给植物所需要的营养物质,而作为交换则植物提供大量的碳水化合物。研究表明大约20%的陆地植物的光合产物(每年约为50亿吨碳)进入丛枝菌根真菌体内。另外,丛枝菌根真菌与植物形成共生体后,能够促进植物生长;促进植物对水分的吸收,从而提高植物的抗旱能力;提高植物的抗病能力;促进根部有益微生物的活动;提高植物抗非生物胁迫(盐胁迫、低温胁迫、高温胁迫以及重金属胁迫)的能力。

兰科菌根是兰科植物与真菌形成的共生联合体,它们在兰科植物的生长和生命活动中具有重要的作用。兰科菌根是一种内生菌根,主要寄生于兰科(Orchidaceae)植物的种子及根系上。迄今已发现的兰科菌根真菌分属于3门47科69属。常见的兰科菌根真菌属有瘤菌根菌属、角菌根菌属、角担菌属、胶膜菌属、红菇属、小菇属、盘菌属等,其中胶膜菌属是与兰科植物形成菌根最主要和最广泛的属。兰科菌根真菌与其他的菌根真菌不同,无法从宿主的根系获取有机养分,必须从周围环境中(如兰科植物着生的树木或积土)取得养分,经由菌根真菌吸收和分解,再向兰科植物根部流动,供真菌本身和兰科植物吸收利用。兰科菌根真菌不仅是兰科植物的共生菌,同时又是其他植物的寄生菌。兰科菌根真菌侵染兰科植物的种子或者根后能够促进种子的萌发并参与幼苗的生长;对于成熟后的植物,兰科菌根能够促进植物对养分的吸收,减少植物根遭受病害的危险,促进植株的生长。

(二)根瘤菌共生

根瘤菌是一类广泛分布于土壤中的革兰氏阴性细菌,位于细菌域、变形杆菌门。大部分常见的根瘤菌都属于 α- 变形菌纲,包括根瘤菌属、中华根瘤菌属、剑菌属、申氏杆菌属、新根瘤菌属、伴根瘤菌属、中慢生根瘤菌属、慢生根瘤菌属、叶瘤杆菌属、甲基杆菌属、微枝形杆菌属、苍白杆菌属、固氮根瘤菌属、德沃斯菌属。根瘤菌可以侵染豆科植物根部形成根瘤,固定空气中的氮形成氨,为植物提供氮素营养,改良土壤。根瘤菌与豆科植物的共生是生物固氮体系中作用最强的体系,所固定的氮约占生物固氮总量的 65%,这种共生固氮作用极大地促进了植物生长和作物增产。

根瘤菌与豆科植物形成的共生固氮体系,具有以下特点:①固氮能力最强,效率最高。该共生体系固氮能力位于各种固氮体系之首,据估计,其固定的氮素占生物固氮总量的 65% 以上。②根瘤菌必须与植物共生才能固氮。绝大多数根瘤菌并不能独立进行固氮,只能在与豆科植物形成共生体——根瘤的情况下,才能发挥固氮作用。③豆科植物对根瘤菌有选择作用。不同的豆科植物能够识别不同的根瘤菌结瘤信号因子,不同的根瘤菌又能分泌不同的结瘤信号因子。豆科植物在选择与其共生的根瘤菌时,会优先选择具有较强竞争结瘤能力和高效固氮能力的菌株。

二、互生关系

形成互生关系的植物与微生物可以独立生活,也可以形成相互的联合,对双方都有利。植物与微生物互生关系主要包括植物与根际微生物的互生关系、植物与叶围微生物的互生等。

(一)药用植物与根际促生菌的互生关系

根际(rhizosphere)是指生物和物理特性受根系紧密影响的土壤微区域。它的范围是围绕根表面 1~2 mm 厚的薄层土壤。根际是土壤微生物生活特别旺盛的区域,也是植物与外界环境进行物质与能量交换的主要场所。植物根际土壤中除了与植物共生关系的菌根真菌、根瘤菌等共生菌以及与植物具有寄生关系的病原菌外,还存在大量与植物互作的为植物根际促生微生物(plant growth promoting microorganism, PGPM)和生防微生物(BCA2)类。目前的研究表明药用植物根际微生物中细菌的主要类群有芽孢杆菌属、假单胞菌属、黄杆菌属、固氮菌属等,其中芽孢杆菌属、假单胞菌属常见;放线菌主要有链霉菌属和诺卡菌属等;真菌类群一般以青霉属、曲霉属、木霉属和镰刀菌属等为优势属。由于根际有益微生物种类多,因此其功能具有多样性。首先,根际微生物中含有的固氮菌、解磷菌、铁细菌和硫细菌等可促进药用植物转化和吸收各种元素,如麦冬根际存在氨化细菌(10^6/g 级)、硝化细菌(10^3/g 级)和固氮菌(10^2/g 级)等。在连翘、丹参和地黄等药用植物根际中也发现氨化细菌、硝化细菌和固氮菌,在中药丹参根际中还发现有机磷分解菌、无机磷分解菌、硫化细菌和铁细菌等微生物的存在。其次,根际某些微生物能合成的植物激素类物质,如连翘、地黄根际中的固氮菌能够分泌生长素;长春花根际中的巴西固氮螺菌能分泌脱落酸,生脂固氮螺菌能分泌赤霉素。这些植物激素类物质可促进植物根系有效地吸收土壤中的水分和养分,以促进植物的生长发育,同时对植物体其他生命活动进行调控。最后,根际有些有益微生物还可产生嗜铁素,从而使有害微生物可利用的铁减少,最终导致其致病性下降。

（二）药用植物与叶际微生物互生关系

叶际微生物与其生存环境组成了一种独特而复杂的生态系统。一般认为叶际（phyllosphere）是邻接植物地上部分（茎、叶、花、果）表面和内部的生境，而植物的叶是叶际的主导区域，其中的微生物称为叶际微生物（phyllosphere microorganism）。叶际微生物的类群十分丰富多样，主要有细菌、丝状真菌、酵母、藻类。细菌是叶面环境中主要的菌群，其数量最多，其中变形菌门是叶面环境中的优势菌群。同一植物种类的叶际都有着较为相似的微生物群落，不同植物种类之间则菌落差异较大，说明每一植物种类的叶际都有着特定的微生物群落。

相对于根际微生物的研究，叶际微生物的研究较少。研究表明叶际微生物除了植物病原菌（寄生作用），也存在许多有益的微生物种群，可在一定程度上促进植物生长，拮抗植物病原菌。如植物叶际有大量固氮细菌，柑橘和桑树叶际含有 1×10^6 个 /cm² 个固氮细菌，固氮菌具有生物固氮的作用，从而促进植物生长和繁殖；解淀粉芽孢杆菌（*Bacillus amyloliquefaciens*）和苏云金芽孢杆菌（*Bacillus thuringiensis*）也是常见的叶际附生菌，解淀粉芽孢杆菌可以在大田条件下对核盘菌引起的茎干枯萎病起到良好的防治作用，而苏云金芽孢杆菌是传统的生物杀虫剂。目前关于药用植物叶际有益微生物相关研究极少，如对地黄叶片有益微生物进行了分离筛选，获得了 6 株能抗地黄叶片病害病原菌的有益菌。

三、寄生关系

寄生关系是指两种生物在一起生活，一方受益，另一方受害，后者给前者提供营养物质和居住场所。寄生关系在一定的条件下对后者造成损害或者死亡的现象，如病原菌与药用植物的关系。药用植物与病原微生物的寄生关系主要体现在药用植物病害方面。药用植物受到病原微生物的侵染或不良环境条件的影响，正常新陈代谢遭到破坏和干扰，从生理功能到形态构造上发生一系列反常的病变现象，造成中药材产量和质量的下降。与药用植物发生寄生关系的病原微生物主要有细菌、真菌、病毒以及线虫等，其中真菌病害占大多数。研究表明药用植物病原真菌多属于卵菌纲中的霜霉属、白锈菌属，半子囊菌纲的外囊菌属，不整囊菌纲的白粉菌属、单丝壳属、叉丝单囊壳属、叉丝壳属、钩丝壳属、球针壳属，盘菌纲的核盘菌属，腔菌纲的小球腔菌属、格孢腔菌属，冬孢菌纲的黑粉菌属、腥黑粉属、轴黑粉属、围黑粉属、叶黑粉属、无柄锈菌属、小无柄锈菌属、膨痂锈菌属、柱锈菌属、多层锈菌属、鞘锈菌属、胶锈菌属、单孢锈菌属、柄锈菌属、夏孢锈菌属，腔孢菌纲的叶点菌属、茎点菌属、大茎点菌属、拟茎点菌属、壳单隔孢属、壳针孢属、盘长孢属、刺盘孢属、丛刺胶盘孢属，丝孢纲的粉孢霉属、拟粉孢霉属、交链孢霉属、尾孢属、镰孢霉属，无孢菌纲中的丝核菌属、小菌核菌属。药用植物细菌病害的病原菌主要为革兰氏染色反应阴性，好气性杆菌和球菌的假单胞杆菌属、黄单胞杆菌属和野杆菌属；革兰氏染色反应阴性、兼性厌氧性杆菌的欧氏杆菌属；放线菌和类似的棒状杆菌属。药用植物病毒病的病原菌主要属于黄瓜花叶病毒组、烟草花叶病毒组、马铃薯 Y 病毒组、芜菁花叶病毒、蚕豆萎蔫病毒等。

第二节 有益微生物对药用植物的影响

一、提高栽培药用植物的产量

丛枝菌根（AM）真菌、兰科菌根真菌、根瘤菌、根际促生菌以及叶际促生菌都能提高栽培中药材的产量。AM 真菌与药用植物形成共生关系后通过菌丝网络结构显著增加植物根系的长度，并分泌一些有机酸等物质和提高土壤各种酶的活性来促进植物对土壤中各种矿物营养元素的吸收；同时显著增强植物的光合作用，从而促进药用植物的生长。AM 真菌能与 70%~80% 高等植物的根系形成共生关系，目前研究表明 AM 真菌能促进甘草、丹参、百合、红花等多种栽培药用植物的生长，提高栽培中药材的产量。如接种 AM 真菌能够显著提高营养贫瘠地区甘草植株地上、地下部分生物量，提高幅度分别是 25 倍和 17倍；接种 AM 真菌能够提高连作丹参地上、地下部分生物量，提高幅度分别为 48.1% 和39.2%。

兰科菌根真菌只能与兰科植物建立共生关系，兰科菌根真菌的菌丝在周围土壤中吸收有机物，产生葡萄糖、核糖和其他营养物质，向兰科植物提供碳水化合物、维生素、氨基酸、微量元素等；还可以增加植物根系的吸收面积；真菌与兰科植物共生后产生的叶绿素明显增加，在光合作用下物质代谢加快，从而促进药用植物的生长。对于特殊的完全异养兰科植物，其必须从特定的兰科菌根真菌中获得营养，才能完成生长发育过程。

根瘤菌与豆科植物的共生是生物固氮体系中作用最强的体系，所固定的氮约占生物固氮总量的 65%，这种共生固氮作用极大地促进了植物生长和作物增产。但是目前关于豆科药材的生物固氮及其结瘤固氮对药材质量影响等相关研究甚少，仅有鸡骨草、甘草、苦参、葛根等少数几种中药材的相关研究报道。接种根瘤菌对鸡骨草的株高、植株生物量、氮素相对积累量和固氮效率有明显的促进作用。接种来自玉林、平南、南宁的根瘤菌的植株，其地上生物量分别比不接种根瘤菌的对照组高 80.6%、48.1% 和 7.5%，其中接种来自玉林菌株的植株地上生物量和总生物量分别比不接种的对照组高 80.6% 和 51.1%，差异达显著水平。接种不同来源根瘤菌对鸡骨草幼苗根系生长的影响也存在显著差异，对照组植株地下生物量较高，分别比接种玉林、平南、南宁菌株的植株高 14.0%、34.0% 和 54.5%，其中接种玉林菌株的植株根系生物量与对照组的差异不显著。

植物促生菌在蔬菜、粮食作物上的研究开展较早，而在药用植物的研究上起步较晚。但近年来，随着药用植物在种植过程中遇到的问题以及植物促生菌研究的深入，药用植物促生菌的研究也越来越受到国内外学者的重视，关于药用植物促生菌分离和鉴定的文献报道也呈逐年递增趋势。从南方红豆杉根际土壤中分离出 4 株具有溶解无机磷能力的菌株，并对红豆杉幼苗进行室内盆栽试验，结果表明 4 株高效溶磷菌能显著促进红豆杉幼苗的生长。研究表明接种 4 种促生菌显著性地提高了雪莲地上部分鲜质量，其中接种 *B. aryabhattai*处理组的雪莲地上鲜质量最高，其次为接种 *M. luteus* 处理组。另外接种 *B. aryabhattai*、*B. flexus*、*M. luteus* 的 3 个处理组均显著性地提高了雪莲根的鲜质量，其中接种 *B. aryabhattai*促进作用最好。但是，由于根际促生菌种类较多，不同种类的根际促生菌促生机制不同，如根际土壤中的固氮菌、根瘤菌、固氮螺旋菌、假单胞菌及克雷伯菌等具有生物固氮的作用,从而提高植物对 N 的吸收;圆褐固氮菌、芽孢杆菌、肠杆菌、假单胞菌、根瘤菌、曲霉菌、青霉菌等具有解磷和溶磷作用,从而提高植物对 P 的吸收;植物促生细菌可以通过自身代谢产生植物激素等。而关于叶际微生物对于药用植物生长的影响目前还未见相关的报道。

二、对药用植物活性成分的影响

目前关于有益微生物对药用植物活性成分影响的研究主要集中在 AM 真菌方面。AM 真菌对于药用植物活性成分含量的影响主要有正向效应和无影响,对于负向效应的报道比较少。接种 AM 真菌能够显著提高栽培丹参根中丹酚酸 B、丹参酮 I、丹参酮 II$_A$ 以及隐丹参酮的含量,提高幅度分别为 27.97%、0.14%、51.42% 和 30.67%。接种 AM 真菌能显著提高栽培木香药材中木香烃内酯、去氢木香烃内酯及总内酯的含量。与对照组比较,接种组云木香根产量提高了(50.96 ± 2.12)%,云木香根中木香烃内酯、去氢木香烃内酯及总内酯的含量分别增加了 65.55%、97.42%、85.42%,内酯类成分间的结构比有所改变。

AM 真菌对于同一药用植物不同活性成分含量的影响不同。如接种 AM 真菌能够显著提高栽培丹参根中丹酚酸 B、丹参酮 I、丹参酮 II$_A$ 以及隐丹参酮的含量,但是对于迷迭香酸和咖啡酸没有显著性的影响。另外,虽然 AM 真菌在某些条件下对药用植物活性成分含量无显著影响,但是对于活性成分的累积量却是增加的,这也能说明 AM 真菌能够促进药用植物活性成分的合成,而活性成分含量降低是因为大幅度增加生物量而稀释活性成分含量造成的。

关于其他有益菌(根瘤菌、根际促生菌、兰科菌根真菌等)对药用植物的影响主要集中在提高药用植物的产量,而对于活性成分方面的影响研究较少。根际微生物枯草芽孢杆菌 GB03 可以诱导不同生长时期的紫花甜罗勒体内香精油的积累和释放,GB03 分别提高松油醇和丁香油酚含量约 2 倍和 10 倍。研究表明山豆根接种根瘤菌处理后,其苦参碱、氧化苦参碱含量均比未接种处理组有所增加,其中接种来自靖西县菌株的植株含量显著高于对照组及其他大部分处理组。盆栽鸡骨草接种根瘤菌后相思子碱含量均较不接种的提高,其中土壤经过灭菌同时接种根瘤菌的处理后比不接种根瘤菌处理植株相思子碱含量高 65.4%,说明接种根瘤菌对鸡骨草植株相思子碱的形成和累积有较大的作用。研究表明当硝酸镧浓度为 5.0 mg/L 时,接种兰科菌根真菌的石斛其多糖和石斛碱含量最高,分别达到 16.6% 和 0.056%,比不接种兰科真菌植株提高了 53.7% 和 47.4%。

三、促进种子萌发

兰科植物的种子细小如粉尘、无胚乳,只有分化不完全的原胚,在自然条件下需要依靠特定的真菌提供萌发和生长所需的营养。兰科植物种子在没有内生真菌时,多数只能萌发到种子吸水膨胀导致种皮破裂阶段,此时若没有内生真菌,种子即停止生长或死亡,因此共生萌发真菌对于兰科种子的萌发至关重要。在已报道的兰科植物中,胶膜菌科的胶膜菌属真菌可以促进最多种类的兰科植物的种子萌发,约有 40 种;其次为角担菌科的角担菌属真菌,大约可以促进 20 种兰科植物种子萌发;担子菌门的其他一些真菌如革菌科、多孔菌科等作为萌发真菌也有报道,但所占比例较小。兰科菌根真菌促进兰科植物种子萌发的机制主要是兰科菌根菌丝体就能够穿过种子种皮,产生淀粉酶使胚内淀粉水解,促使胚原体继续生长,并从周围环境中获得养分并传递给兰科植物,促进种子进一步萌发与生长。研究表明,内生真菌可以为兰科药用植物种子萌发提供碳源、氮源、矿质养分、植物激素、维生素、氨基酸素等多种植物生长所需的物质。

四、抗栽培药用植物的病害

国内外研究表明菌根真菌、根瘤菌、根际微生物、叶际微生物对于作物病害都具有生物防治的作用,但是对于药用植物影响更大的是 AM 真菌和根际微生物。国内外众多文献报道 AM 真菌具有降低栽培药用植物病害发生程度的作用,如接种 AM 真菌能够降低连作丹参枯萎病的发生率,降低幅度为 75%;接种 3 种 AM 真菌还可降低重茬银杏叶枯病病情指数。AM 真菌能够降低真菌、线虫、细菌等土传病原体对作物植物的危害程度,减少农药使用量,其主要是通过改变植物根系形态或解剖结构,调控宿主植物体内次生代谢产物的形成,改善根际环境的理化性状,与病原物竞争光合产物和侵染空间,激活、诱导植株体内抗病防御体系的启动等多种机制完成的。

根际微生物和叶际微生物也具有降低栽培药用植物病害发生程度的作用。从疏勒河流域盐碱土壤中分离得到 244 株放线菌,经初筛有 11 株放线菌对黄芪根腐病菌的抑菌率均高于 50%。结合筛选效果和菌株间亲和性试验,发现单一菌株及其不同组合混合菌株对黄芪根腐病均有防治效果,且以混合菌株的效果最为理想,混合菌株中各菌株间通过协同作用充分发挥生物防治效果,且抑菌谱较广。另外在人参、黄芪等多种栽培药用植物上也有相关的报道。对地黄叶片有益微生物进行了分离筛选,获得了 6 株能抗地黄叶片病害病原菌的有益菌。

五、增强栽培药用植物的抗非生物胁迫能力

植物的抗非生物胁迫主要是抗水分胁迫、抗温度胁迫、抗盐碱胁迫、抗重金属胁迫等,而药用植物在这方面的研究主要集中在 AM 真菌提高植物抗旱方面。研究表明 AM 真菌可以提高枳实生苗,甘草、宁夏枸杞和连翘幼苗的抗旱性。根瘤菌也能提高植物的抗旱性,如在水分胁迫下接种两种根瘤菌均可提高豌豆的抗旱性。另外,文献报道 AM 真菌还能提高植物抗温度胁迫、抗盐碱胁迫、抗重金属胁迫能力等。

第三节 影响药用植物与微生物互作关系的因素

由于叶际微生物在药用植物中研究极少,因此本节只涉及根际微生物,包括 AM 真菌、兰科菌根、根瘤菌以及根际其他有益菌。

一、根际分泌物的影响

根系分泌物是调节土壤根际微生态系统活力与功能的关键因素。在植物生长过程中,根系从土壤环境中汲取水分、矿物质等营养成分,同时根际也向土壤中释放了大量分泌物,这些根系分泌物中含有丰富的糖类、氨基酸、维生素等,为根际微生物的生长和繁殖提供充足的碳源、氮源和其他营养元素,是根际土壤微生物的主要营养来源。另外,根际分泌物中

还含有各种次生代谢物质,这些次生代谢物质也对根际微生物的种类、数量和分布产生影响。根系分泌物的种类和数量决定了根际微生物的种类和数量,并对微生物的生长繁殖及代谢过程产生影响。研究发现不同的马铃薯品种的根际分泌物会有所差别,且根际微生物群落结构差异很大;在不同生长发育时期,马铃薯根际微生物群落结构也会发生相应变化,这可能都与植物根际分泌物的组成和数量不同有关。根际分泌物对某些微生物具有吸引作用,这类具有趋化性的细菌或真菌能够在根际中大量聚集和繁殖,如大豆根际分泌黄酮类物质吸引根瘤菌从而建立了根瘤共生体;丛枝菌根植物根际分泌独脚金内酯来吸引 AM 真菌从而建立了丛枝菌根共生体。另外,根际分泌物也可以通过各种途径抑制病原微生物的生长,从而减少病原微生物对植物产生的危害。如茄子、棉花抗病品种的根际分泌物对病原菌的菌丝生长和孢子萌发有一定的抑制作用,而易感病品种的根际分泌物则能促进病原菌菌丝生长。

二、植物种类的影响

AM 真菌的效应依赖于植物种类,对于不同植物的正向效应不同,甚至有时候会产生负向效应。如接种 AM 真菌能够促进三叶草的生长,对于生物量的提高幅度为 33%~51%,但是黑麦接种 AM 真菌则降低其生物量;毛喉鞘蕊花(*Colens forskohii*)有最大的菌根正效应,茅草(*Carex flacca*)具有最大的菌根负效应,而番茄和木豆则具有较小的正效应。另外研究表明栽培驯化会影响作物的 AM 真菌定殖和菌根效应的发挥。在研究的 27 个植物中,相对于野生品种,栽培驯化会提高一些植物的 AM 真菌侵染率,但是也会降低其他一些植物的 AM 真菌的侵染率,而对于菌根效应也有类似的影响。更有甚者,在高磷条件下,栽培品种与丛枝菌根真菌的关系可能会从严格的共生关系转变为寄生关系。究其原因,是由于高产的栽培品种在高磷条件下,减少了 C 转移给丛枝菌根,改变了 AM 真菌与宿主植物之间的资源交换,从而影响菌根效应。根瘤菌只侵染豆科植物,且由于不同的豆科植物分泌不同的类黄酮化合物,从而诱导不同的根瘤菌产生趋化反应。三叶草和苜蓿中的紫苜蓿素会抑制不与它们共生的菌株的生长,对可以与它们共生菌株的生长没有抑制作用。对 8 株优良大豆根瘤菌与不同地区 27 个大豆主栽品种的匹配性进行研究时发现,以同一根瘤菌处理不同大豆品种,大豆长势不同。另外,不同种类的植物的根际分泌物也不同,从而影响根际不同微生物的定殖和分布,因此不同种类植物的根际微生物种类以及功能不同。

三、微生物种类的影响

不同种类、甚至不同株系的 AM 真菌和根瘤菌对于提高植物生长和促进植物对养分的吸收作用不同。一般来说,能快速而广泛地侵染植物的种类或者株系作用最大,如对 12 种 AM 真菌对生姜生长的影响进行比较,结果表明细凹无梗囊霉(*Acaulospora scrobiculata*)、网状球囊霉(*Glomus reticulatum*)、隐形球囊霉(*Paraglomus occltum*)是适宜生姜生长的优良 AM 菌株,其促生作用最强。在进行丹参菌根化栽培高效菌株筛选时发现 *G. versiforme*(GV)是丹参促生长的高效菌株,接种 GV 的丹参植株地上、地下部分干重、地上、地下部分分枝数均显著高于接种 *G. mosseae*(GM)和 *G. intraradices*(GI)植株。也有研究表明接种土著菌的菌根效应大于商业菌的菌根效应,如对 8 株优良大豆根瘤菌与不同地区 27 个大豆主栽品种的匹配性进行研究时发现,对同一品种大豆使用不同根瘤菌

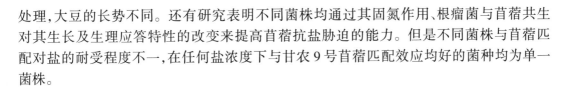

处理,大豆的长势不同。还有研究表明不同菌株均通过其固氮作用、根瘤菌与苜蓿共生对其生长及生理应答特性的改变来提高苜蓿抗盐胁迫的能力。但是不同菌株与苜蓿匹配对盐的耐受程度不一,在任何盐浓度下与甘农9号苜蓿匹配效应均好的菌种均为单一菌株。

四、土壤条件的影响

土壤养分、土壤水分、土壤 pH 值、土壤温度以及土壤盐分等条件影响有益微生物的定殖以及其功能的发挥。

(一)养分条件

大量的文献表明土壤中速效磷的含量以及施磷、施氮会影响 AM 真菌对植物根的侵染和菌根效应的发挥。土壤中高浓度的速效磷或者施用磷肥会抑制菌根的侵染,降低菌根效应,更甚者在高磷条件下菌根由共生关系转变为寄生关系。但是有时候高磷条件虽然抑制了菌根效应,但是菌根侵染并没有受到影响,如研究表明随着土壤中速效磷的增加,菌根对于植物生长及磷吸收的效应降低,但是根的菌根侵染强度、土壤中菌丝密度以及碱性磷酸酯酶是增加的。而对于施氮肥对菌根侵染以及菌根效应的影响,不同研究者得到不同的结果。如研究表明施氮肥会影响 AM 真菌对植物生长(地上、地下部分生物)的促进效应,并且 AM 真菌对植物生长的促进作用在施用高剂量氮条件下消失。在氮胁迫的条件下,由于植物与 AM 真菌相互竞争氮源,从而抑制 AM 真菌的侵染,影响菌根效应。另外,氮肥的形态(NO_3^- 和 NH_4^+)影响丛枝菌根的形成,植物施用 NO_3^- 为主的氮肥(与以 NH_4^+ 为主相比较)具有较高的 AM 真菌侵染率。至于其他营养成分对菌根的影响,目前还未见相关的报道。

根瘤本身具备了固氮能力,接种根瘤菌的效果还受氮肥施用的影响,不施氮或供氮不足时植物生长差,根系不发达,根瘤菌结合位点有限;而过量施氮则抑制根瘤菌的生长和结瘤固氮能力。另外由于磷、钾对于豆科植物的结瘤和保持固氮酶活性有重要的作用。植物结瘤和保持固氮酶活性比正常生长需更多的磷,对于结瘤数目多的茎瘤植物,受磷影响更大。钾参与了调节寄主细胞膜渗透及一系列同化过程,促进植物生长,提高光合效率,保证植物的结瘤和固氮酶活性。如追施一定量的磷肥、钾肥能够促进根瘤菌生长,而过多则会起到相反的效应。

(二)水分条件的影响

土壤水分含量会影响根瘤的数量以及根瘤共生体的建立。生长在土壤含水量适宜条件下的豆科植物的根瘤数要显著多于生长在水分含量较低或过高的土壤中的,共生固氮对干旱比较敏感,它会导致氮素积累的减少和豆科植物产量的降低。研究表明,当土壤水分由5.5% 降至 3.5% 时显著降低了根瘤菌的侵染率。在 50% 和 65% 的土壤相对含水量条件下,接种 4 种 AM 真菌都对甘草生长有促进作用,在土壤相对含水量小于 35% 时,甘草生长不良,甘草酸含量低。

(三)pH 值的影响

研究表明土壤的酸碱度会影响 AM 真菌和根瘤菌的定殖,从而影响其效应。当 pH 值低于 5.5 时会抑制 AM 真菌对根系的侵染和丛枝的形成,且抑制效应随 pH 值的降低而增强;丛枝丰度随土壤 pH 值的降低而降低的幅度更大。pH 值会影响 AM 真菌菌根效应的发挥,从生长贡献率来看,AM 真菌在 pH 值为 7 的基质中,对甘草地下部分鲜重贡献大;而 pH

值为 8 时对甘草的地上部分鲜重贡献大。在酸性（pH 值 =6）和碱性（pH 值 =9）较强条件下，AM 真菌对甘草生长的贡献率相对较弱。pH 值下降到 5.0 时，根瘤菌只是略有生长；pH 值 4.7、4.5 条件下根瘤菌的生长几乎处于停滞状况。在 pH 值为 4.5 时接种 *R. meliloti* 30 d 后，苜蓿幼苗总根瘤数、有效根瘤数分别减少了 11.8% 和 23.2%；接种 50 d 后，总根瘤数、有效根瘤数分别减少了 16.9% 和 29.4%。根瘤菌在不同 pH 值条件下，竞争结瘤能力不同的原因可能是由根瘤菌产酸或产碱的生理特性所决定的。

（四）温度条件

豆科作物根瘤的形成和固氮需要一定的温度。一般认为豆科作物最适宜结瘤和固氮的温度为 20~22℃。温度的高低会对共生体系的发育和功能产生影响，过低的温度会导致豆科植物的结瘤、固氮的能力下降和生物量的减少。过高的温度会使侧根和根毛减少，影响感染和结瘤，同时还会使根瘤很快退化，导致固氮期缩短；但较高的环境温度，可使宿主植株积累较多的干物质和氮素，在一定程度上能缓冲硝酸盐对根瘤发育的抑制作用，促进根瘤固氮。

第四节 植物与微生物互作的分子基础

一、植物与病原菌互作的分子基础

（一）植物的先天免疫系统

植物在漫长的进化过程中形成至少 2 种免疫途径来抵抗自然界中各种病原微生物的入侵，一种为 PAMP 触发的免疫（PAMP-triggered immunity, PTI），另一种为效应子触发的免疫（effector-triggered immunity, ETI）。

1. PTI 免疫途径　PTI 免疫途径是由定位于细胞质膜的受体识别病原菌关联的分子模式（pathogen associated molecular pattern, PAMP）激活的防御反应，病原微生物分泌效应蛋白进入植物细胞，干扰宿主免疫激活并增强致病性。PAMP 是微生物表面存在的一些保守分子，广泛存在微生物中，也被称为微生物相关分子模式（microbe associated molecular pattern, MAMP）。真菌 PAMP 包括麦角甾醇、多聚半乳糖醛酸内切酶、木聚糖酶以及细胞壁衍生物葡聚糖和几丁质等；卵菌 PAMP 有 β- 葡聚糖及转谷氨酰胺酶等；细菌 PAMP 包括脂多糖、冷休克蛋白、延伸因子 Tu 及鞭毛蛋白等。植物依靠其细胞表面的模式识别受体（pattern recognition pattern, PRR）来感知 PAMP，并产生相应抗性。

植物 PRR 完成了对 PAMP 的识别，在细胞膜上确定有病原菌来袭后，还需要和其他质膜蛋白一起作用，将该信号通过相应的信号转导途径传递到下游，从而使植物做出进一步免疫应答。植物 PRR 将免疫信号通过胞质类受体激酶 BIK1（botrytis-induced kinase 1）、MAPK 级联、钙依赖性蛋白激酶（Ca^{2+}-dependent protein kinase, CDPK）等向下游传递，诱导活性氧的暴发、气孔关闭、免疫基因的表达等，从而抑制病原微生物的生长。BAK1 属于 SERK 家族，该家族由 5 个密切相关的 LRR-RLKs 组成，BAK1 参与多种 PAMP 受体复合体介导的 PTI 信号转导。MAPK 通常由 3 个蛋白激酶组成级联（MAP3K-MAP2K-MAPK），通过依次磷酸化将上游信号传递至下游应答分子。MAPK 级联在动、植物先天免疫应答不同生物或非生物压力反应的信号转导中都发挥着重要作用，其介导的信号转导是植物对病原微生物产生抗性的关键步骤。植物 PTI 成功抵挡了大部分病原微生物,然而少数病原微生物则进化出相应的策略,它们通过效应子抑制 PTI,从而成功展开进一步入侵。

2. ETI 免疫途径　　在病原微生物利用效应子攻克植物免疫系统的第一道防线后,植物也进化出了能够特异性识别这些效应子的受体,开始启动另一道免疫防线——效应子触发的免疫(ETI)。ETI 免疫途径是通过植物抗病蛋白(R 蛋白)直接或间接识别不同来源的病原物效应子(Avr 蛋白),并且激发相似的防卫反应,并且这些植物抗病蛋白大部分是 NB-LRR(nucleotide binding-leucine rich repeat)蛋白。对效应子的识别能够导致 NB-LRR 蛋白构象发生改变,将 NB-LRR 由抑制状态转变为激活状态,从而进一步激活下游信号转导。当植物 NB-LRR 蛋白识别病原微生物效应子后,是通过怎样的途径来激活下游免疫应答的呢?目前为止,并没有一个清楚的模式来阐明这个信号转导过程。

3. PTI 免疫途径与 ETI 免疫途径在植物先天免疫中的相互关系　　植物与病原微生物之间相互作用并协同进化的过程可分为 3 个阶段:第一阶段,病原微生物通过各种策略进攻植物,植物进化出 PRR 识别其中绝大多数病原微生物的 PAMP,从而触发 PTI;第二阶段,少数病原微生物可以通过分泌效应子来抑制 PTI,再次实现对植物的侵染,此时植物对病原微生物是感病的;第三阶段,植物进化出能够特异性识别相应效应子的 R 蛋白,触发 ETI,使植物体再次表现出更强的抗性,通常在侵染位点产生过敏性细胞死亡反应(hypersensitive cell death response,HR),从而阻止病原微生物的进一步侵染。之后,在自然选择的作用下,病原微生物可能通过不同进化策略来避开 ETI,进而植物又共进化出新的 R 蛋白来再次触发 ETI。从长期的角度看,植物与病原微生物之间的互作呈现 Z 字形的"拉锯战"局面。

(二)植物系统获得抗性

植物识别病原微生物在侵染部位迅速启动 PTI 和 ETI 抗病反应的同时,还可以激发系统性的抗病反应,即系统获得抗性(systemic acquired resistance,SAR)。系统性抗病反应的信号分子通过一定的方式能传递到植物未被侵染的部分,使之获得对外界病原微生物长期、广谱的抗性。SAR 的发生伴随着系统性水杨酸(salicylic acid,SA)含量的增加和病程相关(pathogenesis-related,PR)蛋白质的表达。

ETI 免疫途径中的 R 基因主要分两类:CC-NBS-LRR 和 TIR-NBS-LRR。CC-NBS-LRR 类抗性基因介导的抗病性主要受依赖 NDR1(non-specific disease resistance 1)的信号通路调控。TIR-NBS-LRR 介导的抗性主要受依赖增强易感性因子 1(enhanced disease susceptibility 1,EDS1)功能的信号通路调控。EDS1 在抵抗活体病原菌的过程中,通过与 PAD4 相互作用来激活 TIR-NBS-LRR 感知的 ET1 和植物基础免疫反应。研究表明在 SA 相关信号转导途径中,PAD4、EDS1 以及 NDR1 都位于 SA 合成基因 ICS1 的上游。PAD4、EDS1 等基因可以引起 SA 的进一步积累,而且 SA 还可以通过正反馈促进 R 基因、EDS1、PAD4 等的表达,从而使 SA 信号迅速放大。在 SAR 信号转导途径中,转录因子发挥着重要的作用。病程相关基因非表达子 1(non-expresser of PR1,NPR1)和 WRKY 是 SA 下游的两类重要的转录因子。SA 可促使 NPR1 活化(由低聚体转变为单体),并且由细胞质转移到细胞核内,NPR1 与细胞核内的包含碱性亮氨酸拉链(basic leucine zipper,bZIP)的 TGA 转录因子相互作用,引起下游抗病基因的表达。转录因子 WRKY 也广泛参与了 SA 下游的信号转导。WRKY 可以

通过绑定 PR 基因启动子区域的 W 盒（C/TTGACC/T）来调节基因的表达。NPR1 与 WRKY
在 SAR 的调控中关系密切：一方面，NPR1 的表达可能是由某些 WRKY 转录因子介导的，因
为 NPR1 启动子区域的 W 盒序列的突变会影响 NPR1 的表达；另一方面，某些 WRKY 转录
因子的作用也是依赖于 NPR1 的。

　　另外，其他激素如吲哚乙酸（IAA）、茉莉酸（JA）和乙烯（ET）等也会影响 SA 信号途
径。IAA、JA 和 ET 通过影响 SA 代谢过程的调节因子（如 BSMT1、GH3.5）来调控细胞内
SA 水平。IAA、JA 和 ET 通过这种方式能调控游离 SA 的积累，反过来又抑制 SA 介导的防
御反应的激活。此外，JA 和 ET 能间接抑制 ICS1 介导的 SA 的合成。

　　除了 SA 信号途径外，植物还有另外一条抗病信号转导途径，即茉莉酸和乙烯（JA/ET）
信号转导途径。JA 和 ET 是诱导植物抗病反应的重要信号分子，其是植物的另一条重要的
抗病信号转导途径，抗菌肽基因 pdf1.2 是该途径的标志性产物。SA 主要介导植物对活体营
养型病原的抗病性，而 JA 和 ET 主要介导对腐生型和昆虫病原的抗病性，SA 与 JA 信号通
路之间存在交叉对话和拮抗作用。SA 通过诱导细胞氧化还原电位改变、JA 相关转录因子
的降解、JA 负调控因子表达，介导核内的阻遏蛋白、DNA 水平上组蛋白修饰等方式抑制 JA
依赖的基因活性。

二、植物与丛枝菌根真菌互作的分子基础

　　丛枝菌根真菌与植物形成共生（图 10-1）一般分为三个阶段。①非共生阶段：在此阶
段当萌发的孢子识别其宿主植物根系的分泌物等信号物质后，菌丝就会趋向性地向宿主植
物根系延伸、分枝并与宿主植物根部发生物理性接触；②共生形成前期阶段：AM 真菌识别
其宿主植物后便朝植物根系方向进行伸长与分枝，与宿主植物表皮接触后，在宿主植物根系
表皮细胞产生的信号分子的刺激下会形成附着胞（appressoria）结构，附着胞上的 AM 真菌
侵染丝便可通过附着胞结构进入根系皮层细胞；③共生体形成期：附着胞伸长的菌丝体会
穿过根系皮层细胞的胞壁开始分枝，并于特定的时期在细胞内分化，形成重复的二叉分枝，
形成丛枝。

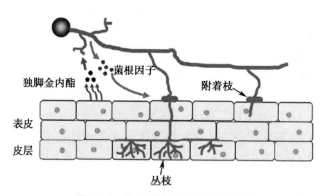

图 10-1　丛枝菌根共生的形成过程

　　丛枝菌根共生体的建立依赖宿主植物与丛枝菌根真菌两者间精确的"分子对话"，该过
程发生在共生体形成之前，并且一直作用到共生体形成。该"分子对话"首先需要 AM 真菌
和宿主植物分别释放信号物质并且被对方特异性的受体识别，进而引发宿主植物和 AM 真
菌相应特异性基因的表达，从而调控丛枝菌根共生体形成所需的特定受体蛋白及组织形态

形成,通过建立一系列精确的分子调控机制最终完成该"分子对话"过程。

（一）共生体形成前期

在丛枝菌根共生体形成前阶段,即 AM 真菌还未接触到宿主植物根系时,AM 真菌与宿主植物之间的相互识别主要依靠一些化学信号物质,其中至关重要的两类物质为独脚金内酯(strigolactone, SL)和丛枝菌根真菌因子(Myc 因子)。独角金内酯是由宿主植物分泌到根际区特殊的信号物质,该信号物质可以被 AM 真菌特异性识别,不能被土壤中其他真菌如霉菌和土壤中的致病菌识别。独角金内酯在共生前期阶段能给促进 AM 真菌菌丝大量分枝的萌发,并能促进 AM 真菌菌丝生长和引导菌丝向根系分枝的方向延伸,使其接触到宿主植物根系。同时被激活的 AM 真菌也会分泌一种对于共生体形成至关重要的化学信号物质,真菌因子。研究表明 Myc 因子是由脂质几丁寡糖(LCOs)和几丁寡糖(COs)组成的混合物,其中 LCOs 是由 N- 乙酰氨基葡萄糖为碳骨架,含有多种多样的辅基,而 COs 为短链几丁寡糖。宿主植物体内存在 Myc 因子受体,目前已经在蒺藜苜蓿(*M. truncatula*)中发现 Myc 因子的受体为 MtNFP 和 MtLYK3,且有研究推测百脉根(*Lotus corniculatus* L.)的 Myc 因子受体为 LjNFR1 和 LjNFR5。Myc 因子可在 AM 真菌接触到宿主植物根系前诱导宿主植物与 AM 共生体形成的相关基因表达,从而诱导宿主植物侧根形成以及引发宿主植物根系细胞内 Ca^{2+} 振荡,促进 AM 真菌成功入侵植物根系。

丛枝菌根共生具体可分为 3 个步骤:①感知(perception):植物通过 LysM 受体激酶(如 OsCERK1、S/LYK10、LjNFR1、MtLYK3)和受体激酶 SYMRK/DMI2 探测 LCOs 和 COs;②传递(transmission):β- 羟 -β- 甲基戊二酸单酰辅酶 A 还原酶(HMG-CoA 还原酶)与 DMI2 相互作用,产生 Ca^{2+} 震荡,这对启动下游转录反应至关重要。在共生受体样蛋白激酶(SYMRK/DMI2)作用下,植物感知 AM 真菌的入侵,产生甲羟戊酸盐。甲羟胺酸是一种二级信使,通过与钾阳离子(K^+)通道 CASTOR 和 POLLUX/DMI1 的相互作用,将对真菌的感知从质膜传递到细胞核。K^+ 通道 CASTOR 和 POLLUX/DMI1 通过使 K^+ 流出以平衡 Ca^{2+} 内流来支持 Ca^{2+} 震荡,这一过程是由环核苷酸门控通道 CNGC15 介导的;③转录(transcription):钙调蛋白 CCaMK 感知并解码 Ca^{2+} 钙震荡信号,对共生信号进行转录。在钙存在的情况下,Ca^{2+}/ 钙调蛋白与 CCaMK 结合,促进构象变化,诱导底物蛋白 CCaMK 和 CYCLOPS 磷酸化。磷酸化的 CYCLOPS 与 CCaMK 形成复合物,CCaMK 与 GRAS 转录因子(如 DELLA 蛋白)协同作用,启动 RAM1 等调节丛枝菌根共生所必需的基因表达(图 10-2)。

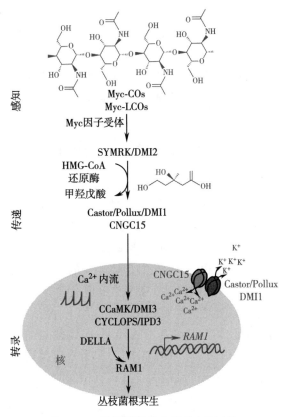

图 10-2　丛枝菌根共生的建立涉及的三个步骤——感知、转导、转录

（二）共生体形成期

目前研究发现在该过程需要两个重要"构件"，即 AM 真菌在宿主植物根表面形成的附着胞以及宿主植物根部皮层细胞形成的侵入前器官（prepenetration apparatus，PPA），PPA 结构包括许多 AM 真菌附着位点。附着胞在成功躲避宿主植物防御系统后可通过 PPA 的引导进入根系皮层细胞完成 AM 真菌入侵过程。

在附着胞和 PPA 形成过程中，Myc 因子仍发挥与丛枝菌根共生体形成前阶段类似的作用，引发宿主植物胞内 Ca^{2+} 振荡，从而促进 AM 真菌和宿主植物相关组织形态发生改变。其调控过程主要是宿主植物受体感知 Myc 因子后通过 DMI2/DMI1 途径引起植物根系表皮细胞 Ca^{2+} 振荡，进而促进 AM 真菌和宿主植物相关组织形态发生改变。

AM 真菌在形成附着胞时，首先需要过表达 H^+-ATP 酶的编码基因增强 ATP 酶的活性使细胞膜去极化，进而促使丛枝菌根附着胞的形成。AM 真菌在调节自身基因表达形成 AM 附着胞的同时，宿主植物的某些基因受信号物质的调控其表达量发生了改变，促进植物根部细胞形成 PPA，并且 PPA 的形成受 CSSP 途径调控。在 CSSP 途径中包含受体激酶（SYMRK 和 DMI2）、离子通道蛋白（CASTOR/POLLUX 和 DMI1）、钙调蛋白依赖性蛋白激酶（calcium calmodulin-dependent protein kinase，CCaMK）、核孔复合蛋白（NUP85/NUP135/NENA）、一种细胞核未知功能蛋白（CYCLOPS 和 IPD3）和转录因子（NSP2）。

AM 附着胞形成后开始入侵宿主植物根系，而植物体内存在受体识别 MAMP，MAMP 可以激发植物体内免疫反应（MAMP-triggered immunity，MTI），MTI 能够阻止微生物侵入植物，经过 AM 真菌与宿主植物多年来的相互进化，AM 真菌能促使宿主植物 MTI 出现短暂的抑制，进而使丛枝菌根附着胞成功入侵宿主植物根系。在 AM 附着胞侵入宿主植物根系过程中，调控 MTI 的相关基因出现短暂的下调现象，表明该过程中植物体 MTI 出现短暂的抑制。随后的研究发现该免疫过程的抑制与植物体内依赖茉莉酸（JA）调节途径有关。众多研究发现，在丛枝菌根附着胞入侵宿主植物根系时，植物体内许多基因表达发生改变。

三、植物与根瘤菌共生的分子基础

豆科植物与根瘤菌共生形成根瘤的过程可分为 5 个阶段：①根瘤菌趋化性地接近根毛细胞，并在植物根际繁殖，即根际的殖民化；②根毛细胞变形弯曲；③细菌诱导根毛细胞形成一种管状结构——侵染线；④根皮层细胞分裂形成根瘤原基；⑤根瘤原基分化形成各种根瘤组织，最后形成成熟的固氮根瘤（图 10-3）。

豆科植物-根瘤菌共生体相关的"分子对话"中最先的参与者是类黄酮物质（由寄主植物所释放）和脂质几丁寡糖（由根瘤菌合成）。豆科植物的根系分泌类黄酮，根瘤菌在宿主植物根系分泌的类黄酮化合物作用下，激活位于根瘤菌细胞内膜的结瘤调控蛋白（Nod D），由 Nod D 调控结瘤基因的转录，根瘤菌的结瘤基因表达后，将合成并分泌一类脂寡糖化合物，即结瘤因子（NOD factor），作为根瘤菌返还给宿主植物的信号分子。目前研究表明，所有根瘤菌分泌的结瘤因子都具有相似的骨架结构：一个由 3~5 个 N-乙酰氨基葡糖组成的糖骨架和在还原糖末端 C-2 上连的一条脂肪酸链构成。但不同根瘤菌来源的结瘤因子在侧链上羟基的取代基团、脂肪酰链的长度和不饱和方面表现出较大的差异，而这些结构的差异是与根瘤菌的宿主范围紧密相关的。

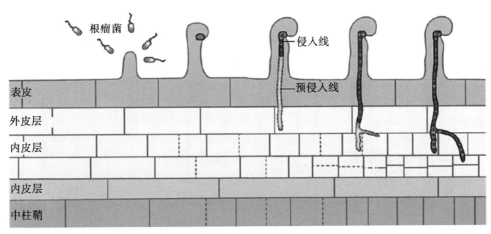

图 10-3 根瘤菌侵染根及根瘤形成的过程

根瘤菌产生的结瘤因子与豆科植物根毛表皮细胞的结瘤因子受体进行特异性识别。多种豆科植物中推测的结瘤因子受体已被分离鉴定,如百脉根中的 LjNFR1 和 LjNFR5;蒺藜苜蓿中的 MtLYK3 和 MtLYK4;豌豆中的 PsSYM37 和 PsSYM10 及大豆中的 GmNFR1α/β 和 GmNFR5α/β。这些推测的结瘤因子受体蛋白均由膜外 LysM 域、跨膜域和膜内激酶域组成,属 LysM 受体类似激酶,被公认是与结瘤因子直接相作用的受体。

根瘤菌产生的结瘤因子被豆科植物结瘤因子受体特异性识别后将胞外信号传递给膜上的共生受体激酶(symbiosis receptor kinase, SYMRK),SYMRK 通过第二信使传递信号激活钙离子通道蛋白 CASTOR、POLLUX 和核孔蛋白 NUP85、NUP133、NENA[在核内产生周期性的钙离子激增信号(Ca^{2+} spiking)]。在表皮细胞中 Ca^{2+} 振荡信号被 Ca^{2+}-钙调蛋白依赖性蛋白激酶(Ca^{2+}/ calmodulin-dependent protein kinase, CaMK)和位于核内的卷曲螺旋蛋白 CYCLOPS 所解码并激活下游的转录因子 NSP1(nodulation signaling pathway 1)、NSP2 及结瘤起始基因 NIN(nodule inception),NIN 启动下游结瘤相关基因的表达调控,从而形成侵染线;与此同时,表皮细胞中 NIN 启动相关基因的表达产生的细胞分裂素信号传递至皮层细胞中,激活内皮层中的细胞分裂素受体激酶 LHK1,形成皮层细胞中的细胞分裂素信号,该信号激活下游的转录因子 NSP1、NSP2 及结瘤起始基因 NIN,NIN 启动下游结瘤相关基因的表达调控,从而形成根瘤(图 10-4)。

四、参与植物与微生物互作的信号物质

(一)离子信号

Ca^{2+} 作为细胞中必不可少的离子,不仅参与维持细胞结构和细胞内离子平衡,还可以作为第二信使传递各种信号。Ca^{2+} 信号上游的细胞膜受体感受外界刺激,激活细胞膜系统上钙离子通道的开放,引起细胞内 Ca^{2+} 浓度在时间、空间、频率、幅度等特异性变化后,导致下游特异的基因表达及生理应答。研究发现非生物胁迫以及生物胁迫都能够诱导植物细胞产生特异的钙信号,植物与微生物双方成功发生互作的标志即是钙离子振荡(Ca^{2+} oscillation)的形成。因此无论是能对植物造成胁迫伤害的植物-病原菌互作体系,还是能够为植物提供营养的植物-微生物共生互作体系,其细胞信号转导通路中 Ca^{2+} 信号的分子调控对两种互作体系都有着非常重要的作用。

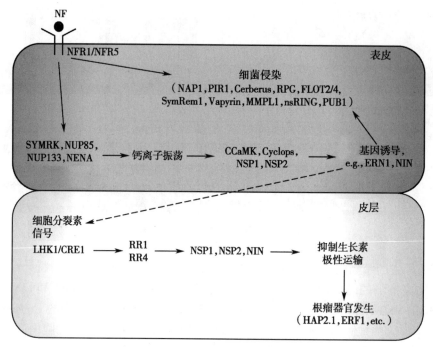

图 10-4 共生固氮结瘤信号传导示意图

1. 丛枝菌根和根瘤菌共生 根瘤因子和菌根因子通过细胞膜受体蛋白进入细胞的内共生信号级联通路,随后信号分子钙在细胞核和核膜区域发生钙离子振荡。研究指出,通道蛋白 DMI1、CASTOR 和 POLLUX 对细胞核钙离子振荡发挥着重要作用。在内共生信号级联通路 Ca^{2+} 信号的下游,CCaMK 作为 Ca^{2+} 信号的解码器与 CYCLOPS 互作,感知并解码钙振荡信号,并对共生信号进行转录。在 DMI3 与 CYCLOPS 的下游,GRAS 转录因子 NSP1 和 NSP2 或者转录因子复合体 DELLA-DIPI-RAM1 等参与诱导基因表达,最终产生根瘤菌在植物根细胞的结瘤以及丛枝菌根在植物根细胞的生节反应,形成整个共生互作通路。根瘤菌和丛枝菌根在这条共用信号途径上游的激活模式是不一样的,如植物利用不同的受体蛋白响应根瘤菌和丛枝菌根真菌释放的信号因子(图 10-5)。

2. 植物对微生物的防御 病原菌微生物与植物的互作是植物通过先天免疫系统抵御外源刺激的过程。在免疫系统信号级联通路的分子机制早期,PAMP 诱导受体信号识别开启信号级联通路(图 10-6)。细胞膜上的离子通道对病原菌感知,钙离子作为细胞质第二信使并瞬间向细胞质内流,引起胞质钙离子浓度瞬间提高,钙离子浓度急剧增加甚至能持续增加几分钟。目前研究表明受体 PRR 激活分布在质膜或者胞质的核苷酸环化酶,环核苷酸的浓度得到上升后,激活了环核苷酸门控通道(cyclic nucleotide gated channel, CNGC)离子通道,使细胞质钙离子浓度上升。钙离子信号产生后被下游信号组件包括钙调素(calmodulin, CAM)以及类钙调素 CML 级联丝裂原激活蛋白激酶(mitogen activation protein kinase, MAPK)、类钙调磷酸酶 B 蛋白(calcineurin B-like protein, CBL)、钙依赖性蛋白激酶(Ca^{2+}-dependent protein kinase, CDPK)等特异地解码。钙离子信号下游的其他信号如 ROS 被激活,NO 随之产生,诱导基因表达,最终产生免疫应答,如过敏反应、胼胝质沉积和植物生长抑制以及气孔关闭随之产生。

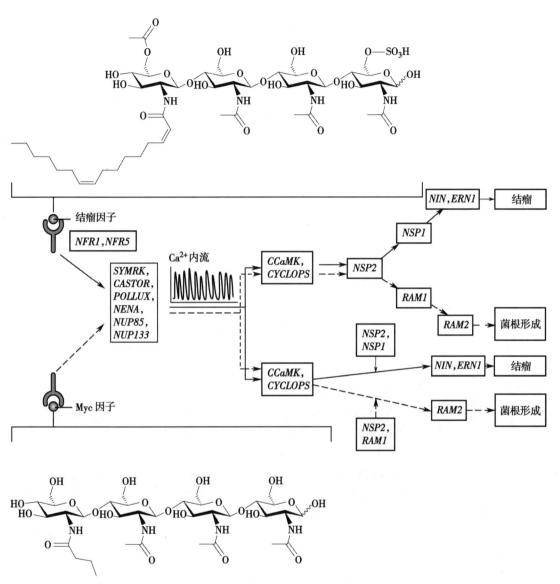

图 10-5 植物与根瘤菌或丛枝菌根真菌共生信号途径

注：实线表示根瘤共生途径，虚线表示丛枝菌根共生途径

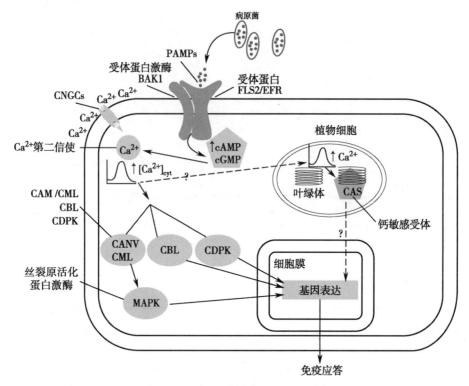

图 10-6 植物 - 病原菌互作信号通路

（二）植物激素信号

植物激素作为重要的信号分子已被证明在调控植物与微生物（根瘤菌、AM 真菌、病原菌等）互作过程中起重要作用。不同的植物激素信号通路在植物和微生物互作中行使不同的功能，且各通路之间相互关联、相互影响，协同调控植物的生长发育以及对外防御反应，使植物始终处于一种生理平衡之中。

1. 丛枝菌根共生过程中的植物激素　目前的研究表明，独脚金内酯、生长素、赤霉素（GA）、ABA、JA 以及 ET 等参与丛枝菌根与植物共生过程。独角金内酯是一类倍半萜烯化合物，也是近年来发现的一类新型分枝抑制激素。在侵染发生之前，独角金内酯能够刺激 AM 真菌孢子萌发和强烈分枝，并引导菌丝趋向宿主方向延伸菌丝，以增加菌丝接触植物根系的机会。独角金内酯的生物合成受到丛枝菌根共生信号途径中的两个转录因子 NSP1 和 NSP2 调控。生长素也参与调控植物根系发育以及植物 - 微生物的互作过程。植物形成丛枝菌根后，根系内源生长素浓度会显著增加。生长素参与了丛枝菌根共生的起始过程以及后期过程，低浓度的生长素能够促进 AM 真菌侵染率以及丛枝形成丰度。JA 作为重要信号分子能够广泛参与植物的生长发育和应对胁迫（如损伤和病菌侵入）的系统性响应过程，AM 真菌侵入能够诱导宿主根系内 JA 含量的增加。外源施加低浓度 JA 促进 AM 真菌的侵染，而 JA 合成突变体推迟 AM 真菌的侵染，说明 JA 在丛枝菌根共生过程中可能具有正调控效应。另外，脱落酸（ABA）也能够促进 AM 真菌侵染率以及丛枝形成丰度。

SA、ET 能够负调控丛枝菌根共生。AM 真菌对植物的侵入能够诱导 SA 在宿主植物中短暂（侵染的早期阶段）积累，外源施加 SA 不影响 AM 真菌在水稻根表形成附着枝，但能延迟丛枝菌根的早期共生过程。ET 过量产生突变体根系，丛枝菌根侵染强度受到显著抑制，而抑制突变体根系丛枝菌根侵染的各项指标都显著增加。

GA 在 AM 真菌侵染过程中具多重作用。①负调控作用：外源施加 GA 抑制 AM 真菌的定殖，并且 DELLA 蛋白是 GA 信号转导途径的阻遏物，其泛素化降解是 GA 信号转导的关键。②抑制 GA 生物合成或者抑制 GA 信号转导都会影响宿主植物中丛枝菌根的发育。ABA 是植物与微生物产生相互作用的关键介质，研究表明低浓度 ABA 处理蒺藜苜蓿可促进植物根部 AM 真菌的定殖，高浓度 ABA 降低 AM 真菌菌丝分枝数量。油菜素内酯几乎能够和所有植物激素互作，并协同调节植物的生长发育和应对各种生物和非生物胁迫，但是目前是否参与响应和调控丛枝菌根共生相关的研究还相对较少，油菜素内酯可能负调控植物的丛枝菌根共生过程。

2. 根瘤菌共生过程中的植物激素　目前已发现细胞分裂素、生长素、独脚金内酯等参与豆科植物结瘤过程的正向调控。细胞分裂素对皮层细胞的分裂以及根瘤原基的形成起正向调控作用，但是并不参与在表皮发生的细菌侵染线形成过程，细胞分裂素作为一种信号分子在受到上游 NFRs 调控的同时又调控着下游 NIN 和 NSP2 的转录。生长素在根瘤原基处的局部积累是根瘤形成的先决条件。根瘤菌侵染豆科植物根系后，根部合成的类黄酮对生长素极性运输的抑制作用以及根瘤启动位点生长素的积累导致了根瘤原基处细胞的分化，促进根瘤的形成。而独脚金内酯对于根瘤形成的影响依赖于独脚金内酯的浓度，低剂量促进根瘤的形成，而高剂量具有抑制作用。赤霉素是根瘤共生体形成必需的，赤霉素能够调控细菌侵染过程和根瘤原基形成过程，从而促进豆科豌豆、田菁植物等的结瘤。但是近年有研究表明，外源施加赤霉素抑制了在表皮发生的根毛卷曲现象，并且抑制了 NSP2 和 NIN 的表达，抑制了根瘤的发育。此外，外源施加 ET 或其前体物质氨基环丙烷羧酸均强烈抑制了根瘤的形成，但当 ET 信号通路或 ET 合成过程受到抑制时，植株的结瘤数目显著增加。

ET、SA、JA、ABA 等负向调控根瘤的形成。ET 能够阻碍结瘤因子引起的钙离子峰的频率和周期，并且阻碍植物早期结瘤素（ENOD）基因的表达，说明 ET 有可能通过影响结瘤因子的信号转导通路负向调控结瘤过程。SA 是重要的抗病反应信号分子，在根瘤菌侵染过程中，其防御反应会增强，而这种反应又是决定侵染的范围和最终结瘤数目的重要因素。外源 SA 不仅能够抑制结瘤相关基因的表达，还影响根瘤菌的生长。茉莉酸能够通过影响钙离子峰和结瘤相关基因的表达阻碍结瘤，但茉莉酸对结瘤的影响会被 ET 合成抑制剂 AVG 干扰而减弱，说明茉莉酸和 ET 在调节根瘤形成过程中存在着某种联系。与茉莉酸相似，脱落酸同样通过干扰结瘤因子引起的钙离子峰来抑制根瘤的数目。

3. 病原菌侵染过程中的植物激素　大量研究表明在植物 - 病原菌互作过程中，植物内源 SA、JA、和 ET 发挥着重要作用。一般来说，SA 信号途径诱导活体营养性和半活体营养性的抗性。在受到病原物侵染时，植物体内的 SA 大量积累，激活细胞质内的 NPR1（SA 信号通路的重要转录因子），其由寡聚物变成单体进入细胞核后激活几种转录因子，从而加速了 SA 与 TGA 转录因子的结合以及与 WRKY 等转录因子的活化与互作，最终诱导了病程相关蛋白（pathogenesis-related protein, PR protein）的表达，其蛋白质具有抗菌活性，可免疫植物以抵御病原体的攻击。

JA 是植物抗性诱导剂，能调节植物在机械伤害、病虫害和干旱、盐胁迫等条件下的抗性反应。研究表明 JA 能够增强对死体营养型病原物的抗性；相反，对活体营养型病原物的敏感性增强，抗性减弱。然而，一些研究表明 JA 可以启动不同的途径来表现对同一种菌的抗性，JA 信号途径调控植株的抗病性并不是一个简单的正向或负向过程。ET 通常被认为是和 JA 一起协同参与诱导植物对死体营养型病原菌的抗性，而拮抗 SA 介导的对活体营养型病原菌的抗性，并且在植物抗病过程中既可作为正调控因子也可作为负调控因子，这种调节作用可能取决于植物 - 病原菌之间的互作模式及特定的环境条件。

　　ABA 在对活体营养性和坏死性病原菌引起的抗性中起负调控植物防卫反应的作用。油菜素内酯（BR）的受体 BRI1 在识别结合 BR 后与其共受体 BAK1 形成异源二聚体后才激活下游的信号途径发挥作用，而 PTI 途径中的 FLS2 在感知 flg22 后也需要和 BAK1 形成异源二聚体并激活下游信号途径，BR 和 PTI 信号通路间存在许多共同组分，如 BAK1、BSK1、BIK1 等，因此 BR 也可能参与植物免疫反应。研究表明 BR 在植物抗病过程中既可作为正调控因子也可作为负调控因子。另外，有少量的研究表明 GA 可诱导水稻对不同病原物产生抗病性和感病性，IAA 负调控水稻对病原菌侵染的抗性以及细胞分裂素正调控植物的抗病性。

（陈美兰　申　业）

第十一章 药材道地性及其生物学成因

第一节 道地药材的概念及属性

一、道地药材概述

（一）道地药材的概念

道地药材的理念根植于传统中医药理论，来源于生产实践。它是一项古人评价中药材质量的独特标准。道地药材是指经过中医临床长期应用优选出来的，产在特定地域，与其他地区所产同种中药材相比，品质和疗效更好，且质量稳定，具有较高知名度的中药材。道地中药材所具有的各种优良性状的综合称为道地性，主要通过药材的品相和质量等来体现，是中药材优良品质的代名词。可以说，道地药材是中药有效性的基本保障。

作为一个约定俗成的概念，道地药材的优良品质，除了中医临床疗效外，还包括药材的外观性状、采收加工和贮藏运输方式，甚至可能也可以包括它的传播方式、市场口碑等能让道地药材增值的任何因素。道地药材的科学研究要尊重科学研究规律，不论是使用自然科学还是人文科学手段，都应尊重学科本身的要求和规范，不能用自然科学的结果去揭示和怀疑道地药材的人文科学内涵。总之，只有将自然科学和人文科学进行完美结合，才能更科学、更客观地揭示道地药材的本质。

（二）道地药材的基本属性

道地药材的道地性主要表现在 3 个方面。一是品种优良。道地药材的本质特征就是优质，其在中医药历史和发展中具有较高的地位和影响。二是具有适宜的生长环境、栽培方式与采收时间、加工方法。环境与药材质量的关系密切，产地的气候、土壤等差异是最大的环境差异，所以通常用产地来标志药材的质量。三是在中医临床显示出良好的疗效。中药治病是在中医理论的指导下进行的，经过古代医药学家的尝百草和临床辨证施治的经验积累，归纳了疗效好的道地药材。

1. 明显的地域性　道地药材的形成与其产地密不可分，古代就有"离其本土，则质同而效异"的说法。不同的地域，适合不同中药材的生长，同样，不同的中药材对生态环境也有着不同的适应性。如怀地黄、川贝母、亳菊花、关防风、杭白芷等。

2. 特定的质量与优良的临床疗效　中药材品质的物质基础即药效活性成分，大多是药用植物的次生代谢产物，药材原植物品种的自身遗传和环境中各种生物因子通过调控药用植物次生代谢物的生源途径,影响次生代谢产物的合成和积累,从而影响了药材的道地性。如江苏茅山所产"茅苍术"药材断面散有橙黄色或棕红色油点,即朱砂点较多,且药材暴露稍久,可析出白色细针状结晶。化学成分上的差异会直接影响中药药效作用的发挥。

3. 丰富的文化内涵和较高的经济价值 道地药材因其独特的地域性和品质不断发展,而在发展过程中其生产还和制作过程与当地的传统文化相结合,最终形成一种特定的药材文化。道地药材的发展推动了当地的发展,然而也正是因为当地的文化才促使道地药材的产生,两者是相辅相成的关系。在中医临床应用中,道地药材的性味功效、毒副作用、用量等知识和理论的深刻理解也是中医药发展的重要标志,其丰富的文化内涵也使得我国的道地药材成为急需保护的知识产权之一。《中华人民共和国中医药法》的实施将进一步加强道地中药材品种选育、道地中药材生产基地建设、道地中药材生产地域的生态环境保护。

二、道地药材的形成假说

道地药材的形成,从自然属性来讲,主要是由外部因素(环境)和内在因素(植物生理、遗传)相互作用而塑造的。从环境因素来讲,其形成的基本假说主要有边缘效应和逆境效应两种假说;从内部因素来讲,主要包括生长/分化平衡假说、碳素/营养平衡假说、最佳防御假说、资源获得假说等。

(一)道地药材形成的环境因素相关假说

1. 边缘效应 边缘效应的存在具有普遍性。边缘效应能促进道地药材的形成,主要包括以下 3 个方面:

(1)边缘效应能促进生物多样性的形成,并成为道地药材产生和确定的基础:中药道地药材发现和确立的过程,实质上就是对生物多样性的选择性适应,既有在物种之间进行的优选,也有对物种内多样性的选择,其中前者的优选在南北朝及以前,是道地性形成的主要原因,唐宋以后,这种现象逐渐减少,发展至今早已不作为道地药材形成的条件,而是作为就地取材、扩大资源的选择。因此,生物多样性是道地药材产生和确立的基础。边缘效应长期以来被认为对生物多样性具有重要影响,对于生物多样性的研究和保护具有特定的价值,在特定的生境中有望产生较高的生物多样性,其原因是:在边缘地带会有新的微观环境,导致存在高的生物多样性;边缘地带会为生物提供更多的栖息场所和食物来源,允许有特殊需求的物种散布和定居,从而有利于异质种群的生存,并增强了居群个体觅食和躲避自然灾害的能力,允许有较高的生物多样性。因此,边缘效应所产生的结果能成为道地药材形态和遗传变化的基础。

(2)边缘效应是促进道地药材化学变异的因素之一:决定药材疗效的物质基础是活性成分,有些活性成分在正常条件下没有或很少,只有当受到外界刺激(如各种生态因子)才会产生,这类物质属异常二次成分,称为保护素(phytoalexin),边缘效应常常促使这些保护素产生或含量进一步积累。究其原因是在边缘地带各种生态因子并不仅仅是简单的加成关系,还有一种非加成性关系。任何物种对同一种生态因子的利用强度与其他生态因子的现有水平有关。对特定的物种来说,它们一旦与边界异质环境处于合适的生态位相"谐振",各因子之间就会产生强烈的协同效应。

(3)边缘效应是道地药材形成中人文作用在生态系统空间分布上的体现:中药系统演

进的三大动力——遗传变异、环境饰变和人文作用（包括生产技术、临床选择、文化传播、市场交通、社会政治等）对道地药材形成的贡献大小虽不一致，但都促进了道地药材的形成。其中人文作用在道地药材形成的生态系统空间分布表现出了边缘效应。由于边缘气候和边缘景观的影响，集中分布了暖湿、温湿、温干及冷干型的植物区系成分和多种植被类型，包括森林、森林草原、灌木丛及草原等，这些生态系统也是多种类型动物的集中分布区，而其边缘带往往是动物的南北迁徙、高原和平原之间迁徙的必经之地。这种边缘地带是人居住最多和最早的地区。据文献记载和考古发掘的结果，河南省的中部和北部、山西省南部、陕西省的关中盆地、河北省的西南部和山东省的西部，是人类较早居住，生产力较为发达的地区。目前，这些地区也是道地药材的集中分布区。

2. 逆境效应　我国幅员辽阔，地跨寒温带、温带、亚热带、热带，地势复杂，温度、日照、水分、土壤、海拔等环境条件相差悬殊，从而形成了复杂多样而各具特色的各类生态系统。不同的生态系统所孕育出物种的品质、含量和药效等也各不相同。影响道地性的因素从环境角度分析，主要包括气候和土壤。光照、水分、温度和土壤成分是直接影响因素，四者皆可影响植物的生长、次生代谢产物的合成与积累。

药用植物在生长发育过程中常会经历各种环境胁迫（environment stress），或称逆境。常见的环境胁迫包括高温或低温胁迫、强光或弱光胁迫、紫外线胁迫、盐碱、养分胁迫、干旱或淹水胁迫、病虫害等。整体抗逆性是药用植物适应环境胁迫的根本策略。近年来，越来越多的研究表明，合成和积累次生代谢产物是药用植物最重要的防御环境胁迫的策略。次生代谢产物又称植保素（phytoalexin），越是在受到各种环境胁迫，其越容易积累。这些化合物在植物生命活动的许多方面起着重要作用，涉及机体防御、生长发育和信号转导等。此外，植物次生代谢产物也是许多中药的主要药效成分，是保持药用植物的药材质量及其有效性的基础。

（二）道地药材形成的内在因素相关假说

当前，在次生代谢产物随环境变化的机制方面，根据次生代谢产物的产生是否需要成本，以及次生代谢产物的产生是主动过程还是被动过程，形成了不同的假说。

1. 生长/分化平衡（growth/differentiation balance, GDB）假说　GDB假说认为，在资源充足时，植物以生长为主，而在资源匮乏时，植物以分化为主，任何对植物生长影响超过对植物光合作用影响的环境因子（如营养匮乏、CO_2浓度升高、低温等）都会导致次生代谢产物的增多。这一假说的理论基础是植物的生长发育在细胞水平可分为生长和分化两个过程，前者主要指细胞的分裂和增大，后者主要包括细胞的特化和成熟。次生代谢产物是细胞特化和成熟过程中生理活动的产物，因此，随植物生长年龄的增大和老化程度增加，如人参、三七、黄连等不少中药材都必须生长至一定的年限，药效成分含量才能达到用药要求。

2. 碳素/营养平衡（carbon/nutrient balance, CNB）假说　CNB假说认为，植物体内以碳（C）为基础的次生代谢产物（如酚类、萜烯类等以C、H、O为主要结构的化合物）与植物体内的C/N（碳素/营养）比值呈正相关，而以氮（N）为基础的次生代谢物质（如生物碱等含N化合物）与植物体内的C/N比值呈负相关。这一假说在一定程度上解释了不同植物次生代谢产物累积量与碳素/营养平衡的关系，并成功地预测了许多有关植物营养及光照对其次生代谢产物的影响。CNB假说的理论基础是植物营养对其自身生长的影响大于其对光合作用的影响，在营养胁迫时，植物生长的速度大为减慢，而光合作用的变化不大，植物会积累较多的 C、H 元素，体内 C/N 比值增大，因此，以 C 为基础的酚类、萜烯类物质增多；反之，在遮阴条件下，光合作用减少，体内 C/N 比值降低，酚类、萜烯类物质减少。研究发现，益母草生物碱含量由北向南减少，相反，黄花蒿、苍术等药材的挥发油（萜类）含量由北向南增多，与我国光温条件由北向南的变化趋势有一定相关性。

3. 最佳防御（optimum defense, OD）假说　OD 假说认为，植物只有在其产生的次生代谢产物所获得的防御收益大于其生长所获得的收益时，才产生次生代谢产物。该假说的理论基础是，植物次生代谢产物的产生是以减少植物生长的机会成本为代价的。环境胁迫条件下，植物生长减慢，此时，产生次生代谢产物的成本较低。同时，植物受损的补偿能力较差，次生代谢产物的防御收益增加。因此，环境胁迫条件下，植物会产生较多的次生代谢产物。

4. 资源获得（resource availability, RA）假说　RA 假说认为，由于自然选择的结果，在环境恶劣的自然条件下生长的植物，具有生长慢而次生代谢产物多的特点，而在良好的自然条件下生长的植物，具有生长较快且次生代谢产物少的特点。即植物潜在的生长速度降低时，植物产生的用于防御的次生代谢产物的数量就会增加。这一假说的理论依据是，环境胁迫条件下，植物生长的潜在速度较慢，受到损害时，其损失的相对成本较高。

以上 4 个假说，前两者将植物次生代谢产物的形成和积累视为由于外界环境变化引起植物体内物质积累的一个被动过程，而后两者认为植物次生代谢产物的产生是根据其产生成本的变化而变化的主动过程。忽视由于视角不同造成的差异，这几个假说从不同的角度提出了一个共同的结论，即环境胁迫条件下，植物次生代谢产物的数量会增加。

三、道地药材的"优形优质"特征

根据"辨证论治"是中医理论结合实际治病原则的精髓，谢宗万提出了中药品种传统经验鉴别的精髓在于"辨状论质"的论点，这是传统对药材质量系统性和整体性认识的一种体现。"辨状"的内容包括辨药材的形状、大小、色泽、表面特征、质地、断面、气味等；"论质"则有两方面的结论：一是药材的真伪，二是优劣评判，也就是有效性。

随着科学技术的发展，出现了以计算机视觉和人工智能为核心的现代多层次表型采集技术，使得对生物的表型研究已经发展到精确的表型鉴定。道地性表型可表现为药材的"优形"和"优质"，并体现为药材使用上的"优效"。在狭义上，"优形"指道地药材具有公认的性状特征，"优质"指其具有独特的化学成分组成，"优效"指其在临床功效上优于非道地药材；在广义上，"优质"泛指道地药材的优良品质，包含"优形"和"优效"。

道地药材"优形优质"特征的提出，拓宽了传统药材辨状的范畴，其核心思想是通过获取高质量、可重复的性状数据，进而量化分析基因型和环境互作效应及其对中药质量的影响，为中药材现代化质量控制体系建立奠定基础。通常认为，化学成分是中药发挥临床疗效的主要物质基础，也是药材质量评价的主要指标，但目前有关中药药效物质及其作用机制尚存在争论。而从生物学本质上来看，药材的"优形优质"特征是统一的。

第二节 道地药材"优形优质"特征形成的遗传机制

道地药材是中药质量评价的原创综合性指标,道地药材的形成受其历史条件、生境因子及人为因子等的影响,道地药材的"优形优质"特征是其优于非道地药材的关键因素。道地药材"优形优质"特征形成的遗传机制研究,是在分子水平上揭示道地药材在居群水平的遗传变异,明确道地药材基因型特征以及环境对道地药材基因表达的影响,从而揭示遗传因素对道地药材独特药效成分形成的贡献率。目前,该领域的研究主要集中于道地药材遗传多样性及遗传分化、道地药材药效成分功能基因表达及调控、道地药材"优形优质"特征等方面。

一、遗传变异机制

变异是生物繁衍后代的自然现象,是遗传的结果。生物的亲代与子代之间以及子代个体之间性状表现存在差异的现象称为变异,具体又分为可遗传的变异与不可遗传的变异。不可遗传变异是由于环境变化而造成,其遗传物质没有发生改变,不会遗传给后代,例如由于土壤肥力差异而造成的植株瘦弱矮小等性状差异不会发生遗传。可遗传的变异是由遗传物质改变而引起的变异,其中的遗传物质是亲代与子代之间用于传递遗传信息的物质,具有典型细胞结构的生物遗传物质均为DNA,因此可遗传变异的本质就是DNA序列的变异。

(一)遗传多样性及遗传分化

道地药材形成的遗传学基础是物种在居群水平的遗传分化。道地药材居群水平遗传多样性分析,即在分子水平揭示道地药材居群的遗传变异,从而鉴定道地药材特化基因型特征,这些特化基因型对道地药材独特药效成分形成具有重要作用。通过遗传分化分析可以了解道地药材与其他居群、近缘种的进化关系。遗传分化越明显,道地药材与同种其他居群药材的"优形优质"特征差异越明显。

传统遗传学认为遗传信息储存于DNA的序列中,它主要研究基因序列改变所致的基因表达水平的变化。基因组上广泛存在多种遗传变异方式,根据发生突变的碱基数目可分为单核苷酸多态性、2~1 000 bp的小片段插入和缺失,以及1 kb以上的结构变异,这些变异的存在与道地药材表型特征变化有关。

1. 单碱基突变 在大部分生物基因组中,单核苷酸多态性(single nucleotide polymorphism, SNP)是存在最普遍和稳定的遗传多样性类型。除物种间外,在同一物种的不同品种中同样存在大量SNP,如拟南芥两种生态型间,每3 300 bp中存在1个SNP。

SNP可被分为2种类型:一种是基因编码区内的SNP,称为cSNP;另一种是基因组非编码区的SNP。cSNP又分为2类,一类是同义cSNP,其引起的基因编码序列的改变不会影响蛋白质氨基酸序列的改变,突变碱基产生同义突变;另一类是非同义cSNP,其引起的基因编码序列的改变会导致蛋白质氨基酸序列的改变,通常会引起表达蛋白的多态性变异,从而影响蛋白功能。位于非编码区的SNP又分为基因周边SNP(peripheral SNP, pSNP)和基因间SNP(intronic SNP, iSNP)。研究表明,非同义SNP的数量仅为周围序列的20%,但是这些变异与生物表型特征的变异有密切关联,对 SNP 的研究有助于解释不同群体或个体对时空及环境因子变化响应的差异,进而了解个体亲缘关系和遗传多样性等信息,对道地药材品质形成研究具有重要指导意义。

利用道地药材与非道地药材、不同品种之间药效成分功能基因的单核苷酸多态性,可以挖掘道地药材独特药效成分形成的内在机制,逐步解决药材道地性的问题。例如,通过对道地产区与非道地产区甘草的 β- 香树脂醇合成酶基因进行单链构象多态性(single-strand conformation polymorphism, SSCP)分析,发现只在第一外显子产生不同的带型,在 94 bp 碱基处发生碱基突变,为错义突变,导致第 32 个氨基酸发生甘氨酸 / 天冬氨酸转换。不同 SSCP 类型的突变分别为 94A 型、94A/G 杂交型和 94G 型,其中道地产区 94A 型所占比例为 37.1%,非道地产区 94A 型所占比例为 5.9%,两者具有极显著差异。

2. 拷贝数变异　拷贝数变异(copy number variation, CNV)是基因组结构变异的主要形式,是指与基因组参考序列相比,基因组中大于 1 kb 的 DNA 片段的插入、缺失和 / 或扩增及其相互组合衍生出的复杂变异。早在 20 世纪 80 年代,人们已发现基因组中存在多种类型的染色体数目和结构变异。在 Science 和 Nature Genetics 上发表的两篇研究文章首次报道了人类基因组中存在大规模拷贝数变异的多态性,使人们认识到 CNV 等基因组结构变异和 SNP、微卫星及其他小的遗传变异一样是基因组中重要的遗传变异形式。目前发现的 SNP 约占人类总变异的 78%,但覆盖的基因组序列只占了 26%;而目前刚刚起步研究的 CNV 等基因组结构变异占人类总变异的 22%,实际上覆盖的序列占到了总变异序列的 74%。

CNVs 主要由 DNA 重组导致,它是基因组结构变异的重要组成,包括非等位同源重组和非同源末端连接。非等位同源重组大多发生在减数分裂中,可形成突变配子,导致子代遗传多样性。相同染色体上的重复序列间的非等位同源重组会导致 DNA 片段扩增、缺失和倒位,不同染色体上的重复序列间的非等位同源重组可造成染色体易位。一些简单的 CNVs 可由非同源末端连接导致。非同源末端连接不需要同源 DNA 片段作重组底物,非同源末端连接可修复 DNA 双链断裂,所以在某些可导致 DNA 双链断裂或可引起 DNA 弯曲的 DNA 基序(如 TTTAA)附近易出现非同源末端介导的 CNVs。此外,还有一些结构复杂的 CNVs 是由“复制叉停滞与模板交换”机制产生的,即 DNA 错误复制。当复制叉停滞时,滞后链从 DNA 模板上脱落,转到另一个复制叉上合成新的 DNA,在此 DNA 错误复制过程时产生较长的 CNVs。研究发现,复制叉停滞与模板交换可引起基因重排和外显子混编,并产生长达几个 Mb 的 CNVs。CNVs 多态性可改变基因的表达,打乱基因的编码区结构,改变基因调控序列的表型,可导致由基因剂量效应、基因断裂、基因融合和位置效应等引起的表型多态性。

不同生物基因组中在 DNA 编码区或含有重要调控元件的 DNA 区域经常能检测出 CNVs。含有基因或其调控区的 CNVs 与基因功能可能存在以下几方面联系:含有完整复制或丢失的基因 CNVs 可以通过功能拷贝数量的变化来影响该基因的表达水平;含有完整调控元件的 CNVs 则可以通过位置效应来影响基因的调控;如果 CNVs 仅涉及基因的部分编码区,则常常由于基因编码框被破坏而损害其正常功能。植物基因组研究发现,有许多 CNVs 是涵盖蛋白质编码区的,如玉米基因组中受 CNVs 影响的基因数量从 230 个到超过 10 000 个不等,且 32% 已注释基因均会受到 CNVs 的影响,而多数受 CNVs 影响的基因在玉米驯化前就已经存在,说明这种情况并不是人工选择的结果。研究发现在这些受 CNVs 影响的基因中,编码抗病防御相关基因最多,这些 CNVs 对物种适应不断变化的环境条件是有利的。另一方面,植物基因组中基因 CNVs 多出的拷贝在功能上往往是多余的,对于多拷贝基因控制的表型来说,单一拷贝的变化引起的多为数量性状变异。大量研究表明,CNVs 是植物基因组中的天然遗传变异及重要适应性位点控制的重要形式,如单拷贝的 Rh-D1b 可以使小麦株高降低 20%,而两个拷贝时则可降低 70%。类似基因拷贝数变异还涉及毒害耐受性基因、线虫抗性基因、花期控制基因等。

利用道地药材与非道地药材药效成分功能基因 CNV 的差异,寻找功能基因数量变异,从而可以从另一方面解析道地药材独特药效成分形成的内在机制。例如,在对乌拉尔甘草 3- 羟基 -3- 甲基戊二酰辅酶 A 还原酶(HMGR)、鲨烯合酶(SQS1)及 β- 香树脂醇合成酶(β-AS)基因拷贝数进行测定的研究中发现,不同甘草植株中功能基因 *HMGR*、*SQS1* 及 *β-AS* 的确存在拷贝数上的变化,*HMGR* 的拷贝数有 3 种类型,其中以双拷贝为主,是单拷贝的 1.2 倍,是三拷贝的 3 倍,多态性范围较广泛;*SQS1* 的拷贝数有 2 种,其中以单拷贝为主,占 90%,是双拷贝的 9 倍,多态性范围较小;*β-AS* 均为单拷贝,不存在拷贝数多态性。通过多道地产区这三个功能基因拷贝数比较发现,*SQS1* 及 *β-AS* 基因单拷贝、*HMGR* 基因双拷贝的乌拉尔甘草的叶片面积最大、甘草酸含量最高。

(二)基因表达及调控模式的差异

中药材在不同的生长、发育阶段,以及同一生长发育阶段中不同组织和器官的发育、分化及药效成分的合成都是由特定基因控制的,当某种基因缺陷或表达异常时,就会出现相应的组织、器官发育异常或药效成分种类、含量的改变。同时,由于生存的内、外环境在不断变化,生物体所有的活细胞都必须对内、外环境变化做出适当反应,这种适应调节的能力也与功能基因的表达密切相关。

道地药材与非道地药材相比,其"优形优质"相关功能基因表达具有严格的时空特异性,而功能基因表达的特异性由特定基因的启动子、增强子与调节蛋白等调控而决定。"顺境出产量,逆境出质量",道地药材的来源植物在生长过程中往往受到生物或非生物因子胁迫。这些外界刺激通过体内抗性信号通路,促进功能基因表达,从而影响道地药材"优形优质"特征的形成。

因此,基因表达及调控模式的差异被认为是道地药材表型变化的主要决定因素。随着高通量测序技术的发展,从全基因组水平上进行全面、系统的基因表达谱分析成为可能,通过比较两个或多个处理间表达谱的差异可以获得大量差异表达基因,这些差异表达基因涉及了各种代谢途径并最终控制复杂性状的形成。因此,建立表型观测值与基因表达谱之间的联系,对于深入认识和分析道地药材复杂表型形成的分子机制和调控网络是至关重要的。

1. 同源基因的正确注释是研究道地药材表型特征形成机制的重要前提 研究基因序列的遗传信息与其所执行的生物学功能,首先取决于对基因序列的正确注释。目前,基因注释的方法主要依赖于生物信息学分析,同源性在基因注释中是一个极其重要的概念。同源基因一般不会有完全一致的核苷酸序列,因为同源基因在出现后会独立地发生随机突变,但它们的序列组成相似,大部分未突变的核苷酸位置相同。因此,一个新的基因序列被确认后,根据同源性可从数据库中找到已知序列的同源基因,并依据进化的相关性,可从已知同源基因推测新基因的功能。同源基因可分为直系同源基因和共生同源基因两类。

(1)直系同源基因与种间变异:直系同源基因指两种或两种以上不同物种之间的同源

基因,它们来自物种分隔之前同一祖先的同源序列。直系同源基因的序列通常具有相似的结构和生物学功能,即功能高度保守甚至近乎相同,且其在近缘物种间可以相互替换,一般是编码生命活动必需的关键性调控蛋白、酶或辅酶的基因。基因组学、功能基因组学、分子系统学、进化生物学等生命科学领域多个学科的研究均依赖于直系同源基因的识别,如物种新发现基因的功能预测、系统发生关系的构建及重现基因的进化历史等。许多直系同源基因均具有序列变化速度与进化距离相当、调控途径相似,且能够重现物种进化历史等特征。由于系统进化树的构建需要不同群体间的直系同源基因,因此完整正确的直系同源基因识别是重现基因进化过程的重要前提。

目前发现的功能千变万化的基因最初都是由少量祖先基因通过基因加倍变异和功能域重组产生的。因此,通过基因序列的比较,可从同一物种或不同物种中找到同源的基因成员。随着药用植物转录组数据的增加,鉴定和区分这些具有相同或者不同功能的同源基因以及对控制元件进行识别,已成为药用植物功能基因组研究的重要内容之一。同时,识别直系同源基因可以帮助重建进化历史,了解垂直遗传关系和谱系特有的基因丢失以及基因水平转移,对于解析药用植物种及品种间活性成分变异将具有重要的意义。

(2)共生同源基因与药用植物产地与器官、生长发育阶段间活性成分变异:共生同源基因,指同一物种内部的同源基因,其常为多基因家族的不同成员,其共同的祖先基因可能存在于物种形成之后,也可能存在于物种形成之前。祖先基因的复制及其突变形成了基因家族,这是增加基因组复杂性的一个重要途径。多基因家族是真核生物基因组的共同特征,即因基因加倍和趋异产生了许多在DNA序列组成上基本一致而略有不同的成员。同一家族的基因成员在序列组成上相似,且担负类似的生物学功能,如苯丙氨酸解氨酶(PAL)在金银花中存在3个成员,在黄芩中存在4个成员,这些基因成员具有相似的功能,但它们在不同环境因子影响下表达模式呈现多样化,在植物的不同发育阶段和组织中表达模式也可能不同。比较基因家族中各个成员间的序列差异可追踪基因的进化轨迹,研究基因复制及功能分化对于解析不同环境因子影响药用植物活性成分变异以及器官、生长发育阶段间活性成分的变异机制具有重要的意义。

2. 重复基因的功能分化是形成药用植物表型特征变异的基础

(1)基因重复:基因重复现象在生物界广泛存在,遍布原核和真核生物,特别是高等被子植物在进化过程中由于经历了多次多倍化过程,产生了大量的重复基因。由于重复基因的进化可以诱导基因表达模式的分化从而满足物种发育的需求,因此基因重复是推动植物进化最重要的驱动力,也是产生新功能基因的重要来源。

研究重复基因对于揭示重复基因结构变异及其功能分化具有重要意义。根据重复区域的大小,基因重复可分为:①小规模基因重复,即单个基因重复;②大规模基因重复,包括部分基因组重复以及整个基因组重复(多倍体化)。单个基因和部分基因组重复主要通过不等交换产生,而全基因组重复是由有丝分裂或减数分裂过程中的错误引发决定的。单个基因重复可以导致同一个基因组内存在2个或2个以上拷贝(copy)的同源基因序列,从而可能造成功能上的冗余(redundancy),并受到剂量效应的调节。

(2)重复基因的新功能化与亚功能化:由于通过基因重复拷贝不同的表达分化以及选择作用可以促使植物加快应对胁迫环境生理反应机制的进化,从而产生适应特殊环境条件的多样性形态特征,所以基因重复在植物环境适应性及进化过程中起着重要作用。重复基因的保留机制一直是人们关注的热点问题之一。经过自然选择的作用,保留下来的重复基

因,除了因其中 1 个拷贝发生突变导致非功能化而形成假基因外,大致面临以下两种不同的命运:

1)新功能化:即其中 1 个拷贝保留了原始的功能,另 1 个拷贝获得新的功能。重复基因间的表达分化是重复基因产生新功能非常重要的一步,其可以提高基因的功能和表达的复杂性,有助于促进植物形成特异性的防御机制。由于选择压力的松弛,基因重复产生的冗余基因得以在加速碱基替换速率的同时,各自积累不同的遗传变异,是基因的结构和功能发生改变,分化产生适用于新的生存环境相应的功能或表达调节机制。所以环境胁迫相关联的重复基因,包括大量作为植保素的次生代谢产物相关重复基因,更倾向发生基因表达分化。

2)亚功能化:即 2 个拷贝发生了亚功能化,分担了原基因的功能,而它们合起来的功能则涵盖了祖先基因功能。基因亚功能化同样也主要是由于自然选择压力松弛,导致重复基因不同拷贝的表达具有时空性,即在表达时间和组织特异性方面产生明显分化,且各自分担了祖先基因的部分功能而被选择作用所保留,且突变积累主要发生在基因表达或转录调控区。

随着基因组研究的深入,重复基因保留进化模式也被不断地更新和完善,在一定范围内阐释重复基因不同水平的进化方式。其中重复 - 衰减 - 互补(duplication-degeneration-complementation,DDC)模型,即重复基因亚功能化拷贝可被随机遗传漂变保留固定,拷贝间功能互补,共同完成原祖先基因的功能;亚功能化(subneofunctionalization,SNF)模型认为,在长期进化过程中,发生亚功能化的基因可能各自形成了新的功能。

3. 基因调控网络的作用　生物体中的基因往往不是单独起作用的,而是由一组调控因子调控一系列基因的表达,从而形成了网络状的相互关系。在后基因组时代,从海量试验数据中挖掘基因网络,研究和揭示大量基因及其产物之间的相互作用关系,特别是基因表达的时空机制,为深入研究其隐含的生物规律奠定了基础。一般来说,一个基因的表达受其他基因的影响,而这些基因相互影响、相互制约,构成了复杂的基因表达调控网络。因此,几乎所有的细胞活动都被基因网络所控制。

分析基因调控网络是理解基因功能的重要过程,也是掌握药用植物表型特征形成机制的重要工具。如利用参与相同生物学功能的基因进行网络构建,通过 GO 注释信息与文献中提到的水稻开花相关基因与穗发育相关基因的收集,得到 177 个相关 e-traits,共定位到170 个 trans-eQTLs 和 109 个 cis-eQTLs,其中 61 个 cis-eQTLs 的置信区间与至少一个开花相关 trans-eQTLs 共定位,被定义为候选调控基因区域,与 cis-eQTL 共定位的 trans-eQTLs 所对应的开花基因为位于候选调控基因区域内的基因,是候选靶标基因。通过计算所有候选调控子和候选靶标的表达相关性,利用迭代组合分析(iGA)的方法,鉴定了 8 个调控子,并根据调控子和靶标基因之间的相互作用情况构建了见穗期开花相关基因的调控网络,研究发现定位到热点区的 trans-eQTLs 对应的表达性状或多或少都会与相应的表型相关,有些直接控制某种农艺性状,有些则通过作用于某些基因与该性状相关,而有的则是因为该性状的产生导致了基因表达的变化,存在一种反馈调节。

道地药材品质因其评价依据的复杂性一直是中药领域的难点。长期以来,研究人员对中药材质优效佳的物质基础本质特征进行了深入研究,主要集中于成分定性及定量分析等方面,但以单一或者某几个成分指标来评估药材的质量,远不能反映中药多成分的特点。药材质量的好坏往往不在于某个单一成分含量的高低,而是在组分与组分之间、组分内各成分之间具有稳定有序的整体特征。然而基于活性成分的药材物质基础研究思路不论是从内在成分的种类还是其"量",都还不能够真正阐明药材质优效佳的根本原因,寻找新的研究思路和技术方法已成为药材品质评价急切需要解决的关键问题。

对于药材的基源植物来说,其化学成分的变异是由基因决定的,即基因型决定表型,而基因表达的活性又受到多种因素的影响。以活性成分为导向,利用转录组等研究手段构建活性成分相关基因调控网络,在阐明药材活性成分形成分子机制的基础上,筛选用于评价药材品质的分子标记,有望建立快速、客观、全面的药材品质评价技术体系。

（三）表观遗传调控

当生物体的结构、形态和功能还未达到成熟和稳定水平时,容易受环境因素的影响而产生变异,这种表型可塑性与道地药材"优形优质"特征形成具有相似之处。道地药材"优形优质"的表型特征受到基因和表观遗传调控。表观遗传调控指在基因组 DNA 序列没有改变的情况下,基因的表达调控和性状发生了可遗传的变化,如 DNA 甲基化、组蛋白修饰、非编码 RNA 等。伴随着表观遗传调控研究的不断深入,将药材道地性与表观遗传相联系是未来研究的重点方向之一,主要从植物生长发育表观调控和道地药材特征研究入手,探讨基于表观遗传的药材道地性形成机制研究前景,为道地药材质量评价和鉴别提供依据。

1. 表观遗传的范畴　表观遗传学（epigenetics）又称表遗传学、外遗传学、后遗传学,在生物学和特定的遗传学领域,其研究的是在不改变 DNA 序列的前提下,通过某些机制引起可遗传的基因表达或细胞表现型的变化。"表观遗传"的概念由发育生物学家 Conrad Waddington 在 20 世纪 40 年代提出,最初用来描述基因之间以及基因与环境间的相互作用,后来被进一步定义为在不改变基因的编码序列或上游启动子区域的情况下,生物表型、形态或分子层级的改变。

表观遗传学作为阐明基因组功能及基因表达的关键研究领域之一,已成为生命科学研究热点。DNA 编码的遗传信息为生命活动提供遗传物质基础,而表观遗传调控则提供了何时、何地、以何种方式去应用遗传指令,它与经典遗传学共同组成了完整的基因调控网络。表观遗传学的研究内容主要包括 DNA 甲基化、染色质重塑和基因组印迹等方面,其中因染色质重塑、组蛋白修饰及组蛋白 H3 的特殊甲基化均通过调节 DNA 甲基化信号改变表型性状的遗传特征,目前对 DNA 甲基化的研究最为活跃。

2. DNA 甲基化与基因表达调控　甲基化是基因组 DNA 的一种主要表观遗传修饰形式,是调节基因功能的重要手段。DNA 甲基化（DNA methylation）是指在 DNA 甲基转移酶的催化下,CpG 二核苷酸中的胞嘧啶被选择性地添加甲基,形成 5- 甲基胞嘧啶。DNA 甲基化一般与基因的沉默相关,而 DNA 去甲基化则与基因的活化相关。DNA 甲基化在植物基因组防御、调控基因表达以及控制植物的生长和发育中起重要作用,对植物本身有着积极的意义。DNA 甲基化可调控特定的内源基因表达,即抑制 rRNA 基因的表达、控制重复基因家族全部基因的表达,植物启动子区的 DNA 甲基化通常抑制转录,但基因编码区的甲基化一般不会影响基因表达。

3. 表观遗传与特异性表型　道地药材"优形优质"特征的形成过程是十分复杂的,不同产地、不同种质、不同发育阶段均会对药用植物表型产生影响。与药材道地性特异性特征相关的功能基因在内外环境下选择性的表达难以用经典遗传学的理论和方法来诠释。越来越多的证据表明,表观遗传修饰与物种间和物种内的表型变异有关,甚至从宏观上会影响物种的进化,同时表观遗传也会影响药用植物次生代谢产物的积累。

作为表观遗传修饰的重要调控方式,DNA甲基化或组蛋白修饰可以直接干扰转录因子与其识别位点的结合,进而影响基因转录的正常进行。因此,分析药材功能基因在内外环境下选择性表达遗传信息的分子机制,并结合表型分析结果开展药材道地性特征形成的表观遗传学机制研究,将为道地药材特征辨识提供理论支撑。

4. 表观遗传与道地药材地域性　近年来的研究对环境因素影响植物表观遗传变化进行了一些探讨,温度、水分、高盐、重金属等非生物胁迫能够通过诱导DNA甲基化的动态变化调控逆境应答基因的表达,从而提高植物对环境的适应能力。多项研究表明,不同生态胁迫对同一品种的长期影响可能会形成独特的药材表观遗传模式,从而产生药材道地性表型特征。而不同产地间药材表观遗传的变异可以来自于随机的表观突变,但更主要还是来源于由环境变化产生的压力。从表观遗传的角度来看,变异的诱因一方面是药材环境适应性变化的选择者,另一方面在环境压力的选择下,表观突变速率往往远高于基因突变,体现了环境因素是道地药材形成的根本动力,而时间和空间的连续性造就药材遗传与表型的连续性。

新的表观遗传修饰可以在一个种群中多个个体同时发生,尽管这种突变可以通过表观遗传复位的方式被损耗,但只要环境压力保持足够长的时间,在种群中总的表观突变可以在十几代内迅速达到一个稳定的频率。对个体来说,对比发生率极低的基因突变率,多个表观突变可以在同一个个体中同时发生,因此针对环境波动有更好的适应性。因此,与DNA序列信息相比,表观突变作为道地药材地域性形成的主要驱动力更具有说服力。

以现代生物学为基础并结合数理化等多学科的方法联合攻关被认为是研究道地药材的必然趋势。随着对生命认识程度的加深,在后基因组时代,表观遗传学已成为阐明功能基因表达模式变异的关键研究领域之一。越来越多的研究表明,在遗传背景基本一致的前提下,道地药材表型差异是对环境及适应性的结果,而表观遗传对药材道地性形成的影响更大。因此,体现道地药材生物学本质的特化基因型研究,应将经典遗传与表观遗传相结合,科学、客观地反映各个地区不同的生态或地理条件长期选择而形成的道地药材的遗传本质。

不同产地环境因子变异也是促进道地药材表型及化学变异的因素之一,表观遗传改变作为中等时间或空间尺度内的行为,可以对不同种类的外部或内部刺激做出快速反应,且药用植物也可以在环境变化和应激状态下改变表观遗传状态,从而产生新的表型以适应环境,并可将其传递给下一代,这对于诠释道地药材发展的动力学因素——边缘(逆境)效应,以及道地药材的药物属性——独特的化学特征有着重要的理论意义。

二、研究方法及研究现状

道地药材的分子机制研究,是在分子水平解释道地药材群居水平的遗传变异,明确道地药材的基因型特征,以及环境对道地药材基因表达的影响,从而解释遗传因素对道地药材形成的贡献率。

(一)遗传多样性

1. 遗传多样性研究方法　居群水平的遗传多样性(遗传变异)一直是道地药材分子研究的基础和热点。不少学者就道地药材的遗传多样性展开研究。常用的遗传多样性分子水平测量方法有:等位酶分析(allozyme analysis)、RFLP分析、AFLP分析、RAPD分析、各种重复序列间区标记（如 SSR、ISSR）、SNP 研究等。

2. 研究现状　RAPD、AFLP、ISSR 等多种分子标记技术被用于乌头、人参、枳壳、芍药、苍术、半夏、厚朴、石斛等道地药材的遗传多样性的评价。研究发现，不同药材的遗传多样性水平差异极大。在观察遗传多样性的同时，不少学者希望找到道地药材特有的分子标记，从而可以在分子水平实现道地药材的鉴别。如在供试的 12 个地区 24 个样品中，发现两个地区间高含量紫杉烷样品存在共同的 RAPD 特征条带，认为这些条带可能与紫杉烷的形成有一定关系，为道地药材分子鉴别标记的寻找提供了线索。

研究结果证明，CNVs 在人类、动物、植物等基因组中均广泛存在，且具有相似的产生机制，对生物多样性、物种进化、疾病发生机制等研究都具有十分重要的意义。与人类和动物中 CNVs 研究相比，植物中关于 CNVs 的研究起步相对较晚，目前报道的有拟南芥、水稻、大麦、大豆、小麦、高粱等。如选取具有代表性的 40 个栽培稻品系和 10 个不同地理来源的野生稻品种进行全基因组重测序研究，共检测到 650 万个 SNPs、80 多万个小片段的插入 / 缺失（1~5 bp）、94 700 个大片段结构变异（>100 bp）和 1 676 个 CNVs；在 CNVs 中，约 21% 发生在包括栽培稻和野生稻在内的至少 5 个品系中。利用基于阵列比较基因组杂交技术（comparative genomic hybridization，CGH）在玉米自交系 B73 和 Mo17 间检测到 3 741 个拷贝数变异区段，其中约 55% 的 CNVs 由特异单体型串联重复事件产生。该研究还指出 CNVs 在玉米 10 条染色体上非均匀分布，高度保守区如着丝粒附近区域几乎无 CNVs 存在。从研究内容上看，植物中 CNVs 的研究主要集中在栽培及野生种中的遗传多样性、植物对各种胁迫（生物及非生物逆境）的防卫反应表型变异、区域适应性等方面，为分析药用植物 CNVs 与基因及表型关系提供了参考。

（二）基因表达差异研究

1. 基因表达差异研究方法　由于环境中生态因子众多以及生态因子作用的综合性，致使影响道地药材形成的生态主导因子无法确定，或者即使确定了，主导因子也通常是多个生态因子综合组成。由于基因表达对研究所用 RNA 材料的要求较高，且通常需要通过对比试验来完成，造成道地药材基因表达及调控实验目前主要集中在实验室中。同时，由于细胞培养和组织培养周期较短，材料均匀性较好，相关研究多是在细胞和组织水平，或在转基因获得的毛状根植物中开展。

目前常用基因表达差异研究方法有实时荧光 PCR、基因芯片（gene chip）和转录组测序（RNA-seq）。这些方法在技术操作方面都比较成熟，各自因具有一定的优势和局限性，应用范围存在差异，在试验中需根据实际情况加以利用，必要时可将其结合使用。

2. 研究现状　金元时期医家李杲谓："……根、叶、花、实，采之有时……失其时，则气味不全。"说明药材在不同的生长、发育阶段的药效成分差异较大。道地药材的形成与相关功能基因表达的时间特异性紧密相关，相关基因严格按一定时间顺序开启（上调）或关闭（下调），表现为与分化、发育一致的时间性，又称阶段特异性。以桑叶为例，道地产区的桑叶多是经霜采收，研究表明桑叶总黄酮积累量在 8 月最低，经霜后 11 月积累量达到最高值，其中参与黄酮类物质合成的关键酶基因 PAL 与 F3H 表达均在经霜后明显增加。

生物个体在某一生长、发育阶段，同一基因产物在不同的组织、器官中表达的量是不同的，各个基因表达产物的分布也不完全相同。在道地药材个体生长发育过程中，某种基因产物在个体中会按不同组织、器官的空间顺序出现，这就是基因表达的空间特异性。基因表达伴随时间或阶段顺序所表现出的这种空间分布差异,实际上是由细胞在器官的分布决定的,又称细胞特异性或组织特异性。以丹参为例,丹参中脂溶性活性成分丹参酮主要分布在地下根中,参与丹参酮合成关键基因 *CPS1* 主要在根中高表达,具有明显的组织特异性。

通过对不同环境条件下、不同组织器官以及不同处理时间点喜旱莲子草表达谱的比较分析,不仅发现了大量与喜旱莲子草表型可塑性变异相关、且在不同环境下差异表达的基因,而且揭示了 7 803 个 unigene 在不同处理时间点表达式样动态变化的趋势和关联特征;并基于对差异表达基因的功能注释和表达式样分析,探讨了一些表型性状可塑性变异发生的分子基础,包括:淹水环境下茎通气组织和不定根的发育、淹水促进节间伸长生长的分子基础、淹水环境下细胞渗透势从被动抵御到主动适应的调整机制等。

通过转录组分析筛选获得控制红花颜色的类黄酮生物合成关键酶基因,并发现这些基因在红花基因组中是相当保守的。对金银花转录组进行分析,共获得 14.9 GB 数据,对获得的数据进行分析,共获得 4 万余个 unigene。以金银花化学成分为切入点,围绕酚酸类、环烯醚萜类、脂肪酸生物合成途径,初步构建了金银花活性成分基因调控网络用于金银花品质评价。以上研究为道地药材功能基因表达和调控研究积累了思路和方法。

(三)表观遗传学差异研究

1. 研究方法 主要集中在 DNA 甲基化、组蛋白共价修饰和 miRNA 表达等方面,其研究手段和技术方法已日趋成熟,具体可分为:①基因组 DNA 甲基化检测技术,如甲基化敏感扩增多态性法、亚硫酸盐测序法、甲基化 DNA 免疫共沉淀法、高分辨率溶解曲线法等。②组蛋白共价修饰检测技术,目前最常用的为染色质免疫沉淀(ChIP)技术,在实际应用中可以将 ChIP 与生物芯片或测序技术相结合,在全基因组或基因组较大区域上高通量分析 DNA 结合位点或组蛋白修饰的方法。③miRNA 检测技术,如 RNA 印迹(Northern blot)、实时荧光定量 PCR 和 DNA 芯片法等。这些方法体系的建立已为道地药材表观遗传研究提供了良好的技术平台。

2. 研究现状 表观遗传学对植物株高、生育期、花型、果实着色以及应对环境胁迫等方面均产生影响。如利用 DNA 甲基化抑制剂 5- 氮杂胞嘧啶核苷(5-azaC)处理"巨峰"葡萄,促进果实提前成熟,发现在葡萄果实发育过程中,ROS 代谢与 DNA 甲基化之间存在一定的联系,5-azaC 处理改变了一些与果实发育及成熟相关基因的表达模式。通过分析 5-azaC 对菊花的影响,发现 5-azaC 处理能够影响丛生芽的分化、株高和根长等表型性状,且低浓度 5-azaC 处理可以使菊花提前开花。利用 5-azaC 处理石斛组培苗,分析石斛苗生长变化、生物活性物质含量及其相关基因表达变化,发现多糖含量和生物碱含量明显上升,编码生物碱合成酶的基因相对表达量均显著上调,说明 5-azaC 去甲基化修饰处理可能激活了这些生物碱合成相关基因表达,从而证实了 DNA 去甲基化修饰对石斛次生代谢产物的生物合成具有重要的调控作用。

三、应用实例

(一)遗传多样性分析在红花道地性研究中的应用

红花为菊科一年生草本植物红花(*Carthamus tinctorius* L.)的干燥管状花,是传统的活血化瘀中药,具有活血通经、散瘀止痛的功效。红花还可用作保健品、化妆品和食品染料等方面的原料。在中国,红花已有 2 100 余年的栽培历史,主要分布于新疆、四川、云南等地。

红花属于常异花授粉植物,通常以自花传粉为主,但在适宜的外界条件下,红花异交率可以达 50% 以上,在群体内或群体间形成遗传多样性。对伊朗当地红花居群进行 RAPD 分析,探讨其多态性及遗传多样,分析结果获得了长度为 300~2 400 bp 的扩增 DNA 片段,得出了遗传多样性和地理分布无关的结论。采用 AFLP 技术对中国 28 个不同栽培居群的红花进行聚类比较以及遗传多样性分析,将 28 个不同栽培居群分为 1 个中间类群和 3 个主要类群,UPGMA 聚类结果和红花表型特征不是完全一致;通过计算发现各居群间的遗传距离(GS)为 0.148~0.196。

对新疆 29 个红花栽培品种进行 RAPD 分析,共扩增出 156 条带,具有多态性的有 144 条,多态性条带占 92.31%,说明新疆的红花栽培种的遗传多样性丰富。采用相关序列扩增多态性(SRAP)技术对 23 个红花品种(栽培、野生)进行遗传多样性分析,用 30 对引物扩增出 483 条带,其中具有多态性的条带有 274 条,多态性条带占 57%;UPGMA 聚类分析结果发现红花栽培种和野生种间有显著的相关性。采用 SRAP 分子标记技术对 5 个新疆红花品种进行遗传多样性及亲缘关系分析,筛选出 12 对 SRAP 引物组合,共扩增出 171 条清晰条带,其中有多态性条带 93 条,多态性条带占 54.4%,遗传相似系数变化范围在 0.60~0.92,说明 SRAP 技术适合用于红花品种的亲缘关系研究和指导分子育种。利用 SRAP 技术对 11 份来自中国不同地区的红花品种材料亲缘关系进行了分析,研究结果表明 25 对引物组合共获得到 308 条清晰条带,其中 109 条具有多态性,多态性条带占 35.4%,遗传相似系数变幅在 0.82~0.93,平均相似系数为 0.87,表明红花相同种的不同品种间存在一定的遗传多样性。应用 ISSR 标记对澳大利亚新南威尔士州的近缘种绵毛红花进行遗传多样性分析,结果表明该绵毛红花的遗传差异较大,说明红花遗传差异复杂,遗传多样性丰富。

（二）红花苞叶刺性状连锁基因标记的研究

在中国,栽培红花多作为药用植物,有刺红花制约人工采收,无刺红花成为选育新品种的目标之一。研究发现红花苞叶刺由单基因控制,可用刺数目乘以刺平均长度的积作为衡量红花苞叶多刺与少刺性状的"指数"。采用 11 个红花亲本的双列杂交对苞叶刺的指数、配合力进行比较研究,结果表明红花苞叶上刺的长度、数目以及指数的杂种优势显著。控制红花苞叶刺的基因主要有 4 个,分别为 Sa、Sb、Sc 和 Sd,其中 Sa 为主效基因。

利用 SRAP 技术研究与红花苞叶刺性状紧密连锁的基因,为研究与红花重要性状相关的遗传基础及红花的分子标记辅助育种提供实验依据。采用分离体分组混合分析法(BSA),以杂交 F_2 代红花个体苞叶刺多而长以及苞叶无刺的极端性状为依据,分别构建有刺与无刺两个近等基因池。利用 SRAP 标记技术,在两亲本及基因池间筛选 45 对引物,通过单株验证,获得与红花苞叶刺性状连锁的 1 个 SRAP 标记(M3E3)。从聚丙烯酰胺凝胶上回收和克隆 SRAP 片段(M3E3),并测序。该标记在苞叶有刺的 20 个单株中,有 16 株扩增出该特异性条带,4 株未扩增出该条带。苞叶无刺的 15 个单株均无该条带。经计算,该标记和有刺红花基因之间的交换值为 11.4%,说明两者之间紧密连锁。该片段的精确长度为 349 bp,其碱基组成为 A+T=41.08%。其与红花苞叶刺性状紧密连锁的 SRAP 标记 M3E3 可作为无刺红花品种选育的辅助分子标记。

采用 cDNA-SRAP 技术分析了与红花苞叶刺性状紧密连锁的基因。在分别建立红花 F_2 代 cDNA 无刺池和有刺池的基础上,利用 60 对引物筛选与苞叶刺连锁的基因片段,获得 6 条与红花刺性状连锁的基因片段,其中基因 *GPY-1* 和 *GPY-2* 重组率低,与苞叶刺紧密连锁并成功测序。采用 RACE 技术,克隆了 GPY-2 cDNA 全长,命名为 CTL-spn,生物信息学分析显示,CTL-spn 全长 1 679 bp,具有 1 524 bp 的开放阅读框,编码 508 个氨基酸。同源比对发现,CTL-spn 表达蛋白与其他物种的 ATP 合成酶 CF1-α 亚基具有很高的同源性(97%)。半定量 RT-PCR 分析结果显示,GPY-1 和 GPY-2 仅在有刺 F_2 代单株中表达。因此,红花 ATP 合成酶 CF1-α 亚基基因(CTL-spn)可能直接参与了红花刺性状的形成,从而提高了有刺红花的抗逆性。

(三)黄芩道地性形成的基因调控网络研究

黄芩主产于河南、河北、山西、黑龙江、山西等地,传统认为河北承德为黄芩的道地产区,所产黄芩质优效佳,又称为"热河黄芩"。黄芩中已分离出多种类型的化学成分,其中最主要的活性成分为黄酮类化合物,包括黄芩苷、黄芩素、汉黄芩苷、汉黄芩素等。不同地区出产的黄芩,其活性成分含量也存在差异,药效成分含量的变化是药材自身适应环境的变化的结果。其中,道地产区的热河黄芩活性成分含量显著高于非道地产区,因此国内外学者对黄芩的特征药效成分黄酮类化合物的生物合成及调控进行了大量研究。

研究表明,黄芩苷等活性成分在体内的生物合成途径与 PAL 与 CHS 两个关键酶有关,且黄酮类化合物作为活性氧清除系统中抗氧化酶的底物,黄芩素等成分的积累与活性氧代谢有着密切的联系。β- 葡萄糖酸酶是与类黄酮一起作用的起始关键酶,它在清除 H_2O_2 过程中起到了质子提供者的重要作用。黄芩悬浮细胞在过量 H_2O_2 的诱导下,可以立即利用 β- 葡萄糖酸酶对黄芩苷 -7-O-β-D- 葡萄糖酸进行水解,而释放出的黄芩素马上被过氧化物酶氧化为 6,7- 去氧化黄酮。H_2O_2 在过氧化反应中很快就被消耗,同时影响了黄酮的积累。而 β- 葡萄糖酸酶抑制剂 1,4- 葡糖二酸内酯能明显降低黄芩细胞代谢 H_2O_2 的能力。

一方面,参与黄芩中黄酮合成代谢的基因受到 ROS 信号分子的调控;另一方面,植物内源激素通过转录因子在黄芩中黄酮生物合成调控中也起了重要作用。通过对不同胁迫条件下的黄芩悬浮细胞受控试验发现,植物激素 IAA、GA 对黄芩的积累有重要影响:较高的 IAA 与较低的 GA 浓度有利于黄芩悬浮细胞中黄芩苷的积累,外源施加 GA_3 会提高黄芩内源 GA 的含量并带来内源 IAA 和活性成分积累的下降。通过 cDNA 文库的构建,获得大量黄芩转录因子信息,结合基因表达谱和化学成分分析发现多个可能参与调控黄芩中黄酮类化合物积累的转录因子。进一步通过 EMSA 及转基因烟草等试验验证了黄芩转录因子 SbMYB8、SbMYB2、SbWRKY33 可以与黄芩的 CHS、PAL 基因上游启动子结合以调控类黄酮化合物的生物合成途径,从而构建起以 "GA-MYB/WRKY-PAL/CHS- 黄酮类药效成分" 为核心的道地药材黄芩独特药效成分形成相关基因调控网络。

第三节　道地药材"优形优质"特征的统一性

一、研究现状

大量的现代科学研究结果表明,药材性状特征和化学成分均受到相同基因或基因调控网络控制。目前研究比较清楚的是颜色相关成分和基因,如柑橘不同品种其果皮因类胡萝卜素组成和含量的多态性呈现不同的色泽,利用红橘(红色果皮)× 枳(黄色果皮)的双假测交遗传群体和自然群体关联分析锁定到类胡萝卜素裂解酶编码基因 CCD4b 的顺式调控变异是红色果皮性状形成的主效遗传位点。

在传统鉴别中存在着许多有关"以色论质"的药材,如《增订伪药条辨》记载丹参"皮色红,肉紫有纹……为最佳",现代研究表明色红主要是由于丹参根周皮中含有红色的丹参酮类成分所致,且该类成分含量越高、红色越深。目前已初步解析了丹参酮类成分的生物合成途径,相继发现了 2 个萜类合酶、3 个 CYP76 家族成员可催化生成丹参酮基本碳骨架次丹参酮二烯、铁锈醇、柳杉酚、四氢丹参新酮等多种化合物,这些基因的克隆和功能研究将为进一步解析丹参根皮红色变异机制奠定基础。同时,成分的组成和比例也可以影响颜色的形成,如 4- 香豆酸辅酶 A 连接酶基因被认为与玫瑰粉红色的形成有关,而二氢黄酮醇 4- 还原酶基因的低水平表达可能与白色形成有关;通过比较银杏金黄色叶片与绿叶在细胞学、生理学和转录组学方面的差异,发现金黄色叶片中叶绿素含量较低、类黄酮含量较低、类胡萝卜素含量较高,与叶绿素生物合成相关基因表达下调,与类胡萝卜素生物合成相关基因表达上调,类胡萝卜素与叶绿素比例的变化是导致叶色变黄的主要因素。

另外,药材性状特征和化学成分均受到生物"生长与防御的权衡"机制的影响。当植物在面临不良环境胁迫时,往往会以抑制正常生长为代价,消耗更多的代谢资源用于防御系统的激活以抵抗胁迫对自身的伤害,而这些代谢资源往往在药材中作为活性成分,是优质的重要物质基础。如木瓜为蔷薇科植物贴梗海棠的干燥近成熟果实,夏、秋二季果实绿黄时采收,有机酸、总黄酮含量在近成熟果实中累积到较高水平,且随着果实的成熟逐渐下降;有机酸、总黄酮均为植物防御物质,其积累与果实大小呈负相关。化学成分在性状表型特征的形成过程中发挥了重要作用,如激素是控制"生长与防御的权衡"的主要因素之一,茉莉酸可以帮助植物进行能量物质的分配,使其适应复杂的生长环境;水杨酸可以通过碱性亮氨酸拉链家族转录因子 AaTGA6 调节青蒿素的生物合成;油菜素内酯和脱落酸被认为是金荞麦种子大小的重要调节因子,油菜素内酯也可以通过调节细胞数量和大小控制莲子的大小。在植物体内存在某些具有激素样作用的化合物,如三萜类成分在植物体内也可能发挥类激素作用,调控植物的生长发育。研究表明,燕麦中的三萜类成分 β- 香树脂醇(β-amyrin)会阻塞根表皮细胞发育,导致"超级根毛(superhairy)"根表型的形成。

二、研究展望

道地药材是一个复杂的生物系统,对其形成机制的研究一直是中药资源学科的热点与难点问题。道地药材独特药效成分是其发挥临床疗效的物质基础,对其形成的遗传因素研究涉及多领域、多层面、多技术。通过在分子层面上认识单个基因或蛋白质的物理与化学特性,进一步解析遗传物质构成的相互作用网络,是诠释道地药材独特药效成分形成的基础与关键。目前,道地药材独特药效成分形成的研究模式主要为两类:一是以多组学为核心的大数据关联分析与数据挖掘研究;二是以 DNA 分子标记、基因克隆、基因表达、体内及体外功能验证为主的系统研究。随着分子生物学的不断发展,更多新的技术与方法如单细胞测序、基因编辑等将被引入这一领域的研究,在"优形优质"特征量化、"外在优形"与"内在优质"的相关性诠释方面取得突破。

(一)量化"优形优质"特征

在传统鉴别经验的基础上,利用图像识别、人工智能等技术对道地药材"优形"特征进行量化,利用质谱分析、化学计量学等技术对道地药材"优质"特征进行量化,结合表型组、质谱成像等技术对道地药材"优形优质"特征进行精确的表型鉴定,为实现道地药材特征辨

识、进一步进行道地药材基因型与环境互作机制研究奠定基础。

（二）阐释"外在优形"与"内在优质"的相关性

以道地药材"形、色、质、味"鉴别特征为核心,在基因组、转录组、代谢组、表型组、表观组研究的基础上,结合颜色数字化、高分辨质谱成像技术、激光切割技术、电镜技术、共聚焦显微镜结合组织化学技术等,进行"优形优质"基因挖掘及功能鉴定,探究药材"外在优形"与"内在优质"的相关性,为阐明道地药材形成机制奠定基础,为指导药材种植生产、品种选育提供依据。

（三）解析遗传和环境交互作用对道地药材形成的贡献

基因与环境间的交互作用受多基因控制。按孟德尔方式遗传,每个基因效应较小,因此非连续的、定量的基因型变异可能产生光滑的、连续的表型变异。而环境的修饰作用可以掩饰基因型的非连续变异,从而使表型上呈现连续变异,使性状变异变得平滑、不可检测。因此,遗传和环境的交互作用不等于两个因素作用的简单相加,可以采用群体遗传、表观遗传等方法开展道地药材形成的基因与环境互作机制研究。

（王学勇　裴　瑾　朱田田　刘　娟　刘天睿）

第十二章　中药活性成分的异源生产

　　植物天然产物具有丰富的生物学活性,因其广泛的药用价值而备受关注。但传统的从植物中直接提取天然产物的方法在一定程度上制约了新型药物的开发。采用合成生物学策略,设计和改造微生物菌株,异源合成植物天然产物已被认为是一种极具潜力的资源获取方法。本章总结了植物天然产物异源生产的方法,并研究了萜类、生物碱类和苯丙素类天然产物异源生产的现状及进展。

第一节　中药活性成分异源生产概述

　　中药活性成分主要来源于植物的天然产物(plant natural product, PNP),是植物在长期的适应性进化过程中产生的一些抵御逆境胁迫与病虫害、参与生物间的互作以及信号传递等的小分子有机物。这些小分子有机物在药用植物中主要通过次生代谢途径产生,在植物中的含量较低,其积累具有时空表达特性,大多数情况下只在特殊的生长发育阶段、在特定的组织部位积累。这些小分子化合物不仅在植物的长期进化和生存中发挥重要作用,同时也构成了中药的主要活性成分。体内分离出来的次生代谢产物以及植物内源性具有药理学或生物学活性的化学物质,包括萜类、生物碱类和苯丙素类等。现代药理学研究表明,PNPs具有抗炎、抗肿瘤、提高免疫力等作用。

　　PNPs 大多是从药用植物中直接提取分离,但这种获取方式受环境因素影响较大,有些珍稀药材生长缓慢,甚至难以人工种植,并且大多数天然产物在中药中含量低微,不能满足药用需求。采用化学合成方法生产植物天然产物时,由于其结构复杂,存在多个手性中心,并且在合成过程中步骤烦琐,容易形成无活性甚至有毒的、难以分离的旋光异构体,所用有机溶剂更易造成污染等问题。因此,急需新的周期短、易提取分离、能大量生产植物天然产物的方法。而通过发掘植物天然产物生物合成的关键基因,采用代谢工程或者合成生物学策略,设计和改造植物细胞组织乃至微生物实现其异源合成,是一种极具潜力的资源获取方法。这种方法促进了植物天然产物的发展,经优化、改造的人工合成细胞能连续、高效地合成特定的植物天然产物,具有低碳、环境友好和经济的特点;而且设计新的生物合成途径可以产生更多的植物天然产物及类似物。例如,青蒿素在酵母中的生产,紫杉醇代谢中间产物在大肠杆菌以及烟草中的生成,在大肠杆菌中生产阿片类生物碱中间体等。本章将对植物天然产物异源生产的研究现状、底盘选择以及研究方法进行简单介绍,并选取三个典型案例对其研究方案、研究结果进行详细阐述,便于加深理解。

中药活性成分作为药用植物的次生代谢产物,在植物体内以初生代谢的产物为前体,通过一系列酶的催化形成结构多样的代谢产物。因此中药活性成分的异源生产很大程度上依赖于这些酶的挖掘及其表达调控研究。在解析了代谢途径的基础上,通过基因工程、代谢工程,以及合成生物学手段以微生物或者植物为底盘宿主,实现异源合成。

实现植物天然产物异源生产的研究基础是工程化策略,采用标准化的生物元件,构建通用型的生物学模块,在有目的设计的思想指导下,组装具有特定新功能的人工生命系统。其最终目的是构建新的生物体系,合成数量更多、活性更好、产量更高的化合物。在植物天然产物异源生产的过程中,底盘细胞的选择、生物元件的挖掘与改造、合成途径的设计与优化等是植物天然产物异源生产的基本内容。

第二节　中药活性成分异源生产方法

一、中药活性成分异源生产宿主选择

植物天然产物实现异源生产的首要步骤是选择合适的宿主底盘。作为生物合成途径表达的载体,它为植物天然产物的合成提供了初始底盘,之后对其进行工程设计,在新的环境中促进非天然途径的实施。符合药用活性成分异源生产的底盘通常具备以下几个特征:①生长迅速;②遗传操作可行、简单;③易于大规模培养;④能够实现工业化生产。比较常用的有大肠杆菌和酿酒酵母,以及其他微生物:如放线菌,特别是链霉菌属可用于生产抗生素;谷氨酸棒杆菌可用于生产氨基酸。另外遗传背景清晰且具有成熟遗传转化体系的植物作为中药活性成分的底盘,也越来越受关注。下面分别就不同系统的优缺点及其在中药活性成分生产中的应用进行阐述。

(一)真核表达系统

酵母是真核单细胞表达系统的典型,具有诸多优点:①酵母属于真核生物,相较于大肠杆菌而言,与植物的亲缘关系更近,并且含有很多植物中的细胞器,更易于进行基因组整合;②发酵时间相对较短(4~5天);③目标产物的合成量高,是植物来源的2个数量级以上;④具有内膜系统,能更好地表达一些膜整合或膜连接的蛋白;⑤目标产物可以分泌到细胞外,简化了提取和纯化的过程。但使用酵母作为宿主时也需要注意:①酵母糖基化现象比较普遍,蛋白或目标产物易被糖基化;②酵母具有较高水平的萜类代谢,在进行萜类化合物生物合成时需要对合成途径进行调控,促使代谢流向形成FPP的方向发展,减少固醇类的积累。例如,在酿酒酵母中利用甲羟戊酸合成酶和细胞色素P450单加氧酶(CYP71AV1)得到紫穗槐二烯和青蒿酸(100 mg/L)。但在其中发现若仅仅转入ADS基因,酿酒酵母产生的紫穗槐二烯含量很低。而将HMGR转入后,FPP产量提高,且紫穗槐二烯的产量也提高5倍;在此基础上,当下调固醇类合成的关键酶基因ERG9,并过表达固醇类代谢转录因子ERG20时,紫穗槐二烯的产量达到105 mg/L。

常用的作为异源生产宿主的酵母有:酿酒酵母(*Saccharomyces cerevisia*)、毕赤酵母(*Pichia pastoris*)、解脂耶氏酵母(*Yarrowia lipolytica*)等。

1. 酿酒酵母　酿酒酵母是一种单细胞真核生物,基因组已被完整测序,遗传背景清楚,便于基因改造,遗传操作也已经系统化标准化,容易进行异源生产的操作。与大肠杆菌相比,作为真核生物的酿酒酵母具有翻译后修饰功能,更利于植物来源的催化酶的功能发挥。此外,酿酒酵母由美国 FDA 认证为安全有机体,这就为工业化生产的审批提供了更加便利的条件。

2. 毕赤酵母　毕赤酵母是近年发展起来的一种新型的非常规酵母表达系统,全基因组序列已于 2011 年正式公布,具有碳源类型比较广泛、生长速度快、营养要求低、对 pH 值的适应范围广(3~6.5)、可进行高密度发酵等特点,因此具备成为优良工业宿主菌的潜力。巴斯德毕赤酵母表达系统具有外源基因表达量高、遗传稳定性高、胞外分泌能力强(远超酿酒酵母)、可进行翻译后修饰和可用甲醇严格控制表达等优点。近些年来,它已经发展成为一种新型的非常规酵母表达系统,也是目前最为成熟、应用最为广泛的外源蛋白真核表达系统之一,并成功应用于胰岛素、药用蛋白及工业酶制剂等产品的产业化生产。

3. 解脂耶氏酵母　解脂耶氏酵母是一种严格好氧的非常规酵母,具有典型的二型性生长(两型现象)的特点,碳源、氮源、pH 值等生长条件都会影响该菌的菌落形态,因此它成为了研究酵母及真菌菌丝分化的模式菌株。其对低 pH 值的耐受性较强,碳源范围极其广泛,并且可以利用极其廉价的工业煤油或餐饮废油作为唯一营养来源进行生长。目前,大量基于解脂耶氏酵母的脂肪酸代谢改造和胡萝卜素类的生产已取得重要进展,随着解脂耶氏酵母全基因组序列的获得以及基因表达载体、遗传转化方法、合成生物学工具的不断发展完善,它也逐渐成为异源生产潜在的微生物底盘细胞,发展前景极为广阔。

4. 植物内生菌　植物内生菌是其生活史的一定阶段或者全部阶段生活于健康植物的各个组织和器官内部的微生物,内生菌 - 植物共生体能够产生多种次生代谢产物。这类共生体与寄主植物具有相似或相同的生源合成途径,在生长的过程中会产生很多结构复杂、甚至与宿主植物相同或相似的代谢产物,因此内生菌也可作为底盘系统生产中药活性成分。

相对于药用真菌,植物内生菌相对较少,近十多年,研究者已从 100 多个物种中分离到了包括子囊菌、担子菌、接合菌、卵菌、有丝分裂孢子真菌(mitosporic fungi)及其无孢菌类(mycelia sterile)等在内的将近 200 个属的内生真菌。从真菌发酵的产物中分离得到的次生代谢产物包括生物碱类、苯丙素类、萜类、醌类、酚类等,具有抗菌、抗肿瘤、抗氧化等活性。目前利用真菌生产的真菌单方或复方制剂有灵芝胶囊、复方灵芝片、灵芝北芪片、香菇菌多糖片、金水宝胶囊、心肝宝胶囊、益康胶囊、槐耳冲剂、亮菌片和猪苓多糖注射剂等 100 多个品种。

有些植物内生菌具有同寄主植物相同的次生代谢产物,并且其生长周期短,工业化较之植物组织和细胞培养更简单,是中药活性成分异源生产的合适的底盘。但是许多内生菌目前尚未建立可行的遗传操作方法,并且培养基中培养的内生真菌由于不受选择压力,继代数代后,其自身调节系统抑制中药活性成分的积累,目标产物产量逐渐下降,诸如此类问题还有待于更多深入的研究以解决。

（二）原核表达系统

利用原核表达系统来生产天然产物,最常用的是大肠杆菌(*Escherichia coli*)。大肠杆菌是最为简单的模式生物,其遗传背景清晰,生长快速,较酵母的生长时间更短,容易进行遗传操作,一些 DNA 重组技术以及分子生物学工具的应用都是先在大肠杆菌中试验,然后推广到其他生物中,已经建立适应外源基因高效表达的表达载体和改造的菌株,是生产次生代谢

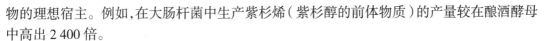

物的理想宿主。例如,在大肠杆菌中生产紫杉烯(紫杉醇的前体物质)的产量较在酿酒酵母中高出 2 400 倍。

然而基因的表达涉及密码子偏好性,蛋白的正确折叠,对特殊细胞结构的依赖,底物提供水平和目标化合物的耐受等,都需要综合考虑。特别是与真核宿主相比,大肠杆菌缺乏真核细胞的翻译后修饰、正确折叠、蛋白在膜系统上的整合,以及一些辅助因子的结合等,导致利用大肠杆菌表达某些植物来源的蛋白存在问题,比如细胞色素 P450 是参与中药活性成分形成的一类非常重要的酶,大多定位在细胞的内质网上并且需要细胞色素 P450 还原酶为其传递电子,而大肠杆菌缺乏内质网及辅助的细胞色素 P450 还原酶,使其难以功能性表达植物来源的细胞色素 P450 酶,而且大肠杆菌对密码子使用的偏好性与真核生物比有很大不同。这些问题从某种程度上限制了大肠杆菌在中药活性成分异源生产中的应用。在大肠杆菌中获得产量高的中间体青蒿素 -4,11- 二烯(25 g/L)后,发现后续步骤需要细胞色素 P450 参与,而细胞色素 P450 是跨膜蛋白,需要适当的膜以进行锚定和折叠,在大肠杆菌中具有较低的活性,因此转而利用酿酒酵母作为底盘,并获得了更为高产的青蒿酸生产菌株。因此也有研究通过在大肠杆菌和酿酒酵母中共培养合成天然产物来解决,例如使用大肠杆菌和酿酒酵母共培养策略,产生 33 mg/L 的氧合紫杉烷,包括单乙酰化双氧基紫杉烷,共培养整合了大肠杆菌快速生产紫杉二烯的特性和酿酒酵母对紫杉二烯的高效氧化,能有效提升产量。利用大肠杆菌从多巴胺中合成了苄基异喹啉类生物碱生物合成的关键中间体(S)- 牛心果碱,之后使用大肠杆菌和酿酒酵母细胞的不同组合培养方式,生成了苯异喹啉类生物碱(BIAs)。共培养可以减少来自异种途径的宿主负担,利用最适表达系统表达特定的酶,并通过共培养将不同的模块化途径整合生产目标产物。但共培养也有缺点,会造成中间代谢物运输或扩散的效率低下,在平衡多个宿主生长时,最佳的生长条件难以调整。

(三)植物系统

除了微生物体系,植物体系也是生产天然产物的良好宿主。植物固有的光合作用和碳利用机制,使植物体系在生产复杂的天然产物方面具有许多优势。①植物细胞富含各种内膜系统和细胞器,具有复杂的空间特性,为不同代谢物的合成提供了所需的最适环境;②植物细胞可以突破微生物底盘对细胞色素 P450 酶表达性差、对活性产物的耐受性差的局限性;并且利用光合作用的还原能力驱动细胞色素 P450 酶产生化学反应,较微生物宿主表达 CYPs 有很大改善;③植物生长仅以 CO_2 和水为原料,经光合作用就可以合成各类复杂的天然产物,有利于降低成本;④植物生产系统不会出现微生物和动物细胞中遭受毒素、热原、病毒污染等方面的风险;⑤植物细胞培养对环境反应相对不敏感,重组蛋白的分离和纯化更简单。近年来,一些模式植物如烟草、拟南芥、番茄等也都用来构建活性成分植物底盘细胞。

1. 烟草 相比其他植物底盘,烟草转基因技术体系成熟,自 1989 年第一次用烟草表达抗体以来,烟草已经成为生产重组蛋白的主要工具。烟草叶片生物量大(约 100 t/hm²),且叶片可溶性蛋白含量高,可以作为重组蛋白生产平台。烟草为重组蛋白生产提供了多种表达方式,比如细胞核表达、叶绿体表达和瞬时表达。烟草既不是人类食物,也不是饲料作物,因此降低了转基因材料污染食物链或饲料链的风险。在 pSAT 载体上同时整合紫穗槐 -4,11- 二烯合酶(ADS)、细胞色素 P450 还原酶(CPR)、CYP71AV1 羟化酶以及青蒿醛双键还原酶(DBR2)4 个基因,并通过农杆菌转化技术首次实现了青蒿素在烟草中的异源合成。

利用叶绿体代谢工程策略在烟草中高效地合成了紫杉醇中间体紫杉烯和 5α- 羟基紫杉烯，产量分别为 56.6 µg/g 鲜重和 1.3 µg/g 鲜重，实现了在烟草中大量生产紫杉醇中间体。近年来，烟草底盘细胞在药用活性成分异源合成中的应用日渐成熟，因此烟草是中药活性成分异源生产的首选植物底盘。

2. 其他植物底盘细胞　小立碗藓是一种低等苔藓植物，它的基因组仅有 500 Mb，而且全基因组信息已经公布。清晰的遗传背景也方便对其进行基因组编辑和外源基因导入。在小立碗藓中表达红豆杉来源的紫杉二烯合酶，获得了紫杉二烯 5 µg/g（以 1 g 干细胞质量计）。将 ADS、CYP71AV1、ADH1、DBR2 和 ALDH1 5 个基因在苔藓中共表达后，经过进一步的光氧化后，青蒿素产量为 0.21 mg/g。以番茄为底盘，将拟南芥的转录因子 AMYB12 等在番茄中进行过表达，大幅提高番茄中黄酮醇等物质的含量，干物质质量分数达到 100 mg/g。在番茄中引入金鱼草来源的转录因子 Delila 和 Rosea1 后，检测到花青素和苯丙素类黄酮衍生物的含量都有所增加。类似的工作在拟南芥和人参毛状根等中也有报道。

3. 植物组织或细胞　毛状根、悬浮细胞等也被利用作为异源生产底盘用于植物天然产物的生产。从 20 世纪 40 年代开始，科学家们就开展了大量的工作，对植物细胞和组织培养的培养方法进行探索和培养基进行筛选。目前植物细胞和组织培养技术已发展成一门精细的实验科学，在外植体选择和消毒、接种培养、诱导筛选、继代保存、分离鉴定等方面已经建立了一套标准的操作流程，但是针对不同的物种难易程度有较大差别。到目前为止，已经建立了超过 400 种药用植物的细胞核组织培养体系，从培养细胞中分离到的次生代谢产物达 600 种以上，其中有一部分的活性成分含量等于甚至超过原植物的含量。许多重要的药用植物，包括人参、西洋参、长春花、紫草等的细胞培养都十分成功，不仅为科学研究提供了材料，有些甚至已经实现了工业化生产，被应用到药品、保健品、化妆品等，比如某知名化妆品牌，以人参细胞为原料开发出了畅销的化妆品，是我国药用植物组织培养开发产品的成功案例。利用植物组织或细胞作为中药活性成分异源生产的底盘，由于其含有原植物的整条活性成分代谢途径所需的基因和调控因子，因此对于一些遗传操作可行的物种，可以通过代谢工程手段来提升目标化合物含量。比如通过在丹参毛状根中过表达萜类上游途径的两个限速酶基因 HMGR 和 GGPPS，将毛状根中丹参酮含量提升了 4.74 倍。将缬草中的 GES 基因导入构建的烟草毛状根中，使香叶醇含量达 13.7 µg/g 干重。将控制邻氨基苯甲酸合成基因 AS 的 α 和 β 亚基引入长春花毛状根中，同时过表达 TDC 基因，使转基因毛状根中的色胺产量明显提高 3.5 mg/g 干重。在构建的小蔓长春花悬浮细胞体系中过表达 STR 和 TDC 基因，发现转基因株系中萜类吲哚生物碱的含量为干重的 2.1%。但是大规模工业化仍然是许多药用植物利用组织或者细胞培养生产活性成分的障碍，通过生物、发酵、工程的交叉融合才能有效解决该问题。

二、中药活性成分微生物系统合成策略

对于中药活性成分的合成途径研究，在揭示生命体代谢机制的同时，也为基于微生物底盘的异源生产提供了基础。由于微生物的繁殖速度快、发酵密度高，使得一些植物或动物来源的天然产物有了工业化应用的可能，为人类的健康和生活带来极大便利。中药活性成分的微生物合成，目前主要依赖于代谢工程手段，主要的技术方法及流程如下：

（一）生物元件的挖掘与改造

生物元件（biological parts）是具有特定功能的氨基酸或核苷酸序列，例如用于基因表达

调控的调控元件 [包括启动子、终止子、核糖体结合位点（RBS）]，以及特征功能元件（如天然产物合成途径中酶基因）等。虽然对部分天然产物如紫杉醇、丹参酮、人参皂苷、青蒿素、吗啡等的合成途径中酶基因的解析已经取得了突破，但对于大多数植物天然产物的生物合成途径还不清楚。因此，挖掘和利用已有的生物元件，理性地设计和改造更高效的异源途径是未来努力的目标。

1. 表达元件　随着近年来合成生物学的突起，合成生物学思维正被逐渐引入代谢工程领域，合成生物学将启动子、操纵子、终止子等归于基因的表达元件中。外源基因在宿主中成功表达并发挥功能依赖于稳定高效的表达单元，而表达单元的构建离不开表达元件的合理使用，而且宿主体内的关键限速基因和外源基因的过表达更需要高效表达元件的引入。启动子在基因转录水平上负责 RNA 聚合酶的招募和转录起始，对基因的表达十分重要，也是目前代谢工程中最优先考虑的对象。针对启动子的优化筛选，对目标化合物产量提升的案例非常丰富，目前在大肠杆菌、酵母和链霉菌中均已成功对系列的高强度启动子进行了表征和标准化，这些表征工作直接推动了代谢工程的发展。其他的表达元件如终止子、绝缘子等也正逐渐被应用于目标基因的表达上。

不同表达强度的启动子经由进化的 RBS 文库等调控元件可以调控代谢途径中酶基因的表达效率，实现更高效的异源生产。如通过使用强启动子从而增加了甲羟戊酸激酶和磷酸甲羟戊酸激酶的表达活性，提高工程菌中紫穗槐 -4，11- 二烯的产量。采用定量策略和通用合成模块调控元件（启动子与核糖体结合位点）成功在 S. avermitilis 中激活并过表达产生了番茄红素。通过在大肠杆菌中对关键酶的 RBS 进行改造，提高了抗癌药物紫苏醇、抗肿瘤药物司帕霉素和脱氧紫色杆菌素的产量。

2. 特征功能元件　特征功能元件主要指在原植物中参与中药活性成分生物合成的酶，比如催化丹参酮生物合成的萜类合酶、细胞色素 P450 酶等，是中药活性成分异源生产的关键部件，因此挖掘并验证中药活性成分生物合成途径中的催化酶是异源生产的前提和基础。通过比较组学分析筛选候选基因，再利用体外酶促或者体内实验验证其功能是功能基因发掘的主要步骤。随着技术的发展以及组学技术的交叉应用，参与中药活性成分特征功能元件的挖掘效率获得了极大提高，不断有中药活性成分生物合成途径得以解析，为异源生产奠定了基础。

随着合成生物学的深入，研究者已经不满足于简单的功能元件挖掘，在野生型功能元件的基础上根据需要进行进一步的改造和利用是新的研究方向。在功能元件的设计与改造方面，酶工程中的定向进化以及理性的元件改造都是常用的方法。定向进化是一种应用广泛的改变酶催化特性的策略，在酶工程领域发挥了重要作用。利用定向进化工程改造了五种酶，并将其与四种辅助酶组合，从而构建抗 HIV 药物的 islatravir，整个平台所需步骤少于此前路线的一半。定向趋异进化是在定向进化和趋异进化理论上建立的一种重新设计酶的催化功能的蛋白质工程学方法。利用蛋白质定向趋异进化策略对大肠杆菌单加氧酶 HpaBC 进行了改造，获得了分别具有酪醇羟化酶、酪胺羟化酶及酪醇 / 酪胺羟化酶混杂催化活性的三个优良突变体 A10、D11 和 H7。其中突变体 H7 能够有效减少蛋白质过表达造成的细胞代谢负担，显著提高羟基酪醇生物合成效率，并且在没有进行发酵条件优化的情况下，使羟基酪醇产量达到 1 890 mg/L，转化率可达到 82%。对于蛋白质晶体结构、催化机制较清晰的酶，可采用理性设计的方法。通过分析异戊烯磷酸激酶（IPK）的蛋白质序列并设计点突变，在体外将 IPK 的催化活性提高了约 8 倍，将最佳突变体引入用于产生 β- 类胡萝卜素的工程菌株后，β- 胡萝卜素的产量增加了 97%。定向的进化工程策略以及理性的设计方法可以使酶的活性、热稳定性、对底物的亲和力和偏好性得到很大改善，进一步提高从前体到产物的转化效率。

（二）合成途径的设计与优化

影响植物天然产物异源合成效率的因素有很多，如异源代谢产物对宿主细胞生理性能的影响（毒性）、功能酶、不适宜的理化环境（pH 值和氧化还原电位）、必需物质（底物和辅因子）供应不足、代谢产物、生物途径及宿主细胞之间的兼容性等方面。为解决上述问题，需要对合成途径进行设计和优化。

1. 减少有毒中间体的积累　在异源表达天然产物时，由于大量外源性途径酶的过表达或有毒中间体的合成可能会导致宿主细胞生长不良，减少或消除有毒中间体的积累可以使用动态调控启动子来降低或增加相应基因的表达。如法呢基焦磷酸（FPP）和 3- 羟基 -3-甲基戊二酰辅酶 A（HMG-CoA）在大肠杆菌中是有毒中间体。使用启动子对有毒中间体进行动态调控，减少了有毒中间体的积累，并且在不使用任何诱导促进剂的情况下，利用两个FPP 反应促进剂，提高了青蒿素前体紫穗槐二烯的产量。此外，还可通过构建代谢物形成底物通道来减少有毒中间体的积累。蛋白融合是增强底物通道化的最方便的策略，通过构建蛋白融合体，缩短 SmCPS 和 SmKSL 之间活性位点的距离，从而增强代谢通量，提高丹参酮前体次丹参酮二烯的产量。

2. 调控关键节点基因的表达　调控关键节点基因的表达可通过调节代谢流平衡从而提升目标代谢物产量。例如，通过在酿酒酵母 CEN.PK2 中过表达从甲羟戊酸到 ERG20 途径中的每种酶，使青蒿酸产量增加一倍，而紫穗槐 -4, 11- 二烯的产量比青蒿酸高 10 倍。并且为了提高青蒿酸的产量，利用诱导启动子降低 ERG9 基因的表达，降低 IPP 向麦角甾醇的转化，从而推动 IPP 向青蒿酸的转化。又如基于 C-1027 合成途径中，通过过表达调控子sgcR1、sgcR2 和 sgcR3 使目标产物的产量增加。

3. 改善理化环境和前体供应　亚细胞器区域化可以为生物合成途径提供适宜的物理化学环境和足够的前体 / 酶。如由于乙酰辅酶 A 和三羧酸循环中间体供应充足，线粒体区域化可提高异戊二烯、延胡索酸酯等的产量。此外，过氧化物酶体也是天然产物生物合成理想的催化场所。研究发现在霉酚酸（MPA）生物合成的过程中需要过氧化物酶体酰基辅酶A 水解酶，并强调在天然产物生物合成中应考虑亚细胞环境的重要性。最新的研究表明，在酿酒酵母中利用细胞质和过氧化物酶体作为亚细胞区室进行角鲨烯的合成，最终通过优化发酵方法使角鲨烯效价达到 11.00 g/L。

4. 代谢物的动态监测　微生物合成途径优化中的重要环节是对合成途径中各代谢物进行动态定量和监测。依靠对目标代谢物的特异敏感性，生物传感器（biosensor）可将代谢物的变化信息通过多种信号实时输出，实现动态监测和反馈。如利用 Ⅲ 型聚酮合酶 RppA设计并构建了一个可应用于大肠杆菌、恶臭假单胞菌和谷氨酸棒状杆菌的丙二酰 - 辅酶 A（malonyl-CoA）生物传感器。这种生物传感器可以将输入的 malonyl-CoA 的一步信号转换为输出的颜色信号，从而可以简单快速地比色筛选产生过量 malonyl-CoA 的菌株。通过代谢工程使 malonyl-CoA 衍生物 6- 甲基水杨酸、芦荟素、白藜芦醇和柚皮苷的产量分别提高到440.3、30.9、51.8 和 103.8 mg/L，这种策略可以扩展到许多其他生物合成途径中，不仅可以提高代谢物的转化率，而且可以增加宿主菌株的稳定性。

三、中药活性成分植物系统合成策略

（一）基因表达元件

1. 植物表达载体　植物表达载体是携带目的外源基因进入植物细胞进行扩增和表达的媒介，故亦称作工程载体。根据载体的遗传特性和功能，主要包括农杆菌 Ti 质粒载体和植物病毒表达载体两大类。农杆菌 Ti 质粒载体可将外源基因整合进植物染色体基因组，使外源基因在植物中稳定表达；植物病毒载体系统为瞬时表达系统，通过转基因植株稳定表达外源重组蛋白。

根据结构特点又可将植物表达载体分为一元载体系统和双元载体系统两类。目前载体构建的常见策略是以双元载体为基础，以克隆载体基本骨架，增加了表达元件（如启动子、增强子、终止子等），通常还带有基因表达的调控序列，并在适当位置有可插入外源基因的限制性内切酶位点。目前在植物基因工程转化中常用的质粒载体有 pBI121、pCAMBIA1300 等。

2. 植物基因启动子　植物基因启动子是起始基因转录的一段关键 DNA 序列，是植物基因转录调控的中心。选择合适的启动子对增强外源基因在受体植物体内的高效表达具有至关重要的意义。按作用特征可分为组成型启动子、组织特异型启动子和诱导型启动子这三类。此外，在植物转基因表达研究中，为了提高启动子的启动效率和基因表达效率，通常会将不同种类的启动子根据表达和调控目的进行多启动子复合及修饰，形成新型的复合型串联启动子，从而应对复杂的调控需要，更大程度地提高转入外源基因的表达效率和稳定性。

为了使目的基因具有更高的表达水平和更强的特异性，20 世纪 80 年代末，国外展开了人工启动子的研究。人工启动子由一个核心启动子和一段合成的顺式作用元件组成，使基因获得时空特异性表达调控，顺式作用元件是从大量已知序列片段中分离或重组所得的。最经典的核心启动子是最小的 CaMV35S 启动子，因其低组成型表达、高诱导性转录的特性被广泛应用。较天然启动子而言，人工启动子可以定向调节基因转录活性，提高基因转录的特异性、基因表达强度等。根据特定的功能将启动子分为诱导型人工启动子、组织特异性人工启动子和双向人工启动子。

3. 质体系统表达调控元件　为了实现目的基因的高效表达，需要利用质体特异的具有高效转录、翻译能力的调控元件，相对于质体发育和分化的研究，叶绿体中高效表达元件的探索较为深入。16S rRNA 操纵子的启动子 Prrn 以及受光调控的 *psbA* 基因的启动子能够驱动目的基因的高效转录，两者已被广泛运用在叶绿体转化载体中。为保证转录的 mRNA 的稳定性，避免其被外切核酸酶降解，在质体基因表达中 3'UTR 通常具有稳定的茎环二级结构；另外，由于质体基因表达受转录后调控，5'UTR 和核糖体结合位点（SD 序列）对于保障外源蛋白的表达效率尤为重要，目前使用广泛的是噬菌体 T7 基因 10 表达序列 T7g10 和人工合成的 18 bp 包含核糖体结合位点的 *rbcL* 5'UTR。

在质体转化系统建立和使用的初期，使用的表达调控元件多为物种内源的，但为了避免内源片段之间发生非预期的同源重组，近年来研究者们也在有意识地利用一些异源片段。例如，在烟草质体转化载体中运用玉米来源的启动子 Zm*Prrn* 和 Zm*PclpP*、衣藻来源的终止子 cr*TrbcL*、*E. coli* 来源的终止子 *Tint*、λ 噬菌体来源的终止子 *Trho*。

4. 质体系统蛋白表达稳定元件　在质体表达系统中,外源蛋白表达量主要受两个因素调控:基因的转录翻译效率和蛋白稳定性。根据 N 端效应,在原核生物和真核生物中蛋白质的半衰期都与多肽链 N 端特异的氨基酸有关,但在不同生物中,N 端氨基酸的性质对稳定性的效力不一样。质体中蛋白质稳定性不仅取决于蛋白质 N 端第二位残基,同时也受 N 端、C 端区域多肽的整体影响。而且相对于 C 端蛋白质残基而言,质体蛋白质 N 端对蛋白质的稳定性影响更大。更深入的研究表明,对于小于 15 kDa 的小分子量蛋白,在其 N 端仅需增加 10 个氨基酸的短肽就足以起到稳定蛋白的作用。

5. 质体系统选择标记基因　目前,在双子叶植物的质体转化中通常使用的筛选标记基因是抗生素抗性基因,包括 *aadA* 基因(编码氨基糖苷 -3′- 腺苷酸转移酶,具有壮观霉素和链霉素抗性)、*npt Ⅱ* 基因(编码新霉素磷酸转移酶,具有卡那霉素抗性)和 *aphA-6* 基因(编码氨基糖苷磷酸转移酶,具有卡那霉素抗性)。壮观霉素由于其高度的特异性和对植物细胞的无毒副作用成为双子叶植物质体转化中常用的筛选试剂,因此 *aadA* 基因在双子叶植物的质体转化中最常使用。最近研究表明,*cat* 基因(编码氯霉素乙酰转移酶,具有氯霉素抗性)也可以作为质体转化的筛选标记基因。此外,研究者也积极发展筛选基因删除技术。例如,近年来发展起来的直接重复序列介导的删除系统、转座酶介导的删除系统,以及位点特异性重组删除系统 Cre/Lox 系统、phiC31/att 系统、Bxb1/att 系统等。

（二）植物表达系统

1. 转基因植物　转基因植物,传统意义上是指利用重组 DNA 技术,把外源基因导入宿主植物细胞核基因组而产生的遗传修饰植物。转基因植物一直是最常用的、生产重要重组蛋白的表达平台。其优势在于:①可以灵活、高效地扩大重组蛋白的生产规模;②使用整株的核转化植物,可以长期、持续地生产重组蛋白。而该生产平台的劣势在于:①生产周期相对较长(6~9 个月);②存在生物安全问题,由于所转基因有可能通过种子混杂或交叉授粉从转基因农作物逃逸,进入野生种群,引起环境和生态问题。

2. 叶绿体转化系统　叶绿体是绿色植物及真核藻类进行光合作用的场所,光合作用合成的有机物是整个生物界最基本的能量来源。叶绿体通过光合作用实现氧气生产、碳固定以及淀粉合成,同时进行氨基酸、脂肪酸合成等重要生物反应。高等植物叶绿体基因组大小在 120~160 kb,在每个细胞中含有 1 000~10 000 个拷贝,一般典型的陆生植物的叶绿体基因组含有 110~120 个基因。叶绿体是半自主性细胞器,受细胞核的控制,同时也能进行自我复制,大多数被子植物叶绿体的遗传为母系遗传,因此非常适合转化。在植物异源生产中,叶绿体转化是一种稳定有效的表达方法,可以用来替代核转化。与植物细胞核转化相比,外源基因在叶绿体中表达的关键优势在于:①定点整合、表达高效;②多顺反子表达;③遗传稳定、安全性高;④便于操作,对细胞影响小。

3. 植物瞬时表达系统　瞬时表达系统为在植物中生产重组蛋白提供了另外一个以植物为基础的生产平台。与稳定基因表达相比,该系统不仅简单快速,外源基因表达效率高、安全,不易产生基因漂移,而且避免了一些植物生长发育引起的基因沉默等方面的问题。外源 DNA 片段转入宿主细胞后处于游离状态而并未与宿主细胞染色体 DNA 发生整合,不会通过植株的有性繁殖遗传给子代。但是植物瞬时表达也存在一些问题,如不同植物体用哪种组织建立瞬时表达系统,瞬时表达的最佳表达时期的确定,外源基因表达的检测等,还需要摸索、优化使用。

4. 植物细胞悬浮培养　植物细胞悬浮培养是一种具有吸引力且用于异源生产的植物生产平台。该系统将整株植物系统的诸多优点同微生物和动物细胞培养的优点结合在一起。其优势在于：①易于基因操作的稳定转化或瞬时表达；②蛋白表达水平高；③内源蛋白酶水解活性低；④（细胞内、外的）产品稳定性高；⑤易引起表达蛋白结构和生物特性改变使下游加工过程复杂化的次生代谢产物浓度低；⑥具有翻译后修饰能力，均一的糖基化模式和正确的蛋白质折叠；⑦在生物反应器中细胞团较小，分散均匀；⑧高特异性生长速率；⑨长期稳定的可遗传细胞系和生产的稳定性等。

（三）基因转化方法

基因转化的方法有：①利用农杆菌介导、粒子轰击或原生质体电穿孔，把外源 DNA 转入细胞核、质体或叶绿体基因组中的稳定转化法；②利用农杆菌侵染植物组织或利用植物病毒载体感染植物组织的瞬时转化法。

1. 农杆菌（*Agrobacterium*）介导转化　土壤中存在可引起多种植物患有根瘤病的根癌农杆菌（*Agrobacterium tumefaciens*）。因其携带根瘤诱导 Ti 质粒并且具有感染植物的能力而著称。它利用根癌农杆菌的 Ti 质粒和发根农杆菌的 Ri 质粒上的 1 段 T-DNA 区在农杆菌侵染植物形成肿瘤的过程中，T-DNA 可以被转移到植物细胞并插入到染色体基因中。农杆菌参与植物的遗传转化一般有 3 种常用方法，包括整株感染、叶盘法和原生质体法。

2. 基因枪转化　基因枪转化法借助高速运动的金属微粒使附着于其表面的核酸分子穿过受体的细胞壁，释放出的 DNA 分子随机整合到植物基因组中，然后通过细胞和组织培养技术，再生出植株。因此影响基因枪介导植物遗传转化效率的因素也很多，比如：受体材料的类型、生理状态、接受和整合外源 DNA 的能力，金粒制备和轰击参数（如微弹速度、射程、金粉用量、轰击次数、真空度、质粒 DNA 用量）等对植物遗传转化效率均有重要影响。

3. PEG 介导原生质体转化　PEG 法或电击法介导原生质体转化是最早出现的植物细胞瞬时表达技术，至今仍广泛应用。PEG 有不同聚合度的产物，相对分子质量为 1 000~6 000 的 PEG 均可用作促溶剂。PEG 可以使原生质体的膜电位降低而进行凝聚。另外，由于 PEG 的脱水作用，扰乱了分散在原生质膜表面的蛋白质和脂质的排列，提高了脂质颗粒的流动性，从而将载体融合进植物原生质体中完成瞬时转化。该方法的技术流程包括载体构建、原生质体分离、PEG 处理原生质体、转化。影响转化的主要因素有植物种类、原生质体密度、质粒浓度、PEG 浓度、PEG 的处理时间等。

4. 植物病毒载体介导转化　植物病毒（大多为 RNA 病毒）载体介导的外源基因瞬时表达系统近年发展较快。其原理是将目标基因克隆到植物病毒基因组载体上的启动子下游，通过体外转录后直接侵染，或借助基因枪、农杆菌等将其导入植物细胞。目前应用较成功的病毒载体有马铃薯 X 病毒（PVX）、烟草花叶病毒（TMV）、大麦条斑花叶病毒（BSMV）、烟草脆裂病毒（TRV）等。

5. 纳米基因载体介导转化技术　纳米材料具有化学、热力学性能稳定、粒径小、比表面积大等特性，可作为 DNA 甚至蛋白质的载体用于动植物遗传转化。纳米材料介导的遗传转化在动物中应用广泛，但由于植物细胞壁的存在使得该技术在植物遗传转化的应用中受到了一定限制。纳米基因载体与病毒载体不同，其没有毒性或毒性很低，容易被细胞接受，同时可通过对其表面官能团进行修饰，使其在基因传输过程中的靶向性增强。此外，与基因枪相比,纳米载体所能携带的分子不仅限于 DNA,可以实现 RNA、蛋白质等其他生物大分子的递送。纳米载体介导的遗传转化适用于大多数植物,且可以实现将生物大分子直接向植物成熟组织的递送,因此避免了烦琐的再生分化步骤。

(四)转化后重组 DNA 的筛选与鉴定

利用载体上提供的选择标记基因进行抗性筛选,获得大肠杆菌或酵母菌等抗性细胞系,或通过植株再生等手段获得转基因植株。对所获得的转化细胞、转基因植株进行分子鉴定。将经筛选和鉴定出来的大肠杆菌、酵母转化细胞进行大量扩大繁殖,对外源基因的表达蛋白进行分离与纯化并进行后续结构与功能的研究,分析外源基因表达及其对植物性状的影响。

1. 基因组水平的检测

(1)PCR 检测:提取转基因植株的 DNA 作为模板,设计外源基因特定引物。通过 PCR 扩增来检测外源基因的插入。

(2)DNA 印迹法(Southern blotting):又称 Southern 印迹法,是分子生物学的经典试验方法。其基本原理是将待检测的 DNA 样品固定在固相载体上,与标记的核酸探针进行杂交,在与探针有同源序列的固相 DNA 的位置上显示出杂交信号。设计外源基因的特异探针,通过 DNA 印迹法来检测外源基因是否插入。

2. 转录水平的检测

(1)定量反转录 PCR(quantitative reverse transcriptase-mediated PCR,qRT-PCR):设计外源基因特异的 qRT-PCR 引物,提取转基因植株的 RNA,反转录成 cDNA,通过 qRT-PCR 检测外源基因的表达水平。

(2)RNA 印迹法(Northern blotting):又称 Northern 印迹法,是利用 DNA 可以与 RNA 进行分子杂交来检测特异性 RNA 的技术。首先将 RNA 混合物按它们的大小和分子质量通过琼脂糖凝胶电泳进行分离,分离出来的 RNA 转至尼龙膜或硝酸纤维素膜上,再与标记的探针杂交,通过杂交结果可以对表达量进行定性或定量。

3. 蛋白质水平的检测　蛋白质印迹法(Western blotting),又称 Western 印迹法,采用的是聚丙烯酰胺凝胶电泳,检测物是蛋白质,“探针”是抗体,“显色”用标记的二抗。经过 PAGE 分离的蛋白质样品,转移到固相载体(如硝酸纤维素薄膜)上,固相载体以非共价键形式吸附蛋白质,且能保持电泳分离的多肽类型及其生物学活性不变。以固相载体上的蛋白质或多肽作为抗原,与对应的抗体起免疫反应,再与酶或同位素标记的第二抗体起反应,经过底物显色或放射自显影以检测电泳分离的特异性目的基因表达的蛋白质成分。该技术广泛应用于检测外源转基因蛋白水平的表达。

(五)提高植物系统外源蛋白累积策略

同传统生产系统相比,植物生产系统有许多优势,然而,使其作为生产平台被广泛接受仍存在大量问题亟待解决。其中,相对低产是植物生产系统的主要问题。以下将介绍几种提高植物系统外源蛋白积累的方法。

1. 提高转录水平　在转录水平,启动子元件对转基因信使 RNA 水平有巨大的影响;随后,该结果又影响到蛋白质产物的累积水平。因此,可以通过使用强大的组成型启动子提高转录起始效率从而提高重组蛋白产量。花椰菜花叶病毒(cauliflower mosaic virus,CaMV)35S 启动子常常在转基因植物和瞬时基因表达系统中被用于驱动外源基因的表达,其在所有双子叶植物物种或大部分细胞内是一种活性很强的启动子。但在单子叶植物中,其活性非常弱,结构型表达的水稻肌动蛋白 1 和玉米泛素 -1 基因往往成为优先选择。如果表达的外源基因能够引起宿主细胞毒性,就必须采用器官特异型表达和诱导型表达。

2. 提高翻译水平　在植物中,mRNA 的翻译效率是决定蛋白丰度最重要的因素。因此,人们采用不同的策略进一步提高转基因 mRNA 的翻译效率:①在转基因结构中增加一种植物病毒 5' 非翻译序列,从而增加其实翻译效率;②优化外源基因,使外源基因密码子与宿主偏爱密码子相匹配;③优化 AUG 翻译起始密码子的序列环境,将转基因同核基质附着区进行侧面连接,以及与蛋白酶抑制剂共表达。

3. 亚细胞区室定位　内质网(endoplasmic reticulum,ER)是蛋白质分泌路径的入口。被运输到细胞壁、液泡或者内膜系统其他区室的蛋白质,首先被插入内质网,之后才被运往高尔基复合体。内质网还具有控制蛋白质质量的功能。因此,在目标蛋白的羧基端连接一个四肽内质网滞留信号——KDEL 或 HDEL,可在内质网中滞留某种分泌型外源蛋白。此外,以质外体为表达靶点有利于重组蛋白的纯化,以植物叶绿体为靶点,可以提高外源蛋白积累的能力。

4. 融合蛋白表达　融合蛋白表达策略为提高植物中外源蛋白生产提供了另外一种有效途径。融合接头可以改善蛋白质产量,预防蛋白质水解,提高溶解度和稳定性,以及促进靶蛋白的分离和纯化。被证明可影响植物中目标蛋白积累的融合接头包括 Zera、类弹性蛋白多肽(elastin-like polypeptide,ELP)、泛素、葡萄糖苷酸酶、霍乱毒素 B 亚单位、病毒外壳蛋白和人免疫球蛋白 A。

第三节　植物天然产物异源生产的应用

一、萜类

萜类化合物(terpenoids)是一类由异戊二烯(isoprene)为结构单元的天然烃类化合物。迄今,大约有 22 000 种萜及萜类衍生物的化学结构已被鉴定,占天然产物总数的 25%~50%。半数以上的萜类化合物存在于植物中,对植物的生长、发育起到重要作用,如青蒿素、紫杉醇、丹参酮、人参皂苷、甘草酸以及类胡萝卜素类化合物等。

(一)人参皂苷

人参皂苷是中药人参和西洋参的主要活性成分,是原人参二醇、原人参三醇和齐墩果酸三类苷元在糖基转移酶的催化下形成的系列混合物的总称,具有抗肿瘤、降血糖、促进免疫等功能。目前,人参皂苷生物合成途径的基本框架及相关酶的研究已经取得了较大的进展。已从人参属植物中克隆到 20 多个编码人参皂苷生物合成相关酶的基因并进行了功能验证,为通过合成生物学技术生产人参皂苷奠定了较好的基础。在酿酒酵母中通过整合人参来源的达玛二烯合成酶基因(*PgDDS*)、原人参二醇合成酶基因(*CYP716A47*)和拟南芥来源的 *AtCPR1* 基因,成功构建原人参二醇的生物合成途径,并且发现鲨烯环氧酶在控制三萜化合物的生物合成中起关键作用,使原人参二醇的产量提高了 262 倍,达到 1 189 mg/L。Yan 等先后克隆出合成人参皂苷 CK、Rh$_2$ 和 Rg$_3$、Rh$_1$ 和 F$_1$ 所需要的关键糖基转移酶 UGTPg1、

UGTPg45、UGTPg29 和 CYP450 还原酶 PgCPR1,通过对细胞工厂进行优化,实现了 CK、Rh_2、Rg_3、Rh_1 和 F_1 在酿酒酵母细胞中的生产,产量均超过 2 g/L。

(二)三萜酸类

三萜酸类化合物在中药中分布广泛,山楂、枇杷叶、茯苓等植物中均含有三萜酸类活性成分,包括桦木酸、齐墩果酸、科罗索酸、山楂酸和麦珠子酸等化合物,具有免疫调节、护肝、抗炎、抗肿瘤、降血糖等活性。桦木酸、齐墩果酸等因具有抗肿瘤、抗 HIV 等多种药理活性,已被广泛地应用于医疗保健领域。在获得桦木酸前体羽扇豆醇的底盘细胞 BY-LUP02 后,通过筛选整合细胞色素 P450 酶,成功构建高产桦木酸的细胞工厂 BY-BA42(12.7 mg/L);基于构建的齐墩果酸酿酒酵母细胞工厂 BY-OA,通过增加下游关键基因和碳源优化,二代齐墩果酸工程菌株可生产 165.7 mg/L 齐墩果酸。目前已开发了"即插即用"生物合成途径快速解析平台,实现活性成分的发酵生产法。利用这一平台,从药用植物山楂 P450 库中首次筛选到能催化齐墩果酸和乌索酸生成 2 位 α- 羟化产物山楂酸和科罗索酸的功能 P450 酶(MAA45)。并在此基础上,成功构建山楂酸和科罗索酸的酿酒酵母细胞工厂,产量分别达到 384 mg/L 和 141 mg/L。

(三)甘草酸

甘草是临床常用中药之一,临床 60% 以上的中药复方中均含有甘草,对其化学成分的研究由来已久。1921 年从光果甘草中首次分离得到了甘草中最主要的化学成分——甘草酸的单体,其结构在 1950 年被初次鉴定,1956 年又进一步修正。此后对甘草的化学成分研究逐渐深入,甘草酸作为其最主要的活性成分,被《中国药典》列入衡量甘草药材品质优劣的主要指标,具有显著的抗炎、抗病毒、抗肿瘤、保肝等药理活性。现代开发的异甘草酸镁注射液年销售额可达 16 亿元。同样,甘草酸也是重要的甜味剂,据文献报道,其甜度是蔗糖的 150 倍。但是,目前甘草酸完全依赖于从甘草原植物中提取,近年来由于过度采挖,甘草的野生资源日趋匮乏,而且采挖甘草严重破坏了生态,2000 年国务院发布《国务院关于禁止采集和销售发菜制止滥挖甘草和麻黄草有关问题的通知》(国发〔2000〕13 号),禁采野生甘草。甘草酸的异源生产不仅能大大降低甘草资源的消耗,为甘草酸产业的发展提供充足的原料,也是甘草生态资源可持续利用的重要保障。

在乌拉尔甘草中,甘草酸的生物合成涉及 2, 3- 氧化角鲨烯的初始折纸样环化反应,以产生齐墩果烷型三萜类化合物 β- 香树脂醇(β-amyrin)。该反应由氧化角鲨烯环化酶 β- 香树脂醇合酶(bAS)催化。此后,在两个 C-11 细胞色素 P450 单加氧酶 CYP88D6(β- 香树脂醇 11- 氧化酶)和 CYP72A154(11-oxo-β- 香树脂醇 30- 氧化酶)的催化下,在 C-11 和 C-30 位置进行 β- 香树脂醇的位点特异性氧化。β- 香树脂醇的氧化形式 30- 羧基 -11- 氧代 -β- 香树脂醇通常称为甘草次酸。研究发现 GuUGAT 可以催化甘草次酸经过连续两步糖苷化反应直接产生甘草酸,UGT73P12 可以催化甘草次酸 3-O- 单葡萄糖醛酸苷产生甘草酸。此外,研究还发现 UGT73F17 可以继续催化甘草酸在其 C-30 位发生糖基化产生甘草皂苷 A3,具有较强的抗 H1N1 病毒活性。

二、生物碱

(一)苄基异喹啉类生物碱

阿片类生物碱是从罂粟中提取出的一类苄基异喹啉类生物碱(benzylisoquinoline

alkaloids, BIAs），主要包括吗啡（morphine）、可待因（codeine）、血根碱（sanguinarine）、白屈菜红碱（chelerythrine）、小檗碱（berberine）、延胡索乙素（tetrahydropalmatine）等，能缓解疼痛、使人产生欣快感，是临床上常用的镇痛药物。(*S*)- 牛心果碱［(*S*)-reticuline］是多种 BIAs 合成的前体物质。在成功构建可生产(*S*)- 牛心果碱的酿酒酵母工程菌株后，又对阿片类生物碱合成途径的最后几步进行多次优化工作，实现了由蒂巴因到吗啡的转化，吗啡的产量和生成率分别达到 3.1 mg/L 和 86%。此外，还在宿主菌中引入恶臭假单胞菌 M10 中吗啡脱氢酶（morA）和吗啡酮还原酶（morB），应用空间工程策略和高密度发酵来优化菌株，使总阿片类物质产量高达 131 mg/L。2015 年成功在酵母中构建出阿片类生物碱生物合成的完整通路，并成功生产蒂巴因和氢可待因，这是合成生物学应用于微生物中复杂代谢通路改造的里程碑式成果。最近在酵母中实现了从简单碳源完全合成阿片类物质的研究，由四个工程菌以甘油为原料，逐步培养生成阿片类生物碱，其产率是酵母中全合成的近 300 倍。

（二）单萜吲哚生物碱

萜类吲哚生物碱（terpenoid indole alkaloids，TIA）是一类具有重要药用价值的天然产物，其中长春碱（vinblastine）是应用最为广泛的一种天然植物抗肿瘤药物，广泛应用于霍奇金病、急性淋巴细胞型白血病、恶性淋巴肿瘤等疾病的治疗。目前已经发现 4 000 多种萜类吲哚生物碱，而单萜吲哚生物碱达 3 000 多种。单萜吲哚生物碱（monoterpene indole alkaloids，MIAs）主要包括阿吗碱（ajmalicine）、蛇根碱（serpentine）、长春质碱（catharanthine）、文多灵（vindoline）、水甘草碱（tabersonine）、喜树碱（camptothecin）等。异胡豆苷是单萜吲哚生物碱合成的关键中间体，由色胺和开环马钱子苷汇聚合成，这一过程被称为上游合成途径；以异胡豆苷为骨架形成各种单萜吲哚生物碱的过程称为下游合成途径。目前，已有学者完成了萜类吲哚生物碱中部分途径的构建。如在酵母中成功构建了 3α(*S*)- 异胡豆苷生物合成途径，利用前体物质 HMG-CoA 与色氨酸实现了异胡豆苷的合成，尽管产量较低（0.5 mg/L），但为萜类吲哚生物碱的下游合成途径奠定了基础。最近找到了长春碱生物合成所必需的氧化酶和还原酶，能够将花冠木碱（stemmadenine）异构化为二氢前骨节心蛤碱（dihydroprecondylocarpine），然后通过两种水解酶去乙酰氧基化并环化成为长春质碱和水甘草碱。

三、苯丙素类

苯丙素类（phenylpropanoids）是指基本母核具有一个或几个 C_6-C_3 单元的化合物，从生物合成途径上来看，多数由莽草酸通过苯丙氨酸和酪氨酸等芳香氨基酸经脱氢、羟基化、耦合等反应步骤形成最终产物。狭义而言，苯丙素类化合物可分为简单苯丙素类、香豆素类和木脂素类。例如天麻素、香豆素、桂皮醛、花青素等，具有抗氧化、抗病毒、抗凝血和心血管保护等作用。

（一）简单苯丙素类

对香豆酸由芳香氨基酸衍生而来，是许多次生代谢物（如多酚、黄酮类化合物和某些聚酮）生物合成的前体。结合代谢工程和合成生物学，开发了一个生产对香豆酸的酿酒酵母平台，获得高产对香豆酸（1.93 ± 0.26）g/L。研究人员首次创建了天麻素大肠杆菌合成通路，并通过对莽草酸通路、UDP- 葡萄糖通路的调控和发酵条件的优化，显著提高了天麻素产量,工程菌株在 48 h 内可产生 545 mg/L 天麻素。利用芳烃前体 4- 甲酚的氧化降解途径进行了生物转化法生产天麻素的研究,在摇瓶中投入 5 mmol/L 4- 甲酚前体时,天麻素产量能达到 433.3 mg/L。通过构建 3,4- 二羟基苯乳酸的合成途径,并对关键酶基因进行过表达,从而使重组大肠杆菌中迷迭香酸产量达到 130 mg/L。研究人员还开发了由多种代谢工程大肠杆菌菌株组成的微生物共培养物,用于复杂天然产物迷迭香酸(RA)的异源生物合成,使产量达到 172 mg/L(提高 38 倍)。

(二)香豆素类

香豆素(coumarin)以苯骈 α- 吡喃酮为母核,是顺式邻羟基桂皮酸脱水而形成的内酯类化合物,具有杀虫止痒、扩张血管、调节植物生长等作用。利用大肠杆菌莽草酸盐途径中的两种中间体——四氯酸盐和蒽醌酸盐,合成了具有生物活性的化合物 4- 羟基香豆素(4-HC),通过优化基因组合调整基因结构,4-HC 产量达到 255.4 mg/L。通过构建重组菌株并利用 ybgC 缺失突变体和参与酪氨酸生物合成途径的基因共表达,合成了伞形花内酯(82.9 mg/L)、东莨菪内酯(79.5 mg/L)和七叶内酯(52.3 mg/L)。利用酶催化和全细胞催化作用,通过对不同生物合成酶的组合产生 3 种伞形花内酯类衍生物——七叶内酯、茵芋苷、脱肠草素。之后优化生物转化条件,得到最大产量分别为 337.10 μmol/L(67.62%),995.43 μmol/L(99.54%),和 37.13 μmol/L(37.13%)。研究发现在拟南芥根缺铁时会分泌一种源于香豆素的化合物 sideretin,并完成了秦皮素(fraxetin)和 sideretin 的生物合成途径。

(三)木脂素类

木脂素(lignan)是由两分子苯丙素衍生物聚合而成的化合物,具有抗肿瘤、抗病毒、保肝、抗氧化等作用。依托泊苷是一种重要的拓扑异构酶Ⅱ抑制剂,已被用于多种恶性肿瘤的数十种化疗方案中。基于前期的基因挖掘,对一种烟草中的内源性代谢产物依托泊苷苷元的单木脂醇前体松柏醇(coniferyl alcohol)进行实验策略设计,在烟草叶片中瞬时表达松柏醇和依托泊苷苷元通路中的 16 个基因,去氧鬼臼毒素可以实现 4.3 mg/g 干重的产量,分离产率为 0.71 mg/g 干重。该研究表明 10 步以上的长通路可以从难以栽培的药用植物有效地转移到烟草植物进行生产,并实现了化疗药物依托泊苷有价值前体的总生物合成的毫克级生产。

(四)黄酮类化合物

由于黄酮类化合物的生物合成途径现已解析地较为清楚,同时伴随着合成生物学和代谢工程的迅速发展,围绕黄酮类单体化合物的生物合成研究越来越多,相关研究策略逐渐丰富,将黄酮类化合物生物合成所需的关键酶和基因元件导向性引入工程菌中,再通过代谢途径改造、调控与优化,目的性促使代谢流流向目标产物;或定向进化和半理性设计等蛋白质结构改造手段优化关键限速酶的催化特性,加速目标产物的生成。目前,黄酮类化合物已成功在大肠杆菌(*Escherichia coli*)、酿酒酵母(*Saccharomyces cerevisiae*)和谷氨酸棒状杆菌(*Corynebacterium glutamicum*)等工程菌中生物合成,且随着各种合成相关条件的不断优化,产量也日渐增大。如利用 $\Delta fumC$ 和 $\Delta sucC$ 基因敲除的 *E. coli*,以 4- 香豆酸为底物,过量表达 *Pc4CL2*、*PhCHS*、*MsCHI* 和 *E. coli* 来源的 *accABCD*、*pgk*、*aceEF*、*lpdA* 等基因,最终柚皮素的产量高达 474.2 mg/L。采用 Δpgi、Δppc 敲除的 *E. coli*,以圣草酚(eriodictyol)为底物,通过过表达外源性 *CsF3H*、*AaFDR* 和 *DuLAR* 等基因和发酵条件优化,儿茶酚(catechol)产量可达 910.0 mg/L。再如采用基因改造后的 *S. cerevisiae* /Aro4::Aro4/ Δ ARO3 Δ PDC1 Δ PDC5

ΔPDC6 工程菌,将 *4CL3*、*CHS1*、*CHI1*、*CH4* 和密码子优化后的 *PAL1*、*CPR*、*CHS3*、*TAL1* 等基因引入酵母菌中,以葡萄糖为底物,2L 发酵液的柚皮素产量为 112.9 mg/L。

随着合成生物学研究的不断深入,为解决单一工程菌在生产目标产物时的不足,工程菌共培养的研究随之而生,但仍处于初级发展阶段。与单一工程菌发酵相比,工程菌共培养主要具有以下优势:①不同的工程菌可以分工合作,克服引入多基因导致的代谢流量负荷;②可以灵活调控与平衡代谢流向;③为不同功能蛋白的表达提供更合适的环境;④增加底物利用率和目标产物产量;⑤预防或降低某些中间产物对关键酶的抑制作用。由于工程菌共培养具有独特的优势,相关方面的研究也越来越多。表 12-1 总结了近年来共培养技术在多酚类化合物(黄酮类为主)中的应用,图 12-1 则展示了其对应的生物合成途径。

表 12-1　工程菌共培养在多酚类化合物(黄酮类为主)中的应用

共培养体系	天然产物	碳源/底物	提高倍数/产量
E. coli-E. coli	阿夫儿茶精[(+)-afzelechin]	葡萄糖	26.1 mg/L
E. coli-E. coli	翠菊苷(callistephin)	葡萄糖	9.5 mg/L
E .coli-E. coli	阿夫儿茶精[(+)-afzelechin]	甘油/p-香豆酸	970 倍/40.7 mg/L
E. coli-E. coli	白藜芦醇-4'-O-葡萄糖苷(resveratroloside),虎杖苷(polygonin)	葡萄糖/p-香豆酸	3.2 倍/92.3 mg/L
E. coli-E. coli	芹黄春(apigetrin)	葡萄糖/p-香豆酸	2.5 倍/16.6 mg/L
E. coli-E. coli	去二甲氧基姜黄素(bisdemethoxycurcumin)	葡萄糖	6.28 mg/L
E. coli-E. coli	柚皮素(naringenin)	葡萄糖	41.5 mg/L
E. coli-E. coli	红景天苷(salidroside)	葡萄糖,木糖	6.03 g/L
E. coli-E. coli	水杨酸-2-O-葡萄糖苷(salicylate 2-O-β-D-glucoside)	葡萄糖,甘油	2.5 g/L
E. coli-E. coli	咖啡酰苹果酸(caffeoylmalic acid)	葡萄糖	3 倍/570.1 mg/L
E. coli-E. coli	咖啡醇(caffeyl alcohol),松柏醇(coniferyl alcohol)	葡萄糖,酵母提取物	12 倍/401 mg/L,124.9 mg/L
E. coli-S. cerevisiae	柚皮素(naringenin)	木糖,酵母提取物	8 倍/21.16 mg/L
E. coli-Streptomyces	樱花素(sakuranetin),芫花素(genkwanin)	酵母提取物,蛋白胨/p-香豆酸	79 mg/L, 42 mg/L

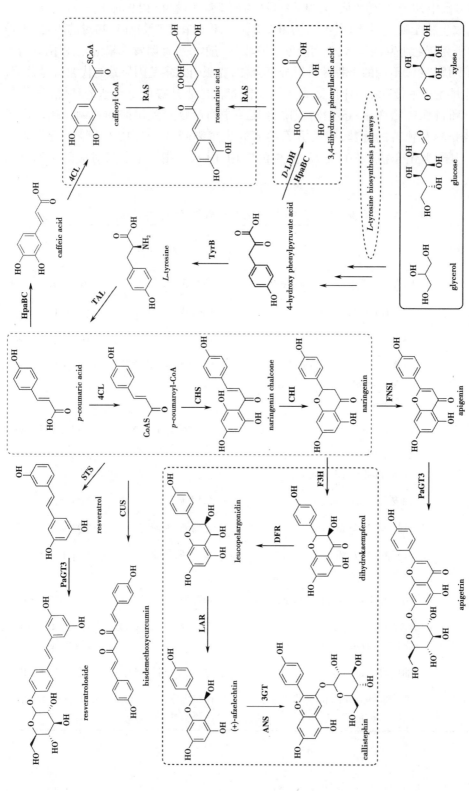

图 12-1　多酚类化合物（黄酮类为主）生物合成途径（工程菌共培养）

1. TyrB（tyrosine aminotransferase, 酪氨酸转氨酶）; 2. TAL（tyrosine ammonialyase, 酪氨酸脱氨酶）; 3. D-LDH（D-lactate dehydrogenase, D-乳酸脱氢酶）; 4. HpaBC（4-hydroxyphenylacetate-3-hydroxylase, 4-羟基苯乙酸酯 -3- 羟化酶）; 5. RAS（rosmarinic acid synthase, 迷迭香酸合成酶）; 6. CUS（curcumin synthase, 姜黄素合成酶）; 7. LAR（leucoanthocyanidin reductase, 无色花色素还原酶）; 8. 3GT（3-O-glycosyltransferase, 3-O- 糖苷转移酶）。

第四节　植物天然产物异源生产研究案例

一、利用酿酒酵母生产丹参酮类化合物

中药丹参为唇形科鼠尾草属植物丹参（*Salvia miltiorrhiza* Bunge）的干燥根及根茎,是我国常用的中药之一。目前丹参酮类化合物主要是从丹参根茎中提取获得,在丹参中的含量约为1%,产量相对较低并且消耗大量资源,远远不能满足市场消费需求。传统的天然提取和人工化学合成的方法已经很难满足现代可持续发展的要求,中药合成生物学的产生与发展,将会有效地解决这些矛盾。因此解析丹参酮类化合物的生物合成途径,构建高效的微生物宿主并利用微生物发酵进行单一化合物的异源生产,具有重要科学意义和应用价值。

（一）丹参酮类化合物的生物合成途径的解析

丹参酮类化合物属于二萜,与其他天然二萜类化合物一样,具有共同的上游生物合成途径,即通过位于细胞质中的甲羟戊酸途径（MVA pathway）和位于质体中的甲基赤藓糖醇磷酸途径（MEP pathway）,分别以乙酰CoA、丙酮酸、3-磷酸甘油醛（G3P）为原料合成异戊烯基焦磷酸（IPP）和二甲基烯丙基焦磷酸（DMAPP）。IPP和DMAPP在一系列焦磷酸合酶的催化下形成二萜共同前体牻牛儿基牻牛儿基焦磷酸（GGPP）。

采用功能基因组学方法,克隆了丹参酮生物合成途径中2条新全长基因丹参柯巴基焦磷酸合酶（SmCPS）、丹参类贝壳杉烯合酶（SmKS）;SmCPS编码蛋白催化二萜共同前体GGPP形成（+）-CPP,是被子植物中首个克隆并鉴定的（+）-CPP合酶编码基因;而SmKSL则被鉴定为一个全新的二萜合酶基因,其编码蛋白催化（+）-CPP形成一种新的二萜烯类化合物（命名为次丹参酮二烯,miltiradiene）。

对Ag$^+$诱导的丹参毛状根进行转录组分析,筛选获得了6个根特异表达的CYP450候选基因。通过体外活性筛选,证明CYP76AH1（Accession No.JX422213）可以催化次丹参酮二烯发生羟基化生成铁锈醇（ferruginol）。进一步发现CYP76AH3可以催化铁锈醇C-11位羟基化或C-7位酮基化,分别生产11-羟基铁锈醇（11-hydroxyferruginol）和柳杉酚（sugiol）;随后两个产物经CYP76AK1催化C-20位羟基化生成10-羟甲基四氢次丹参酮（10-hydroxymethyl tetrahydromiltirone）和11,20-二羟基柳杉酚（11,20-dihydroxy sugiol）。然而C-14位和C-17位如何发生环氧化,这个途径怎样继续生成次丹参酮（miltirone）、隐丹参酮（cryptotanshinone）、丹参酮ⅡA（tanshinone ⅡA）、丹参酮Ⅰ（tanshinone Ⅰ）等活性成分,还需要进一步的探索。

（二）酵母生产丹参酮的研究进展

次丹参酮二烯是丹参酮类化合物合成的关键前体,考虑到酵母中活跃的甲羟戊酸途径能为次丹参酮二烯的生物合成提供足够的前体,选择酿酒酵母作为底盘细胞,构建次丹参酮二烯（miltiradiene）高产的酿酒酵母工程菌株。将丹参酮合成途径上游的3个关键酶,法呢基焦磷酸合酶（FPS）、牻牛儿基牻牛儿基焦磷酸合酶（GGPPS）和3-羟基-3-甲基戊二酰辅酶A还原酶（HMGR）依次构建到酵母工程菌中,与SmCPS和SmKSL共表达,反向融合表达二萜合酶SmCPS、SmKSL,构建得到了最高效的次丹参酮二烯功能模块,即SmHMGR

催化活性域 -SmGGPPS、SmFPS 融合蛋白 -SmKSL、SmCPS 融合蛋白,筛选得到了最高效的次丹参酮二烯生产菌株 YJ2X,次丹参酮二烯产量可达到 365 mg/L。在此基础上,激活 FPP 合酶和 GGPP 合酶以增加 GGPP 的供给量,将次丹参酮二烯产量进一步提高了 119%,达到 488 mg/L。在次丹参酮二烯高产酵母基础上,引入丹参酮 CYP450 氧化酶基因 *CYP76AH1* 及 CYP450 还原酶基因 *SmCPR1* 和 *SmCPR2*,成功地合成了丹参酮中间产物铁锈醇,并发现 *SmCPR1* 和 *CYP76AH1* 的匹配性更好,铁锈醇的产量和次丹参酮二烯的积累负相关;在摇瓶发酵条件下铁锈醇的最高产量达到 10.5 mg/L。

利用酵母工程菌,不仅可以制备丹参酮合成途径中的化合物,还可为进一步解析丹参酮合成途径奠定基础,而且对设计和改造萜类化合物代谢途径,生产其他高值活性成分具有重要借鉴意义。丹参已经作为药用植物的模式植物,其二萜类活性成分丹参酮合成生物学研究,将为其他中药萜类活性成分研究提供研究示范,为中药资源可持续利用研究提供新的研究策略。

二、在大肠杆菌内合成蒂巴因

阿片类药物包括吗啡和氢可酮是止痛效果最好的药物,蒂巴因是合成这类化合物的前体,目前阿片类化合物的来源主要是从罂粟中提取,因此通过对阿片类的生物合成途径进行解析,并利用合成生物学手段异源生产这些化合物,也是全世界众多研究团队热衷的研究兴趣点。

(一)蒂巴因植物体内的生物合成

在植物体内,蒂巴因和大多数 BIAs 的生物合成途径相似,一般都以氨基酸作为初始前体,再经过一系列的酶催化反应生成不同的化合物。由 2 种酪氨酸的衍生物多巴胺(dopamine)和 4- 羟基苯乙醛(4-HPAA)开始,经去甲乌药碱合成酶(NCS)缩合作用生成去甲乌药碱,再经过 3 个甲基转移酶(6OMT、CNMT、4OMT)和一个 P450 氧化还原酶(CYP80B)生成这些化合物的一个共同中间体(S)- 牛心果碱[(S)-reticuline]。(S)- 牛心果碱是 BIAs 生物合成中重要的中间产物,在开发新型抗炎和抗疟药物中起着重要作用。之后经过一系列的催化生成蒂巴因,也可形成其他不同类型的生物碱。

(二)大肠杆菌内蒂巴因全生物合成

大肠杆菌内阿片类药物的合成采用逐步培养策略,蒂巴因的生物合成采用四步培养系统,包括以下四个步骤:L- 酪氨酸到多巴胺的合成,四氢吡咯啉(tetrahydropapaveroline,THP)的合成,牛心果碱的合成和蒂巴因的合成(图 12-2)。分别涉及以下四种菌株:AN1126 多巴胺产生菌株,AN1055(R,S)-THP 产生菌株,AN1600(R,S)- 牛心果碱产生菌株,AN1829(R,S)- 牛心果碱到蒂巴因菌株。此方法避免了上游酶作用于下游化合物的不良反应,允许对每个培养步骤进行优化,使得大肠杆菌生产阿片类药物成为可能。利用大肠工程菌,采用逐步培养法,以甘油为碳源生产蒂巴因,得到的产量为 2.1 mg/L,是酵母系统的 300 倍。这可能与(R)- 牛心果碱合成有关的酶在大肠杆菌中具有较强的活性有关。并且在蒂巴因生物合成系统基础上添加两个基因 *T6ODM*、*MorB*,可得到阿片类药物氢可酮,产量在(0.36±0.15)mg/L,因此蒂巴因生物合成系统有望实现阿片类合成。

1. *L*- 酪氨酸到多巴胺的合成　大肠杆菌体内生产 BIAs 和植物体内生产 BIAs 有不同之处,在植物体内左旋多巴(*L*-DOPA)是由酪氨酸羟化酶(TH)进行催化的,但是大肠杆菌体内不能合成 TH 辅因子 BH4。为在大肠杆菌体内实现由 *L*- 酪氨酸到多巴胺的生成,首先

通过构建含有 *aroGfbr*、*tyrAfbr*、*ppsA*、*tktA* 基因的 *E. coli* 过表达菌株实现 *L*- 酪氨酸的合成，然后在大肠杆菌体内构建含 NCS、MAO、TYR、DODC Pet-21d 载体及含 6OMT、CNMT、4'OMT 的 pACYC184 载体，成功地实现了 *L*- 酪氨酸到多巴胺的生成，多巴胺产量达到（260 ± 22.7）mg/L，经过 3 个甲基转移酶（6OMT、CNMT、4'OMT），成功合成了 BIA 生物合成途径中间体（*S*）- 牛心果碱，产量为 46 mg/L，比植物体内含量高很多。从碳源来说，甘油与葡萄糖相比，（*S*）- 牛心果碱产量更高一些。这一细菌发酵平台为后续阿片类生物碱合成奠定了基础。

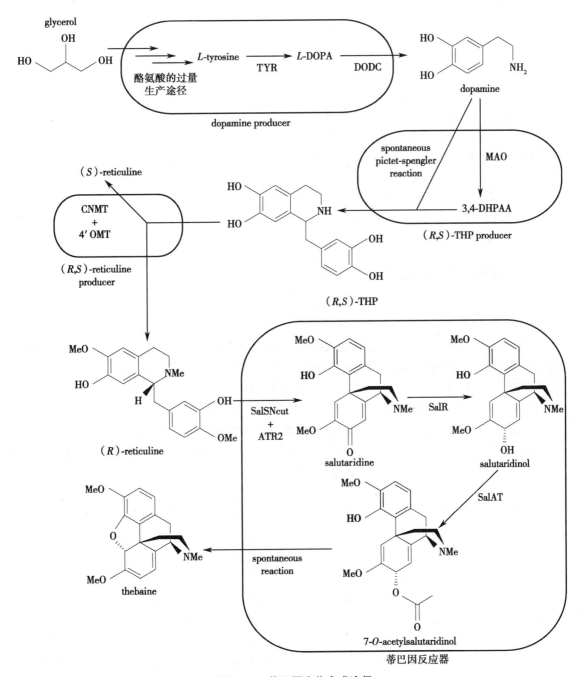

图 12-2　蒂巴因生物合成途径

2. (R,S)-THP 的合成 多巴胺在 MAO 作用下生成 3, 4-DHPAA, 由此实现 (R,S)-THP 生成, 产量在 983 μmol/L (282 mg/L), 经过上述两个步骤实现 (RS)-THP 全生物合成。

3. (R,S)-THP 向 (R,S)- 牛心果碱的合成 通过以下两个方法实现: ①在两个甲基转移酶菌株 AN1600 (CNMT、4'OMT) 的作用下, 完成由 (R,S)-THP 到 (R)- 牛心果碱的合成, 并且发现 (R,S)-THP 浓度在 99.2 mmol/L 时, (R)- 牛心果碱产量最高。②大肠杆菌体内 STORRNcut 结合 P450 还原酶 ATR2, 在诱导剂 5-ALA、IPTG 的诱导下, 可以将 (S)-reticuline 转换为 (R)- 牛心果碱, 但是得到的 (R)- 牛心果碱产量很低, 5-ALA 价格昂贵, 因此选择甲基转移酶完成 (R)- 牛心果碱的合成。

4. (R,S)- 牛心果碱向蒂巴因的合成 从 (R,S)- 牛心果碱到 7- 氧二氢蒂巴因 (salutaridine) 需要 P450 酶 SalS 的催化, 通过两个突变体——SalS 和 SalSNcut 分别与 ATR2 结合, 经过 LC-MS 检测, SalSNcut 表达菌株检测到 salutaridine 峰, 说明实现了这个转化。最后一步涉及两个酶, NADPH 依赖型还原酶 (SalR) 催化 salutaridine 到 salutaridinol, 乙酰转移酶 (SalAT) 催化生成蒂巴因前体物质 7-O-acetylsalutaridinol, 使 salutaridinol 乙酰化, 生成可自发形成蒂巴因的 salutaridinol acetate, 完成蒂巴因的自动生成 (图 12-3)。当 (R,S)- 牛心果碱浓度为 200 μmol/L 时, 在含 SalR、SalAT 基因的大肠表达菌株 AN1096 中, 检测到蒂巴因菌株 AN1829, 产量达到 (57 ± 4.6) mmol/L。同时, 该合成步骤对葡萄糖在蒂巴因生产中起到的重要作用做出了解释, SalS、SalR 必须从 NAD(P)H 获得电子才能有蛋白催化作用, 在 salutaridinol 乙酰化过程中需要糖酵解产生的乙酰辅酶 A 辅佐进行, 这两个步骤都需要葡萄糖提供能量。

三、以植物作为底盘生产紫杉醇

紫杉醇是从红豆杉树皮中分离到的一种具有抗癌活性的珍稀二萜类化合物, 是广泛用于多种癌症治疗的临床一线药物。紫杉醇在红豆杉树皮中的含量仅为干重的万分之一左右, 而且必须以成年树木为原料, 因此传统生产方法不但周期长、效率低, 还会破坏大量的森林资源。目前主要依赖于消耗红豆杉资源的半合成方法获得, 远不能满足临床需求。利用合成生物技术, 构建紫杉醇的人工生物合成系统有望解决这一问题。以微生物底盘实现紫杉醇中间体的合成曾取得一些进展, 但近年来该类工作面临重重困难: 紫杉醇的生物合成途径异常复杂, 包括 19 步生化反应, 其中紫杉醇的骨架结构与侧链分别进行合成, 之后再组装到一起, 近半数涉及细胞色素 P450 酶参与, 这些酶的功能性表达对微生物底盘而言是一项巨大的挑战。与微生物底盘相比, 植物底盘在膜蛋白表达、前体供应、产物耐受、分区化合成等方面具有明显的优势。

提取红豆杉中植物干细胞是生产紫杉醇的一条途径。为了绕过在工业上大规模培养去分化植物细胞存在的困难, 从木质部提取含有形成层、韧皮部、皮层和表皮的组织, 在固体分离培养基中培养得到植物干细胞。利用深度测序技术, 确定了与干细胞身份一致的标记基因和转录程序。与去分化植物细胞相比, 植物干细胞生长速度快, 细胞分散均匀, 活性高。将细胞转移到含有诱导剂茉莉酸甲酯和壳聚糖以及前体苯丙氨酸的培养基中, 诱导紫杉醇生物合成, 合成的量为 102 mg/kg 鲜重水平, 明显大于去分化植物。将其扩大培养考察植物干细胞紫杉醇生产水平, 随着培养时间增长, 干细胞生长稳定, 对诱导剂的反应灵敏, 在 20 L 气升式生物反应器中, 植物干细胞紫杉醇生物合成的量最终达 268 mg/kg 鲜重水平。这种能够自我更新的植物干细胞可以制成大量具有活性的化合物, 这将为紫杉醇等药物的萃取提

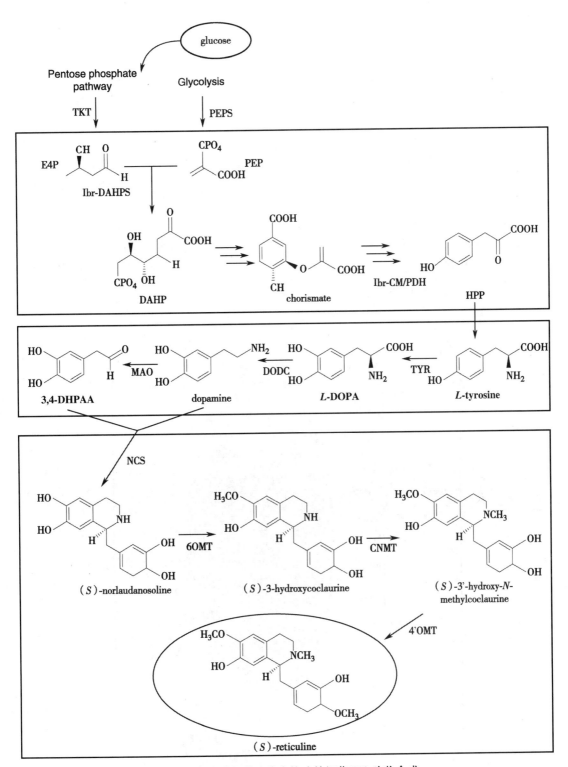

图 12-3　大肠杆菌细胞中构建的细菌 BIA 生物合成

供充足的原料,其成本比传统制造方法要低得多,而且不会产生有害副产品。利用该方法在人参等其他药用植物上也获得了初步成功,显示出植物干细胞法在药物生产上具有广阔的前景。

在植物底盘中已实现了紫杉醇关键中间体 5α- 羟基紫杉二烯的异源合成,即将紫杉二烯合酶(TS)、紫杉二烯 -5α- 羟化酶(T5H)及细胞色素 P450 还原酶(CPR)导入本氏烟草体系中(图 12-4)。通过荧光共聚焦显微检测发现这些酶在细胞中定位于不同的区域,这种不同的分区是此前细胞色素 P450 酶参与的紫杉醇中间体在植物体系中未能成功合成的关键所在。通过叶绿体分区工程化策略,将紫杉二烯 -5α- 羟化酶及细胞色素 P450 还原酶进行叶绿体定位改造,保证 GGPP-TS-T5H/CPR 代谢通路的空间一致性,成功实现了 5α- 羟基紫杉二烯的合成,产量为 0.9 g/kg 鲜重叶片。进一步通过选择性阻断 MEP 和 MVA 途径试验,证实了在烟草体系中紫杉烷母核主要来源于 MEP 途径,明确了 DXS 是在烟草中合成紫杉醇重要的工程化靶点,通过共强化 DXS 和 GGPPS 可以将紫杉二烯的产量提高 10 倍至 56 g/kg 鲜重水平,5α- 羟基紫杉二烯的产量提高至 1.3 g/kg 鲜重水平。该研究为复杂天然产物的异源合成提供了一种基于植物底盘的成功案例,所建立的工程化烟草体系,为进一步解析紫杉醇的未知合成途径提供了可能。

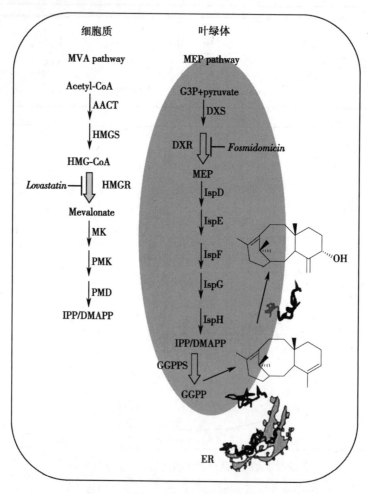

图 12-4　紫杉醇中间体工程在植物细胞中的示意图

植物是人类的一个重要的医药宝库,目前所使用的药物中有四分之一以上都来自植物。以植物作为底盘为天然药物的提取提供了一条低成本、清洁、安全的途径,这也将在一定程度上为癌症以及其他疾病的治疗带来希望。

我国地大物博,具有丰富的植物资源,为新药开发提供了充足的物质保障。但依靠从植物中直接提取活性成分远不能满足市场的需求,因此利用微生物宿主异源生产植物天然产物不失为一种有效的方法。在异源生产的过程中,通过在不同层面(酶、代谢途径和基因组)对微生物合成过程进行设计、调控和优化,人们不仅能够生产全新的药物和生物燃料,而且能够使目标产物的产量达到最大化。基于合成生物学技术与代谢工程相结合,阐明并模拟天然产物生物合成途径、人工设计并构建新的、具有特定生理功能的生物系统,从而获取天然产物的方法已取得很大的成果,如青蒿素、人参皂苷及吗啡等细胞工厂的成功创建。与传统获取中药药用活性成分的方式相比,这种新的资源获取策略在资源可持续利用和经济效益等方面均具有很显著的优势,因而作为一种革新模式崭露头角。

但需注意的是,目前仍存在大量的理论和技术缺陷:①许多生物合成途径中的生物组件未能准确描述,因此难以进行应用;②即使每个组件的功能已知,但多个组件组装到一起仍需要克服组件间的相互依赖问题;③随着通路工程越来越复杂,通路工程的建设和优化过程更加艰巨;④细胞内的分子活性容易随机波动,或形成噪声,生长条件的变化也会影响行为,而且长期由随机产生的基因突变可以损坏基因网络的功能;⑤人工智能等自动化技术参与程度较低;⑥一些化合物类型的研究基础薄弱,工程细胞异源合成效率较低,导致操作成本与传统路线相比经济优势不明显。由此可以预见,随着植物基因组测序技术的成熟以及高通量化学合成技术的完善,以全局代谢网络为基础的代谢途径优化理念和操作将进一步突破,最终人们将真正迎来植物源天然产物人工合成的新时代。

(郭娟　崔光红　王如锋　赵雅秋)

第十三章　药用植物多倍体育种

多倍体是指含有 3 套或 3 套以上完整染色体组的生物体。多倍化现象被认为是植物进化的普遍现象,尤其在高等植物进化中发挥重要作用。在 20 世纪 20—30 年代,生物学家就开始对植物多倍体进行大量研究。但由于方法的限制,对多倍体植物的研究仅限于对外部形态、生化特性等的记录和观察。随着试验技术的不断发展及染色体技术的建立,到 20 世纪 60 年代,多倍体研究从形态学转向细胞学,进一步探讨多倍体的起源和进化。80 年代以后,伴随着细胞遗传学和分子生物学技术的发展、原位杂交和序列分析等,植物多倍体研究已经成为建立在生物学多个分支学科基础上的高度综合性的研究。

第一节　多倍体的概念及其在自然界的发生与分布

一、多倍体的概念与分类

植物多倍体研究具有悠久的历史,其最早可以追溯到 19 世纪末对月见草属(*Oenother*)研究的一次偶然发现,即在 *O. lamarckiana* 传代过程中有部分个体产生了显著的表型变异,由于这些新表型性状的产生并未受到自然选择,因此这些突变体(后被命名为 *O. gigas*)常被用来反驳达尔文渐进式物种进化假说。在之后的研究中,通过细胞学观察发现 *O. gigas* 的染色体数为 2n=4x=28,是 *O. lamarckiana*(2n=2x=14)的两倍,因此从细胞水平证实了多倍体的存在。

随着多种多倍化途径和多倍体类型的发现,采用 "autopolyploidy" 和 "allopolyploidy" 两个专业术语来区分未经历和经历杂交过程的多倍化现象。后又进一步将多倍体分为同源多倍体(autopolyploid)、区段异源多倍体(segmental allopolyploid)、基因组异源多倍体(genomic allopolyploid)和同源异源多倍体(autoallo-polyploid)。同源多倍体被分为严格同源多倍体(strict autopolyploid)和种内不同品系间同源多倍体(interracial autopolyploid)。在经历多次修订后,目前多倍体分类的主流观点是依据生物学物种的定义进行分类,同源多倍体是指所有染色体组来源于一个个体的染色体组自我复制或同一个物种内不同个体间的杂交与多倍化,而异源多倍体则是指染色体组来自于已经产生生殖隔离的不同物种间的杂交并加倍。多倍体现象 "polyploidy" 正式定义为 "在细胞核中存在三套及以上染色体组的物种",后被修订为 "细胞核中的染色体组在传代过程中出现加倍,并以可遗传的方式传递至后代的现象"。随着 DNA 测序等技术的进步,植物多倍化研究进入了基因组学时代,植物多倍化研究也转移至基因组结构进化及其对物种分化与表型性状形成的作用机制领域。

二、药用植物多倍体及其研究的意义

多倍体化是促进植物进化的主要机制,也是物种形成的途径之一。研究者对植物中多倍体频率的估算,做出了大量的尝试,但仍很难证明其确切比例。通过对染色体数目的研究,认为被子植物祖先染色体数目在 7~9 的范围内,单倍染色体数目 ≥ 14 的开花植物都经历了多倍化,推测 47% 的开花植物具多倍体起源;58% 的单子叶植物和 43% 的双子叶植物是多倍体。染色体数目在 9 或 10 以上的植物在其进化进程中被认为历经多倍化,估算70%~80% 的单子叶植物具多倍体起源,而 70%~80% 的双子叶植物是多倍体,70% 的被子植物被认为在其祖先世代中经历一次或多次多倍化。自然界中约 30%~35% 的被子植物,70% 的禾本科植物属于多倍体,而在蕨类中这个比例可能达到 95%。基因组分析数据表明,在开花植物辐射前可能就已发生了多倍化事件,从而 100% 的被子植物是古老多倍体。从以上事例来看,植物界没有真正意义上的二倍体。

对 2020 版《中国药典》一部收载中药材的基源植物染色体进行系统检索,发现倍性变异在基源植物中普遍存在,不但不同基源物种之间存在多倍性变异,而且单一基源的药材种内也普遍存在倍性变异。

(一)一药多基源,不同基源(种)之间倍性不同

《中国药典》收载柴胡的基源为伞形科植物柴胡 *Bupleurum chinense* DC. 或狭叶柴胡 *Bupleurum scorzoneri folium* Willd.,习称"北柴胡"和"南柴胡"。北柴胡多倍体类型有四倍体 2n=4x=24 和八倍体 2n=8x=48,狭叶柴胡染色体数目 2n=12。

黄精基源为百合科植物滇黄精 *polygonatum kingianum* Coll.et Hemsl.、黄精 *polygonatum sibiricum* Red. 或多花黄精 *polygonatum cyrtonema* Hua,三个基源的染色体各不相同。滇黄精 2n=26,30,64,黄精染色体 2n=24,多花黄精 2n=18,20,22,24。

黄连基源为毛茛科植物黄连 *Coptis chinensis* Franch.、三角叶黄连 *Coptis deltoidea* C. Y. Cheng et Hsiao 或云连 *Coptis teeta* Wall.,药材分别称为"味连""雅连"和"云连"。味连和峨嵋黄连均为二倍体(2n=2x=18),三角叶黄连为同源三倍体(2n=3x=27)。

栝楼属植物染色体存在 2n=22、44、66、88 倍性的变异,《中国药典》收载的基源植物栝楼 *Trichosanthes kirilowii* Maxim. 和双边栝楼 *Trichosanthes rosthornii* Harms,染色体数目均为 2n=88,二倍体栝楼不能入药甚至有毒。

《中国药典》收载麻黄基源为草麻黄 *Ephedra sinica* Stapf、中麻黄 *Ephedra intermedia* Schrenk et C. A. Mey 和木贼麻黄 *Ephedra equisetina* Bge. 三个品种,染色体数目分别是草麻黄 2n=28,中麻黄 2n=28,木贼麻黄 2n=14。草麻黄和中麻黄是四倍体,木贼麻黄是二倍体。

其他品种如马兜铃(北马兜铃 2n=2x=12,马兜铃 2n=2x=14)、山麦冬(湖北麦冬 2n=3x=54,短葶山麦冬 2n=4x=72)、秦艽(秦艽、麻花秦艽和小秦艽 2n=2x=26,粗茎秦艽 2n=2x=26,2n=4x=52)、天南星(异叶天南星 2n=2x=28,东北天南星 2n=4x=56)、车前草(车前 2n=3x=36,平车前 2n=2x=12)、伊贝母(伊贝母 2n=2x=24,新疆贝母 2n=2x=30)、蒲公英(2n=2x=16,2n=4x=32,2n=3x=32)、薤白等是一个由 2、3、4、5、6 五个倍性组成的多倍体系列。

(二)单一基源药材种内染色体存在变异

玉竹为百合科植物玉竹 *polygonatum odoratum*(Mill.)Druce 的干燥根茎,不同地理分布的居群染色体存在 2n=18,20,30,40 的变异。

何首乌基源为蓼科植物何首乌 *Polygonum multiflorum* Thunb., 不同栽培种何首乌染色体核型不同。广西靖西栽培种的核型公式为 K (2n)=3X=33=9m+24sm, 核型类型为 2A, 广东德庆种的核型公式为 K (2n)=2X=22=12m+10sm, 核型类型为 2B, 江西新建种的核型公式为 K (2n)=2X=22=6m+14sm+2st, 核型类型为 2A。

禾本科芦苇 *Phragmites communis* Trin. 是中药芦根的基源, 我国黄河以北 10 个省区 31 个芦苇品种中, 八倍体 (2n=8x=96) 类型的产量及抗性明显超过四倍体 (2n=4x=48) 类型。

三白草科植物蕺菜 *Houttuynia cordata* Thunb. 是中药鱼腥草的基源植物, 对采自四川、重庆、贵州以及江苏等地 92 份蕺菜染色体鉴定结果表明, 共有 12 种不同染色体数目, 染色体数目在 36~126 间变化, 即 36、54、72、80、81、82、83、84、86、88、90 和 126。

其他品种如灯盏细辛 (2n=2x=18, 2n=3x=27)、金钱草 (2n=2x=24, 2n=3x=36)、韭菜 (2n=2x=12, 2n=3x=24)、川麦冬 (2n=2n=34、36、68、72)、紫花地丁 (2n=2x=24, 2n=4x=48) 等在基源物种内都存在倍性变异。

（三）药用植物多倍体研究的意义

基源作为中药特有因素影响着中药的化学成分种类和含量、功效、药理作用和毒性大小。染色体是基因的主要载体, 染色体数目的不同, 必然导致个体植株形态、生理、次生代谢、药理及毒性的不同。表型和药材品质差异明显, 无法满足药用市场对原料规范化和标准化的要求, 给临床用药安全带来很大隐患。因此, 多倍体的系统深入研究对从根本上解决药材栽培基源物种混乱, 质量参差不齐、临床药效不稳定等问题具有重要意义。

第二节 多倍体植物的特点

多倍化可诱导染色体数目与结构异变的产生, 同时还促使新表型性状的出现, 如增强了植株的生态适应性和对逆境的抗耐性、降低蒸腾作用、提高光合效率等, 对植株的生长量和某些生物产量、营养成分含量和品质也有促进作用。

（一）多倍体植株的巨大性

多倍体植物外部形态特征和二倍体有明显的差别, 主要表现在根、茎、叶的形态和大小上。一般而言, 同源多倍体植株高大, 生长势强, 茎粗、叶厚, 叶面积增加, 生活力增强。多倍体植物的巨大性能大幅提高产量。如同源四倍体丹参普遍比原二倍体丹参生长势旺, 茎秆粗壮、植株高, 根部比原植物粗大。菘蓝同源四倍体较原植物叶子宽大而厚实, 茎秆粗壮, 花、果实也略显增大。怀牛膝同源四倍体根的干重较二倍体有显著提高。四倍体粉葛比野生二倍体生物产量提高十几倍。诱导菊花多倍体保卫细胞的长与宽均高于二倍体, 多倍体气孔与保卫细胞体积增大, 但气孔的密度却较二倍体降低。同源四倍体桑与其亲本二倍体桑比较, 在外形上明显表现出叶片增大、叶肉增厚、叶色加深、枝条数少、枝干矮壮等性状。其中叶片肥大是四倍体的重要特征, 肉眼容易识别。

（二）多倍体植株生长发育一般比二倍体慢

多倍体植株开花成熟较迟, 分枝能力减弱, 分枝数和叶片数减少, 生长期延长, 但适应性增强。生长发育缓慢与细胞分裂缓慢有关, 生长素含量少也是重要因素。此外, 因细胞体积增大, 细胞的表面积与体积之比相对减少, 从而引起一系列的代谢过程, 如, 呼吸强度、蒸腾作用降低, 使发育延缓。同源四倍体荞麦的外部形态特征与普通荞麦比较, 植株平均增高,生长势增强,分枝减弱,生长期延长,茎秆变粗,叶片变厚增大。枸杞四倍体植株表现出同样的特性,叶宽增加,宽长比增加,叶厚增加,叶色加深。运用扫描电镜对不同倍数体桑叶气孔进行了观察,发现桑叶气孔的大小随染色体倍数增加而变大,单位叶面积的气孔数量随染色体倍数增加而减少,但染色体组数与生长势的关系有一定限度,超过一定倍数,同源多倍体的器官和组织就不再随着增加。因此,桑树的三倍体的外形居于二、四倍体之间,但在枝条数量和生长方面却较二、四倍体强。近年来随着转基因研究和对基因互作的深入研究提出了基因沉默和共抑制假说,从另外一个角度解释了植物的性状并不一定随着倍性的增加而增大的原因。

(三)多倍体植株的低稔和不育性

对同源四倍体的黄花菜的减数分裂行为及其稔性的研究得出,减数分裂的不正常,形成配子的染色体数目不平衡,是造成育性降低的细胞学原因。如四倍体番茄稔性低的主要原因是胚珠受精率低;西瓜花粉萌发低、胚囊受精率低、胚乳过早解体、大多数胚在发育过程中败育,是同源四倍体西瓜低稔性的胚胎学主要原因。多倍体结实率降低、种子萌发率弱,三倍体介于二倍体和四倍体之间,几乎全不育。引起异倍体间杂交不稔的原因主要是胚胎在发育过程中发生败育,胚乳提前退化。如多倍体桑树由于染色体倍数性增加,会使配子内染色体数和组合成分不平衡,从而造成同源多倍体育性下降甚至不育以及子代染色体数的多样性变化。用花粉悬滴培养法对不同倍数性桑树的育性进行研究,结果表明,奇倍次多倍体桑几乎不育,而偶倍次多倍体桑的育性较低。

(四)多倍体植株的抗逆性

多倍体植物一般较矮、茎秆粗壮,具有抗倒伏性、抗旱、抗病等特点。如十字花科植物的多倍体具有更加顽强的抗寒性;蕨类植物染色体基数很高,是其适应第四纪严酷环境而形成多倍体的结果。四倍体颠茄、蒲公英等均表现出良好的抗病性和抗寒性。芝麻与其野生种杂交后获得双二倍体,具有较强的抗变叶病能力。刺果甘草的四倍体植株受蚜虫危害程度明显低于二倍体植株;由日本薄荷和库页薄荷诱导的异源四倍体具有抗粉霉菌、抗寒等优点。对不同倍性不结球白菜体细胞的质壁分离状况进行观察,发现四倍体细胞的原生质水合度变化小、黏滞性强,因而受逆境胁迫的影响小,导致抗性增强。

(五)化学成分和次生代谢成分增加

多倍体生理特性的变化必然引起新陈代谢及其产物的变化。由于生长缓慢、代谢强度改变,多倍体中的氮、蛋白质、维生素、脂肪、生物碱等有机物含量增加;总糖、非还原糖、还原糖及淀粉含量也高于二倍体,但纤维素、半纤维素和粗纤维含量等细胞结构成分较低。

药用植物加倍后次生代谢物的含量有所增加,如罂粟多倍体的吗啡含量比二倍体多。在长期自然进化过程中,石菖蒲形成了二倍体、三倍体、四倍体和六倍体等类型,其根茎的含油量、精油成分、草酸钙含量均与染色体倍数有关,其中二倍体不含 β- 细辛醚、三倍体含 β- 细辛醚和顺 - 甲异丁香油酚的混合物,四倍体含有的细辛醚含量比三倍体高 2 倍。怀牛膝同源四倍体中蜕皮激素较二倍体高 10 倍;丹参同源四倍体中隐丹参酮、丹参酮 I、丹参酮 II 含量分别较二倍体分别高 203.26%、70.48%、53.16%;杭白芷多倍体的欧前胡素含量比二倍体约高 2 倍;菘蓝四倍体叶中靛蓝及根中游离氨基酸含量均有显著提高。染色体倍性的增加与化学成分含量的变化并不呈正比关系,如毛曼陀罗的二倍体生物碱含量较四倍体高。

与原植物比较,多倍体并不只限于原有性状的加强和提高,也可能会产生新的性状和化学成分。如二倍体亲本相比,在菘蓝同源四倍体中发现新的游离氨基酸成分组成,从中可能筛选出具有药理活性的前导化合物,但染色体数目的倍增影响化学成分变化的机制目前还不十分清楚。

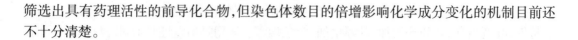

第三节　多倍化促进新表型性状产生的分子机制

植物多倍化后经历了一系列的遗传调控,包括表观遗传、基因组和基因表达水平变异等,其中基因组重排,基因的丢失、沉默和激活,染色体间交换、甲基化,转座子激活等基因组及基因表达变异赋予多倍体基因组新的细胞遗传学特性。

一、多倍化导致染色体数目与基因组结构变异

在新形成的多倍体物种中,不同染色体组间需要重新进行功能分配,常导致其在进化早期育性迅速降低,这与其二倍体亲本减数分裂机制的稳定性被扰乱、引起新形成多倍体出现非整倍体、染色体重排与其他类型基因组结构变异有关。

依据经典的遗传学理论,两个不同但相关的基因组结合必然导致与亲本相关的加性效应;但与其亲本相比,新形成的多倍体并未表现出基因组的加性效应,而是表现出"非孟德尔现象",即多倍体中一个基因组拷贝可能来源于染色体水平的基因组重排,变异也可能由一些随机的甲基化引起。

为了解释"物种专化"的基因组间易位,提出多倍体植物基因组进化和物种形成的"核质相互作用"假说,即某个物种通过专化染色体变化克服核-胞质有害的相互作用导致不育的"瓶颈",恢复育性和核-胞质的融洽。由于自然界形成多倍体且不断进化,物种形成的特征变得模糊,多倍体形成和基因组重排之间缺乏直接的因果关系,导致变异数量也有限。

近年来,随着染色体荧光原位杂交(FISH)和基因组原位杂交(GISH)等分子细胞遗传学技术的日臻成熟,为多倍体染色体数目与结构变异研究提供了高效、可靠的分析平台,GISH可清楚显示染色体重排及易位。秋水仙素对染色体加倍作用的发现使得同源和异源多倍体的人工合成成为可能,仅在几代里即可产生广泛的基因组变异,有力地推动多倍体进化研究。

二、基因的丢失、沉默和激活

(一)基因的丢失

染色体组遭受冲击后细胞会发生一系列程式化反应,以减缓这种冲击。在人工合成或自然多倍体中,一些二倍体的低拷贝数序列会发生丢失,这些低拷贝数序列可分成基因组特异序列(GSS)或染色体特异序列(CSS),其中GSS主要在远缘杂交的F1代中丢失,而CSS的丢失多发生在染色体加倍以后。在DNA水平上也发现了大量的重复序列丢失现象,利用甲基化敏感扩增多态性(MSAP)的方法对DNA序列甲基化进行量化,发现了3种DNA甲基化的变异模式:①因甲基化状态改变,F1代消失的片段在染色体加倍后得以恢复;②同时在F1代和异源四倍体中消失,因远缘杂交引起甲基化状态改变,多为重复序列或转座子;③F1代的片段经多倍体化后消失,这些片段多为编码序列。

(二)基因沉默

在植物异源多倍体形成的早期普遍发生着快速的基因沉默现象,并在多倍体的进化过

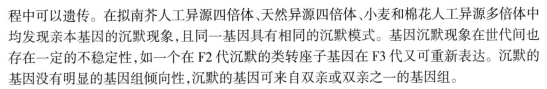

程中可以遗传。在拟南芥人工异源四倍体、天然异源四倍体、小麦和棉花人工异源多倍体中均发现亲本基因的沉默现象，且同一基因具有相同的沉默模式。基因沉默现象在世代间也存在一定的不稳定性，如一个在 F2 代沉默的类转座子基因在 F3 代又可重新表达。沉默的基因没有明显的基因组倾向性，沉默的基因可来自双亲或双亲之一的基因组。

（三）基因激活

基因激活是指亲本中沉默的基因在异源多倍体中被重新激活表达，也是异源多倍体形成过程中经常发生的一个现象。异源多倍化可激活反转座子、蛋白质编码基因以及一些未知功能的基因。在新合成的小麦异源四倍体中，新激活表达的基因占表达发生改变基因的20%，其中部分基因与反转座子有很高的相似性。小麦异源四倍体中反转座子转录水平的提高，改变了相邻基因的表达水平。反转座子的激活是异源多倍体中基因表达发生变化的一个重要原因。人工合成的拟南芥异源四倍体中发生了较小频率基因被重新激活的现象，部分被激活的转录本是在亲本中沉默或低水平表达的反转座子。大约有 0.4% 的转录本是在人工小麦异源四倍体中新出现的，其中大部分都类似于反转座子。

异源多倍体中基因激活事件的特点及发生与否因多倍体和植物的种类而异。转座子的激活可能与染色体断裂、重排及去甲基化有关，导致基因组表达产生一系列明显的变化。植物中基因表达具有一定的时空特异性，对不同的发育时期、不同的器官开展深入研究，有可能会发现新的基因激活。同时还需要对更多的异源多倍体进行深入的研究，才能深入揭示异源多倍化过程中出现的基因激活现象，从而更好地认识和理解基因激活在异源多倍体进化中的作用。

三、多倍化对染色质表观遗传修饰的影响

随着甲基化组测序、染色质免疫沉淀测序（ChIP-seq）、蛋白组等技术的完善，越来越多的研究证实多倍化在全基因组水平上同时导致遗传变异的产生和表观遗传修饰的改变。

（一）DNA 甲基化

多倍体和二倍体亲本之间的甲基化差异在油菜、小麦、拟南芥、石竹、棉花等物种中被报道，DNA 甲基化导致多倍体基因沉默或者激活，如拟南芥异源四倍体中 *TCP3* 基因和邻近基因被高度甲基化而导致基因沉默，四倍体棉花 DNA 甲基化变异可能引起转录本可变剪切变异。多倍体中同源基因的 DNA 甲基化具有亲本偏向性，如拟南芥异源四倍体 *MIR172b* 基因的低表达，与来自 *Arabidopsis arenosa* 亲本的同源基因高度甲基化有关，而另一亲本的同源基因无甲基化。多倍体化倾向提高基因组甲基化水平，但 4x、6x 和 12x 高阶倍性之间甲基化水平差异不显著。

（二）Micro-RNA

小 RNA，包括 miRNA，siRNA 和 ta-siRNA，通过介导转录后调控、甲基化和组蛋白修饰，在缓解多倍体化"基因组冲击"方面发挥重要作用。如在异源多倍体小麦和油菜中，miRNA 丰度变化可引起靶基因的非加性表达，从而形成杂种优势。同时多倍体化引起的 miRNA 差异表达也影响多倍体的生长发育和胁迫响应。siRNA 在异源多倍体基因组稳定性和同源基因偏向表达方面发挥着重要作用，如拟南芥异源四倍体 F1 代中 siRNA 丰度减少，可能降低 RNA 介导的甲基化和组蛋白修饰水平，影响 F1 代染色体的稳定性。三倍体拟南芥中 siRNA 可能通过充当亲本基因组不平衡和基因表达的调节因子增加种子大小。亚基因组转座子分布的偏向性及其相关 siRNA 共同决定了异源四倍体同源基因偏向表达。miR845 通

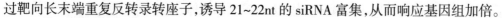

过靶向长末端重复反转录转座子,诱导 21~22nt 的 siRNA 富集,从而响应基因组加倍。

（三）组蛋白修饰

多倍体化会诱导组蛋白产生修饰变异,进而改变染色质附近基因表达活性。拟南芥异源四倍体中主要昼夜节律基因 CCA1、LHY、TOC1 和 GI 的表观修饰介导了下游基因产生更多的叶绿素和淀粉;CCA1 和 LHY 的下调与其启动子 H3K9 乙酰化和 H3K4 甲基化相关,而 TOC1 和 GI 的上调与其启动子 H3K9 乙酰化和 H3K4 甲基化相关。因此,组蛋白修饰调控昼夜节律基因表达,而昼夜节律基因可促进淀粉合成和光合作用相关基因表达上调,使拟南芥异源四倍体表现出杂种优势。

组蛋白修饰与同源基因表达偏向性密切相关,如异源四倍体棉花 D 基因组中单位染色体面积 H3K4me3 的密度约是 A 基因组的两倍,因此 D 基因组染色质结构更宽松,位于该染色体的同源基因表达量更高;拟南芥异源四倍体中来自亲本的基因下调也与组蛋白甲基化密切相关。

四、多倍化可引起广泛的转录调控变异

异源多倍体基因表达与亲本相比,具有明显的新颖性,包括基因表达显性、同源基因偏向表达、超亲表达等。基因表达显性指某一亲本的基因表达水平决定该基因在异源多倍体的表达水平。异源四倍体拟南芥中约 8% 的基因呈非加性表达,即表达水平高于或低于中亲值,其中 65% 的非加性表达基因在异源四倍体中表达水平下调,这些基因绝大部分在亲本 *A. thaliana* 中的表达水平比在亲本 *A. arenosa* 中更高,可能与其在异源四倍体中被选择性抑制有关,因此导致异源四倍体表型与 *A. arenosa* 亲本更接近。

一般来讲,异源多倍体中来自两亲本的同源基因表达水平存在差异的现象被称为同源基因表达偏向性,如在异源六倍体小麦中亲本 *Triticum turgidum*（AABB）的同源基因表达水平较高,主要参与调控六倍体小麦的生长发育,使其获得生长优势;亲本 *Aegilops tauschii*（DD）较高的同源基因表达与环境适应性相关,使得六倍小麦具有较强抗性。

基因表达是异源多倍体性状变异的基础,与亲本相比,异源多倍体基因表达的主要特点包括:①剂量效应,多倍体同源基因数多、拷贝数多;②广泛的基因组变异;③广泛的表观修饰;④同源基因异质互作。与异源多倍体相比,多倍体化后的同源四倍体基因表达变化较小,如同源四倍体柠檬叶片中只有 229 个基因表达水平存在差异,在全部基因数量中占比小于 1%。

五、植物多倍体蛋白质组学研究

植物多倍化后导致多倍体产生新表型的机制研究是目前亟需攻克的难点。植物多倍化后,基因表达的变化不仅发生在转录过程,也发生在翻译过程。蛋白质是生理功能的执行者,是生命现象的直接体现者,对植物多倍体蛋白质组开展研究,将有助于揭示多倍体生长发育的分子调控机制。

（一）植物同源多倍体蛋白质组学研究

通常二倍体与对应的同源四倍体的蛋白质组差异不明显,如发现单倍体、二倍体、四倍体甘蓝（*Brassica oleracea* L.）叶片和茎组织的蛋白质组受倍性影响并不显著;与异源四倍体、亲本相比,拟南芥同源四倍体差异表达蛋白的比率较低;二倍体小果野蕉（*Musa acuminata*）是栽培香蕉的 A 基因组供体,与三倍体栽培香蕉品种（AAA）具有几乎相同的蛋

白质表达模式。

与异源多倍体相比,同源多倍体由同一物种基因组加倍产生,其形成过程只涉及多倍化,是进行基因组加倍影响蛋白质表达机制研究的理想材料。基因组加倍对拟南芥同源四倍体的基因调控影响很小,且不诱导全基因组非加性调控。泡桐同源四倍体翻译后修饰、蛋白质周转、对刺激反应的相关蛋白质加性表达,可能导致其性状变异、适应性增强。与二倍体相比,木薯同源四倍体的光合作用、防御系统、氢氰酸代谢、蛋白质合成、分子伴侣、氨基酸代谢和信号转导等相关蛋白表达显著增加,可显著提高光合活性,增加氰化物含量。

(二)植物异源多倍体蛋白组学研究

异源多倍体综合了倍性和杂种优势,即两个不同亲本基因组在异源多倍体中的组合可以诱导全基因组非加性基因表达模式,导致基因表达发生改变,引起蛋白质水平的差异。与基因组加倍相比,杂交对多倍体蛋白质表达的影响更大,这可能与异源多倍体中亲本基因组的蛋白质表达存在不平衡性有关。植物多倍体中的蛋白质表达存在非加性和亲本偏向性表达模式,如人工合成的异源四倍体甘蓝型油菜及其亲本茎中非加性表达蛋白数量多于根。

(三)植物多倍体蛋白质翻译后修饰

蛋白质翻译后修饰属于翻译后水平调控,在信号转导和代谢等许多生物过程中发挥重要作用,这种变化被认为是杂交而不是多倍体化引起的。组蛋白乙酰化 / 去乙酰化和甲基化在调控多倍体及其亲本中的基因表达中起重要作用,如在拟南芥多倍体中,组蛋白修饰与开花时间、叶绿素和糖含量等表型变化有关。

(四)蛋白质组与转录组学的结合

转录后调控和翻译后修饰会导致 mRNA 和蛋白质表达变化的不一致。但对于高度上调的基因,表达水平和蛋白质丰度之间的一致性通常很高,如拟南芥同源多倍体和异源多倍体的蛋白质与基因表达水平高度相似,这种现象可能与差异表达基因和蛋白质分别只占转录组和蛋白质组整体产物的少部分有关。

六、植物多倍体研究展望

近年来由于基因芯片、DNA 测序等技术的迅速发展,植物多倍化与多倍体基因组进化领域的研究已取得了很大进展。在人工合成或天然多倍体物种中,普遍发现多倍化导致非整倍体与染色体结构变异的产生;多倍化可以在较短时间内诱导全基因组水平的遗传与表观遗传修饰改变;多倍化可诱导全基因组范围内基因表达和基因产物丰度的改变。上述研究从多个层次系统地证实多倍化可以促进物种多样化与基因组进化。

1. 多倍化过程中出现的染色体交互易位与倒位并不改变 DNA 分子水平的遗传物质组成。多倍体与二倍体亲本在基因组成方面基本一致,但这些结构变异会改变染色体的二级与三级结构,从而最终导致多倍体中基因时空表达模式的改变。目前研究很少将染色体数目、结构变异与表观遗传变异相关联,未来需要利用 Hi-C 等新技术加强对染色体变异表观遗传修饰机制的研究。

2. 目前多倍化研究更多以近期形成的多倍体物种为研究对象,未来需要加强古多倍化研究,并区分古多倍化与近多倍化事件诱导不同基因组区段遗传与表观遗传修饰的机制。

3. 不同多倍体体系间存在一些共同现象,如多倍化可以诱导染色体与全基因组水平的遗传与表观遗传修饰改变。虽然不同物种间存在遗传分化,但不同物种相同表型性状的形成可能存在相似的分子机制。通过开展多物种横向对比研究,特别是对由古多倍化或近多倍化诱导产生并通过平行选择的相同或相似表型性状形成机制进行研究,有助于阐释多倍化对物种形成的意义。

4. 近年来有很多重要的多倍体物种及其二倍体亲本已完成高质量参考基因组测序,如小麦、棉花和油菜等重要经济作物。通过对比分析多倍体物种及其二倍体亲本发现一些共性现象,如大多数多倍体物种在基因组加倍后会出现染色体组重排与基因丢失、遗传与表观遗传水平的亚基因组不对称进化与基因组优势等。通过从科属或更高分类单元对被子植物进行比较基因组学分析,可揭示多次的古多倍化事件不仅对现存物种基因组结构与内容产生较大的影响,还快速促进了新的表型性状的产生。未来需要将进化时间尺度缩小到属或更小的分类单元,对特定的类群进行更精细的多倍化与基因组结构进化的研究。

5. 目前在植物多倍化领域所取得的成果主要来自于实验室中的研究体系,未来证实多倍化促进物种进化需要更多地对自然形成多倍体物种开展群体水平研究,全面地解析多倍化对物种多样化与基因组进化的影响。

(向增旭)

附录　常用名词术语汉英对照

（S）- 牛心果碱［（S）-reticuline］

10- 羟基香叶醇（10-hydroxy-geraniol）

10- 羟基香叶酮（10-oxogeranial）

10- 羟基香叶醇氧化还原酶（10-hydroxygeraniol
oxidoreductase，10-HGO）

10- 羟甲基四氢次丹参酮（10-hydroxymethyl tetrahy-
drotanshiquinone）

11- 羟基铁锈醇（11-hydroxyferruginol）

11, 20- 二羟基柳杉酚（11, 20-dihydroxy sugiol）

13α- 羟基化酶（13α hydroxylase）

16- 甲氧基 -2, 3- 二氢 -3- 羟基水甘草碱（16-meth-
oxy-2, 3-dihydro-3-hydroxytabersonine）

16- 甲氧基水甘草碱（16-methoxytabersonine）

16- 羟基水甘草碱（16-hydroxytabersonine）

1-O- 苯丙烯葡萄糖苷（1-O-cinnamoylglucose）

1- 甲基 -Δ- 吡咯啉正离子（1-methyl-Δ-pyrrolinium
cation）

1- 脱氧木酮糖 -5- 磷酸合成酶（1-deoxy-D-xylulose
5-phosphate synthase，DXS）

20- 羟基蜕皮激素（20-hydroxyecdysone，20E）

2-C- 甲基 -D- 赤藓糖醇 -4- 磷酸（2-C-methyl-D-ery-
thritol 4-phosphate，MEP）

2-C- 甲基赤藓糖醇 -4- 胞苷焦磷酸合成酶（4-diphos-
phocytidyl-2-C-methyl-D-erythritol kinase，CMK）

2α-O- 苯甲酰转移酶（2α-O-benzoyltransferase）

2- 苯基色原酮（flavone）

2- 氧代戊二酸（2-oxoglutarate）

3-O- 糖苷转移酶（3-O-glycosyltransferase，3GT）

3′ 端非翻译区（3′ untranslated region，3′ UTR）

3- 磷酸甘油醛（D-glyceraldehyde 3-phosphate，GA-3P）

3- 磷酸莽草酸（shikimate-3-phosphate）

3- 羟基 -3- 甲基戊二酰辅酶 A（HMG-CoA）

3- 羟基 -3- 甲基戊二酰辅酶 A 还原酶（3-hydroxy-3-
methylglutaryl CoA reductase，HMGR）

3- 脱氢奎尼酸（3-dehydroquinate）

3- 脱氢奎尼酸合成酶（3-dehydroquinate synthase，DHS）

3- 脱氢奎宁酸脱水酶（3-dehydroquinate
dehydratase，DHQ）

3- 脱氢莽草酸（3-dehydroshikimic acid）

3- 脱氧 -D- 阿拉伯糖 - 庚酮酸 -7- 磷酸（3-deoxy-D-
arabino-heptulosonate-7-phosphate，DAHP）

3- 脱氧 -D- 阿拉伯糖 - 庚酮酸 -7- 磷酸合成酶（DAHP
synthase，DHAPS）

4, 5, 7- 三羟基黄烷酮（narigeninchalcone）

4- 氨基 - 正丁醛（4-amino-butanal）

4- 磷酸 -2-C- 甲基赤藓糖醇 -4- 胞苷焦磷酸合成
酶（4-diphosphocytidyl-2-C-methyl-D- erythritol
4-phosphate synthase，CMS）

4- 羟基苯乙醛（4-HPAA）

4- 羟基苯乙酸酯 - 3- 羟化酶（4-hydroxyphenylacetate
3-hydroxylase，HpaBC）

4- 香豆酸（p-coumaric acid）

4- 香豆酸 -3′- 羟化酶（p-coumaroyl-3′-hydroxylase，
C3′H）

4- 香豆酸辅酶 A 连接酶（4-coumarate CoA ligase，
4CL）

4- 香豆酰辅酶 A（4-coumaryl CoA）

5′ 端非翻译区（5′ untranslated region，5′ UTR）

5- 氮杂胞嘧啶核苷（5-azaC）

5- 甲基胞嘧啶（5mC）

5- 磷酸脱氧木酮糖（l-deoxy-D-xylulose 5-phosphate，DOXP）

5- 磷酸脱氧木酮糖还原异构酶（l-deoxy-D-xylulose 5-phosphate reductoisomerase，DOXR）

5- 磷酸脱氧木酮糖合成酶（l-deoxy-D-xylulose 5-phosphate synthase，DXS）

5- 羟基阿魏酸（5-hydroxyferulic acid）

5- 烯醇丙酮酰莽草酰 -3- 磷酸（5-enol-pyruvylshikimate-3-phosphate，EPSP）

5- 烯醇丙酮酰莽草酰 -3 磷酸合成酶（5-enol-pyruvylshikimate-3- phosphate-synthase，ESPSS）

7- 脱氧马钱苷酸（7-deoxyloganic acid）

7- 脱氧马钱苷酸合酶（7-deoxyloganetic acid synthase，7DLS）

7- 脱氧马钱苷酸糖苷转移酶（7-deoxyloganetic acid glucosyltransferase，7-DLGT）

APG 系统（Angiosperm Phylogeny Group，APG）

AGO1（argonaute 1）

ATP 合成酶（ATP synthase）

CAAT 框（CAAT box）

CBF 表达诱导剂 1（inducer of CBF expression 1，ICE1）

Ca^{2+}- 钙调蛋白依赖性蛋白激酶（Ca^{2+}/calmodulin-dependent protein kinase，CaMK）

C- 重复结合因子（C-repeat-binding factors，CBF）

cDNA 微阵列（cDNA microarray）

D- 乳酸脱氢酶（D-lactate dehydrogenase，D-LDH）

DNA 甲基化（DNA methylation）

DNA 结合区（DNA-binding domain，DBD）

DNA 条形码技术（DNA barcoding）

DNA 调控序列（cis-elements）

DNA 芯片（DNA chip）

DNA 重排（DNA shuffling）

D- 洋地黄毒糖（D-digitoxose）

GC 框（GC box）

HMG-CoA 还原酶（HMG-CoA reductase，HMGR）

IPP 异构酶（IPP isomerase，IPI）

MVA 焦磷酸脱羧酶（mevalonate pyrophosphate decarboxylase，MPD）

NORK（nodulation receptor kinase）

NSP1（nodulation signaling pathway 1）

N- 甲基 - 腐胺（N-methyl-putrescine，MP）

N- 甲基 - 腐胺转移酶（putrescine N-methyl ltransferase，PMT）

N- 甲基转移酶（N-methyltransferase，NMR）

OST1（open stomata 1）

PAMP 触发的免疫（PAMP-triggered immunity，PTI）

PHR1（phosphate starvation response 1）

PIF3（phytochrome-interacting factor 3）

Piwi 相互作用 RNA（Piwi-interacting RNA）

RNA 测序（RNA-seq）

RNA 聚合酶（RNA polymerase）

RNA 免疫沉淀测序（RIP-seq）

RPKM（reads per kb per million reads）

SAS（statistical analysis system）

SPL（squamosa-promoter-binding protein-like）

S 位点受体激酶（S-locus receptor kinase，SPK）

TATA 框（TATA box）

α-3, 4- 脱水长春碱（α-3, 4-anhydrovinblastine）

α- 羟腈酶（α-hydroxynitrilelyase）

α- 酮戊二酸（α-ketoglutaric acid）

β- 葡萄糖苷酶（β-glucosidase）

β- 羟基 -β- 甲基戊二酸单酰辅酶 A（β-hydroxy-β-methylglutaryl-CoA，HMG-CoA）

β- 香树脂醇（β-amyrin）

β- 香树脂醇合成酶（β-AS）

A

吖啶酮合成酶（acridone synthase，ACS）

阿吗碱（ajmalicine）

阿托品（atropinol）

阿魏酸（ferulic acid）

阿魏酸 -5- 羟基化酶（ferulate-5-hydroxylase）

阿魏酰辅酶 A（feruloyl CoA）

阿魏酰辅酶 A-6′- 羟化酶（feruloyl CoA 6′-hydroxylase，F6′H）

铵转运蛋白（ammonium transporters，AMTs）

不连续基因（discontinuous gene）

B

靶标分析（metabolite target analysis）

白藜芦醇苷（polydatin）

白藜芦醇（resveratrol）

白屈菜红碱（chelerythrine）

百合科（Liliaceae）

半萜（hemiterpenoids, C$_5$）

胞质类受体激酶（botrytis-induced kinase 1, BIK1）

孢子体型（sporophytic type）

贝壳杉烯合酶（kaurene synthase, KS）

贝叶斯法（BI）

倍半萜（sesquiterpenoids, C$_{15}$）

本体论（ontology）

苯丙氨酸（phenylalanine）

苯丙氨酸裂解酶（phenylalanine ammonia lyase, PAL）

苯丙素类（phenylpropanoids）

苯甲酮合成酶（benzalacetone synthase, BAS）

苯醌类（benzoquinones）

苯乳酸（phenyllactic acid）

比对称多序列比对（multiple sequence alignment）

比对称双序列比对（pair-wise sequence alignment）

比较基因组杂交技术（comparative genomic hybridization, CGH）

吡喃酮合成酶（2-pyrone synthase, 2-PS）

边域性物种形成（peripatric speciation）

编码链（coding strand）

编码区（coding region）

苄基异喹啉类生物碱（benzylisoquinoline alkaloids, BIAs）

标准词汇表（controlled vocabulary）

表达序列标签（expressed sequence tag, EST）

表观遗传学（epigenetics）

表型数据的深度挖掘（data mining）

表型组学（phenomics）

丙二酰辅酶 A（malonyl CoA）

丙二酰途径（malonic acid pathway）

丙酮酸（pyruvic acid）

病程相关蛋白（pathogenesis-related protein, PR protein）

C

采集后标记（post-harvest labeling）

参照基因组组装（genome-guided assembly）

操作分类单元（operational taxonomic unit, OTU）

侧翼顺序（flanking sequence）

插入序列（intervening sequence, IVS）

查耳酮（chalcone）

查耳酮还原酶（chalcone reductase, CHR）

查耳酮合酶（chalcone synthase, CHS）

查耳酮类（chalcones）

查耳酮异构酶（chalcone isomerase, CHI）

查柚皮素（naringenin-chalcone）

差异表达基因（different expression gene, DEG）

长春地辛（vindesine）

长春碱（vinblastine）

长春瑞滨（vinorelbine）

长春新碱（vincristine）

长春质碱（catharanthine）

长链非编码 RNA（lncRNA）

超度量树（ultrametric tree）

超高效液相色谱（ultra-high performance liquid chromatography, UPLC）

超高效液相色谱 - 三重四极杆串联质谱（ultra-high performance liquid chromatography triple quadrupole tandem mass spectrometry, UHPLC-QQQ/MS）

赤霉素（gibberellin, GA）

赤藓糖 -4- 磷酸（erythrose 4-phosphate, E4P）

重叠基因（overlapping gene）

重复 - 衰减 - 互补（duplication degeneration complementation, DDC）

重现性（reproducibility）

重组酶聚合酶扩增（recombinase polymerase amplification, RPA）

初生代谢（primary metabolism）

雏形种（incipient species）

传递（transmission）

传送式（plant to sensor）

春化作用（vernalization）

磁共振成像（magnetie resonance imaging，MRI）

次丹参酮（miltirone）

次丹参酮二烯（miltiradiene）

次生代谢产物（secondary metabolites）

从头组装（de novo assembly）

丛枝菌根（arbuscular mycorrhiza，AM）

D

大单拷贝区（large single copy region，LSC）

大豆苷（daidzein）

大黄酚（chrysophanol）

大黄素（emodin）

大黄素甲醚（physcion）

大黄酸（rhein）

大麦条斑花叶病毒（BSMV）

代谢工程（metabolic engineering）

代谢谱分析（metabolite profiling analysis）

代谢途径工程（metabolic pathway engineering）

代谢指纹分析（metabolic fingerprinting analysis）

代谢组（metabolome）

代谢组学（metabonomics 或 metabolomics）

丹参柯巴基焦磷酸合酶（SmCPS）

丹参类贝壳杉烯合酶（SmKS）

丹参酮I（tanshinone I）

丹参酮II$_A$（tanshinone II$_A$）

丹酚酸 B（SAB）

单核苷酸多态性（single nucleotide polymorphism，SNP）

单链构象多态性（single-strand conformation polymorphism，SSCP）

单萜（monoterpenoids，C$_{10}$）

单萜吲哚生物碱（monoterpene indole alkaloids，MIAs）

得分图（score plot）

等电点（pI）

等位基因（allele）

等位酶分析（allozyme analysis）

底物工程（substrate engineering）

底物选择性（broad substrate specificity）

地理变种（geographical variety）

地理物种形成说（geographical theory of speciation）

蒂巴因（thebaine）

颠换（transversion）

淀粉凝胶电泳技术（starch gel electrophoresis）

定量反转录 PCR（quantitative reverse transcriptase-mediated PCR，qRT-PCR）

定向合成（directed synthesis）

东莨菪内酯（scopoletin）

东罂粟碱（oripavine）

豆科（Leguminosae）

豆血红蛋白（leghemoglobin）

毒化合物排出（multidrug and toxic compound extrusion，MATE）

独脚金内酯（strigolactones，SL）

端部分支（terminal branch）

端节（terminal node）

端粒酶切长度分析（telomere restriction fragment，TRF）

对羟基苯丙酮酸还原酶（HPPR）

对 - 羟基苯基丙二酸（p- hydroxy benzyl malonic acid，HBMA）

对 - 羟基苯基木质素（p-hydroxy phenyl lignin，H- 木质素）

多巴胺（dopamine）

多聚萜（polyterpenoids）

多数规则（majority-rule）

多效基因（pleiotropic gene）

多重替换（mutiple substitution）

E

恩格勒分类系统（Engler System）

蒽醌类（anthraquinones）

二胺氧化酶（diamine oxidase，DAO）

儿茶酚（catechol）

儿茶素（catechin）

二倍半萜（sesterterpenoids，C$_{25}$）

二苯乙烯合成酶（stilbene synthase，STS）

二级数据库（secondary databases）

二甲基丙烯二磷酸（dimethylallyl pyrophosphate，DMAPP）

二氢丹参酮I（dihydrotanshinone I，DT-I）

二氢槲皮素（dihydroquercetin）

二氢黄酮 -3- 羟化酶（flavanone-3 -hydroxylase，F3H 或 FHT）

二氢黄酮醇还原酶（dihydroflavonol-4-reductase，DFR）

二氢杨梅素（dihydromyricetin）

二萜（diterpenoids，C_{20}）

二元线性混合模型（bivariate linear mixing model）

F

法呢基焦磷酸（FPP）

翻译（translation）

反射光谱（reflectance spectroscopy）

反式角鲨（*trans*-squalene）

反式作用因子（*trans*-acting factor）

反式作用元件（*trans*-elements）

反向重复区（inverted repeat region，IR）

反义链（antisense strand）

芳樟醇（linalool）

非 MVA 途径（non-mevalonic acid pathway）

非编码 RNA（non-coding RNA，ncRNA）

非编码区（non-coding region）

非表达子 1（non-expresser of PR1，NPR1）

非加权分组平均法（UPGMA）

非侵入式成像（non-invasive imaging）

非特异性抗病因子 1（non-specific disease resistance 1，NDR1）

非线性映射（non-linear mapping，NLM）

菲醌（phenanthraquinone）

分类方法（classification methods）

分裂灭绝（taxonomic extinction）

分替（vicariance）

分支（branches）

分支酸（chorismate）

分支酸变位酶（chorismate mutase，CRM）

分子多样性（molecular diversity）

分子功能（molecular function）

分子进化树（molecular evolutionary tree）

分子数量遗传学（molecular-quantitative genetics）

分子信标（molecular beacon）

分子性状（molecular traits）

腐胺（putrescine）

负调控（negative regulation）

附着胞（appressoria）

复合区间定位（composite interval mapping，CIM）

复杂种（compilospecies）

傅里叶变化核磁技术（FTNMR）

傅里叶变换红外光谱（fourier transform infrared，FTIR）

G

钙依赖性蛋白激酶（Ca^{2+}-dependent protein kinase，CDPK）

钙调素结合转录激活因子 3（calmodulin binding transcription activators 3，CAMTA3）

甘草查耳酮（licochalcone A）

苷类（glycosides）

苷元（genin）

高分辨率连锁图谱（high-resolution linkage mapping）

高分辨率熔解曲线分析（high-resolution melting analysis，HRMA）

高通量测序（high-throughput sequencing）

高通量筛选（high throughput screening）

高通量细胞表型筛选（high-content cell-based screening）

藁本内酯（ligustilide）

根树（rooted tree）

功能基因组学（functional genomics）

共生受体激酶（symbiosis receptor kinase）

寡聚化位点区（oligomerization site，OS）

光敏色素（phytochrome）

光周期现象（photo periodism）

轨道式（sensor to plant）

鬼臼毒素（podophylotoxin）

桂皮酸途径（cinnamic acid pathway）

滚环扩增（rolling circle amplification，RCA）

过敏反应（hypersensitive reaction，HR）

F3′5′H）

黄烷酮（flavanone）

活体磁共波谱（vivo magnetic resonance spectroscopy, MRS）

H

哈钦松系统（Hutchinson System）

海螺碱（littorine）

核 DNA（nuclear DNA, ncDNA）

核磁共振技术（nuclear magnetic resonance, NMR）

核定位信号（nuclear localization signal, NLS）

核苷酸结合富含亮氨酸重复序列（nucleotide binding-leucine rich repeat, NB-LRR）

核苷酸结合位点 - 富含亮氨酸重复区蛋白（nucleotide-biding site-leucine-rich repeat, NBS-LRR）

核酸序列依赖性扩增（nucleic and sequence based amplification, NASBA）

核糖体 DNA 内转录间隔区（rDNA ITS）

核糖体 RNA（rRNA）

核糖体捕获测序（Ribo-seq）

红景天苷（salidroside）

后基因组学（post-genomics）

互补 DNA（complementary DNA、cDNA）

花青素合成酶（anthocyanidin synthase, ANS）

花色素（anthocyanidins）

花椰菜花叶病毒（cauliflower mosaic virus, CaMV）

环核苷酸门控通道（cyclic nucleotide gated channel, CNGC）

环介导等温扩增（loop-mediated isothermal amplification, LAMP）

环境传感（environmental sensor）

环境胁迫（environment stress）

环境信息处理（environmental information processing）

环境因素（environmental factor）

环烯醚萜（iridoid）

环烯醚萜途径（iridoid pathway）

黄酮（flavone）

黄酮醇（flavonol）

黄酮醇合成酶（flavonol synthase, FLS）

黄酮合成酶I（flavone synthase I）

黄酮合成酶II（flavone synthase II）

黄酮类（flavonoids）

黄酮类 -3′, 5′- 羟化酶（flavonoid-3′, 5′-hydroxylase,

J

机器人技术（robotics）

机器视觉（machine vision）

机器学习（machine learning）

基本代谢（primary metabolism）

基部分支（basal branch）

基因（gene）

基因表达（gene expression）

基因表达序列分析（serial analysis of gene expression, SAGE）

基因簇（gene cluster）

基因功能（gene function）

基因间 SNP（intronic SNP, iSNP）

基因突变率（gene mutation rate）

基因芯片（gene chip）

基因型（genotype）

基因周边 SNP（peripheral SNP, pSNP）

基因组（genome）

基因组选择模型（genomic selection model）

基因组学（genomics）

基因组异源多倍体（genomic allopolyploid）

基因座（locus）

计算机设计（computational design）

甲基赤藓糖醇磷酸（2-*C*-methyl-*D*-erythrito 4-phosphate, MEP）

甲基氧化酶（16-*O*-methyltransferase, 16OMT）

甲基转移酶（methyltransferase, MET）

甲羟戊酸（mevalonate, MVA）

甲羟戊酸 -5- 焦磷酸（mevalonate-5-pyrophosphate, MVAPP）

甲羟戊酸非依赖途径（mevalonate-independent pathway）

甲羟戊酸途径（MVA pathway）

假定正态分布分析（assumption of normal distribution）

假花学说（pseudanthium theory）

假基因（pseudogene）

假托品（pseudotropine）

检测序列（probe sequence）

简单序列重复（simple sequence repeats，SSR）

简单重复序列间区（inter-simple sequence repeat，ISSR）

碱性亮氨酸拉链（basic leucine zipper，bZIP）

浆果鹃类菌根（arbutoid mycorrhiza，ARM）

姜黄素合成酶（curcumin synthase，CUS）

胶体金免疫层析技术（colloidal gold immunochromatograohic assay，GICA）

焦磷酸二甲基烯丙酯（dimethylallyl diphosphate，DMAPP）

焦磷酸金合欢酯（farnesylpyrophosphate，FPP）

焦磷酸香叶酯（geranyl-pyrophosphate，GPP）

焦磷酸异戊烯酯（isopentenyl diphosphate，IPP）

桔梗皂苷 D（platycodin D）

结构基因（structural gene）

结构基因组学（structural genomics）

结构域重排甲基转移酶（DRM）

结瘤起始因子（nodule inception，NIN）

结瘤蛋白（Nod D）

解旋酶依赖性扩增（helicase-dependent isothermal DNA amplification，HDA）

介质工程（medium engineering）

芥子醇（sinapyl alcohol）

芥子酸（sinapic acid）

芥子酸胆碱（sinapine）

金丝桃素（hypericin）

进化树（evolutionary tree）

进化速率（evolutionary rate）

茎端分生组织（shoot apical meristem，SAM）

精氨酸（arginine）

精氨酸脱羧酶（arginine decarboxylase，ADC）

径向氧损失（radial oxygen loss barrier，ROL）

局部比对（local alignment）

距离法（distance-based method）

距离数据（distance data）

聚合酶链式反应 - 限制性片段长度多态性（polymerase chain reaction-restriction fragment length polymorphism，PCR-RFLP）

聚合酶链式反应（polymerase chain reaction，PCR）

聚类分析（hierarchical cluster analysis，HCA）

聚酮合成酶（polyketide synthase，PKS）

聚乙二醇（PEG）

聚乙烯吡咯烷酮 -40（PVP-40）

菌根（mycorrhiza）

K

咖啡酸（caffeic acid）

咖啡酸转移酶（caffeic acid *O*-methyltransferase，COMT）

咖啡酰辅酶 A（caffeoyl CoA）

咖啡酰辅酶 A 氧甲基转移酶（caffeoyl CoA *O*-methyltransferase，CCOAOMT）

开放阅读框架（open reading frame）

开环异松脂醇脱氢酶（secoisolariciresinol dehydrogenase）

柯巴基焦磷酸合酶（copalyl diphosphate synthase，CPS）

可变剪接（alternative splicing）

可待因（codeine）

克朗奎斯特系统（Cronquist System）

控制区（control region）

控制数量性状的基因座（quantitative trait locus，QTL）

跨膜螺旋（transmembrane helix，TM）

跨膜域（transmembrane domain，TMD）

快速 PCR 鉴定（rapid PCR authentication）

奎宁（quinine）

奎宁酸（quinic acid）

扩增片段长度多态性（amplified fragment length polymorphism，AFLP）

扩增子序列变异（amplicon sequence variant，ASV）

L

兰科菌根（orchid mycorrhizas，OM）

蓝光受体隐花色素（cryptochrome，CRY）

蓝光诱导的 K^+ 通道（blue light-induced K^+channel 1，BLINK1）

酪氨酸（tyrosine）

酪氨酸氨基转移酶（TAT）

酪氨酸脱氨酶（tyrosine-ammonialyase，TAL）

酪氨酸转氨酶酪氨酸转氨酶（tyrosine aminotransferase，TyrB）

类弹性蛋白多肽（elastin-like polypeptide，ELP）

累加基因（additive gene）

冷反应蛋白激酶 1（cold-responsive protein kinase 1，CRPK1）

连翘苷（phillyrin）

连翘酯苷（forsythoside）

莨菪碱 6-β- 羟化酶（hyoscyamine 6-β-hydroxylase，H6H）

亮氨酸富集重复（leucine-rich repeat，LRR）

蓼科（Polygonaceae）

裂环马钱子苷合成酶（secologanin synthase，SLS）

邻氨基苯甲酸合成酶（anthranilate synthase，AS）

邻接法（neighbor joining，NJ）

临域物种形成（parapatric speciation）

磷酸烯醇式丙酮酸（PEP）

柳杉酚（sugiol）

芦荟大黄素（aloe-emodin）

芦荟松合成酶（aloesone synthase，ALS）

鲁棒性（robust）

绿原酸（chlorogenic acid）

M

马铃薯 X 病毒（PVX）

马钱苷酸甲基转移酶（loganic acid methyltransferase，LAMT）

马钱子苷（secologanin）

吗啡（morphine）

吗啡酮还原酶（morphinone reductase，morB）

吗啡脱氢酶（morphine dehydrogenase，morA）

曼特尔检验（Mantel test）

牻牛儿基牻牛儿基焦磷酸（geranylgeranyl pyrophosphate，GGPP）

莽草酸（shikimate）

莽草酸激酶（shikimate kinase，SKK）

莽草酸途径（shikimate pathway）

莽草酸脱氢酶（shikimate dehydrogenase，SDH）

毛花苷 C（lanatoside C）

毛细管电泳（capillary electrophoresis，CE）

毛细管电泳 - 质谱法（CE-MS）

每 kb 每百万个片段的片段数（fragments per kb per million fragments，FPKM）

没食子酸（gallic acid）

酶类黄酮糖基转移酶（UFGT）

迷迭香酸（rosmarinic acid，RA）

迷迭香酸合成酶（rosmarinic acid synthase，RAS）

模板的识别（template recognition）

模板链（template strand）

魔角旋转（magic angle spinning，MAS）

末梢（tip）

茉莉酸（jasmonic acid，JA）

木脂素（lignan）

目标序列（subject sequence）

N

萘醌类（naphthoquinones）

内部节点（internal node）

内含子（intron）

内群（ingroup）

内生菌根（endomycorrhiza，EM）

内外生（兼生）菌根（ectoendomycorrhiza，EEM）

内质网（endoplasmic reticulum，ER）

鸟氨酸（ornithine）

鸟氨酸脱羧酶（ornithine decarboxylase，ODC）

鸟枪法（shotgun）

牛心果碱氧化酶类蛋白（reticuline oxidase-like protein）

牛血清蛋白（BSA）

农杆菌（Agrobacterium）

O

欧石楠类菌根（ericoid mycorrhiza, ERM）

欧洲分子生物学实验室（EMBL）

P

旁系同源基因（paralogous gene）

配基（aglycone）

配子体型（gametophytic type）

偏最小二乘法（partial least squares, PlS）

偏最小二乘法 - 判别分析（partial least squares disc-riminant anaslyis, PLS-DA）

片段（fragment）

Q

启动子（promoter）

气相色谱（gas chromatography, GC）

气相色谱 - 质谱法（GC-MS）

浅层系统发生（shallow phylogeny）

茜草科（Rubiaceae）

茜草素型（alizarin）

亲缘同形种（sibling species）

秦皮素（fraxetin）

青蒿素（artemisinin）

青蒿酸（artimisinic acid）

区段异源多倍体（segmental allopolyploid）

区间定位（interval mapping, IM）

取代环（displacement loop, D-loop）

去乙酰文多灵 -4-*O*- 乙酰转移酶（deacetylvindoline-4-*O*-acetyltransferase, DAT）

去乙酰氧基文多灵（desacetoxyvindoline）

去乙酰氧基文多灵 -4- 羟化酶（desacetoxyvindoline-4-hydroxylase, D4H）

全二维气相色谱 - 飞行时间质谱（comprehensive two-dimensional gas chromatography-time of flight mass spectrometry, GC × GC TOFMS）

全基因组关联分析（genome wide association study, GWAS）

全局比对（global alignment）

R

染料木素（genistein）

染色质免疫沉淀测序（ChIP-seq）

染色质甲基化酶（CMT）

热激蛋白（heat shock protein, HSP）

人参皂苷（ginsenoside）

人工神经元网络（artificial neural networks, ANN）

人工智能（artificial intelligence）

人类疾病（human diseases）

肉桂醇脱氢酶（cinnamyl alcohol dehydrogenase, CAD）

肉桂酸（cinnamic acid）

肉桂酸 -4- 羟化酶（cinamate-4-hydroxylase, C4H）

肉桂酰 -CoA 还原酶（cinnamoyl-CoA reductase, CCR）

S

三氟乙酰胺［*N*-methyl-*N*-（trimethylsilyl）trifluoroacetamide, MSTFA］

三磷酸甘油醛（3-phosphoglyceraldehyde, PGAL）

三萜（triterpenoids, C_{30}）

散布（dispersal）

色氨酸（Try）

色氨酸脱羧酶（tryptophan decarboxylase, TDC）

色胺（tryptamine）

鲨烯合酶（squalene synthase, SS）

蛇根碱（serpentine）

深层系统发生（deep phylogeny）

深度学习（deep learning）

生态型（ecotype）

生物传感器（biosensor）

生物催化（biocatalysis）

生物分类（biological classification）

生物过程（biological process）

生物合成（biosynthesis）

生物信息学（bioinformatics, computational biology）

生物转化（biotransformation）

生长 / 分化平衡（growth/differentiation balance，GDB）

生长素吲哚乙酸（indole-3-acetic acid，IAA）

生长调节因子 4（growth-regulating factor 4，GRF4）

生殖隔离（reproductive isolation）

圣草酚（eriodictyol）

矢车菊素（cyanidin）

受体识别病原菌关联的分子模式（pathogen-associated molecular pattern，PAMP）

鼠李科（Rhamnaceae）

鼠李糖（rhamnose）

数据标准化（data calibration）

数据存储（data storage）

数据预处理（preprocessing）

数字 PCR（digital PCR，dPCR）

双（三甲基硅烷）三氟乙酰胺［bis（trimethylsilyl）trifluoroacetamide，BSTFA］

双向电泳技术（2-DE）

水甘草碱 -3- 还原酶（tabersonine 3-reductase，T3R）

水甘草碱（tabersonine）

水甘草碱 -16- 羟化酶 2（tabersonine 16-hydroxylase 2，T16H2）

水甘草碱 -3- 加氧酶（tabersonine 3-oxygenase，T3O）

水晶兰类菌根（monotropoid mycorrhiza，MM）

水杨酸（salicylic acid，SA）

顺式作用元件（cis-acting element）

四级杆飞行时间质谱（quadrupole time-of-light mass spectrometer，Q-TOF/MS）

四萜（tetraterpenoids，C_{40}）

松柏醇（coniferyl alcohol）

松柏醇 - 落叶松脂素还原酶（pinoresinol-lariciresinol reductase）

松脂醇合成酶（pinoresinol synthase）

随机扩增多态性 DNA（randomly amplified polymorphic DNA，RAPD）

T

塔赫他间系统（Takhtajan System）

碳素 / 营养平衡（carbon/nutrient balance，CNB）

糖类（saccharides）

特征数据分析法（character-based method）

体内富集（in vivo enrichment）

天竺花色素（pelargonidin）

调控基因（regulatory gene）

萜类（terpenoids）

萜类吲哚生物碱（terpenoid indole alkaloids，TIA）

铁锈醇（ferruginol）

同工酶（isozyme，isoenzyme）

同域物种形成（sympatric speciation）

同源多倍体（autopolyploid）

同源基因（homologous gene）

同源性状（homologous character）

同源异源多倍体（autoallo-polyploid）

托品（tropine）

托品酮（tropinone）

托品酮还原酶I（tropinone reductase I，TRI）

托品酮还原酶II（TR II）

托品烷类生物碱（tropane alkaloids，TAs）

脱落酸（abscisic acid，ABA）

脱水反应元件结合蛋白（dehydration-responsive element-binding proteins，DREB）

脱氧鬼臼毒素 -7- 羟化酶（deoxypodophyllotoxin 7-hydroxylase）

脱氧木酮糖磷酸酯途径（deoxyxylulose phosphate pathway，DOXP 途径）

W

外部节点（external node）

外群（outgroup）

外生菌根（ectomycorrhiza，ECM）

外显子（exon）

外显子组测序（exome sequencing）

外源性底物（exogenous substrate）

微 RNA（miRNA）

唯一分子标识符（UMI）

位置同源（positional homology）

文多灵（vindoline）

文多灵途径（vindoline pathway）

无孢菌类（mycelia sterile）

无根树（unrooted tree）

无监督法（unsupervised method）

无色花青素双氧酶（leucoanthocyanidin dioxygenase, LDOX）

无色花色素还原酶（leucoanthocyanidin reductase, LAR）

物种（species）

物种分化（species differentiation）

物种分裂（species split）

物种形成（speciation）

X

烯醚萜合成酶（iridodial synthase, IRS）

喜树碱（camptothecin）

系统进化树（phylogenetic tree）

系统获得抗性（systemic acquired resistance, SAR）

系统学（systematics）

细胞分裂素（cytokinin, CK）

细胞过程（cellular process）

细胞溶胶（cytosol）

细胞色素 P450（cytochrome P450, CYP450）

细胞色素 P450 还原酶（cytochrome P450 reductase, CPR）

细胞组分（cellular component）

显性基因与隐性基因（dominant gene and recessive gene）

现代数量遗传学（modern quantitative genetics）

线粒体 DNA（mitochondrial DNA, mtDNA）

线性判别分析（linear discrimination analysis, LDA）

限制性片段长度多态性（RFLP）

相关系数（correlation value）

香豆醇（*p*-coumaryl alcohol）

香豆素（coumarin）

香豆酸 -3- 羟化酶（4-coumarate 3-hydroxylase, C3H）

香叶醇（geraniol）

香叶醇 -10- 脱氢酶（geraniol 10-hydroxylase, G10H）

香叶醇合成酶（geraniol synthase, GES）

香叶基香叶基二磷酸合酶（geranylgeranyl diphosphate synthase, GGPPS）

向光素（phototropin, Phot）

硝酸盐转运蛋白（nitrate transporter, NRT）

小檗碱（berberine）

小单拷贝区（small single copy region, SSC）

小干扰 RNA（small interfering RNA, SiRNA）

效应子触发的免疫（effector-triggered immunity, ETI）

胁迫（stress）

新陈代谢（metabolism）

信使 RNA（mRNA）

性状（trait）

性状特征信息（feature extraction of phenotypic information）

序列比对（sequence alignment）

血根碱（sanguinarine）

Y

亚功能化（subneofunctionalization, SNF）

亚硫酸氢盐测序（bisulfite-seq）

亚种（subspecies）

烟草脆裂病毒（TRV）

烟草花叶病毒（TMV）

延胡索乙素（tetrahydropalmatine）

药用植物分类学（taxonomy of pharmaceutical plants）

药用植物分子系统学（molecular systematics of medicinal plants）

叶（leaf）

叶际（phyllosphere）

叶际微生物（phyllosphere microorganism）

叶绿体（chloroplast）

叶绿体 DNA（chloroplast DNA, ctDNA）

液相色谱（liquid chromatography, LC）

液相色谱 - 质谱法（LC -MS）

一级数据库（primary database）

遗传信息处理（genetic information processing）

乙酸 - 丙二酸途径（acetate-malonate pathway, AA-MA 途径）

乙烯（ethylene, ET）

乙酰辅酶 A 酰基转移酶（AACT）

乙酰文多灵（deacetyl vindoline）

乙酰氧基文多灵羟化酶（desacetoxyvindoline-4-hydr-oxylase，D4H）

乙酰乙酰辅酶 A（acetoacetyl-CoA）

异常值（outlier）

异蒂巴因（isothebaine）

异分支酸（isochorismic acid）

异分支酸合成酶（isochorismate synthase，ICS）

异胡豆苷合成酶（strictosidine synthase，STR）

异黄酮合成酶（isoflavone synthase，IFS）

异戊二烯（isoprene）

异戊二烯单元（isoprene units）

异戊烯基二磷酸（isopentencyl diphosphate，IPP）

异戊烯基二磷酸异构酶（IPP isomerase）

异戊烯磷酸激酶（IPK）

异域物种形成（allopatric speciation）

易错 PCR（error-prone PCR）

淫羊藿苷（icariin）

吲哚途径（indole pathway）

隐丹参酮（cryptotanshinone）

隐种（cryptic species）

荧光标记免疫层析技术（fluorescent immunochro-matographic assay，FICA）

荧光共振能量转移技术（fluorescence resonance energy transfer，FRET）

荧光双向电泳技术（DIGE）

硬脂酸应答的长春花 AP2/ERF（octadecanoid-responsive catharanthus AP2 /ERF，ORCA）

油菜素内酯（brassinosteroid，BR）

有机系统（organismal system）

有监督法（supervised method）

有丝分裂孢子真菌（mitosporic fungi）

有效性（validity）

有义链（sense strand）

柚皮素（naringenin）

柚皮素查耳酮（pomelo peel chalcone ketones）

愈创木基木质素（guaiacyl lignin，G 木质素）

原儿茶酸（protocatechuic acid）

Z

杂种不活（hybrid inviability）

杂种不育（hybrid sterility）

甾类（steroids）

载荷图（loading plot）

真花学说（euanthium theory）

正调控（positive regulation）

支持向量机（support vector machine，SVM）

支系（lineage）

支序图（eladogram）

支长（branch length）

脂壳寡糖（lipo-chitooligosaccharides，LCOs）

直系同源基因（orthologous gene）

植保素（phytolexin）

植物表型（phenotype）

植物表型组（phenomics）

植物次生代谢（plant secondary metabolism）

植物的天然产物（plant natural product，PNP）

植物分类学（plant taxonomy）

植物分子系统学（molecular systematics of plants）

植物个体发育（plant ontogeny）

植物根际促生微生物（plant growth promoting micr-oorganism，PGPM）

植物体内免疫反应（MAMP-triggered immunity，MTI）

植物系统发育（plant phylogeny）

植物系统学（plant systematics）

芪类化合物（stilbenes）

质谱（mass spectrometry，MS）

质谱成像（mass spectrometry imaging，MSI）

终止子（terminator）

种子植物（seed plants）

主成分分析（principal components analysis，PCA）

注释（data annotation）

转换（transition）

转录（transcription）

转录单位（transcription unit）

转录调控区（transcription regulation domain，TRD）

转录因子 NSP1（nodulation signaling pathway 1）

转录因子（transcription factor, TF）

转录组（transcriptome）

转运 RNA（tRNA）

转运蛋白（transport protein）

转座子（transposon）

资源获得（resource availability, RA）

梓醇（catalpol）

紫丁香木基木质素（syringyl lignin, S 木质素）

紫杉醇（taxol）

紫杉二烯 -5α- 羟化酶（T5H）

紫杉二烯合酶（TS）

紫穗槐 -4, 11- 二烯合酶（ADS）

自交不亲和性（self-incompatibility, SI）

自举法（bootstrap）

自组织映射（self-organizing mapping, SOM）

组蛋白脱乙酰酶（histone deacetylase, HDAC）

组蛋白乙酰转移酶（histone acetyltransferase, HAT）

组合生物转化（combinatorial biotransformation）

最大简约法（MP）

最大似然法（ML）

最佳防御（optimum defense, OD）

最小进化法（ME）

推荐阅读书目

1. 黄璐琦,刘昌孝.分子生药学[M].3版.北京:科学出版社,2015.
2. WEAVER R F.分子生物学[M].5版.郑用琏等,译.北京:科学出版社,2022.
3. 贾德.国外优秀生命科学教材译丛:植物系统学[M].3版.李德铢等,译.北京:高等教育出版社,2013.
4. 黄学林.植物发育生物学[M].北京:科学出版社,2020.
5. 杨金水.基因组学[M].4版.北京:高等教育出版社,2019.
6. 朱冰.表观遗传学[M].北京:科学出版社,2019.
7. 李春.合成生物学[M].北京:化学工业出版社,2019.
8. 黄璐琦,王康才.药用植物生理生态学[M].北京:中国中医药出版社,2013.
9. 余龙江,赵春芳.次生代谢产物生物合成——原理与应用[M].北京:化学工业出版社,2017.
10. WANG X K. Next-generation sequencing data analysis[M]. Boca Raton:CRC Press,2016.

28检